HORROR-
LEXIKON

Zugeeignet der
mannigfaltigen Manifestation
des namenlosen Schreckens

HORROR-LEXIKON

Von Christian von Aster

Parkland Verlag

DER SCHRECKEN HAT VIELE GESICHTER

»Furcht gibt Sicherheit«
LAERTES

Niemand, der ihm noch nicht begegnet wäre, nicht von Satanisten gehört oder sich im Angesicht blutiger Spezialeffekte unangenehm berührt gefühlt hätte. Was immer der Schrecken jedoch ist, faszinierend ist er allemal und das nicht bloß für eine kleine Gruppe von Spinnern. Deutlich zeigt sich dies in den Plazierungen von Horrortiteln auf Bestsellerlisten, die Autoren wie Stephen King oder Anne Rice inzwischen garantieren, oder in Kassenrekorden von Horrorfilmen, seien es hochbudgetierte familientaugliche Produktionen wie »Die Mumie« oder »The Blairwitchproject«, der kurz nach Abgabe dieses Manuskriptes in Amerika für Furore sorgte und – obwohl mit einem lächerlichen Budget von 30.000 $ gedreht – einem Multimillionenfilm wie »Star Wars – Episode I« ernsthaft Konkurrenz machte. Und dann sind da noch zahllose Fernsehproduktionen mit dem politisch korrekten Prädikat »Mystery« ...

Das Bestreben dieses Buches ist es, all diesen Facetten im Rahmen eines Lexikons schrecklich informativ und furchtbar unterhaltsam, in einer steten Gratwanderung zwischen Vorliebe und Abneigung, Mainstream und Kuriosa, scheußlich gerecht zu werden. Doch jeder Absturz war ein Vergnügen...

Mit wachsender Freude ergab der Autor – über dessen Seele mit Gewißheit nur gesagt werden kann, wer sie inzwischen besitzt – sich in Computerspiel- und Videoorgien, verlor sich in den Weiten des Internet, lieh sich Bücher (von denen er knapp die Hälfte auch zurückgeben wird) sichtete Bilder und bemühte sich, abgesehen von der Beschwörung verschiedener Dämonen, redlich um regelmäßige nächtliche Alpträume. Das interessanteste aber waren immer die Menschen, die hinter den Schrecken stehen. Bei den Recherchen für dieses Lexikon lernte der Autor wahrlich seltsame Gestalten kennen, vom klischeebeladenen Horrorvideojunkee bis zum Literaturwissenschaftler mit Vorliebe für die Phantastik, Popstars und ganzkörpertätowierte Sonderlinge, weltfremde Traumtänzer und Knechte des horriblen Kommerzes. Sie alle aber versammeln sich des Abends um das eine große Feuer und lauschen immer wieder den gleichen Geschichten. Der eine achtet auf die Worte, der nächste auf die Effekte, ein weiterer auf die Pointe und ein nächster fragt sich, wieviel Geld man damit wohl verdienen könnte.

Das aber ist immer so gewesen. Und dabei gibt es doch keinen Schrecken, den es nicht schon gegeben hätte. Seine grausige Fratze grinste aus dem Schoß der Religionen und den Mythen der Völker hervor, stahl sich als Alptraum und Märchen in das Gemüt der Menschen, war die literarische Spielart Intellektueller und manifestierte sich in unfaßlichen Verbrechen. Das beginnende zwanzigste Jahrhundert verlieh ihm neue Gesichter, Groschenromane, exzentrisches Theater, die Geburt der Filmindustrie, kontroverse Bildergeschichten, und zwischen alledem spukt der schwarze Mann in trauter Eintracht mit Boogeyman und Jabberwocky, Jason, Freddy und Gottweißwem...

Dieses Buch ist – unter anderem – der Versuch, diesen Weg ein wenig nachzuzeichnen, dabei die einzelnen Stationen, von Kunst über Literatur, Film und Wirklichkeit ausreichend zu würdigen, Fakten, Anekdoten, Kurioses und Bemerkenswertes aus den Gefilden des Horrors abzubilden und eine vielschichtige Darstellung der Gänsehautgaranten in Film und Wort und Wirklichkeit zu schaffen. So stehen Dämonen neben Gedichten, Gemälde neben Serienmördern, Dichter zwischen Wahnsinnigen und Persönlichkeiten inmitten von Perversionen. Das ist die Welt des Horrors, deren Faszination, welche die seltsame Freude an der eigenen Furcht beinhaltet, an keiner Stelle der Weltliteratur zufriedenstellend erklärt werden kann.

Doch auch ohne solch eine Erklärung scheint das ausgehende zwanzigste Jahrhundert sich all diesen Gesichtern gleichsam verpflichtet zu fühlen und verdichtet die mannigfaltigen Erscheinungsformen des Grauens in einer genreübergreifenden Kommerzialisierung ohnegleichen. Der Schrecken hat seinen Weg in unser Wohnzimmer gefunden, und dieses schreckliche Nachschlagewerk will einen Überblick über die Motive des Schreckens schaffen, Verbindungen zwischen Film, Literatur und Wirklichkeit aufzeigen, verschiedene Dämonen rehabilitieren und ein liebevoll-irreführender Wegweiser in den labyrinthischen Grüften des Grauens sein.

»Kommen Sie nur, ich gehe voraus....«

Christian von Aster, 24.08.1999

ROAD TO HELL

Ein Essay wider das bessere Verständnis

Der geistreichen Worte stehen viele geschrieben in den Weiten des Schreckens.

Zahllose Grabsteine vermöchten sie zu füllen, aberviele Schrecken heraufzubeschwören. Kluge Leute schrieben kluge Dinge, boten das Unterbewußte, masochistische Freude an der eigenen Angst, Verdrängungsmechanismen, Sublimierung, Voyeurismus oder bloße Perversion als Grund für die Freude am Grauen.

Einfache Leute schrieben einfaches, und andere verzichteten darauf, überhaupt etwas zu schreiben.

Wer auch immer was auch immer schrieb, die meisten von ihnen haben Recht.

Um aber zu verstehen, worum es inmitten all der Schrecknisse eigentlich geht, muß man sich erst einmal auf sie einlassen...

Gesetzt dem Fall, man würde gebeten, ein Bild der Hölle zu zeichnen, sie zu beschreiben, Ihr Name wäre nicht Dante Allighieri und sie wären weder untot noch im Bündnis mit dem Teufel; Sie hätten ein Problem, und spätestens nach zwei drei großen Kesseln mit Menschen darin, einem großen Feuer drumherum, einer gehörnten Gestalt mit Dreizack und einem gewissen Maß unvorstellbarer Qualen ließe ihre Phantasie sie im Stich.*

Das ist nicht weiter verwunderlich. Man hat Fotos von Dingen gesehen, von ihnen gehört, kann nach dem Konsultieren eines Lexikons womöglich sogar einen Klippschliefer oder eine Figur des klassisch lithurgischen Tanzes beschreiben, weil doch Dinge, die es gibt oder über die zumindest eine einhellige Meinung besteht, sich irgendwo nachschlagen lassen. In diesen objektiven Grenzen bewegt sich die Wirklichkeit und deren Verbindung mit der Hölle ist lediglich lose...

* *Wenn dem nicht der Fall ist, sei Ihnen anempfohlen, Ihr Vorstellungsvermögen in den Dienst der Kunst, Ihre Visionen dem großen Ganzen zur Verfügung zu stellen oder aber sich therapieren zu lassen. Beim Lesen dieses Buches aber ist Ihre Phantasie nicht hinderlich.*

Bereits vor über hundert Jahren offenbarte Dr. Albrecht Hyacinth seinen Ingolstädter Studenten, daß sich der Teufel in Büchern verstecke, sich im Laufe der Inquisition sogar in der Bibel verborgen habe und dabei doch stets sein Schweif, einem teuflischen Lesezeichen gleich, sein Dasein verraten habe.

Eine Volksweisheit weiß um das Verbergen des Teufels im Detail und anderen, wie etwa Collin de Placy, erscheint er, um ihnen ganze Bücher über die Hölle und ihre Prominenz zu diktieren. In kleineren Städten manifestiert sich der Teufel auch als freundlicher älterer Herr, in Großstädten leitet er mitunter Anwaltsbüros und einen John Milton inspirierte er in seiner ursprünglichen Rolle als gefallener Engel zur akribischen Beschreibung seines Falls. Selbst der Teufel, obwohl auch bloß ein Aspekt der Hölle, scheint sich der Objektivität zu entziehen.

Was nun die Hölle selbst betrifft, hat Edward Munch beispielsweise einmal gesagt, daß die Kamera der Malerei keine Konkurrenz machen könne, solange sie weder im Himmel noch in der Hölle einzusetzen wäre. Mit diesem Satz bezeichnet Munch das eigentliche Wesen der Kunst, das Bedürfnis, mehr über Himmel, Hölle und das Dazwischen zu erfahren, den Wunsch des Künstlers, sich als Schöpfer auf den Weg zu machen, etwas über die Geheimnisse der Schöpfung zu erfahren und die eigene Erfahrung erfahrbar zu machen.

All die Geschichten, Filme und Bilder, die das Horrorgenre ausmachen, bemühen sich einzig darum, ob in Schrift, Bild oder Ton, einen Ausschnitt der Hölle abzubilden. Zum einen gibt der Schöpfer eines solchen Werkes dabei einen Teil seiner eigenen Hölle Preis, zum anderen bemüht er sich, eben diesen Teil der Hölle seiner Fremdheit zu berauben, indem er neben seinen eigenen die Ängste seines Gegenübers einbezieht und so seine Hölle erst erfahrbar macht.. Es ist das allgemeingültige des Schreckens, Urängste, Zivilisationsängste, die Faszination von Eros und Thanatos, das kollektive Gefühl der Angst, in dem gewisse Personen jene zahllosen Geschichten, Bilder und Filme zu sehen, niederzulegen vermögen. Jeder dieser Hiobsboten macht einen dreidimensionalen Raum jenseits von Logik und Moral, ein Stück der Hölle, sichtbar und bannt ihn auf eine ungleich größere Karte, wo subtile und weniger subtile Wahrnehmung Qualität, Ausmaß und Detailgetreue des Ergebnisses gleichermaßen beeinflussen. Dabei hält die Hölle derart viele Schrecken bereit, daß dem körperlichen Schmerz ebensoviel Platz auf ihrer Karte eingeräumt werden muß wie dem Schrecken der Erinnerung, dem Grauen einer Erkenntnis oder den Ungeheuern, welche der Schlaf der Vernunft hier gebiert. Manche der so entstehenden Kartenteile fügen sich beinahe nahtlos ineinander; der brillante Geist eines H.P. Lovecraft, der uns die tieferen Regionen der Hölle und einige ihrer wahrer Namen erschloss, fügt sich in jenen Teil, den ein zeitgenössischer Künstler wie H.R. Giger dem hier Umherirrenden offenbart. Ein Netz schicksalhafter Inspirationen durchzieht diesen Ort, wie der Geruch von Schwefel, der gleichermaßen in alle Teile dieser Hölle zu dringen vermag.

Dabei ist es mitunter ein einziger Schritt, den Irgendwer uns hier unten zeigt, wie etwa das Gemälde »Der Nachtmahr« von Johann Heinrich Füssli. Von diesem einen Schritt jedoch inspiriert, eilt der Schrecken mit den Schritten eines E.T.A. Hoffmann und eines Lord Byron weiter, durch die Literatur der Romantik, um die Hölle Europas aufzuzeigen, deren Kunde bis nach Übersee dringen sollte, wo sich Edgar Allan Poe auf den Weg machte, uns seine eigenen Schrecken zu entdecken. Wie viele Teile jener großen Höllenkarte grenzen an den seinen, allein die poesken Visionen Roger Cormans, die manchen Weg durch ihren Teil der Hölle zeigen, unweit jener Bereiche, die uns die Universal- oder die Hammerstudios erschlossen. Und von den angestammten Plätzen Frankensteins und Draculas ist es nicht weit zu einem Norman Bates und Ed Gein, wo die Wirklichkeit mit Hölle in Konkurrenz tritt.

All das ist eines, eine Ahnung der Hölle, in der wir uns nur so lange aufhalten, wie ein Film lang ist, ein Buch Seiten hat oder ein Bild angeschaut zu werden lohnt.

Als ich mich das erste Mal auf die Reise machte, war mir nichts von alledem bewußt, und selbst der kleinste Teil des Ganzen machte mich Staunen. Mit dreizehn boten Steven King und Gläserrücken mir soviel von dieser Hölle, daß ich dachte, es müßte zumindest ein Viertel davon sein. Stattdessen aber waren es bloß Wegweiser, zu Filmen wie »The Shining«, dem wahren Drama von Salems Lot, der Parapsychologie und zu den nächsten Autoren, seien es Clive Barker oder Thomas Ligotti.

Und während ich von Schrecken zu Schrecken taumelte, prägten sie sich mir ein. Die deutsche Romantik genoß ich ebenso wie das Kettensägenmassager, betrachtete die Bilder eines Hieronymus Bosch mit der gleichen Freude wie die eines Zdzislaw Beksinski, schauderte mich von Blackwood bis Bierce, und all das waren bloß Teile des Ganzen. Nichts war mir fremd, nichts verboten und tags darauf gab es etwas Neues zu entdecken.

Vorlieben, keine Vorurteile sind hier unten zu meinen Begleitern geworden.

Dies ist, was zu sagen wäre.

Die folgenden Seiten sind die Karte einer Karte. Während der Maßstab recht vergrößert wirkt, ist doch aus dieser Entfernung erst die Hölle beinahe überschaubar geworden.

Der unbedeutende Kartograph von Kartographen zu sein ist allerdings eine undankbare Aufgabe. Selbst als mir der Mann mit dem Dreizack am Ende des Buches auf die Schulter klopfte, geschah dies in dem Bestreben, mir das Schlüsselbein zu brechen. Und dann sind da natürlich noch jene, die seit Jahren in ihrem favorisierten Teil der Hölle umherstreifen und dabei inzwischen selbst den Namen achtbeiniger Dämonen kennen, die dort unter den Steinen wohnen. Sei es nun Literatur, Kunst oder Film, die einzelnen Bereiche haben alle ihre Meister, die gewiß auch manchen Schritt in angrenzende machten... Mein Ziel aber ist es, über diese Bereiche hinaus, einen weiter und bis in den übernächsten zu gelangen, hastig genug, mich nicht zu verirren, behutsam genug, keine falschen Pfade zu weisen.

Dies sei den Gelehrten der Hölle verraten, die jammern werden über das Fortlassen des Namens des teuflischen Vaters jenes achtbeinigen Dämons, der unter besagten Steinen lebt, auf denen vor exakt 7000 Jahren ein Dämons namens Astaroth seine teuflische Blase entleerte.

Die folgenden Seiten werden niemandem den Weg durch die Hölle oder gar ihren Ausgang offenbaren.

Vielmehr sollen Teile jenes großen Ganzen die Neugier wecken, den Leser mit Kompass und Kerze dazu bringen, in jene Bücher hinabzusteigen, die über jenen Teil geschrieben wurden. Und während solcherlei Lektüre den hinteren Teil dieses Paperbackfolianten ziert, ist dies erst der Beginn...

Christian von Aster
den 17.8.99
am Rande der Hölle

A

Aasfresser

Ursprünglich Tiere, die sich von Aas ernähren, um die Natur von → *Kadavern* als potentiellen Seuchenherden zu säubern. Geflügelte Aasfresser sind im Bereich des Horrors stimmungsvolle Dekoration des Himmels in Gebieten, in denen (auf welche Art auch immer) gestorben wurde. Kreisende Aasgeier etwa sind, wie auch der → *Rabe,* ein klassisches Motiv und werden allgemein direkt mit Tod in Verbindung gebracht. Die Gruppe der Aasfresser ist im Horrorgenre jedoch noch um → *Ghoule*, → *Zombies* und → *Wahnsinnige* zu erweitern, deren Motivation sich von der besagter Tiere grundsätzlich unterscheidet.

Aberglaube

[verkehrter Glaube]

Ein Für-wahr-Halten von nichtgesicherten Anschauungen, die meist in kausale Beziehungen gegliedert werden können. So soll beispielsweise das Hindurchgehen unter einer Leiter Unglück nach sich ziehen. Letzteres ist das beliebteste Element des Aberglaubens. Von links nach rechts die Straße überquerende → *schwarze Katzen*, als auch → *Freitag der 13.* an sich und zerbrochene Spiegel bedeuten angeblich ebensolches. Bloße Kenntnis des Aberglaubens löst schon bei bewußter Wahrnehmung eines der bezeichneten Umstände Unwohlsein aus.

Der Aberglaube unterliegt weder geographischen noch logischen Grenzen und wird von Leuten, die ihm verfallen sind, nicht als Aberglauben, sondern in der Regel als unumstößliche Wahrheit betrachtet. Dies gestaltet es einerseits schwierig, zwischen Aberglauben und Wirklichkeit zu unterscheiden, andererseits einfach, den Aberglauben als vielschichtiges Motiv mit zeitweiser Existenzberechtigung einzusetzen.

Im Horrorgenre gilt im allgemeinen: »Hättest Du es ernst genommen, hättest Du Deinen Kopf noch.«

Bei den Griechen bezeichnete »*deisidaimonia*« die Haltung, dem

Göttlichen nicht vernünftig verehrend gegenüberzutreten, sondern ihm aus Furcht übertrieben und unwürdig zu begegnen ...

Abgrund

Plötzlich abfallende Tiefe, in der Regel zwischen zwei Bergen, aber auch am Rande von Hochhäusern zu finden. Beliebter Ort zum Austragen finaler Streitigkeiten und Ende von Fluchtwegen (→ *»Tanz der Teufel«*). Sturz in den Abgrund hat meist den Tod zur Folge, mitunter aber auch nur beinahe, wie etwa in → *»Bad Taste«* oder anders in → *»Die Elixiere des Teufels«*.

Abnorm

Von der Norm abweichend, krankhaft. A. ist unverzichtbare Eigenschaft und Grundcharakteristikum der Repräsentanten des Horrors, da sie den offensichtlichen Unterschied zu dem gewöhnlichen Menschen darstellt. → *Monster* und → *Mutationen* sind in der Regel abnormal, und auch → *Wahnsinnige* sowie → *Riesentiere* entsprechen keiner allgemein bekannten Norm. Im filmischen Bereich sind diesbezüglich zwei Filme besonders hervorzuheben, die das Verhältnis des Menschen zum Abnormen an sich behandeln; → *»Freaks«* und → *»Der Elefantenmensch«*. [Für Freunde gebildeten Sprachentums sei erwähnt, daß die Variante *abnorm* (s.o.) ebenso möglich ist wie *anomal* (unregelmäßig, gesetzeswidrig), das Adjektiv *anormal* jedoch de facto nicht existiert.]

Abscheu

Ungutes Gefühl, das annähernd jeden bei Begegnung mit Elementen des extremen Horrors befällt. Ob vor Unmengen von → *Blut*, → *Schleim*, → *Kadavern* oder aber auch vor lebenden Vertreter des Horrors, wie → *Monster*, → *Untote* usw. Abscheu wird in der Regel ebenso bei Betrachtung von → *Kannibalismus*, → *Verstümmelung* und → *Folter* empfunden. Sollte sich in einem der genannten Fälle kein Gefühl des A. einstellen, sprechen Sie bitte mit Ihrem Therapeuten.

»The Addams Family«

USA (ABC) 1964-1966 (s/w)

Die Serie mit Kultstatus war die filmische Umsetzung der Cartoons von Charles Addams, die seit den späten Dreißigern beliebter Bestandteil des *»The New Yorker«* waren. Die Addams Familie ist ein Clan morbider Exzentriker, mit hexenhafter Großmutter, haarigem Vetter, haarlosem Onkel, zwei debilen Kindern, überdimensioniertem Butler, einer dienstbaren Hand (im Original »Thing« gerufen, im Deutschen »eiskaltes Händchen« (→ *Hand*) und den charismatischen Speerspitzen John Astin und Carolyn Jones als Gomez und Morticia Addams, die ein höchst eigenes Leben nach überaus bizarren Maßstäben führen. Die Serie wurde kontrovers diskutiert, entwickelte sich jedoch zu einem Publikumsliebling.

Zwei Umstände sind im Bezug auf die Addams Family sehr bemerkenswert: zunächst die unübersehbare Ähnlichkeit der Serie mit → *»The Munsters«* (CBS), die auf den zweiten Blick nicht nur oberflächlich ist: Produktionsbeginn und Einstellung beider Serien erfolgten jeweils mit nur einer Woche Unterschied! Darüber hinaus schienen Gomez und Morticia das erste verheiratete Paar im amerikanischen Fernsehen zu sein, die tatsächlich ein Sexualleben hatten ...

»Addams Family« (»The Addams Family«)

USA 1991

R: Barry Sonnenfeld, D: Raul Julia, Anjelica Huston, Christopher Lloyd

Die betuchte Familie Addams in ihrem alten Herrenhaus soll von einem Anwalt durch dessen perfiden Plan und das Auftauchen eines Doubles des vermißten Onkel Fester um ihr Vermögen gebracht werden. Um diese dürftige Handlung jedoch wird die Abart der Addams und ihrer Schergen ausgiebig zelebriert.

Als Aufbereitung der Kult-Serie gedachter Kinofilm, dessen makabere Einfälle jedoch hinter dem Vorbild zurückbleiben, womöglich auch, weil sie dem Zuschauer weidlich bekannt vorkommen.

Nichtsdestotrotz eine andere Art von Komödie, deren Erfolg zumindest zu einer Fortsetzung gereichte:

»Addams Family in verrückter Tradition«
(»Addams Family Values«)

USA 1993

R: Barry Sonnenfeld D: Raul Julia, Anjelica Huston, Christopher Lloyd

Die seltsame Familie vermehrt sich, und der Nachwuchs, feuerspeiend und genetisch auf schwarzen Humor programmiert, bedarf eines Kindermädchens, das letztendlich in der Gestalt einer männermordenden Heiratsschwindlerin gefunden wird, deren Opfer – einmal mehr – Onkel Fester wird. Wieder ist dies lediglich der dürftige Rahmen, in dem sich die morbide Dimension der Addams Family einmal mehr zu ihrer ganzen Pracht entfaltet.

Wem immer der erste Teil gefallen hat, dem wird der zweite noch mehr zusagen. Es gelang Barry Sonnenfeld (in letzter Zeit durch Titel wie »Men in Black« und »Wild Wild West« noch zu ungleich größerem Ruhm gelangt), dafür die komplette Besetzung aus Teil I zu übernehmen, eine schöne Sache, die aufgrund des späteren Todes Raul Julias bedauerlicherweise kein drittes Mal stattfinden wird.

Es gibt allerdings eine weitere Fortsetzung des Stoffes, die lediglich auf Video erschienen ist, in der Tim Curry den Part von Gomez Addams und Derryl Hannah den von Morticia übernimmt.

Ahriman

Persische Variante der Verkörperung des Bösen. Ahriman ist als Dämon Erreger von nicht weniger als 9999 Krankheiten (das klingt nach einem intensiven Medizinstudium) und haust in einer Unterwelt, aus der er neben Finsternis auch allerhand Unheil und Verderben mit heraufbringt. Außerdem ist er Widersacher des Sonnengottes Ahura Mazda. Ahriman's Symboltier ist die Schlange.

»Akte X« (»The X-Files«)

KAN 1993-1998 R: var D: David Duchovny, Gillian Anderson

Einige aufgrund ihrer paranormalen Hintergründe unter Verschluß gehaltene Akten des amerikanischen FBI (Federal Bureau of Investigation) fallen in die Zuständigkeit des Agenten Fox »Spooky« Mulder, den man aufgrund seiner seltsamen Neigungen (unter anderem versucht er die Entführung seiner Schwester durch Außerirdische aufzuklären) auf diesen Posten abschieben wollte. Als ihm dann auch noch die skeptische FBI Pathologin Dana zugeteilt wird, ist das Team perfekt und alles Außerirdische und Übersinnliche und Absonderliche muß sich fortan in acht nehmen, denn geschlossene Akten sind kaum mehr länger geschlossen ...

Über insgesamt vier Staffeln erstreckte sich Chris Carters Verwirrspiel um geheime Informanten, geheime Versuche, vermeintlich verstorbene Protagonisten und mancherlei mehr und entwickelte sich dabei zur populärsten Mysteryserie der Neuzeit. Obwohl sich die Folgen insgesamt durch ein recht hohes Niveau auszeichnen, ist die zusammenhängende Hintergrundgeschichte um politische und militärische Verschwörungsansätze in den ersten beiden Staffeln am besten gehandhabt. Später entwickelt sich die zunächst durch besagte Hintergrundgeschichte zusammengehaltene und auf → *Außerirdische* fixierte Serie jedoch zu einer Geisterjagd auf allen Ebenen.

Die logische Folge des weltweiten Erfolges dieser Serie, die den Grundstein für die neue Popularität der → *Mystery*-Serien legte, war neben verschiedenen sehenswerten Videoauskopplungen und einer weiteren Serie aus der Feder Chris Carters (*»Millennium«)* auch ein Kinofilm:

»Akte X – Der Film« (»X-Files: The Movie«)

USA 1998 R: Rob Bowman D: Gillian Anderson, David Duchovny

Nun ja, gemessen am Erfolg der Serie, der sich nicht zuletzt auch durch den ein oder anderen Dollar bemerkbar gemacht haben sollte, ist dieser Film – mit Verlaub – enttäuschend und lediglich der Versuch, die → *Mystery*-Welle höher zu peitschen.

Die via Trailer versprochene Auflösung verschiedener im Verlauf der Serie generierter Rätsel ist Kasperquatsch, die Mund-zu-Mund-Beatmung Scully/Mulder reißt es auch nicht heraus, und im Endeffekt haben wir nur eine verworrene Weltverschwörung mit einigen seltsamen Bildern, die aber weder für den Freund der Serie noch den versierten Kinogänger etwas Neues sind.

Vor allem leidet der Film wohl unter der altbekannten *»Star-Trek«* Crux, das Ganze des Erfolges wegen sowohl Fans als auch Neulingen schmackhaft machen zu müssen. Ein schwer nur zu erreichender und hier kaum erreichter Kompromiß.

Der Showdown in unterirdischen Schneehöhlen, die sich – wir ahnten es – als das Innere eines Raumschiffes entpuppen, ist – auch tricktechnisch – das annehmbarste.

Wer die letzten 20 Jahre in einem dunklen Keller ohne Fernseher und Strom eingesperrt war, wird beim Anblick dieses Filmes mit Recht begeistert sein, aber abgesehen davon konnte der Autor jedem, dem er vorab zum Anschauen des Filmes geraten hatte (allesamt Menschen, welche die letzten zwanzig Jahre in Freiheit verbrachten), zwei Wochen lang nicht in die Augen sehen ...

Alhazred, Abdul

Araber, wahnsinnig, fiktiver Autor des → *Necronomicon*, erdacht von → *H.P. Lovecraft.*

Alien

[engl. fremd, der / die / das Fremde]

Zumeist als Bezeichnung für → *Außerirdische* benutzt.

»Alien – Das unheimliche Wesen aus einer fremden Welt« (»Alien«)

GB 1979 R: Ridley Scott, D: Sigourney Weaver, John Hurt, Tom Skerrit

Die Besatzung des Raumschiffes Nostromo muß aufgrund eines Passus' ihres Arbeitsvertrages einem SOS-Signal von einem vermeintlich unbewohnten Planeten folgen. Dort allerdings gibt es nur noch wenig zu retten, abgesehen vielleicht von einem unfreundlichen Außerirdischen, der die Besatzung nach und nach dezimiert. Am Ende gelingt der einzigen Überlebenden die Flucht mit einer Rettungskapsel. Diese Flucht ist jedoch vergleichsweise unzulänglich, da das Alien mitflieht.

Das außergewöhnliche Design des Aliens oblag hierbei keinem geringeren als → *H.R. Giger*, der sich dafür einen Oscar abholen durfte.

Ridley Scott nimmt in diesem großartigen Film manchen Aspekt der grandios morbiden Atmosphäre seines ebenfalls brillanten »*Blade-Runner*« vorweg. »*Alien*« ist ein Meilenstein der Filmgeschichte. Neben der unvergleichlichen außerirdischen Kreatur bietet die Geschichte einige unvergeßliche Momente, die blutige Effekte nicht bloß zum Selbstzweck beinhalten. Eine dieser wirklich innovativen Szenen ist der Ausbruch des Aliens aus der Brust John Hurts. In einem anderen Film (ich glaube es war »*Spaceballs*«), wurde diese Szene wundervollst persifliert, wobei das außerirdische Geschöpf dort als Weltraumherpes gehandelt wird und im weiteren Verlauf des Filmes sogar steppt. Neben Büchern von Giger, Masken und lebensgroßen Abbildern der Facehugger des Aliens und der Alienqueen (16.000 $) gibt es das auf dieser Szene basierende T-Shirt »Chestburster«, ein schwarzes Shirt mit vermeintlichen Blutapplikationen und einem Plastikalien, das etwa zwanzig Zentimeter aus der Brust ragt.

Um aber auf den Film selbst zurückzukommen, dieser erste Teil der Alien-Quadrologie ist eine einmalige Synthese aus Science-Fiction und Horrorelementen und inspirierte zahllose zukünftige Filme beider Kategorien. Im Gegensatz zu den meisten mit Fortsetzungen infizierten Themen, hat in diesem Fall jeder der vier Teile seine eigenen Qualitäten, wobei der dritte jedoch zweifelsfrei der schwächste ist, was aber nicht an seiner Story liegt.

Interessant ist die psychologische Interpretation des Themas in »*Der Horror Film*« (Heyne Filmbibliothek), die den gesamten Film, höchst plausibel dargestellt, auf Sexualitätsängste reduziert.

Der Vollständigkeit halber – obwohl die prägende Wirkung auf die Welt des Schreckens an dieser Stelle bereits ausgeschöpft sein dürfte – seien an dieser Stelle auch die Fortsetzungen erwähnt:

- *»Aliens«: USA/GB 1986 R: James Cameron D: Sigourney Weaver, Carrie Henn*
- *»Alien 3«: USA 1991 R: David Fincher D: Sigourney Weaver, Lance Henriksen*
- *»Alien – Die Wiedergeburt« (»Alien: Ressurection«): USA 1997 R: Jean Pierre Jeunet D: Sigourney Weaver, Winona Ryder*

Alkohol

[arab. al-kuhl »Bleiglanz zum Färben der Augenbrauen«]
Eigentlich leicht entzündliche Flüssigkeit und Bestandteil alkoholischer Getränke. Im übertragenen Sinne auch lediglich als Bezeichnung solcher Getränke gebraucht. Während Alkoholgenuß sich auf die Sinneswahrnehmung auswirkt, wirkt sich übermäßiger Alkoholgenuß übermäßig auf die Sinne aus (oder lähmend). Das kann an sich schon ein Horrortrip werden, wird allerdings bei zusätzlicher Konfrontation mit Schrecklichem noch gesteigert. In → *»Poltergeist II«* etwa birgt der Alkohol eine Überraschung in Form eines Wurmes, der vom Protagonisten unachtsam mitgetrunken und später als meterlange schleimige Schlangen-Hundekreatur erbrochen wird.

Ist eben nicht gesund und eine Unterart der → *Drogen*. Abgesehen von Drogen waren verschiedenste prominente Horrorschaffende auch dem Alkoholismus verfallen, der dem Schöpferischen mitunter durchaus förderlich war. Der prominenteste Fall dürfte wohl der des Autors → *Edgar Allan Poe* sein, doch auch der deutsche Romantiker → *E.T.A. Hoffmann* oder der amerikanische Regisseur → *Todd Browning* ruinierten ihre Gesundheit durch übermäßigen Alkoholgenuß.

»Alone in the Dark«

Eines der ersten bemerkenswerten Horrorcomputerspiele (→ *Computerspiele*) der Prä-Pentium Ära, das als PC Horror noch etwas differenzierter war als die Benutzung von grausamer → Waffe A, B oder C gegen widerlichen Gegner 1, 2 oder 3.

Als Protagonist entscheidet sich der Spieler zwischen Privatdetektiv oder neugieriger Erbin und macht sich auf den Weg in Richtung des Hauses, das der verfluchte Mittelpunkt einer Erbschaft ist. Nach und nach lernt man die Facetten dieses Fluches kennen, durchstöbert Bibliotheken nach alten Büchern, vollführt absonderliche Rituale und wird Teil der Geschichte eines Hauses, das mehr als bloß ein Haus ist ...

Intelligente Rätsel machen das Spiel zu einem schauerlichen Goldstück, dessen Stimmung wunderbar düster ist, ohne Blut und Innereien über die Fußböden zu verteilen. Der neugierige Spieler fällt seinen Schwächen allzu oft zum Opfer, denn natürlich wird ein okkult interessierter Spieler, ein Buch wie das → *Necronomicon,* kaum daß er es findet, zu lesen versuchen ... Das Buch hat zwar nicht wirklich etwas mit dem Spiel zu tun, steht aber trotzdem dort in der Bibliothek. Wer es liest, überwindet hier zunächst die Schwerkraft und daraufhin den → *Styx*.

Das Spiel erlebte zweierlei Fortsetzungen, die beide dem Konzept treu blieben. Während der zweite durchaus eine Steigerung ist, kann der dritte Teil nicht wirklich überzeugen.

Heutzutage, auch dies sei nicht verschwiegen, mutet das Spiel zweifelsohne ein wenig antiquiert und grobpixelig an, was aber nicht verwunderlich ist, da der ganze Spaß inzwischen doch schon bald 8 Jahre alt ist ...

Alptraum

[auch Alp, Mahr, Nachtmahr]
Seitens des Träumenden negativ empfundene Variante des Traumes, in der Unterbewußtsein und persönliche Ängste des Träumenden zu Höchstform auflaufen und das Ruder übernehmen. Der Alptraum wird gerne personifiziert, und das nicht nur seit → *Freddy Krueger*. So stellte man sich im Volksglauben unter dem Alp einen Kobold vor, der nachts auf der Brust von Schlafenden hockt, ihnen den Atem nimmt und sie mit Bedrückung erfüllt. Eindrucksvoll dargestellt ist der ganze Spaß auf dem Gemälde von → *Johann Heinrich Füßli*: → *»Der Nachtmahr«*. Mitunter werden in Alpträumen unangenehme Erlebnisse retrospektiv aufgearbeitet, im Horrorgenre jedoch wird der Alptraum meist zur düsteren → *Vorahnung* oder zum tödlichen → *Problem*. Exemplarisch hierfür → *»Nightmare – Mörderische Träume«*.

Altar

Stätte religiöser → *Anbetung*, welchen Gottes auch immer. Im ursprünglichen Sinn erhöhte Opferstätte. Abgesehen von der Götterverehrung werden am Altar verschiedene Riten, wie etwa → *Opferungen* oder Gottesdienste zelebriert. Altäre werden gerne in den Mittelpunkt des Zuschaueraugenmerks gerückt, da bereits ihre Existenz zahlreiche Assoziationen hervorruft. Wenn am betreffenden Altar dann auch noch emsig angebetet und geopfert wird, wird manch schreckliche Ahnung Gewißheit. Unter anderem begegnen wir dem Altar im Showdown von → *»Das Omen«*. In einer frühen Verfilmung einer Geschichte von →

Clive Barker, »Rawhead Rex«, befindet sich ein christlicher Altar auf einer uralten heidnischen Kultstätte, und dann werden in Altären auch gerne Dinge verborgen, die vor dem Zugriff böser Mächte geschützt werden sollen (→ *»Die Braut des Satans«).*

Nicht selten werden christliche Altäre im Horrorgenre auch für weniger christliche Zwecke gebraucht.

»American Gothic«

Horror / Mysteryserie, USA 1992/21 Teile R: var. D: Jake Weber, Gary Cole

Amerikanische Kleinstädte, in denen seltsame Dinge vor sich gehen, gereichen nicht bloß → *David Lynch* zu höchster Inspiration. Caleb, der jüngste Sproß einer gänzlich unnatürlich ums Leben gekommenen Familie, flieht vor dem Sheriff des Ortes Trinity, der sein tatsächlicher Vater, alles andere als menschlich und das personifizierte Böse ist. Die Bewohner des Ortes jedenfalls schulden dem Sheriff annähernd alle einen Gefallen, eine erfrischend menschliche Verpflichtung gegenüber dem Bösen, ähnlich wie in → *Stephen Kings* »In einer kleinen Stadt« (*»Needfull things«*), die in diesem Fall über das Erstellen von High-Speed Autopsien bis zum Ignorieren von Morden durch Hilfssheriffs führt. Auf übersinnliche Geschehnisse wird in keiner Weise verzichtet, und das wiederkehrende Motiv blutiger Schrift auf Wänden als auch der Satz *»Es ist jemand an der Tür«* – von Calebs toter Schwester einfühlsam formuliert – geben der Serie einen sehr besonderen Charme, der sich vor allem in der eigenwilligen Art der Bilder äußert.

Der deutsche (Unter)titel *»Prinz der Finsternis«* ist ziemlich überflüssig und soll unterbelichteten germanischen Gemütern wohl als unmißverständlicher Hinweis auf *»ziemlich böse Sache«* dienen.

»American Werewolf«

(»An American Werewolf in London«)

USA 1980 R: John Landis D: David Naughton, Griffin Dunne

Zwei amerikanische Studenten werden auf einem Trip durch das schottische Hochmoor nachts von einem Werwolf überfallen. Derweil einer der beiden dieses Intermezzo mit dem Leben bezahlt, leidet der andere fortan unter werwölfischen Eigenarten. Des öfteren erscheint ihm sein toter Freund, um ihn bezüglich seiner »Infektion« zu beraten, und ist dabei überaus unappetitlich anzusehen.

Der Film ist neben einer Neubearbeitung des klassischen → *Werwolf*-Themas eine seltene Mischung makaberer Späße und grandioser Effekte (deren Urheber Rick Baker hierfür einen Oscar erhielt und infolge des

Filmes gemeinsam mit John Landis auch für die Effekte in Michael Jacksons → *»Thriller«* engagiert wurde). (Köstliche Untotenszene im Kino!) Von der Virtuosität dieser Mischung jedenfalls sollte wohl auch die wesentlich spätere Fortsetzung profitieren:

- *»An American Werewolf in Paris«, GB/FR 1997 R: Anthony Waller D: Tom Everett Scott, Julie Delhpy*

Nun ja, die Handlung ähnelt dem ersten Teil, obwohl statt dem Hochmoor die Pariser Großstadt Schauplatz wird und statt dem Einzelgänger haben wir eine Gruppe von Werwölfen, aber daß ihnen jugendliche Touristen zum Opfer fallen, daran hat sich nichts geändert.

Obwohl nicht unkomisch, ist dieser Film etwas völlig anderes als der erste Titel, und mit seiner Geschwindigkeit, seinen computergenerierten Effekten und der jungen Musik ist er auch eher eine Reminiszenz an das MTV-Zeitalter als ein wirklich bedeutsamer Genrebeitrag. Aber das Ende ist schon garstig komisch:

Eine Bungee-Heirat. Der Ring wird geworfen, beide springen und abgesehen davon, das alles so romantisch ist, ist überdies des Bräutigams Seil nicht befestigt ...

»Angriff der Killertomaten« (»Attack of the Killer Tomatoes«)

USA 1978 R: John de Bello D: David Miller, Sharon Taylor

Menschenfressende Tomaten aller Größen bedrohen die Welt. Abgesehen davon, daß dies (abgesehen von seinem → *Sequel*) der einzige Gemüsehorrorfilm ist und einen aufdringlichen Ohrwurmtitelsoundtrack und sogar eine Zeichentrickserie nach sich zog, ist der Film zwar kompletter Schwachsinn, aber dennoch oder gerade deshalb mit zweifelhaftem Kultstatus gesegnet.

»Die Rückkehr der Killertomaten«

(»Return of the Killer Tomatoes«)

USA 1988 R: John de Bello D: Anthony Starke, George Clooney

Abgesehen davon, daß der Charakter Matt Stevens von dem gleichen George Clooney gespielt wird, der uns aus → *»From Dusk till Dawn«* nur allzu bekannt ist, gilt der Kommentar des ersten Teiles.

Amerika

Der Verdienst der USA liegt vornehmlich darin, daß sie die Wiege des modernen Horrorfilms sind, der zu Beginn der 30er Jahre in der Hexenküche der → *Universal Studios* aus der Taufe gehoben wurde. Die Entwicklung des Mediums brachte dem Publikum den Segen zahlloser → *Sequel* und → *Remakes*, die uns bis heute heimsuchen. Aber auch auf dem Feld des geschriebenen Wortes schlägt Amerika sich nicht schlecht: die beiden bedeutendsten Autoren der amerikanischen Phantastik sind → *E.A.Poe* und → *H.P.Lovecraft*.

»The Amityville Horror«

USA 1979 R: Stuart Rosenberg D: James Brolin, Margot Kidder
Der Zuschauer hat im Städtchen Amity (haifreundlich und küstennah) das Vergnügen mit einem der üblichen bösen Häuser, die ihren neuen Bewohnern (die übliche mittelständische amerikanische Familie) Böses wollen, manch Mysteriöses geschehen lassen und letztenendes ein Mitglied besagter Familie am Reifen drehen und es auf den Rest hetzen lassen. Der Film ist eigentlich langweiliger Unsinn, da Menschen solcherlei jedoch mögen, avancierte das Ganze mit insgesamt sieben nicht wirklich erwähnenswerten Teilen zu einem Urgestein des Horrorfilm-Fortsetzungsfanatismus, in dem fortan Lampen, Spiegel, Uhren und anderer Plunder regelmäßig das Böse aus Amityville in sich tragen durften.

Der Film beruht auf einem, auf angeblich tatsächlichen Ereignissen basierenden Buch (1978), von George und Kathleen Lutz, die 1975 das zweifelhafte Vergnügen hatten, ein → *Haunted House* zu beziehen.

- *»Amityville II – Der Besessene« (Amityville II – The Possesion), 1982 R: Damiano Damiani D: Burt Young, Ruyana Alda*
- *»Amityville 3-D«, USA 1984 R: Richard Fleischer D: Tony Roberts, Tess Harper*
- *»Amityville Horror IV-Die Poltergeister sind wieder da« (Amityville Horror – The Evil Escaspes«), USA 1989 R: Sandor Stern D: Jane Wyatt, Patty Duke*
- *»Amityville Curse – Der Fluch« (»The Amityville Curse«), USA 1989 R: Tom Berry D: Kim Coates, Dawna Wightman*
- *»Amityville – Face of Terror« (Amityville 1992 – It's about time«), R: Tony Randel D: Stephen Macht, Shawn Weatherly*
- *»Amityville – A New Generation«, USA 1993 R: John Murlowski D: Ross Patridge, Julia Nickson-Soul*
- *»Amityville – Das Böse stirbt nie« (»Amityville Dollhouse«), USA 1996 R: Steve White D: Robin Thomas, Starr Andreef*

Ammit

neben → *Wolpertinger*, → *Basilisk* und → *Mantikor* ein weiteres Mischwesen, das es im Gegensatz zu den Erstgenannten jedoch bis in einen Pantheon, nämlich den ägyptischen geschafft hat. Ammits Kopf jedenfalls ist der eines Krokodils, der Mittelteil der einer Raubkatze und der hintere Teil der eines Nilpferdes. Ammit, als »Totenfresser« gefürchtet, lauert beim Totengericht darauf, die Seelen der Sünder verschlingen zu können. Will man jedoch die angemessene Furcht empfinden, empfiehlt es sich, sich das Geschöpf nicht vorzustellen ...

Amulett

[von lat. Amolior, fortschaffen, oder arab. Hamail; das Schwertgehänge]
Zumeist kleiner, tragbarer Gegenstand, dessen Bedeutung über das eigentlich Sichtbare hinausgeht und dem Träger Kraft und Schutz verleiht. Diese Funktion wird von Nichtamulett-Trägern oftmals als → *Aberglauben* betrachtet. Innerhalb des Horrorgenres sind Kruzifixe (→ *Kreuz*) weit verbreitet (gegen vielerlei einzusetzen), aber auch manch anderes Amulett kann – mehr oder weniger erfolgreich – gegen anderweitige schlimme Dinge, Kreaturen und Ereignisse zum Einsatz gebracht werden.

Amulette bestehen hierbei aus allem möglichen in allen erdenklichen Variationen und mit zahllosen Existenzberechtigungen. Es gibt mächtige und weniger mächtige, geweihte und ungeweihte etc. pp.
Beim Tragen fremdländischer Amulette bleibt jedoch zu hoffen, daß der übersinnliche Gegner der betreffenden Sprache mächtig ist.

Anbetung

Religiöser Aufwand, der einem → *Gott*, → *Dämon*, → *Teufel* o.ä. seitens seiner Verehrer zuteil wird. Wird der Effektivität halber überwiegend in Gruppen praktiziert und kann mitunter durchaus auch in einer → *Opferung* oder → *Beschwörung* gipfeln.

»Andy Warhols Dracula« / »Andy Warhols Frankenstein«

beide FR/I 1973 R: Paul Morrissey D: Udo Kier, Joe Dallesandro
Der Name des seltsamen Popisten verhilft diesen beiden kuriosen Filmen lediglich zu einer Erwähnung unter diesem Buchstaben. Mehr nämlich hat Herr Warhol mit ihnen nicht zu tun gehabt. Unter welchen Umständen er seinen Namen gab und was er dafür bekam, ist nicht bekannt, aber zu Beginn der Siebziger hatte dieser Name zumindest den gewünschten Effekt. Seltsam skurril und somit der Pop-Art nicht fern sind diese Filme allemal, in denen Sex und Gewalt im Rahmen ritueller Enttabuisierung ausgiebig zelebriert und irgendwie in das Korsett der literarischen Vorlagen gezwungen werden, ohne daß es jedoch passen würde.

»Angel Heart«

USA 1987 R: Alan Parker D: Mickey Rourke, Robert DeNiro

Der Auftrag, einen vermißten Sänger zu finden, entpuppt sich für den Privatdetektiv Harold Angel als ein bizarrer Selbstfindungstrip und kostet einigen Leuten das Leben, was im Endeffekt niemand anders als er selbst zu verantworten hat, wobei er seine diesbezügliche Motivation dem → *Teufel* selbst verdankt.

Eine der wenigen guten Thriller/Horror-Mischungen, bei denen der Zuschauer nicht wirklich ahnt, was hinter der nächsten Ecke lauert. Vaginale Erschießungen und der Fahrstuhl zur → *Hölle* jedenfalls sind Dinger die man ebenso wie Robert DeNiros Darstellung des Teufels nicht so leicht vergißt.

Angst

Grundvoraussetzung und unerläßlich für die Wirkung des → *Horror.* Neben verschiedenen Urängsten (wie etwa der Kastrationsangst bei Männern, Angst vor dem Verlust der Persönlichkeit, des Lebens oder des eigenen Weltbildes) gibt es eine Unzahl spezieller Ängste, vor Höhe, engen Räumen, Menschenmassen, Weichtieren. Letztenendes ist da allerdings keine Angst, die der Horror sich nicht zunutze machen könnte, sei es bei Zuschauern oder Protagonisten. → *H.P. Lovecraft* nennt die Angst in »Supernatural Horror in Literature« (*»Die Literatur der Angst«*) als älteste und stärkste menschliche Gefühlsregung.

»Die Angst sitzt neben Dir«

Das von vielen Horrorfans (→ *Fandom*) als die Bibel des Horrorfilmes bezeichnete Kompendium erscheint seit 1990 in unregelmäßigen Abständen. Nach sechs Ausgaben im Format eines Taschenbuches wurde das Ganze 1998 zu einem fast 800seitigen Nachschlagewerk mit Material über mehr als 4000 Filme zusammengefaßt, wobei vor allem ältere Filme mitunter etwas ungenügend berücksichtigt werden. Herausgegeben wird »Die Angst sitzt neben Dir« im Eigenverlag von Frank Trebbin, dem Autor selbst, dessen Engagement auf dem Gebiet seinesgleichen sucht. Bezüglich Filminformationen dürfte das Buch jedenfalls die einzige erwähnenswerte Konkurrenz der Internet Movie Database sein.

Angstschweiß
Indikator für → *Angst*. Nach freundlichem Hinweis von Herrn Franzisko vom Autor dieses Werkes als *das* deutsche Wort mit den meisten aufeinanderfolgenden Konsonanten erkannt.

Anthologien
Sammlungen verschiedener Geschichten, nicht selten mit einem konzeptionellen Überbau, die gerade im Horror- und Phantastikbereich eine gute Möglichkeit bieten, sich einen Überblick zu verschaffen und bevorzugte Autoren herauszufinden.

In der Regel befinden sich innerhalb einer Anthologie allenfalls drei Geschichten überdurchschnittlicher Qualität, was wir hier aber nicht verallgemeinern wollen.

An dieser Stelle seien allerdings lediglich drei, dem Autor kürzlich als bemerkenswert aufgefallene Anthologien genannt: *»Zum Teufel«* (Insel), *»H.P. Lovecrafts Bibliothek des Schreckens«* (→ *Edition Metzengerstein*) und *»The New Gothic«* (Fischer). Mehr Titel im Literaturverzeichnis.

Antichrist
(auch Widerchrist)
Sohn des Teufels, höllisches Äquivalent zum wiederkehrenden Gottessohn. Die Rückkehr hat die → *Apokalypse*, das Ende, der Welt zur Folge. Die Ankunft des Antichristen hat eigentlich den gleichen Effekt: totale Vernichtung und ziemlich viel Ärger.

Die filmische Bekanntschaft des Antichristen läßt sich am besten in → *»Das Omen«*, → *»Warlock – Satans Sohn«*, in → *»Carrie«* oder aber → *»Im Auftrag des Teufels«* machen.

Antropophagus
[grch. Menschenfresser]
→ Kannibalismus

»Antropophagus«
→ »Man-Eater – der Menschenfresser«

Apokalypse
[grch. »Offenbarung«]
Die Offenbarung des Johannes, die den Untergang der bestehenden Welt beinhaltet. Das Lamm Gottes (Jesus Christus) bricht am Tag des

Weltgerichts sieben Siegel, die jedes für sich bereits ausreichend unangenehm sind und zusammengenommen das Ende der Welt bedeuten. Das Brechen der Siegel bewirkt z. B. die Ankunft der vier apokalyptischen Reiter, die Krieg, Hunger, Pest und Tod über die Welt bringen. Weil bei der Apokalypse aber nicht gespart werden muß, greifen die sieben Engel um den Thron Gottes nach ihren Posaunen und jede davon bringt eines von sieben Zeichen mit sich. Es beginnt mit Hagel und Feuer (mit Blut gemischt), dann fällt ein brennender Berg ins Meer usw. Laut Offenbarung werden 144.000 Menschen gerettet.

Das Ende der Welt wird oft und gerne in den Kontext von Horrorproduktionen gestellt, genannt sei hier → *»Das siebte Zeichen«*, welches die Apokalypse als zentrales Sujet behandelt.

»Aquarius«

1986 R: Michele Soavi D: David Brandon, Barbara Cupisti

Während der Proben eines Horrormusicals, in dem es um einen wahnsinnigen Massenmörder geht, fühlt sich irgend jemand überaus inspiriert und subtrahiert kostümiert und auf blutige Weise einen Schauspieler nach dem anderen ...

Die Geschichte, Anklänge an → *»Das Phantom der Oper«* oder vielmehr das bizarre davon inspirierte → *»Das Phantom im Paradies«* sind gewiß beabsichtigt, wenn auch ohne überragende Neuerungen daherkommend, ist bemerkenswert, da → *Splatter*, Ironie und beeindruckende Bilder nebst einem seltsamen Soundtrack sich die Waage halten und gute blutige Filme zu machen eine der schwereren Aufgaben ist.

»Arachnophobia«

USA 1990 R: Frank Marshall D: Jeff Daniels, Julian Sands

Eine unzweifelhaft bessere Variante des »fiese Tiere«-Filmes: ein giftiges südamerikanisches Spinnengetier gerät im Sarg seines Opfers in eine unbedeutende amerikanische Kleinstadt, deren Bewohner, mit dem Gift ihrer Nachkommenschaft Bekanntschaft machend, nach und nach den Tod finden, ohne daß die sich emsig vermehrende Spinne damit in Verbindung gebracht werden würde.

Der Protagonist, der Arzt Ross Jennings (Daniels), in dessen Scheune das Spinnenvolk heimisch geworden ist, leidet zu allem Überfluß unter Arachnophobie, der Angst vor Spinnen ... Nicht annähernd so peinlich wie andere Genrekollegen aus dem Bereich → *Tier-Horror*, ist *»Arachnophobia«* ein feines Filmchen. Mit Genuß wahrzunehmen sind die schrulligen Charaktere, die Julian Sands und John Goodman verkörpern. Einen exaltierten Spinnenforscher und einen Vollblutkammerjäger, wobei letzterer im Auge des Autors bloß noch von → *Christopher Walken* in »Mäusejagd« getoppt wird.

Archäologie

[griech. Altertumskunde]
Wissenschaft, welche die Überreste der Vergangenheit untersuchend kulturelle und historische Zusammenhänge rekonstruiert und etwaige Verbindungen zur Gegenwart herstellt. Im Bereich des Horrors werden gerne unwahrscheinlich uralte → *Altäre* und → *Opferstätten* entdeckt, aber auch in versunkenen Städten läßt sich Grauenhaftes ansiedeln, das seine Entdecker inbrünstig massakriert. Mit Vorliebe werden neben geheimnisvollen Seltsamkeiten auch außerirdische Kreaturen in archäologische Zusammenhänge eingebaut, und das nicht nur seit den → *X-Akten* (im X-Akten Roman »Ruinen« etwa entpuppt sich eine ganze Inkapyramide als Raumschiff), sondern schon zu Beginn des 20. Jahrhunderts etwa von → *H.P. Lovecraft.*

»Archon«

Uraltcomputerklassiker (ECA) aus den sentimental verklärten Tagen des C-64. Eine Schachvariante um → *das Gute* und → *das Böse*, deren Figuren sich nach ihrer Zugsequenz bei Aufeinandertreffen in Scharmützel bis zum Tod verstricken. Der Bezug des Spieles zu diesem Genre ist die prominente Besetzung, die Figuren nämlich sind Gestalten der klassischen → *Mythologie*, wie etwa die → *Banshee*, der → *Basilisk*, → *Behemoth*, → der *Golem* oder der → *Mantikor.*

Argento, Dario

*(*7.9.1940 Rom)*
Passionierter Horrorfilmer und Multitalent: Autor, Regisseur, Produzent, Komponist und Schauspieler in mehr als nur einem seiner Filme, wobei er mitunter unter Pseudonyme wie Sirio Bernadotte, George Kemp oder Roberto Pariente benutzt. Die Liste von Argentos Schaffen ist beeindruckend, dabei von gleichbleibender Qualität geprägt und seine Filme sind eine eigentümliche Mischung aus Thriller und Horror. Optisch ein ebenso unscheinbarer Charakter wie etwa → *Stephen King* oder → *Jörg Buttgereit,* ist auch Argento ein Sonderling par excellence: nicht nur, daß im Original die Stimme des Erzählers stets Argentos eigene ist, wann immer in seinen Filmen Männerhände in Nahaufnahme zu sehen sind (vor allem wenn sie Frauen morden), dann sind

es seine eigenen. In keinem seiner Interviews geht er auf dieses Thema ein.

Argento gelang es – ähnlich wie etwa → *Lovecraft* mit seinem → *Necronomicon* – mit den drei Müttern eine pseudoreale okkulte Instanz zu schaffen, die ursprünglich auf einer Geschichte Thomas de Quinceys (1785-1859 / *»Bekenntnisse eines Opiumessers«*) basiert, dessen Mater Lachrymarum, Mater Suspiriorum und Mater Tenebrarum von Argento in einigen Horrorthrillern begnadet wiederbelebt werden, um eine weitere Generation von Horrorschaffenden zu inspirieren. Ursprünglich als Trilogie geplant, gibt es bis dato lediglich zwei Teile mit den Müttern als zentralem Aspekt: → *»Suspiria«* und *»Inferno«*. Neuestes Projekt Argentos ist seine Variante vom → *»Phantom der*

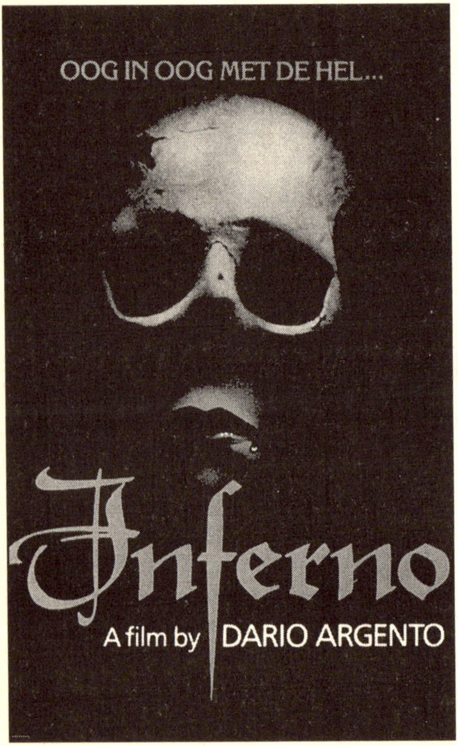

Dario Argento »Inferno« – Teil der ambitionierten Trilogie Dario Argentos

Oper«, in der einmal mehr auch seine Tochter Asia (göttliches Geschöpf) mitspielen darf.

Armageddon

[hebr. »Harmageddon«]

der Ort an dem die drei Teufelsgeister im Rahmen der → *Apokalypse* die Könige der Welt zum Krieg gegen Gott versammeln. Armageddon wird allerdings oft auch als Synonym für *Apokalypse* gebraucht.

»Armee der Finsternis«

→ *Tanz der Teufel*

»Army of Darkness«

→ *Tanz der Teufel*

Artmann, H.C.

(Hanns Carl; 1921 Sankt Achatz am Walde, bei Wien)*

Begann nach seinem Hauptschulabschluß und während einer Schuhmacherausbildung autodidaktische Sprachstudien. Von 1940-1945 war er Soldat und während seiner Zeit in amerikanischer Kriegsgefangenschaft als Dolmetscher tätig. Wieder in Freiheit ließ er keine Gelegenheit aus, Europa von vorne bis hinten zu durchreisen. Inzwischen spricht und übersetzt er mehr als 10 Sprachen. Seine persönliche literarische Vorliebe ist die Parodierung verschiedener Genres der Trivialliteratur, nicht selten mit einem provokanten sexuellen Aspekt, wobei er weder vor → »*Dracula*« (vgl. → »*Dracula, Dracula*«) noch → »*Frankenstein*« zurückschreckte (vgl. → »*Frankenstein in Sussex*«). Zu seinem Werk gehören neben Lyrik, Prosa und Theaterstücken auch Übersetzungen von → *H.P. Lovecraft* und Bram Stoker. Doch davon abgesehen ist Artmann einer der größten zeitgenössischen Kenner der → *Phantastische*(n) *Literatur.*

Ash

Bemitleidenswerter Protagonist in der → »*Tanz der Teufel*« Trilogie. Dargestellt von Bruce Campbell, ist Ash eigentlich die Personifizierung des handsome guy, hochgewachsen und schwarzhaarig. Dem ursprünglichen Supermarktangestellten Ash werden vom personifizierten Bösen im ersten Teil zunächst die Freunde weggemordet (nun gut, manche mordet er selbst), worauf sich eine blitzförmige Strähne seines dichten schwarzen Haupthaares durch den erlittenen Schock weiß färbt, dann wendet sich im zweiten Teil auch noch seine eigene Hand derart heftig gegen ihn selbst, daß er sie sich selbst amputieren muß und gegen eine ungleich effektivere → *Kettensäge* ersetzt. Damit aber nicht genug, wird der gute Ash am Ende dieses zweiten Teiles in einen Zeitstrudel gerissen, um im Mittelalter aufzuschlagen, wo er im Verlauf des dritten Teiles auch nicht freundlicher behandelt wird als zuvor, wobei er jedoch nie den Humor verliert ...

Auch von Ash gibt es ein ansprechendes → *Modell*, daß ihn in heroischer Pose mit zerrissenem Hemd und Kettensäge darstellt.

Asmodäus

[lat. von griech. Asmodaios talm. Aschmedai]
Im biblischen Buch Tobias 3,8.17 vorkommender Dämon des Lasters, dessen Name ursprünglich von dem altiranischen Dämon Aeshma Daeva entliehen ist. In der magischen und pseudomagischen Literatur des Mittelalters kommt er häufig vor. Sein Name wird angeblich mit »Bringer des Gerichtes« übersetzt, was angesichts der verschiedensprachlichen Quellen zwar nicht sehr wahrscheinlich ist, sich als Beiname jedoch ganz gut macht. Der Wohlklang seines Namens scheint dafür verantwortlich, daß Asmodeus zu verschiedensten Zwecken gern herangezogen wird, nicht nur daß er im → *Hexenhammer* einen der acht Aspekte des Teufels repräsentieren darf, im Rahmen der → *John Sinclair*-Reihe inspirierte der Dämon offensichtlich sogar zu seiner weiblichen Variante, der lieblich grausigen Asmodina.

Astaroth

In der spätmittelalterlichen Dämonologie ein Dämon in Gestalt eines häßlichen Engels. Angeblich besitzt er Fledermausflügel, reitet auf einem Drachen und hält noch eine Schlange in seinen Krallen. Sein Beiname ist »der Verleumder«. Es obliegt ihm im Rahmen des jüngsten Gerichtes, die Anklage gegen die Menschheit zu führen. Laut → *dictionnaire infernal* sind ihm Vergangenheit, Gegenwart und Zukunft gänzlich und vollkommen bekannt. Außerdem ist er – und sei es seines Rufes halber – Schutzherr der freien Künste. Ein kleines, aber beschauliches Denkmal setzte Astaroth eine Produktion der → *Hammer Studios*: → *»Die Braut des Satans«* (*»To the devil a daughter«*), nach einer Geschichte von Dennis Yeates Wheatley.

Auferstehung

Gipfel des Phänomens temporäres Sterben. Tote Personen ändern ihre Meinung und beginnen erneut zwischen den Lebenden zu wandeln. Der berühmteste Auferstandene dürfte Jesus Christus sein, dem allerdings im Rahmen seiner Auferstehung anderes zuteil wurde als etwa dem gemeinen → *Vampire.* Während ersterer nämlich religiöse Würdigung erfährt, wird zweiten gerne ein Pfahl ins Herz getrieben. In der Regel pflegen → *Untote* an sich aufzuerstehen, sogar wenn sie zu 5/6 verbrannt und halb obduziert sind, wie in → *»Blade«* zu sehen war. Die künstliche Auferstehung unter Zuhilfenahme der Wissenschaft ist im Rahmen erhoffter Unsterblichkeit ein oft und gern genommenes Thema, zentral etwa in → *»Re-Animator«*.

»Im Auftrag des Teufels«

(»The Devil's Advocate«)

USA 1998 R: Taylor Hackford D: Al Pacino, Keanu Reeves

Die Großkanzlei des Anwaltmoguls John Milton (Al Pacino) verplichtet den erfolgreichen provinziellen Nachwuchsstrafverteidiger Kevin Lomax (Keanu Reeves). Dieser zieht mit seiner Frau in die Stadt und gerät schnell in den Sog des Erfolges. Etwas langsamer werden ihm ungewöhnliche Aspekte innerhalb seines Umfeldes bewußt. Zum Zeitpunkt, da Milton sich als der → *Teufel* persönlich entpuppt, scheint jedoch alles zu spät.

Hackford überträgt das klassische Motiv des Teufelspaktes mit all seinen Stärken und Schwächen in einen vergleichsweise ruhigen Film, in dem sich nach und nach der → *Antichrist*-Aspekt einschleicht. Das Übersinnliche des Filmes leidet nicht an inflationärem Einsatz von Effekten, sondern verhält sich angenehm wenig exhibitionistisch, obwohl die üblichen Motive von → *Wahnsinn*, → *Sex* und Kirchenschändung allesamt stattfinden. Außerdem vermag das Drchbuch einer durchaus bekannten Pointe neue Aspekte zu verleihen. Der ganze Film bietet zudem einige hintergründige Gimmicks, das beginnt bei dem Namen John Milton, führt über das Relief über seinem Schreibtisch (»Das Tor zur Hölle« von Rodin) bis zu einem Dialog vor einer Markise mit der Hausnummer 777 (ein trefflich Scherz mit der → *666* im Hinterkopf). Überdies ist Al Pacino in der Rolle des (kleinwüchsigen) Teufels mit dem seltsamem Humor göttlich.

Aurora

Gegründet 1950, erfuhr die Firma ihre ersten Erfolge durch Flugzeugmodelle, erweiterte stetig ihre Produktpalette, bis sie 1960 im Rahmen eines Wettbewerbes zur Entwicklung einer Serie von Horrorfiguren angeregt wurde. Über viele Jahre war Aurora die marktführende Firma im Bezug auf → *Modelle* aus den Horrorgenres. Sei es → *»Dracula«*, → *»Der Wolfsmensch«*, → *»Godzilla«* → *»Frankenstein«* oder → *»Vampirella«*, verschiedene Folterkellerszenen, das Modell eines weiblichen Opfers und die Fahrzeuge der Horrorprominenz (Draculas Dragster oder Godzillas Go-Kart), Aurora bot alles, teils höchst liebevoll, manchmal auch etwas nachlässig modelliert, aber selten identisch mit Darstellungen auf dem Verpackunsmaterial. 1971 wurde Aurora vom Nabisco-Konzern aufgekauft, der die Produktion der ursprünglichen Auroramodelle im Jahre 1977 vornehmlich aus wirtschaftlichen Gründen einstellte. Der Wert einiger der genannten Modelle liegt inzwischen bei mehreren tausend Mark, die Liebhaber etwa auf Internetauktionen durchaus zu zahlen bereit sind.

Außerirdische

Auf den ersten Blick periphär mit dem Horrorgenre verbunden, haben Außerirdische es inzwischen vermocht, sich auch hier zu etablieren. Vornehmlich tun sie das durch ihre Gebräuche und Bedürfnisse, die in menschlichen Augen zumeist als schrecklich, scheußlich, grausam oder anderweitig unschön empfunden werden. Der → *»Predator«* etwa besucht die Erde, um Jagdtrophäen (in diesem Falle Menschen) zu erbeuten. Das → *»Alien«*, in schleimigen Kokons heranwachsend, hat Artgenossen, die sich parasitär in Menschen einnisten, um später eindrucksvoll aus dem Brustkorb zu platzen, und → *»Die Dämonischen«* räumen Menschen aus dem Weg, um sie durch Duplikate zu ersetzen. *»Tommyknockers«* (auch hier spielt Schleim durchaus eine Rolle) ist eine Science-Fiction/Horrorfusion aus der Feder des produktivsten Horrorautors der Gegenwart, → *Stephen King.*

Autopsie

[griech. Leichenöffnung]

Wird in der Regel vorgenommen, um die Todesursache von Verstorbenen herauszufinden. Im Horrorgenre bedeutet das in der Regel die Feststellung ungewöhnlicher Umstände, wie etwa das Fehlen des Herzen / eines Fußes / einer Hand / beider Füße / der Menschlichkeit etc. pp. Eine beliebte Variante ist auch das »Reingelegt, ich bin noch gar

Aurora – Die Mutter aller Modelle

nicht tot«-Syndrom, das Leichen plötzlich weniger tot sein läßt als erwartet. Neben Aufspringen, Weglaufen und später viele-Leute-auf-grausame-Weise-ums-Leben-bringen, haben Kandidaten dieses Syndroms eine hohe Affinität zur Ermordung der Ärzte, die ihre Autopsie durchführten. Die vielfältigen Möglichkeiten des Einsatzes der Autopsie zeigt sich in → *»Das Schweigen der Lämmer«*, → *»Akte X«* oder »Twin Peaks«, wo durch die Autopsie ungleich subtilere Ebenen erschlossen werden. Die Autopsie (zumeist in der → *Pathologie* vorgenommen) ist auch ohne Einbettung in horribles Geschehen unangenehm genug. Wer sich davon überzeugen will, leihe sich *»Der Weg nach Eden«* aus, authentisches, pseudodokumentarisches Autopsieren inkl. Haut abziehen, Hirn gucken und Innereien für Fortgeschrittene.

Azatoth

Ein weiterer der großen Alten aus dem phantastischen Pantheon des → *H.P. Lovecraft*. Azatoth ist die Gottheit des → *Chaos*, begleitet von irren Musikanten und wahnwitzigem Flötenspiel und dabei nicht, wie etwa → *Cthulhu* auf der Erde, sondern im Kontext des kosmischen Horrors auf einem anderen Planeten gefangen.

Azrail

(auch Azrael)

Nicht bloß Gargamels katzenhafter → *spiritus familiaris*, sondern in erster Linie islamischer Todesengel, der, wenn er kurzsichtig wird, insofern ein Problem hat, als daß seine Flügel mit 4000 Augen besetzt sind. Außerdem ist darauf noch für ebenso viele Zungen Platz. Azrail entreißt den Menschen gemäß der Tafel des göttlichen Ratschlusses ihre Seelen.

B

Baal

[westsem. Ba'l »Eigentümer, Herr«]

Etymologisch dem mesopotamischen Bel entsprechend, diente in Altsyrien als Bezeichnung verschiedener Götter, später als Titel verschiedener weiterer Gottheiten gebräuchlich, so daß sich allein die nächsten Seiten wohl problemlos mit den Baals von hier und da etc. pp. füllen ließen. Da das Ganze aber nicht wirklich interessant ist, sei erwähnt, daß Baal zumindest auch der Name eines Höllenfürsten ist, der über drei Köpfe, nämlich die einer Kröte, einer Katze und eines Menschen verfügt. Diese Attribute werden bei literarischen und zelluloiden Auftritten Baals in der Regel unterschlagen und durch Schleim o.ä. ersetzt.

Backwood

[engl. »Hinterwald«]

Der Begriff bezeichnet eine bestimmte Art von Ort, die im Horrorgenre immer wieder eine besondere Rolle spielt. Interessant sind die Bewohner dieses Hinterlandes, die hier korrekterweise als Hinterwäldler bezeichnet werden müssen. Backwood bedeutet vor allem zweierlei: eigene Gesetze und niemand, der einen schreien hört. Ein prägnantes Beispiel für das Backwoodgenre ist → *»Das Kettensägenmassaker«*

»Bad Taste«

Neuseeland 1988 R: → Peter Jackson D:Peter O'Herne, Mike Minett

Außerirdische mit aufgeblasenen Schädeln, wie üblich als Menschen getarnt und offensichtlich Teilnehmer eines Volkshochschulkurses in Mord und Terror, infiltrieren Neuseeland. Einzig eine Handvoll tougher Jungs stellt sich ihnen in den Weg ...

Der Titel jedenfalls ist Programm. Pseudo Sci-Fi meets → *Splatter* und ist dabei einmal mehr zu blutig und zu komisch, als daß es davon eine deutsche Fassung gäbe. → *Peter Jacksons* Low-Budget Kino-Debüt ist ein bizarrer Meilenstein des Seltsamen. Gerüchte, daß der Mann diesen Film mit lediglich 5000 $ finanzierte, sind angesichts dieses inovativen Resultates erstaunlich. Auf jeden Fall ist dies ein Film, an dem man die Unterschiede von extremer High- und Low-Budget-Gewalt beurteilen kann, wobei zweiteres erstaunlicherweise wesentlich besser wegkommt ...

Baker, Rick

*(*1950 New York)*

Amerikanischer → *FX* Spezialist, der sich vor allem durch → Werwolf-Streifen wie etwa → »*American Werewolf*«, »*The Howling*« oder »*Wolf*« einen Namen machte, ist einer der vielbeschäftigten Männer des FX Business. Seien es → »*Im Auftrag des Teufels*« oder »*Men in Black*«, Baker, der bereits 1976 für den Gorilla im → Remake von King Kong zuständig war, hat wieder mal seine Finger im Spiel.

Bann

Unter dem Bann von etwas oder jemandem zu stehen hat in der Regel verheerende Auswirkungen auf den eigenen Willen und Ausgeliefertsein in verschiedenster Hinsicht zur Folge. Die diesbezüglich wohl bekanntesten Zauber sind wohl → *Hypnose* und → *Voodoo*, beides weidlich im Horrorgenre verbraten. Personen, die unter einem Bann standen, erinnern sich – was immer sie auch taten – im nachhinein an nichts. Oft wird ein derartiger Bann über magische Gegenstände und ähnliches übertragen. In → »*Die Braut des Satans*« etwa ist es ein umgedrehtes → *Kreuz*, das Nastasja Kinski in die Fänge der Teufelsanbeter lockt.

Die zweite Variante des Banns steht für die Sicherung eines Ortes gegen Dämonen u.ä. Zen-

»Bad Taste«, der Name ist Programm...

trales Moment ist in diesem Fall der Bannkreis, den Mitglieder des fiesen Vereines nicht ohne weiteres durchbrechen können und dessen Zentrum in der Regel ein → *Pentagramm* ist. Abgesehen vom Bannkreis gibt es jedoch verschiedene Möglichkeiten, verschiedene Kreaturen auf individuelle Art und Weise zu bannen. Das Wissen über solche Möglichkeiten liegt meist in staubigen Büchern verborgen und beinhaltet oftmals die Anwendung von kindskopfgroßen Rubinen, Opfern von Jungfrauen oder was auch immer sonst annähernd unmöglich zu beschaffen ist.

Banshee

[gäl. Bean-sidhe »Frau aus dem Elfenhügel«]

Todesfee des irischen Volksglaubens, die den bevorstehenden Tod eines Familienmitgliedes grundsätzlich in seinem Geburtshaus ankündigt. Dies tut sie vornehmlich durch ihre markerschütternden Klagelaute, und der Ruf des Banshees ist sprichwörtlich, ein unmißverständlicher Todesbote. Dieser Umstand genügte verschiedenen Genres zur Inspiration: Ein stimmgewaltiges männliches Mitglied der X-Men trägt den klangvollen Namen der Todesfee und auch der Uraltcomputerklassiker → *»Archon«* hat eine Figur des Namens aufzubieten.

Baphomet

Einer unter den Top-Ten, der wohlklingenden und gern mißbrauchten okkulten Namen. Von Computerspielen bis zu Filmen ist Baphomet ein gern gesehener Gast, was er wohl lediglich dem Wohlklang seines Namens zu verdanken hat. Teuflisch mag er ja klingen, was Baphomet aber wirklich bedeutet, weiß man tatsächlich nicht. Ein Abbild Baphomets jedenfalls haben angeblich die Templer verehrt und im Rahmen der Geständnisse, die sie während ihrer Verfolgung unter der Folter ablegten, nahm Baphomet zahllose Formen an.

Etymologisch setzt Baphomet sich wahrscheinlich aus bapto [griech. Taufen] und metis [Weisheit] zusammen. Möglicherweise ist es aber auch eine Verballhornung von → *Behemoth* oder vom arabischen abufihamat (Vater des Erkennens) abgeleitet. Selbst dessen ist man sich nicht sicher und etymologische Theorien gibt es noch einige mehr.

Aber wenigstens klingt es teuflisch.

Barker, Clive

*(*1952 Liverpool)*

Bereits im Alter von zwölf Jahren begann Barker zu malen und zu schreiben, und bereits damals waren es vor allem düstere Sujets, die ihn bewegten und denen er auch fortan treu blieb. Nach seinem Studium (engl. Literatur und Philosophie) gründete er 1973 eine Theatergruppe, nach deren Auflösung im Jahre 1984 begann er Horrorkurzgeschichten zu schreiben. Aus Barkers Feder stammen einige der großen Horrormotive unserer Zeit. Neben seinen lohnenswerten Kurzgeschichtensammlungen, den sechs *»Büchern des Blutes«* (deutsch bei Droemer-Knaur) und einigen Büchern, die ebenfalls ins Deutsche übersetzt wurden (lohnend vor allem *»Jenseits des Bösen«* & *»Stadt des Bösen«*, deutsch bei Heyne) fanden andere Geschichten Barkers durch ihn als Regisseur bemerkenswerte filmische Umsetzung. In diesem Rahmen seien als in jeder Hinsicht herausragend → *»Cabal – die Brut der Nacht«* und → *»Hellraiser«* erwähnt. → *Stephen King* etwa schreibt über Barker: »Ich habe die Zukunft des Horrors gesehen. Ihr Name ist Clive Barker.«

Barkers Originalität und Vielseitigkeit jedenfalls suchen ihresgleichen, denn trotz der Hingabe, die man in seinen Geschichten spürt, hat er sich niemals in diesem Genre verloren, sondern begibt sich immer wieder auf literarische Streifzüge durch andere Gefilde ...

Baron Samedi

[frz. Baron Samstag]

Mysteriös unheimliche Gestalt des haitianischen → *Voodoo* Kultes, dem anteilige Herrschaft über das Totenreich gebührt. Obwohl er meist unsichtbar bleibt, wird Baron Samedi als förmlich gekleideter Farbiger mit Zylinder dargestellt und als Beherrscher der Friedhöfe verehrt. In den Regionen dieses Glaubens sind ihm auf den Friedhöfen Kreuze geweiht. Im allgemeinen ist die Öffnung eines Grabes ohne seine Einwilligung nicht ratsam, worauf bei Exhumierungen in der Regel jedoch keine Rücksicht genommen wird.

Ein Denkmal wurde Baron Samedi in dem James Bond Klassiker *»Leben und Sterben lassen«* (*»Live and let die«*) (der übrigens neben → *Voodoo* und → *Tarot* noch zahlreiche okkulte Ansätze hat) gesetzt, dessen ergötzliche Schlußsequenz er beherrscht.

»Basket Case – der unheimliche Zwilling«

(»Basket Case«); USA 1982 R: Frank Henenlotter D: Kevin van Hentenryck, Terri Susan Smith

Zwei ungleiche Zwillingsbrüder, einer vollständig entwickelt und der andere lediglich ein siamesischer Fortsatz, werden operativ getrennt.

Der Lebensunwürdigere von beiden – → *Belial* mit Namen – soll eigentlich »entsorgt« werden, wird allerdings gerettet und führt fortan ein Dasein in einem Korb, aus dem er seinen Bruder anstiftet, Rache an den Ärzten zu nehmen ...

Origineller Klassiker, der zynisch bösartig blutig über die Stränge schwappt und wohl keinem Ästheten zu empfehlen ist. Henenlotter legte noch zwei → *Sequel* nach, die jedoch deutlich hinter dem Original zurückbleiben, obwohl der dritte Teil bemerkenswert → *bizarr* ist.

- *»Basket Case 2«; USA 1989 R: Frank Henenlotter D: Kevin van Hentenryck, Annie Ross*
- *»Basket Case 3 – Die Brut« (»Basket Case 3«); USA 1991 R: Frank Henenlotter D: Kevin van Hentenryck, Annie Ross*

Basilisk

[von griech. basiliskos »kleiner König«]

Neben dem → *Mantikor* eines der furchterregenden legendären Mischwesen, die bereits in der Antike Erwähnung finden. Der Basilisk hat angeblich den Körper einer Schlange und den Kopf eines Menschen und schlüpft (laut Hildegard von Bingen, ca. 1098-1179) aus von Kröten ausgebrüteten Schlangeneiern. In anderen Quellen sind es Hahneneier, aber der Volksmund hat viele Stimmen. Sogar im → *Hexenhammer* findet der Basilisk Erwähnung, in einer Abhandlung über sein Gift, das auf die Augen wirkt. Gift oder nicht, man ist sich einig, daß der Blick des Basilisken tödlich wirkt (wie im Falle → *Medusas* gereicht hier ein Spiegel zur Lösung des Problems). Atem und Biß des Basilisken sind nicht weniger tödlich, was das Ungetüm wirklich gefährlich macht. Das Wiesel und das Krähen des Hahnes sind abgesehen von dem Spiegel das einzige, das dem B. gefährlich werden kann ...
Geschichten derartiger Geschöpfe fanden vor allem im Mittelalter Verbreitung und wurden mit verschiedenen beeindruckenden Darstellungen sogar in naturwissenschaftlichen Büchern aufgeführt.

Bates, Norman

Der hauptberufliche Psychopath, Betreiber von Bates Motel und → *Maniac on the Loose* der ersten Stunde ist die Hauptfigur von → *Alfred Hitchcocks* → *»Psycho«* und der entsprechenden Sequel. Norman hat vornehmlich ein Problem mit seiner Mutter. Daß diese ihn dominiert, ist jedenfalls nur insofern bemerkenswert, daß sie seit längerem tot ist. Dennoch gibt sie Norman klare Aufträge für Mordtaten, und Selbstgespräche mit verteilten Rollen waren selten so überzeugend wie hier.

Dargestellt wurde Bates, ein Charakter, der von dem amerikanischen Massenmörder → *Ed Gein* inspiriert wurde, von dem Schauspieler Anthony Perkins.

Bathóry, Erzsebet

(Elisabeth, 1560-1614)

»Die Blutgräfin«, ebenso wie → *Vlad Tzepes* Mitglied eines ehrbaren Wojwodengeschlechtes und gleichsam mit einer vergleichsweise unnatürlichen Auffassungsgabe von der Verhältnismäßigkeit der Mittel ausgestattet. Um nämlich den Fortbestand der Schönheit ihrer Haut zu sichern, badete sie im → *Blut* von Jungfrauen, wobei sie sich im Verlauf ihrer Kur angeblich mehrerer hundert bediente. Mit drei Kammerzofen und einem verkrüppelten Pagen als Komplizen ergibt das ganze eine wahrhaft filmenswerte Geschichte. Derweil ihre vier Komplizen zu Folter und Tod auf dem Scheiterhaufen verurteilt wurden,

Die Biographie der Blutgräfin Erszebet Bathory

wurde die Gräfin in ihrem Schlafgemach eingemauert, wo sie sich, dank Durchreiche, noch ganze vier Jahre hielt.

Neben verschiedenen Verfilmungen ihrer Geschichte (u.a. 1973 mit Paloma Picasso als Protagonistin), ist im P. Kirchheim Verlag ein großartiges Buch (*»Heroine des Grauens«)* über die Gräfin erschienen, daß sich vor allem auch durch erquickliche Bilder auszeichnet.

Baudelaire Charles

*(*1821 Paris, †1867 ebenda)*

Französischer Dichter, der als Vorläufer des Symbolismus gilt. Baudelaires Werk behandelt vor allem Themen wie Verdammnis, Melancholie, Sexualität und Schöpfungskraft mit einer unvergleichlichen Rückhaltlosigkeit, die auch Drogen, Liebe und Exzess in seinen Schriften erfahren. Baudelaire verstand die Suche nach dem eigenen Selbst innerhalb der Weiten des Bösen, Schönen, Phantastischen und Ekstatischen in Worte zu kleiden. Sein wohl bekanntestes Werk ist die Gedichtsammlung *»Les fleurs du mal«* (*»Die Blumen des Bösen«*, dt. 1857). Beeindruckt zeigte Baudelaire sich vom Werk → *Edgar Allan* Poes, dessen Vorliebe für die Mysterien sich mit höchsten literarischen Ansprüchen verwob und in dessen Werk Baudelaire seine eigenen Ansprüche verwirklicht fand. Unter anderem verfaßte Baudelaire eine brillante Versübersetzung von Poes Gedicht → *»Der Rabe«*.

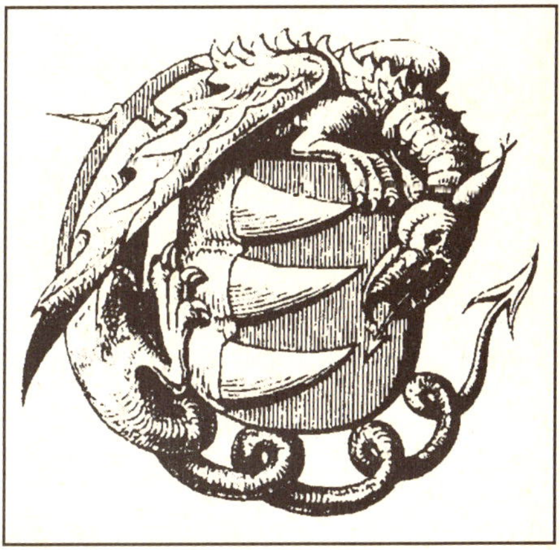

Erzsebet Bathóry – das Wappen der Familie einer schönheitsbewußten Frau

Beksinski, Zdziglaw

(1929 Sanok/Polen)

Seine Gemälde erinnern an die Bilder → *H.R. Gigers*, wirken jedoch, da sie in Öl gehalten sind, wärmer und dadurch beunruhigender. Obwohl Verfall, Beklemmung und das Unheimliche stets wiederkehrende Motive sind, haben Beksinski Bilder keine Titel. Der Maler äußert sogar: »Bedeutung ist für mich bedeutungslos.«

Der polnische Künstler, der in seinem Heimatland regelmäßige Ausstellungen und einige Fernsehauftritte vorzuweisen hat, ist hierzulande unverdienterweise noch immer nahezu unbekannt.

Einige seiner Werke sind in Kalenderform über den amerikanischen Versand »Morpheus International« zu beziehen, und eines seiner Bilder ziert das 1998 erschienene Buch »Die Stille nach dem Tod« (Alien Contact), davon abgesehen ist es allerdings annähernd unmöglich, hier-

Zdziglaw Beksinski – Kafkaesker Blick zwischen die Welten

zulande in den Besitz von Büchern oder Graphiken Beksinski zu kommen.

Beelzebub

(auch Beelzebul)
Die etymologische Ableitung von Baal-Zebub (»*Herr der Fliegen*«) ist nicht gesichert. Eine andere Möglichkeit ist die aus dem phönikischen entlehnte »Baal der Fürst« Variante (»zebul« = Fürst). Zunächst Stadtgott der Philister, wurde B. in rabbinischen Texten bald zum »Herrn des Düngerhaufens« (das Wort »*zabal*« = düngen wird in der rabbinischen Literatur für Götzendienst gebraucht). Im neuen Testament wird Beelzebub dann zum obersten der Dämonen befördert (Matthäus 12,24-27), in der mittelalterlichen Zaubermagie wird er zum Schutzherr der → *Magie* mitunter auch zum → *Teufel* selbst und darf dementsprechend auch bei seinen acht Aspekten im → »*Hexenhammer*« nicht fehlen, der seinen Namen lapidar mit »Mann der Fliegen« übersetzt, die in diesem Fall für sündige Seelen stehen. Auch Horrorliteratur und -film bedienen sich Beelzebubs außerordentlich gern. Er darf mit Recht als eine der etablierten Teufelsgestalten betrachtet werden, wird zumeist mit dem Höllenfürsten gleichgesetzt und von scheinbar gebildeten Protagonisten häufig mit »*Herr der Fliegen*« übersetzt.

Belial

(auch Beliar) [»der Heillose, Nichtswürdige«]
Das Alte Testament bezeichnet vor allem bösartige Menschen als »Männer Belials« (2 Samuel 16,7). In den Qumran Fragmenten und im Neuen Testament liegt ganz klar auch die Bedeutung für → *Satan*, → *Teufel* (2 Korinther 6,15) vor. Belial ist der Geist der Finsternis. Auch er darf im → *Hexenhammer* unter den acht diabolischen Aspekten des Teufels weilen, dort wird er mit »ohne Joch« resp. »ohne Herrn« übersetzt, weil er nach Kräften gegen den angeht, dem er zu Diensten sein müßte.

Doch abgesehen davon ist auch der Protagonist in → »*Basket Case-der unheimliche Zwilling*«, mit eben diesem Namen gesegnet.

Behemoth

[hebr. behema »Tier«]
Der → *Hexenhammer* macht auch Behemoth zu einem der erwähnten acht Aspekte des → *Teufels* und übersetzt ihn – wohl damit es besser klingt – kurzerhand mit Bestie, das Attribut Belials ist dabei lediglich, daß er die Menschen bestialisch mache.

Tatsächlich ist Belial eine Bezeichnung für das Nilpferd (Hiob, 40), das in der jüdischen Apokalyptik als Endzeittier erscheint und erst im christlichen Mittelalter mit dem → *Teufel* gleichgesetzt wird.

Beil

Die → Waffe, die herhalten muß, wenn nichts fieseres zu finden ist. Im Horrorgenre archaisches Pendant zur → *Kettensäge*. Obwohl gerne eingesetzt und vielseitig verwendbar, bleibt das Beil eine Liebhaber- oder Behelfswaffe.

Axtmörder tauchen im Horrorgenre immer wieder auf, sind aber weniger subtil. Mit dem Beil lassen sich zwar Gliedmaßen entfernen und tödliche Wunden beibringen, aber es bleibt doch ein Werkzeug, dessen Flexibilität in der Regel unterschätzt wird. In → *Shining* benutzt Jack Nicholson das Beil etwa anstelle eines Schlüssels und in → *»Tanz der Teufel«* amputiert → *Ash* gegen ihren Willen den Kopf seiner (zum → *Zombie* mutierten) Freundin.

Beschwörung

Ritualisiertes magisches Wirken auf eine real gedachte Geisterwelt, um Teile derselben (→ *Dämonen*, → *Geister*, → *Seelen* Verstorbener) zu manifestieren. Das Horrorgenre bedient sich gerne des Herbeirufens von Vertretern der ersten Kategorie, was meist der Gesundheit der Anwesenden abträglich ist. Szenen, die »Wir rufen Dich großer XY, daß Du erscheinest und dieses, jenes, o.ä. tust«, dürften selbst dem Hobbyhorrotiker hinlänglich bekannt sein. Gerne wird im Rahmen solcher Beschwörungen ein → *Opfer* gebracht, meist aber begnügt sich der erscheinende Dämon damit nicht wirklich. Unwissende Beschwörungen wie in → *»Tanz der Teufel«* (merke: niemals laut in Büchern lesen, die alt, in Menschenhaut gebunden und wirklich böse sind oder aber → *Necronomicon* heißen) oder in »Gate – die Unterirdischen« (merke außerdem: als debiler Jugendlicher niemals → *Heavy-Metal*-Tonträger rückwärts abspielen) sind möglich, aber vergleichsweise selten.

Beschwörungselemente finden sich auch in Phänomenen wie → *Gläserrücken*, dessen Faszination sich die meisten Jugendlichen nicht entziehen können, amerikanisches Äquivalent ist das → *Ouija*-Brett.

Besessenheit

Zustand zahlloser Protagonisten des Horrorsujets, die entweder von → *Ideen*, → *Dämonen*, → *Geistern* oder → *Wahnsinn* besessen sind, was allerdings grundsätzlich dazu führt, daß sie die Realität aus den Augen

verlieren und ihr gesamtes Wertesystem sich zugunsten dessen, wovon sie bessesen sind, verschiebt, was wiederum in 2/3 der Fälle zu → *Mord*, Totschlag, → *Kannibalismus* oder anderen unschönen Taten führt. Wissenschaftlich betrachtet ist Besessenheit ein Krankheitsbild auf der Grundlage des Glaubens, daß eine andere Wesenheit (→ *Gott*, → *Dämon*, Mensch oder selbst Tier) von einem Individuum Besitz ergreifen und sein Handeln, Denken und Sprechen bestimmen kann. Die Parapsychologie kennt zahlreiche Arten der Bessesenheit, wie etwa dämonische, kultische, luzide oder somnambule.
Besessen von der Idee, Leben zu erschaffen, ist etwa Viktor → *Frankenstein*, Besessenheit durch Vertreter der Dämonenriege äußert sich exemplarisch in → *Der Exorzist* oder auch in → *»Dämon- trau keiner Seele«*.

Besessen

(»Deranged«)

USA 1974 R: A. Ormsby, J.Gillen D: Roberts Blossom, Cosette Lee

Ein erwachsener Mann mit der Unschuld eines Kindes und Komplexen, in deren Mittelpunkt seine Mutter steht – seit → *»Psycho«*, ein beliebtes filmisches Motiv –, ist auch hier der Mittelpunkt der Handlung. Und auch Ezra Cobb, der besessene Protagonist, holt zunächst die Leiche seiner Mutter aus dem Grab, um ihr im weiteren Verlauf des Filmes noch einiges an verstorbener Gesellschaft zu verschaffen und durchaus eigenwillige Beziehungen zu anderen, zunächst durchaus noch lebendigen Menschen aufzubauen.

Blutig psychotischer, auf den wahren Begebenheiten um den abartig-kreativen Massenmörder → *Ed Gein* beruhender Streifen, das auch Teil des blutig effekvollen Frühwerkes von → *Tom Savini* ist und hier – entsprechend den seltsamen Gebräuchen der Siebziger (→ *Mondo-Filme*) – als pseudoreale Dokumentation präsentiert wird. Ormsby und seinem Coregisseur Jeff Gillen gelingt die Darstellung des Mikrokosmos des Psychopathen trefflich, und auch das seit *»Psycho«* durchaus bekannte Motiv des herumsitzenden mütterlichen Kadavers bekommt hier am Abendbrottisch eine völlig neue Bedeutung ... Im gleichen Jahr entstand mit dem → *»Kettensägenmassaker«* übrigens noch ein weiterer erwähnenswerter, von den Taten eines Ed Gein inspirierter Film.

Bestie

Ungleich wildere Variante des Tieres, die zudem in der Regel über eine grausame, bösartige oder perverse Grundattitüde verfügt. Im übertragenen Sinne gern für Menschen mit ähnlicher Grundhaltung verwandt, befleißigt man sich der B. gerne in drittklassigen Zeitungen und zweitklassigen Filmen. Die Bestie wird blutig, mit Schlachterbeil, Skalpell, in Schwarz oder wie auch immer dargestellt, was nicht zuletzt auch den kreativen, für deutsche → *Titel* zuständigen Köpfen zu verdanken ist, wie uns → »*Satanas – Schloß der blutigen Bestie*«, deutlich vor Augen führt. Bestie darf also als Bezeichnung für annähernd alle Gestalten mit klassischem Horrorhabitus betrachtet werden

»Bewegliche Ziele«

(»Targets«); USA 1967 R: Peter Bogdanovich D: Boris Karloff, Tim O'Kelly
Ein Amokläufer sucht eine amerikanische Kleinstadt heim, tötet erst seine Familie, dann wahllos Autofahrer, um sich mit einem Sack voll Gewehre letztendlich in einem Autokino zu verstecken. In diesem soll der bald in den Ruhestand tretende Horrorfilmstar Byron Orlok am Abend bei der Premiere seines Filmes anwesend sein. Als der Schütze hinter der Leinwand das Feuer eröffnet und Panik aufkommt, ist es letztendlich an Orlok zu handeln.

Der Film, eine Mischung zwischen Film und Film, und Film im Film, bezeichnet auf eindrucksvolle Art einen Wendepunkt in der Geschichte des Horrorfilmes, den Zeitpunkt nämlich, wo das klassische Grauen dem gemeinen → *Serienmörder* einen Platz in der Angst des Publikums einräumen muß. Es ist kein Wahnsinniger, wie etwa → *Norman Bates*, der hier die Leute umbringt, sondern es ist ein Amokläufer, der den Horror so wirklichkeitsgetreu abbildet, daß nur schwer zu sagen ist, welcher Teil des Filmes besser gefällt. Tatsächlich basiert der Film auf dem Amoklauf eines gewissen → *Charles Whitman.*

Die Rolle Karloffs ist nicht nur durch ihre autobiographischen Aspekte interessant, sondern auch aufgrund der Tatsache, daß sie wegen einiger Drehtage zustande kam, die Karloff → *Roger Corman* schuldete und die dieser großzügig an Bogdanovich verschenkte.

Bibel

[von griech. ta biblia »die Bücher«]
Die Mutter aller Horrorbücher. Verschiedene Autoren und verschiedene Bücher innehabend, steht dieses Buch doch so oder so im Mittelpunkt verschiedener Glaubensrichtungen. Wohl um dem Leser die Macht und Gerechtigkeit Gottes zu vergegenwärtigen, geschieht in diesem Buch im Rahmen von Bestrafungen und Proben vielerlei Unschönes: Zerstörungen sündiger Städte, großangelegter Kindermord, Tier-

plagen und Totenerweckung beinhaltet das Buch, das – einmal nicht unter dem Gesichtspunkt christlichen Glaubens betrachtet – die meisten Grundmotive des Horrors aufweist. Auch mit globalen Katastrophen wird nicht gespart; neben der Sintflut bietet die Bibel etwa die → *Apokalypse*.

Die Seiten zwischen den schrecklichen Ereignissen sind mit weniger grauenhaften, aber überaus bedeutsamen Geschichten angefüllt.

Die Bibel, zunächst lediglich in Griechisch und Latein und für elitäre Kreise erhältlich, war im Lauf der Geschichte als Symbol des Glaubens auch mehrmals fehlinterpretierter Grund für realen Horror der Superlative: neben der → *Inquisition* und etwa der → *Bartholomäusnacht* boten drei Kreuzzüge die Möglichkeit, Ungläubige im Namen des rechten Glaubens grausam zu behandeln, wobei besagte Ungläubige im Namen des rechten Glaubens genau dasselbe mit den Kreuzrittern taten. Und wenn wir schon einmal dabei sind, gibt es da noch eine krude Anekdote: Damit gefallene Kreuzritter nämlich in der Heimat beigesetzt werden konnten, wurden die zahlreichen Gebeine in riesigen Kesseln, welche die Kreuzfahrer mitführten, eingekocht, bis bloß noch die Knochen übrig waren, die ungleich leichter zu transportieren waren.

Aber auch das Horrorgenre versteht auf der Bibel basierend Großartiges zu leisten, Filme wie → »*Sieben*«, die sich der biblischen Todsünden bedienen, → »*Das Schreckenskabinett des Dr. Phibes*«, der uns die biblischen Plagen nahebringt, oder → »*Das siebte Zeichen*«, der die Apokalypse behandelt, sind durchweg bemerkenswerte Filme.

»Das Bildnis des Dorian Gray«

(»The Picture of Dorian Gray«, 1890)

Der Protagonist ist mit außerordentlicher gleichbleibender Schönheit und überdurchschnittlich viel Charisma und Skrupellosigkeit gesegnet. Das Geheimnis dieser fortwährenden Ausstrahlung ist ein Bildnis seiner selbst, das an seiner statt altert und leidet und das er in einer Dachkammer verborgen hält. Die Skrupellosigkeit Grays erstreckt über gesellschaftliche und amouröse Ebenen, und letztenendes ist es seine eigene Eitelkeit, die das Ende des Bildes und damit auch sein eigenes verheißt.

»*Das Bildnis des Dorian Gray*« von Oscar Wilde ist wie etwa → »*Dr. Jekyll und Mr. Hyde*« eine weitere bedeutende Geschichte mit der zentralen Thematik des → *Doppelgängers*. Auch diese Geschichte wurde mehrfach bemerkenswert verfilmt und das Grundmotiv des mit dem

Dargestellten verknüpften Kunstwerkes innerhalb des Genres verschiedentlich wieder aufgenommen.

- *»Das Bildnis des Dorian Gray« (»The Picture of Dorian Gray«); USA 1913 R: Fred Durrant*
- *»Das Bildnis des Dorian Gray«; D 1917 R: Richard Oswald D: Bernd Aldor, Lupu Pick*
- *»Das Bildnis des Dorian Gray« (»The Picture of Dorian Gray«) s/w & Farbe; USA 1945 R: Albert Lewin D: Hurd Hatfield, George Sanders*

Bibliothek

[von griech. ta biblia »die Bücher«

Ort zur Lagerung, Kenntnisnahme und Ausleihe von Büchern jedweder Art, vornehmlich in städtisch, universitär und privat zu unterscheiden. Die Bibliothek darf aufgrund der Möglichkeit, darin annähernd jede Information finden zu können, und ihrer geringeren Bedienerfreundlichkeit als Vorläufer des Internets betrachtet werden und hat als solche heutzutage weitestgehend ausgedient. Allerdings ist die Bibliothek stimmungsvoller und auch Verfolgungsjagden gestalten sich in ihr eindrucksvoller und spannender.

Das Horrorgenre bedient sich der Bibliothek vornehmlich, um zufällig, nach vielen Jahren oder eingehenden Studien ein unheiliges, geheimes, verbotenes und/oder uraltes Buch zu finden, das für den weiteren Verlauf welcher Handlung auch immer von außerordentlicher Bedeutung ist. Mitunter wird auch eine Vielzahl von Büchern in Augenschein genommen, um den Rechercheaufwand der Protagonisten zu unterstreichen. Der Effekt ist in der Regel der gleiche.

Ein beliebtes Klischee ist die Geheimtür, die überwiegend in Privatbibliotheken, vorzugsweise mit Holztäfelung, anzutreffen ist, und in eine erlesenere Bibliothek sehr privater oder geheimer Räumlichkeiten führt. Ein Freund der gut sortierten absonderlichen Bibliothek ist → *H.P. Lovecraft.*

Bibliothek des Hauses Usher

Wegbereitende Serie → *Phantastischer Literatur*, die seit 1969 im Insel Verlag erschien und dem größeren deutschen Publikum erstmals die Möglichkeit gab, sich Autoren wie → *Algernon Blackwood*, → *H.P. Lovecraft* oder → *Arthur Machen* zu erschließen. Zahlreiche Titel der Serie erfuhren später verdientermaßen einen Nachdruck in der → *Phantastischen Bibliothek* des Suhrkamp Verlages.

Bibliothek von Babel
Ansprechend gestaltete, in der Edition Weitbrecht Mitte der 80er Jahre erschienene Sammlung → *Phantastischer Literatur* verschiedener Autoren, als deren Herausgeber → Jorge Louis Borges fungierte. Im Rahmen der Serie wurden auch Bände von weniger dem Phantastischen zugerechneten Autoren wie Jack London, → *Franz Kafka* oder Voltaire veröffentlicht.

Bierce, Ambrose
*(*1842 Ohio, verschollen 1913 Mexiko)*
Sowohl in Stil als auch Attitüde gebührt dem Journalisten eine Sonderrolle innerhalb der englischen Phantastik.

Das Hauptcharakteristikum seines prosaischen Stils ist seine Knappheit, welche die Dinge zynisch und sarkastisch auf den dunklen Punkt bringt, ohne auf weitschweifend deskriptive Abhandlung des Absonderlichen angewiesen zu sein.

Die Person Bierce ist eine Mischung aus zahllosen Paradoxa, Puritaner und Abenteurer und Sensibilität und Sarkasmus. Sein vermeintliches Ende ist ebenso merkwürdig wie seine ganze Person; er verschwand in Mexiko in den Wirren des Aufstandes Pancho Villas. Gerüchten zufolge wurde Bierce von keinem geringeren erschossen ...

Trotz bedeutender und erfolgreicher Kurzgeschichten Bierces stellt ein ganz absonderliches Kleinod der Druckkunst Stil und Haltung des Autors am besten dar: *»Devil's Dictionary«* (→ *»Das Wörterbuch des Teufels«),* 1881 als Serie in der Satirezeitschrift *»The Wasp«* begonnen, wurde 1906 ein Buch aus den zynisch diabolischen Definitionen des gebräuchlichen Wortschatzes zusammengestellt, das bis 1911 unter dem Titel *»The Cynics Wordbook«* gedruckt wurde.

Obwohl, oder womöglich gerade weil sich der Stil der beiden immens voneinander unterschied, schätzte auch → *H.P. Lovecraft* Bierces Werk.

Biest
Eine weitere Variante des Tieres, weniger wohlklingend oder gefährlich als die → *Bestie.* Das Hauptattribut des Biestes ist seine Unberechenbarkeit. Abgesehen von dem, der Vollständigkeit halber erbrachten Hinweis, daß Biest mitunter als Bezeichnung für streitsüchtige, bösartige und keifende → *Frauen* (der Autor ist sich vollauf bewußt, daß es sich in diesem Fall keineswegs um alle Mitglieder der genannten Gruppe handelt) benutzt wird, liegt es dem Autor am Herzen, ein-

dringlich vor Filmen, die den Termninus »Biest« in ihrem Titel führen, zu warnen.

»Bis das Blut gefriert«

(»The Haunting«) s/w; USA 1963 R: Robert Wise

Ein interessierter Parapsychologe lädt mehrere Personen zu einem Aufenthalt in den Mauern eines vermeintlich verfluchten Hauses ein um herauszufinden, was an diesem Ort tatsächlich vor sich geht. Die seltsame Gemeinschaft wird bald schon in den Bann des Hauses gezogen, und bald ist die Tatsache, daß das Haus verflucht ist, das einzige, was noch klar ist ...

Nach einer Geschichte *»The Haunting of Hill House«* von Shirley Jackson entstand mit diesem Film einer der großartigsten der → *Haunted House*-Thematik in einem klassischen, nicht auf Blut, sondern Atmosphäre setzenden Gewand, dessen großartige Bilder in Kombination mit der ruhigen Machart in punkto Schrecken den meisten neueren Produktionen den Rang ablaufen.

Das → *Remake »The Haunting of Hill House«* (USA 1999) unter der Regie des Actionfilmers Jan De Bont, in Amerika Ende Juli 1999 angelaufen, soll da hierhinter zurück bleiben.

»Der Biß der Schlangenfrau«

(»The Lair of the White Worm«)
GB 1988 R: Ken Russell D: Amanda Donohue, Hugh Grant

Im englischen Hochland entdeckt ein Archäologe bei Grabungen in seinem Garten den Schädel eines prähistorischen Ungetümes. Zur gleichen Zeit taucht in der Gegend die geheimnisvolle Lady Sylvia Marsh auf, und die Legende um einen riesigen, in einer Höhle lebenden weißen Wurm, der vom Vorfahren eines ebenfalls in der Nähe ansässigen Adeligen erlegt wurde, bekommt neue Nahrung. Tatsächlich hat die gute Lady vor, den guten Wurm zu beschwören, wofür natürlich noch ein wenig herumgeopfert werden muß. Nachdem sie einige Leute mit ihrem Biß infiziert hat, entführt sie die Freundin des Archäologen, klaut den Schädel und begibt sich in besagte Höhlen, um dem Showdown entgegen zu harren.

Mit »The Lair of the White Worm« wurde – was oft genug vergessen wird – eine weitere Geschichte von Bram Stoker großartig (wenn auch eigenwillig) in Szene gesetzt.

Ken Russels Leistung ist die Verquickung von Fetischerotik, Horror und alptraumhaften Visionen (lüsterne Nonnen oder der weiße Wurm, der sich am Kreuz emporwindet), wie man sie etwa von → *Dario Argento* gewohnt ist.

Der Zuschauer lernt etwas über die Qualität von Dudelsackmusik, mit wem man gewisse Brettspiele nicht spielen sollte, und jeder vernunftbegabte männliche Zuschauer müßte den pickeligen Pfadfinder unter dem Stiefel der Lady Sylvia Marsh beneiden ...

Bizarr

Ein Standardlexikon wird »*ungewöhnlich*« und »*seltsam*« zur näheren Beschreibung dieses Wortes anbieten und damit sehr diplomatisch zum Weiterlesen auffordern. Im Kontext des Schrecklichen hat das Bizarre jedoch weit beunruhigendere Gesichter, deren Attribute eher → *Wahnsinn*, Perversion und Gewalt sind als Ungewöhnlichkeit und Seltsamkeit. Ungewöhnlich ist ein nackter Pudel auf einem Skateboard, aber bizarr ist die Gemeinschaft der → *Cenobiten*, → *Gigers* Phantasmen, → »*Freaks*«, die Wahrheiten eines → *H.P. Lovecraft* und das Schlußbild eines Filmes wie »*Hämoglobin*«.

»Bizarre«

Englischsprachige monatlich erscheinende Zeitschrift, die sich dem Geschmacklosen, Grotesken und Merkwürdigen verschrieben hat. Ausführliche Berichte über → *Voodoo*, → *Serienmörder*, → *Kannibalismus* Hinrichtungsmethoden und → *Verstümmelungen* im allgemeinen und speziellen werden durch fotografische Abbildungen der gleichen Sujets visuell unterstützt.

Die Zeitschrift trägt ihren Namen zu Recht ihr Studium würde manchem deutschen Leser mit Gewißheit zu einem mittelschweren Herzinfarkt gereichen. In Deutschland nur in ausgesuchten internationalen Zeitschriftenläden zu bekommen, tut hier der Preis ein übriges, die Umrechnung von 2,60£ in 17,00 DM jedenfalls muß etwas mit der unheiligsten Form *schwarzer* → *Magie* zu tun haben.

»Blackenstein«

USA 1973 R: William Levey D: John Hart, Ivory Stone

Moderne und recht blutige Frankensteinvariante mit überwiegend farbigen Darstellern.

Das ganze ist einer der sonderlichen Auswüchse des Blaxploitation-Kinos der frühen 70er, in der annähernd jedes Genre mit Produktionen mit überwiegend farbigen Darstellern überrannt und jeder Story mit Gewalt ein kontrastreicher Inhalt aufgezwungen wurde. Das klingt nicht nur seltsam, das ist es auch. (→ *»Blacula«*)

Black Sabbath

1967 begründete → *Heavy-Metal* Formation der ersten Stunde, deren Name auf den englischen Titel eines Horrorfilmes von Mario Bava (deutscher Titel *»Die drei Gesichter der Furcht«)* zurückgeht. Um diesem Namen alle Ehre zu machen war Black Sabbath eine der ersten Bands, die dem Teufel innerhalb ihrer Texturen verbale Gastspiele einräumten und somit zahllose Kontroversen auslösten. Schräge Kühlerfigur der dunklen Limousine war über Jahre → *Ozzy Osbourne*, inzwischen jedoch ist die Band annähernd aller ihrer Gründungsmitglieder beraubt, existiert nur noch in stetig wechselnder Besetzung und ist nicht mehr wirklich skandaltauglich. Heutzutage kann man eben als vermeintlicher Satanist bloß noch in nachmittäglichen Talkshows auftreten ...

Blackwood; Algernon

*(*1869 Kent, †1951 London)*
einer der Altmeister der horriblen Phantastik und der englischen Gespenstergeschichte, der sich bis zur subtilen Perfektion mit Motiven aus den klassischen Bereichen von → *Haunted House*, → *Magie* und → *Satanismus* befaßte. Die Affinität zu letzterem führte letztendlich wohl auch zu seiner Mitgliedschaft im »Hermetic Order of the golden dawn«, einer Geheimgesellschaft, der unter anderem auch → *Aleister Crowley* angehörte. Seine düsteren Obsessionen vergrößerten auch Blackwoods Affinität zu einigen seinerzeit populären → *Drogen*.

Die Geschichten Blackwoods kennzeichnet eine stille Subtilität und das wiederkehrende Motiv beseelter, belebter Natur. Ein gutes Beispiel dafür ist *»Die Weiden«*, Blackwoods wohl bekannteste Geschichte, die unter anderem → *H.P. Lovecraft* veranlaßte, in höchsten Tönen von seinem phantastischen Talent zu schwärmen. Dem deutschen Leser dürfte Blackwood dieser Tage vor allem durch die → *Phantastische Bibliothek* zu erschließen sein.

»Blacula«

USA 1972 R: ? D. Thalmus Rasulala, Vonette McGee
Nun ja, Graf Dracula beliebt in den Siebzigern einen Farbigen zu beißen, der als Vampir in die Bronx zurückkehrt, wo er mit seinem Cape wirklich saublöd aussieht. Dabei ist noch eine Frau im Spiel und so weiter

und so fort (Der Autor will damit andeuten, daß seine Bereitschaft, diesen Film bis zum Ende anzusehen, innerhalb der ersten zehn Minuten desselben bereits aufgebraucht war.) Dennoch gibt es auch hier ein → *Sequel*, nämlich »*Scream, Blacula Scream*!«.

Weiterführendes Konzept des Ganzen siehe → »*Blackenstein*«.

»Blade«

USA 1998 R: Stephen Norrington D: Wesley Snipes, Stephen Dorff, Udo Kier

In diesem Film werden die Taten der → *Vampire* seit eh und je durch eine Art Ältestenrat koordiniert. Doch wie im richtigen Leben steht diesen Traditionen das brutale Aufbegehren der Jüngeren entgegen. In einer mächtig alten Bibliothek findet deren Anführer in spe (Stephen Dorff) ungleich ältere Prophezeiungen, die ihn zum absoluten Übervampir (prophezeit/auserwählt etc. pp.) machen können. Dem ganzen steht jedoch der gute Blade entgegen, der selbst zur Hälfte Vampir ist und seine Verwandlung nur durch Einnahme eines Serums zu verhindern vermag. An der Seite seines ältlichen Kameraden agiert Blade als Kammerjäger im Dschungel der Großstadt ...

Als einer der neueren Kinofilme fällt dieser eher dem blutigen denn dem familientauglichen Lager zu. Dabei ist die Handlung allerdings nicht wirklich nachvollziehbar und der Film bedient sich weniger eines klassischen Aufbaus als einer MTV-Videoclipästhetik, die dem Auge des jungen Menschen Bildmaterial in Höchstgeschwindigkeit und schneller Schnittfolge, unterlegt mit junger Musik, verabreicht. Symptomatisch hierfür ist die befremdliche Eingangsszene, in der junge Blutsauger in einem Schlachthaus zu Technomusik und Frischblut aus der Sprinkleranlage abtanzen. Das Ganze artet einmal mehr und wie es sich für einen Film der Neunziger zu gehören scheint in einer → *Blut-* und → *FX* Orgie mit fadenscheiniger Handlung aus, die durch den erstgenannten Aspekt allerdings durchaus zu beeindrucken versteht ...

Der Film, ein weiterer Aspekt der multimedialen Renaissance des Vampirs seit → »*Bram Stokers Dracula*« und → »*From Dusk till Dawn*«, basiert übrigens – wenn auch vage – auf einer gleichnamigen → *Comic*-Serie von Marvel aus dem Jahr 1972, in der Blade als erster farbiger Superheld überhaupt in einer eigenen Serie Beschäftigung fand.

Blässe

Galt während des 18. und 19. Jahrhunderts als vornehm (vornehme Blässe) und ist dementsprechend Attribut des aristokratisch dekaden-

Blitz Verlag – großartige Anthologie
»H.P. Lovecrafts Bibliothek des Schreckens«

ten → *Vampirs.* Obwohl auch im anfänglichen Verwesungsstadium bei Leichen oder temporär derangierten Gemütern etwa die Rede von »Totenblässe« ist, weicht diese spezielle B. im weiteren Verlauf des Verfalls unschöneren Färbungen. Blutverlust, Erschrecken und Kreislaufstörungen haben zeitweilige Blässe zur Folge, während → *Zombies* und andere → *Untote* korrekterweise als graugrün o.ä. bezeichnet werden sollten.

Blaubart

Zentrale Figur eines der ältesten Schreckensmärchen, die das Verhältnis von → *Mann* und → *Frau* auf blutige Art reflektieren. Ritter Blaubart pflegt die gewaltsam abgelegten Damen seines Herzens in verschiedenen Verwesungs- und Vollständigkeitszuständen in einer speziellen Kammer aufzubewahren, die der gegenwärtigen Dame seines Herzens natürlich verschlossen war.

Die fiktive Figur des Ritters Blaubart wird ab dem 14. Jahrhundert fälschlicherweise mit dem französischen Marschall → *Gilles de Rais* gleichgesetzt. Nicht das Monsieur de Rais dessen unwürdig wäre, aber die Legende um Blaubart ist nachweislich älter. Die bekannteste schriftliche Fassung der Legende dürfte *»Der Blaubart«* von Charles Perrault aus dem Jahre 1697 sein.

Blitz Verlag

Der ambitionierte Blitz Verlag, auf klassische Horror- und SciFi-Literatur spezialisiert, hat sich, abgesehen von seinem übrigen Programm, einiger bekannter Titel der deutschen Horrorheftchenlandschaft, wie etwa → *»Larry Brent«* und → *»Macabros«* angenommen und bringt diese nunmehr im Taschenbuchformat heraus. Dabei verdeutlichen Programm und Aufmachung der Titel, daß dem Verlag durchaus an mehr als lediglich dem großen Geld gelegen ist ...

Eine andere bemerkenswerte Serie im Rahmen des Verlagsprogrammes ist »H.P. Lovecrafts Bibliothek des Schreckens«, deren Konzeption in Zusammenarbeit mit der → *Edition Metzengerstein* entstand.

Weitere Informationen siehe Literaturverzeichnis und Kontaktadressen.

»Der Blob«

(»The Blob«)

USA 1958 R: Irvin S. Yeaworth jr. D: Steve McQueen, Aneta Corsaut

Der Blob, eine amorphe außerirdische Masse, schlägt auf der Erde auf.

Einige Teenager werden Zeuge seiner alleszerstörenden Art, doch in der nahegelegenen Ortschaft glaubt ihnen natürlich niemand. Mit allem, was er frißt, wird der Blob in der Zwischenzeit größer und größer so wächst mit ihm die Bedrohung ...

Dies war der erste der Filme, welche die Riesenamöbe, den personifizierten → *Schleim*, auf die Erde ließ, damit sie hier ihren Hunger stillen und durch zwei weitere Filme glitschen konnte.

- *»Beware! The Blob«; USA 1988 R: Larry Hagman D: Robert Walker jr., Gwynne Gilford*
  Tiefkühlblob goes berserk.
- *»Blob, Der (»The Blob«); USA 1988 R: Chuck Russell D: Donovan Leitch, Shawnee Smith*

Bloch, Robert

*(*1917 Chicago, † 1994 Los Angeles)*
Ein weiterer Altmeister der Horrorliteratur, der in seiner Jugend das beneidenswerte Vergnügen hatte, mit → *H.P. Lovecraft* zu korrespondieren. Zunächst als Werbetexter tätig, schrieb Bloch in den 40ern die Manuskripte für eine amerikanische Radio-Horror Serie namens »*Stay tuned for Terror*«. Seine frühen Kurzgeschichten aus den 30ern beziehen sich vornehmlich auf Lovecrafts Werk, zeigen allerdings bereits Blochs eigene literarische Neigung zu sexueller und gewaltlastiger Provokation, was hier vollkommen wertfrei betrachtet werden sollte, da das eine wie das andere dem Schrecken mitunter recht zuträglich ist. In seinen über hundert Kurzgeschichten widmet sich Bloch, der unter anderem auch Drehbücher verfaßte, annähernd jedem bekannten Horrormotiv. Seine wohl bekannteste Leistung ist sein 1959 erschienener Roman → *Psycho*, der die Vorlage zu dem gleichnamigen Filmklassiker lieferte.

Blocksberg

Volkstümlicher Name für den Harzer Brocken und einige Berge in seiner Umgebung. Dem Volksglauben nach ist der Blocksberg Aufenthaltsort zahlreicher dämonischer Geschöpfe und Versammlungsplatz der → *Hexen* zur → *Walpurgisnacht*, die dort mit erwähnten dämonischen Wesen Unzucht u.ä. treiben. Neben Darstellungen in der mittelalterlichen Kunst war es Johann Wolfgang von Goethe, der eine dieser höchst unmoralischen Zusammenkünfte auf dem Blocksberg in seinem → *Faust* verewigte.

»Blood Feast«

USA 1963 R: Hershell Gordon Lewis D: Thomas Wood, Mal Arnold

Inmitten von Florida verspürt ein ägyptischer Feinkosthändler das Bedürfnis, die ägyptische Göttin Ishtar wiederzubeleben. Hierfür sind zunächst die verschiedenen zum Leben nötigen Organe vonnöten, die jungen Mädchen entnommen werden. Repräsentativ sollen hier Gehirn, Zunge und Herz genannt werden, deren Entnahme vor der Kamera in Verbindung mit dem Erscheinungsjahr zumindest die Gewagtheit des Filmes nahelegen. Obwohl der besessene Ägypter auf dem besten Wege ist, Ishtar erfolgreich zusammenzubasteln, ist – weil man so etwas nun einmal nicht tut – sein nicht minder grausames Ende natürlich vorprogrammiert.

»Blood Feast« darf als der erste → *Splatter*-Film überhaupt betrachtet werden. Ein Zitat des Machers und ehemaligen Softpornofilmers, → *Hershell Gordon Lewis*, sagt eigentlich das Wichtigste über den Film aus: »Blood Feast ist der erste Film seiner Art. Ich vergleiche ihn oft mit einem Walt Whitman Gedicht – es ist nicht gut, aber es ist das erste seiner Art.«. Mit dem Anspruch, Tabus zu brechen, neun Tagen Drehzeit und einem Budget von unter 70.000 $, zahlreichen Verrissen durch Kritiker und ebenso zahlreichen Zensurproblemen (die Lewis' Filme in → *Großbritannien* noch immer haben) und trotz seiner in jeder Hinsicht billigen Machart entwickelte sich der Film zu einem Kultstreifen und Videobigseller.

Blut

Ähnlich wie → *Schleim* ein unerläßlich scheinender Bestandteil des Horrors. Irgend jemand blutet immer, obwohl Menge und Zweck des vergossenen Blutes variiert. Für das Leben des Menschen unerläßlich, gilt Blut gemeinhin als Symbol des Lebens. Nachvollziehbar insofern, als das übermaßiger Verlust des ersteren auch den des zweiteren zur Folge hat. Die Blutmenge des Menschen besteht aus etwa 7,7 % des Körpergewichtes, was bei einem Erwachsenen 5-6 Liter sind. Auf diese Menge wird im Horrorgenre aufgrund des Effektes allerdings selten Rücksicht genommen. Wenn die Menge des vergossenen Blutes die des eigentlich vorhandenen jedoch deutlich übersteigt, deutet das auf einen Beitrag aus dem → *Splatter*-Bereich hin.

Blut hat jedoch noch einige andere Funktionen: nicht nur daß es Überträger solcher Symptome wie etwa → *Lykantrophie* ist, überdies ist es wichtiger Bestandteil von → *Beschwörungen* und → *Opferungen* sowie Hauptnahrungsmittel der → *Vampire*.

»Blutgericht in Texas«

→ *»Kettensägenmassaker«*

B-Movie

Bezeichnung für Filme mit geringerem Budget als übliche Kinoproduktionen, die jedoch über C-Movies, no- oder low-budget-Produktionen anzusiedeln sind. B-Movies werden in der Regel nicht auf der großen Leinwand gezeigt und lediglich auf Video veröffentlicht. Oftmals solidarisiert sich das schwache Budget mit schwachen Darstellern und einem schwachen Drehbuch, was nicht selten wahrhaft schreckliche Früchte trägt, wie zum Beispiel → *»Angriff der Killertomaten«* Dabei ist der tatsächliche Unterschied zum großen Film eigentlich bloß, daß man keine ganzen Städte sprengen und statt fünf nur einen Star verpflichten kann.

Daß die Macher besagter Filme aber nicht ausschließlich dem Substandard verpflichtet sind, zeigt neben einigen anderen wenigen Filmen auf beeindruckende Weise → *»God's Army«*.

Boaz, Villain du

(?, †1642 Münster)*

Französischer Adeliger, der in den Wirren des 30jährigen Krieges im Jahre 1642 zwischen marodierenden Truppen aufgegriffen und öffentlich des Vampirismus angeklagt wurde. Seine Rede »Nennt uns Vampire«, die er vor der Vollstreckung des Todesurteils am siebten April 1642 im Dom von Münster hielt, ist ein Manifest der Tragik.

Bodycount

Mit Bodycount bezeichnet man politisch ein wenig korrekter das Zehn-Kleine-Negerlein Prinzip, das die nach und nach erfolgende Ermordung von Individuen eines Kollektivs beschreibt, bis am Ende bloß noch eines übrig bleibt. Spätesten seit → *»Freitag der 13.«* ist der Bodycount fester Bestandteil des Genres.

Boogeyman

Der Boogeyman ist die Personifizierung des Bösen und eine Entsprechung des schwarzen Mannes (→ *schwarzer Mann*) oder des → *Jabberwocky*. Gerne wird er auch mit modernen Horrorgestalten des amerikanischen Kinos gleichgesetzt. Abgesehen davon, daß er so ziemlich alles Üble verkörpert, begegnet man einer eher märchenhaften Erscheinung des Boogeyman selbst etwa in → *»A Nightmare before Christmas«*.

Borges, Jorge- Luis

*(*1899 Buenos Aires, *1986 Genf)*

Bedeutender und vielleicht einflußreichster lateinamerikanischer Erzähler, dessen zurückgezogenes Arbeiten sonderbare Parabeln hervorbrachte, deren Leitmotive (Metamorphose und Labyrinth), einen nicht zu lüftenden Schleier über seine Geschichten breiten, die ein vollkommenes Verstehen vereiteln. Ein Kontext, in dem auch das tragische spätere Erblinden des Autors beinahe allegorisch wirkt.

Bosch, Hieronymus

*(*1450, †1516 Hertogenbosch)*

Der Name des niederländischen Malers geht auf den Ort seines Wirkens, Hertogenbosch, zurück, an dem er zeitlebens künstlerisch tätig war. Zum Zeitpunkt seines Todes war Bosch international ein Begriff und vor allem als exzentrischer Maler religiöser Visionen bekannt, der ein Faible für die Darstellung der Hölle hatte. Boschs Stil wurde in den folgenden Jahrhunderten oft kopiert (→ *Brueghel*).

Das bekannteste Bild des Malers, das als rätselhaftestes Gemälde der Kunstgeschichte gehandelt wird, ist → *»Der Garten der Lüste«*.

Sünde und Strafe sind bei Bosch zentrale Sujets, die in seinen Bildern eine Qualität erfahren, wie sie phantastischer und verstörender kaum sein kann. Viele der von ihm verwendeten Symbole sind nur schwer zu deuten und einige seiner Bilder, vor allem der Höllenflügel des Gartens der Lüste, machen Bosch zu einem unzweifelhaften Künstler des phantastischen Schreckens.

Böse

Das Böse wird gern – besonders im Horrorgenre – für annähernd alles verantwortlich gemacht, das irgendwie nicht nett ist. Dabei ist die Anführung des Bösen mitunter von Irrationalität gezeichnet. Bezüglich des Bösen an sich gibt es zahllose Theorien, die meisten jedoch sehen die ein oder andere Notwendigkeit für seine Existenz, und sei es bloß als Gegenpol zum Guten. Diese Polarität ist in einem dualistischen Weltbild zwar vonnöten, besteht jedoch in den älteren Religionen in dieser Form nicht, da ihre Gottheiten die verschiedenen Attribute in sich vereinen. Das gleiche gilt wohl für den Menschen, der sich oft genug genötigt sieht, sich zwischen Gut und Böse zu entscheiden.

Das einfache Gemüt bedarf jedoch nicht selten einiger Hilfestellungen, weshalb gängige Horrormotive das Böse in der Regel übermäßig betonen: ein Charakter, der jeden umbringt, der ihm begegnet, schleimig ist und Menschen frißt ist in diesem Kontext gleichbedeutend mit dem Bösen. In den Kindertagen des Horrors machte man es sich nicht gar so einfach, die frühen Monster, insbesondere → *Frankenstein*, wiesen sehr menschliche, mitunter sentimentale Züge auf und konnten nicht als genuin Böse identifiziert werden. → *Jason*, → *Freddy Krueger*, oder → *Leatherface* hingegen gehen beinahe glatt als personifizierte Variante des Bösen durch, ein Motiv, daß Grausamkeit und Horror potenziert, weshalb gerne alles mögliche, von Stehlampen bis zu Psychopathen mit albernen → *Masken*, als personifiziertes Böse bezeichnet wird. So oft jedenfalls wie das Böse im Horrorgenre personifiziert wird, bedürfte es wohl eines ganzen Dutzends Päpste als Gegenpol.

Im logischen Kontext von Gut und Böse allerdings stünde die Rolle des personifizierten Bösen wohl am ehesten dem → *Antichrist* zu.

»Boxing Helena – Manchmal ist Liebe ein Gefängnis«

(»Boxing Helena«)

USA 1993 R: Jennifer Chambers Lynch D: Julian Sands, Sherilynn Fenn

Sands stellt einen erfolgreichen Chirurgen dar, dessen Erfolg ebenso umfassend wie seine Probleme mit Frauen sind. Seine Ehe jedenfalls ist langweilig geworden, und die rechte Würze erhält sein Leben durch einen Seitensprung mit der Femme fatale Helena. Daß diese in der Folge jener einen Nacht nichts mehr von ihm wissen will, ändert nichts an der fanatischen Obsession des Arztes, der sich der jungen Frau bemächtigt, als sie vor seinem Anwesen einen Unfall erleidet. Die Tatsache, daß er ihr zunächst die Beine amputiert, damit sie nicht fortlaufen kann, ist erst der Anfang einer liebevoll grotesken Verstümmelungsodyssee ...

Ein ungewöhnlicher Liebesfilm mit dem zentralen Thema der → *Verstümmelung*. Tatsächlich ist der Film ein seltsamer Hybride verschiedener Genre, doch seine Seltsamkeit erklärt sich durch die Tatsache, daß hier niemand anders als die Tochter von → *David Lynch* ihr Regiedebüt gibt ...

Julian Sands, der unter anderem als → *»Warlock – Satans* (blonder) *Sohn«* bekannt und belächelt wurde, darf an dieser Stelle einmal einen annehmbaren Psychopathen spielen.

»Braindead – Der Zombie-Rasenmähermann«

(»Braindead«; Der Urheber des deutschen Untertitels ist hoffentlich zu einer entsprechenden Haftstrafe verurteilt worden); NS 1992 R: Peter Jackson D: Timothy Blame, Diana Penalver

Am Anfang des Filmes steht in den Tropen der Fang eines bizarren Tieres, das mit Sicherheit nur eines, nämlich häßlich ist. Kurz darauf befindet sich der Zuschauer in einer Kleinstadt auf einem Zoobesuch, in dessen Verlauf eine mißgünstige Mutter von oben erwähntem Geschöpf gebissen wird, was es mit dem Leben bezahlt. Lionel, Sohn der Gebissenen und Kind der Kleinstadt, muß bald erfahren, daß seine Mutter nicht mehr dieselbe ist. Ihr plötzlicher Jieper auf Blut jedenfalls wird in dem Moment zum Problem, in dem sie andere Leute beißt und sie ebenfalls infiziert. Lionels Kellerräume jedenfalls füllen sich mit seltsamen Untoten, die gesamte Kleinstadt wird ganz allmählich zombifiziert und irgendwann mutiert die Mutter zur Megaratte. Verständlich, daß, um dieses Problem anzugehen, mindestens ein → *Rasenmäher* vonnöten ist. Big Bloodget at its best.

Nach dem wirklich gering budgetierten → *»Bad Taste«* liefert → *Peter Jackson* mit diesem Film den unmißverständlichen Beweis für die Existenz guter, besser budgetierter Splatter-Produktionen, die nicht am Mangel einer Handlung, zweitklassigen Schauspielern und drittklassigen Ideen leiden. »Braindead« ist garstiger Humor in Reinkultur, knöcheltief im Blut watend mit einem Lächeln im Gesicht. Die Versammlung in Lionels Keller, die Speisung der Untoten und die krabbelnden Innereien sind wahrlich bösest, und das zombifizierte Baby und seine »Erziehung« sind ein Meilenstein der Anstößigkeit. Die Rasenmähersequenz, in der die Handlung gipfelt, erfreut sich hierzulande allerdings einer derartigen Kürzung, daß in der verbleibenden Zeit theoretisch nicht einmal die Hälfte der Anwesenden hätte zerlegt werden können, aber so ist das nun einmal. Das Ergebnis bleibt aber dennoch nichts, daß jeder sich mit dem hier geschilderten Vergnügen anschauen könnte.

»Die Braut des Satans«

(»To the Devil a Daughter«)

GB 1976 R: Peter Sykes D: Christopher Lee, Richard Widmark

Der gute → *Astaroth* wird, kaum beschworen, auch schon geopfert, um Pater Michaels (Christopher Lee) ketzerischen Ideen zur Umsetzung zu gereichen. Die → *Geburt* des → *Dämons* und seine Begleitumstände gehören zu den großen Widerwärtigkeiten der 70er.

Der ganze Film stellt zahlreiche Aspekte des Okkulten dar, von → *Opferung*, über → *Bannkreis* bis zu → *Beschwörung*, → *Besessenheit* und → *Bann.*

Dieser letzte Film der → *Hammer Studios* basiert auf einer Geschichte von Dennis Yeates Wheatley (»*To the Devil a Daughter*«).

»Brennen muß Salem«

(»Salem's Lot«)

USA 1979 R: Tobe Hooper D: David Soul, James Mason

Als Ben Mears, ein erfolgreicher Schriftsteller, nach einigen Jahren in seine Heimatstadt zurückkehrt, um dort in Ruhe arbeiten zu können, stellt er schon sehr bald fest, daß sich in Salem einiges geändert zu haben scheint. Abgesehen von seltsamen Erkrankungen häufen sich Fälle von vermißten Kindern. Diese seltsamen Umstände hängen mit dem zugezogenen, Tageslicht scheuenden Mr. Barlow zusammen ...
Bekannte Filmadaption eines (gleichnamigen) Buches von → *Stephen King* unter der Regie des → »*Kettensägenmassaker*«-Veranstalters → *Tobe Hooper.* Ursprünglich als Zweiteiler für das amerikanische Fernsehen geplant, ist auf Video die gekürzte amerikanische Kinoversion erhältlich. Einen ungekürzten Blick gestattete einstmals das deutsche Privatfernsehen unter dem Titel »*Der Schrecken im Marsten Haus*«.

»Bride of the Re-animator«

→ »*Re-Animator*«

Browning, Todd

*(Charles Albert; *1880 Kentucky, †1962)*

Geistiger Vater und Regisseur von → *Freaks,* hatte zeitlebens ein Faible für das Bizarre, war dabei jedoch ein ebenso umgänglicher Zeitgenosse wie so viele andere Horrorschaffende. Verkrüppelungen und Deformierungen waren ein regelmäßiger Bestandteil seiner Filme und auch auf eine ganz andere Weise als etwa im → *Splatter*-Genre sind die Darstellungen mindestens ebenso beunruhigend.

Vor seiner Filmkarriere hatte Browning sich auf Jahrmärkten als lebender Leichnam und Stuntfahrer über Wasser gehalten, eine Karriere, der allerdings 1915 durch einen Autounfall ein Ende gesetzt wurde.

Das junge Hollywood, das nach → »*Frankenstein*« auf schrecklichen Stoff baute, eröffnete Browning, kaum dort eingeführt, einige neue Möglichkeiten. Mit »The Unholy Three« und dem legendären → »*London after Midnight*« (1927) drehte Browning brillante Filme, erfuhr den großen Erfolg aber erst nach seiner überdurchschnittlich erfolgreichen → *Dracula*-Variante (1931) (deren Verfilmung bereits unter seinem aufkommenden Alkoholismus litt). Doch spätere Projekte, vor allem der ambitionierte → »*Freaks*« (1932), erhielten – abgesehen vielleicht von den Kontroversen, die sie auslösten – selten die verdiente Würdigung, Doch Browning ließ sich nicht unterkriegen, brach mit → *Freaks* einmal mehr die Grenzen der schwarz/weißen Hollywoodhorrorwelt und durfte daraufhin, abgesehen vielleicht von »*The devil doll*« (»*Die Teufelspuppe*« 1936) nur noch Unbedeutendes abdrehen.

Brueghel, Pieter

*(der Jüngere;*1564 Brüssel, † 1638 ebenda)*

Aus einer einflußreichen flämischen Malerfamilie stammend, ahmte Pieter Brueghel der Jüngere den Stil seines Vaters in sinistren Szenerien nach, die auch an → Hieronymus Bosch erinnern und ihm letztendlich den Spitznahmen Höllenbrueghel einbrachten, unter dem er auch heute noch bekannt ist.

»Buffy, der Vampirkiller«

(»Buffy the Vampyre Slayer«); USA 1992 R: Fran Rubel Kuzui D: Donald Sutherland, Luke Perry, Kristy Swanson

Buffy, ein weiblicher amerikanischer Teenager, erfährt von ihrer wirklichen Bestimmung als Vampirjäger, die sie zunächst in diesem Kinostreifen, dann in einer Comicserie und zuletzt in einer Fernsehserie auslebt. Die Verquickung von schrecklich amerikanischem Teenagerleben mit der Vampirthematik ist – obwohl lediglich eine weitere Reminiszenz an die MTV Generation (zu keiner anderen Zeit wäre eine sechzehnjährige Vampirjägerin mit so einem Namen überhaupt möglich gewesen) – zumindest nicht unoriginell. Obwohl der Kinofilm in Amerika kein wirklicher Erfolg wurde, ist er doch das

»Buffy, Der Vampirkiller«
Mit dem Namen wäre sie hier nie so weit gekommen...

Beste aus dem Buffy Stall, in dem neben einer nunmehr auf Pro7 zu beschauenden Fernsehserie eine gleichnamige Comicserie aus dem Hause → *Dark Horse* und nicht zu vergessen ein → *Rollenspiel* äsen. Welches Produkt auch immer, das Ganze scheint durchweg das Prädikat »*Von Teenagern für Teenager*« zu tragen, eben nicht zuviel Gewalt, nicht zuviel Handlung und nicht zuviel Anspruch. Teenager sollten sich eben auf ihre klassische Rolle innerhalb des Genres besinnen. Nichtsdestotrotz – dies sei fairerweise erwähnt – genießt Buffy in großen Kreisen eine Art Kultstatus, der aber mit Sicherheit nicht wenig mit der überaus attraktiven jugendlichen Haupdarstellerin Sarah Michelle Gellar zu tun hat.

Bundy, Ted

(hingerichtet 1989)

Der gutaussehende Jurastudent mit den vielversprechenden Karriereansätzen ist ein weiterer populärer amerikanischer Serienmörder. Doch Bundy ist anders und versaut dem Psychologen zumindest Freak- und Verlierertheorien. Von 1974 bis 1978 ermordete, schändete und biß der hübsche Ted mindestens 22 junge Frauen in insgesamt fünf amerikanischen Staaten.

Tatsächlich wurden die Bißspuren an einem seiner Opfer in einem Prozeß gegen Bundy verwand. 1989 wurde Bundy acht Tage nach Ergehen seines Todesurteils auf dem elektrischen Stuhl dahingerichtet.

Burton, Tim

(1958 Kalifornien)

Burton ist ein nur schwer schwer einzuordnender amerikanischer Regisseur, der abgesehen von großen → *Mainstream*-Erfolgen wie »*Batman*« oder »*Mars Attacks*« einige Perlen des horriblen Märchens geschaffen hat. Burtons Karriere begann nach einer Ausbildung am California Institute of Arts by Walt Disney, wo er auch seine ersten eigenen Gehversuche unternahm. Sein erster Film war der kurze Trickfilm »Vincent«, in dem → Vincent Price als Erzähler fungierte. Burtons eigener Stil ist voll von düsterer Dichte und Poesie, das Ergebnis voll von liebevoll morbiden Details, am besten wird dies an solchen Filmen wie → »*Edward mit den Scherenhänden*« und → »A *Nightmare before Christmas*« deutlich. Burtons höchst eigene Art kommt auch in seinen Büchern zum Tragen, die allerdings auf Deutsch nicht wirklich erhältlich sind. Empfohlen sei an dieser Stelle dennoch »The Melancholy Death of the

Oyster Boy and other Stories« *(Rob Weisbach Book; ISBN: 0688156819).*

Buttgereit, Jörg

Zentrale Figur des deutschen Splatterkunstfilmes. In den Filmen Buttgereits, der sich stets bemüht, in seinen Produktionen größtmögliche Unabhängigkeit zu erlangen, bekommen verstörende Themen eine sehr eigene Ästhetik, die über das Bedürfnis des Einsatzes von Blut und Innereien hinausgeht und ihnen mitunter eine außergewöhnliche künstlerische Dimension verleiht, was vor allem daran liegt, daß die dargestellte Gewalt niemals zum Selbstzweck verwendet wird, sondern Kulminationspunkt zwischenmenschlicher Beziehungen ist. Von Buttgereit angegangene kontroverse Themen, wie etwa Nekrophilie (→ »*Nekromantik*« und → »*Nekromantik 2*«) finden jedoch hierzulande wenig Anerkennung, weshalb auch das Gros von Buttgereits Publikum außerhalb Deutschlands zu finden ist.

Byron, (George Gordon) Lord (sixth Lord Byron)

(22.1.1788 London, † 19.4. 1824 Griechenland)*

Byron, mit einem verkrüppelten Fuß geboren und darob in Verbindung mit seiner vermeintlichen Verruchtheit gerne als → *Teufel* bezeichnet, war ein außerordentlicher Vertreter der extremen Poesie. Er begann schon in jungen Jahren zu schreiben, und bereits damals zeigte sich eine rückhaltlos romantische Seite in seiner Dichtung, die unter anderem stark von seinem Zeitgenossen → *Samuel Taylor Coleridge*, besonders seiner → »*Christabel*« beeinflußt war. In jungen Jahren erbte Byron eine heruntergekommene Grafschaft, war später stetig auf Reisen durch Europa und kehrte irgendwann beinahe mittellos zunächst nach England zurück, um bald darauf seine rastlosen Reisen wieder aufzunehmen. Diese Reisen waren die überwiegende Inspiration der romantischen Gedichte Byrons, in denen er sich nicht selten biblischer und mythologischer Themen annahm. Auf einer dieser Reisen verstarb Byron im Alter von 36 Jahren im Verlauf einer Gewitternacht an den Folgen einer Malariainfektion. Ein gutes Bild des freigeistigen bisexuellen Bürgerschrecks vermittelt der Film → »*Gothic*«.

C

»Cabal – Die Brut der Nacht«

(»Nightbreed«)

USA 1990 R: Clive Barker D: Craig Sheffer, David Cronenberg

Kaum gestorben, kommt ein vermeintlicher Masssenmörder auf einen Friedhof der besonderen Art, wo eine eigene Gesellschaftsstruktur von sonderbaren Kreaturen herrscht. Der Name dieses geheimen Ortes ist »*Midian*« und die phantastischen Geschöpfe sind weniger monströs als es zunächst den Anschein hat. Das Böse lauert vielmehr im Kopf des Psychiaters Decker (Cronenberg), der nicht bloß der Schuldige an den Morden ist, sondern auch »Midian« zu vernichten gedenkt.

Der Film ist in so verschiedener Hinsicht bemerkenswert, daß er das → *Mainstream*-Publikum prompt überforderte. Der soziale Ansatz, Aufbruch der üblichen Gut/Böse-Strukturen, Charaktere, die jeder für sich, selbst noch in der zweiten Reihe, einen → *Ripp off* wert wären, und Dutzende brillante Masken (→ *FX* von Bob Keen) sind nur einige wenige großartige Aspekte, die nur die wenigsten zu würdigen schienen.

Denn obwohl das Ende fast für eine Fortsetzung ausgelegt scheint, veranlaßte dieser Film, der ebenfalls auf einem seiner Bücher basiert, → *Clive Barker* dazu, sich vorübergehend aus dem Filmgeschäft zurückzuziehen und bloß noch Bücher zu schreiben. Für den Buchmarkt jedenfalls hat es sich gelohnt ...

»Das Cabinet des Dr. Caligari«

(s/w – stumm)

D 1919/1920 R: Robert Wiene D: Werner Krauss, Conrad Veidt

In einem Ort nahe der niederländischen Grenze präsentiert Dr. Caligari, ein Scharlatan, den Somnambulen (→ *Somnambulismus*) Cesare, der des Nachts in seinem Auftrag mordend durch die Gegend zieht. Nach dem von Cesare verschuldeten Tod eines Freundes wird Caligary von einem jungen Mann beobachtet. Als der Diener des Doktors auch noch dessen Freundin umbringen soll, verfällt der Somnambule ihrer Schönheit ...

Einer der einflußreichsten Filme der filmischen Frühzeit, der nach einer Idee des tschechischen Dichters Hans Janowitz in Zusammenarbeit mit Carl Mayer entstand und bei dessen Umsetzung auch Fritz Lang seine Finger im Spiel hatte. Der expressionistische Stil des Filmes wird durch ein bizarres Bühnenbild, verzerrte Räumen und überzeichnete Charaktere noch verstärkt.

Der merkwürdige Film brachte es zu wirklichem Weltruhm und wird mitunter sogar als die Mutter aller Horrorfilme betrachtet. Wie beachtlich der Film an sich aber auch sein mag, die Sekundärliteratur, Bücher über Regisseur, Drehbuchautoren und den Film an sich ist es ebenfalls.

Ein späterer Film mit gleichem Titel hatte abgesehen von der Rolle des → *Wahnsinns* nicht viel mit dem Original gemein.

- *»Das Cabinet des Dr. Caligari« (»The Cabinet of Dr. Caligary«) (s/w) USA 1962 R: Roger Kay D: Dan O'Herily, Glynis Johns*

Nach einer Vorlage von → *Robert Bloch* entstanden, gelingt es diesem Film, die Abartigkeit von → *»Psycho«* auch ohne mumifizierte Mutter zu intensivieren, was womöglich auch der Grund für den geringeren Erfolg des Filmes ist.

Cagliostro

Allessandro, Graf von, eigtl. Guiseppe Balsamo (1743-1795), ein italienischer Lebemann, dem es durch alchimistische Kunststücke, Geisterbeschwörungen und »Wunderheilungen« gelingt, Aufsehen zu erregen und Einfluß zu gewinnen. Des öfteren wurde er der Manipulation überführt und mußte fliehen, was sein unstetes Leben außer in Italien, in Rußland, England, Belgien, Polen, Frankreich und Deutschland stattfinden ließ, wo er verschiedene Logen gründete. Letztendlich wurde er in Rom wegen Ketzerei zum Tode verurteilt, das Urteil später in lebenslange Haft umgewandelt und er im Endeffekt doch von den Schergen der Inquisition erwürgt. Was Cagliostro tatsächlich gewesen ist, ein Scharlatan, ein Spion oder bloß eine Gefahr für die katholische Kirche, ist umstritten. Das negative Bild, das von ihm herrscht, ist aber wohl hauptsächlich einer

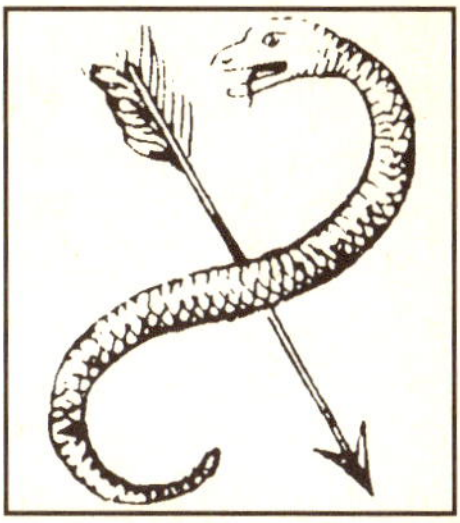

Cagliostro – hier das Siegel des abenteuerlichen Sonderlings

Biographie zu verdanken, deren Verfasser auf der Soldliste der Inquisition stand. C.s abenteuerliches Leben jedenfalls inspirierte neben Alexandre Dumas auch Friedrich Schiller (»*Der Geisterseher*«) und Johann Wolfgang von Goethe (»*Der Groß-Kophta*«).
Ein lesenswertes Buch über das Schicksal Cagliostros verfaßte Alexandre Dumas: »Der Ratschluß des Magiers« (»*Mémoires d«un médecin, Joseph Balsamo*«).

Caligula

(eigtl. Gaius Julius Caesar germanicus); [lat. »Soldatenstiefelchen]
*(*12 Rom, † 41 ebenda)*
In seiner Zeit als römischer Kaiser (37-41) machte Caligula sich vornehmlich einen Ruf als exzentrisch dekadenter gewaltfanatischer Wahnsinniger, dessen sexuelle Ausschweifungen (→ Orgie), Folterungen und Arenaspektakel wohl auch durch den ärgsten Beitrag des → Splatter-Genres nur schwerlich überboten werden können. Letztenendes führte seine rüde Herrschaftsform jedenfalls zur Ermordung Caligulas durch seine eigene Leibgarde ... Ein großartiger Film, der erst kürzlich frei von Schnitten in die Kinos kam, ist »Caligula« (USA 1980) mit Größen wie Peter O'Toole, John Gielgood und Malcolm McDowell unter der Regie des ursprünglichen Softpornoregisseurs Tinto Brass, der das exzessive Wirken des Kaisers in großartige Bilder zu bannen verstand.

»Carmilla«

(1872)
Im Nachlaß des pseudorealen Dr. Hesselius, der sich mit paranormalen Phänomenen zu befassen pflegte, finden sich die Aufzeichnungen des Mädchens Laura über deren Erlebnisse mit einer gewissen Carmilla, die Hesselius wiederum in einem ausführlichen Bericht darstellt. Diesem zufolge inszeniert Carmilla einen Unfall, nach dem sie einige Tage auf dem Schloß von Lauras Vater verbringen muß. Während dieser Zeit tut sich die gute C., die bereits ein Auge auf Laura geworfen hat, zunächst an den Töchtern der Dorfbevölkerung gütlich. Verschiedene Geschehnisse, die Andeutungen von Fremden und ein Gemälde aus dem Jahre 1698, das Mircalla von Karstein darstellt, aber Carmilla überaus ähnlich sieht, lassen den Leser bald erahnen, worum es geht. Laura derweil ist in diesem Bezug ein wenig naiv und hat selbst als Carmillas vernichtet wird, nicht wirklich verstanden, was vor sich geht. In dieser Vampirerzählung → *Sheridan LeFanus* aus dem Jahre 1872 wird in Car-

milla der Prototyp des lesbischen Vampirs, eine verführerische Femme fatale, entwickelt, und die sexuellen Aspekte der Geschichte scheinen ungleich greifbarer als etwa in → *»Dracula«*.

Wie so zahlreiche andere Schrecknisse wurde auch Lefanus erotischer Vamp inzwischen in ein Musical gebannt, das im Rahmen des Genres wohl das ansprechendste sein dürfte. (Nähere Informationen im Internet unter www.villa-fledermaus.de)

»Candymans Fluch«

(»Candyman«) USA 1992 R: Bernard Rose D: Tony Todd, Virginia Madsen

Die Geschichte vom schwarzen Mann einmal anders, verpackt in eine mythische Urban Legend um einen zu Tode gequälten Sklaven, der seinen Namen Candyman durch einigen Honig und folgendem Bienenstamm verdient, der, wenn man seinen Namen mehrmals vor dem Spiegel ausspricht, tatsächlich erscheint und mit einem eisernen Haken, den er statt seiner linken Hand trägt, mordet. Auf diese Geschichte stößt eine Studentin während ihrer Doktorarbeit über Urban Legends. Dem Candyman werden im schwarzen Viertel der Stadt zahlreiche Morde angelastet und die junge Frau macht sich auf, die Wahrheit über den Candyman herauszufinden ... Als Adaption einer weiteren → *Clive Barker*-Geschichte (»The Forbidden«) ist Candymans Fluch wohl abgesehen von der besten Fremdverfilmung eines Barkerstoffes auch ein großartiger und blutiger Film geworden (FX von Bob Keen), der einige klassische Horrorversatzstücke neu kombiniert und glaubhaft in einem realen und dennoch alptraumhaften Ghetto ansiedelt.

• *»Candyman II – Farewell to the Flesh«; USA 1995 R: Bill Condon D: Tony Todd, Kelly Rowan*

Na ja, Fortsetzung eben, der Zuschauer erfährt retrospektiv durch die Augen einer Nachfahrin des Candymannes die ganze Geschichte und weiß am Ende, daß er darauf auch hätte verzichten können. Der Film ist um einiges handzahmer und die sinistren Züge einer → *Clive Barker*-Geschichte schmeckt wohl nur der wirklich sensible Gaumen ...

»Cannibal Holocaust«

→ *»Nackt und zerfleischt«*

Carpenter John

*(*1948 New York)*

Einer der wenigen amerikanischen Regisseure, die ihre Vorliebe für das Schreckliche in verschiedenste, aber doch stets bemerkenswerte Filme

zu bannen verstehen. Neben großartigen Frühwerken, wie etwa dem grandiosen SciFi-Opus *»Dark Star«* (1974) oder *»Die Augen der Laura Mars«* (1978), setzte Carpenter Meilensteine des Horrokinos in Szene, wobei Fans und andere Menschen sich höchst uneins über die guten und schlechten Werke jenes Mannes sind, der uns unter anderem → *»Halloween – Die Nacht des Grauens«*, → *»The Fog – Nebel des Grauens«*, → *»Das Ding aus einer anderen Welt«*, → *»Die Mächte des Wahnsinns«* und als neuestes Machwerk → *»Vampire«* bescherte.
Außerdem zeigt Carpenter sich häufig auch für die eindringliche Musik seiner Werke veranwortlich und ist mitunter, wie etwa in *»Body Bags«* (1993), auch als Schauspieler zu bewundern.

»Carrie – des Satans jüngste Tochter«

(»Carrie«); USA 1976 R: Brian de Palma D: Sissy Spacek, John Travolta
Carrie, die von ihrer fanatisch religiösen Mutter eingeengt und zur ewigen Außenseiterin gemacht wird, entdeckt im Rahmen der zunehmenden Tyrannei ihrer Umwelt ihre telekinetische Begabung, die sie alsbald überaus effektiv einzusetzen versteht und so nicht nur visuell eindrucksvoll ihre Mutter im Türrahmen kreuzigt, sondern auch ihre Mitschüler effektiv in den Aggregatzustand »tot« zu versetzen versteht.

De Palmas bildgewaltige Adaption eines Buches von → *Stephen King* ist eine der besseren Umsetzungen derselben. Einige Bilder bleiben einfach im Gedächtnis, sei es Carries Mutter, die akribisch genau wie der gekreuzigte Jesus von fliegenden Messern in den Türrahmen gepinnt wird, sei es die sich erlöst wähnende Carrie, die von einem Eimer Schweineblut eines besseren belehrt wird, oder jenes Grab in jener Traumsequenz, das ... Aber schweigen wir dazu. Was Schockmomente und großartige Bilder im Rahmen eines Teenagerabschlußballes angeht, gibt es wenig derartig Eindrucksvolles.

Auf jeden Fall ein weiter übersinnliches-Massaker-in-geschlossenen-Räumen (Boiler-Room Massaker → *»Hellraiser III«)* Film, dessen deutscher Untertitel einmal mehr großmütig zu übersehen ist.

»Carnival of Souls«

→ *»Tanz der verlorenen Seelen«*

Castlevania

Horribles Computerspiel mit dem klassischen Grundmotiv: Schloß / Schätze / Monster, was dem Spieler vornehmlich durchlaufen, einsammeln, und Totschlagen in zunehmender Größenordnung abverlangt.

Früher auf dem Gameboy erschienen und dem Autor einzig daher bekannt, wurde dem Titel offensichtlich so viel Qualität zugesprochen, daß er kürzlich erneut für verschiedene Spielkonsolen erschien.

Cenobiten

(eingedeutscht aus dem Englischen, eigtl. Zönobiten)
[von griech. koinobion, koinos »einfach« und bios »leben«]
Ursprünglich der Name einer priesterlichen Gemeinschaft im antiken Griechenland, wird der Begriff von → Clive Barker zur Bezeichnung einer Gruppe bizarrer Gestalten aus der Zwischenwelt benutzt, die durchaus glaubhaft als Priester des Schmerzes aufzutreten verstehen. Ob es sich um einen feisten Herren namens Butterball handelt, der seine zugenähten Augen hinter einer Sonnenbrille verbirgt, den sogenannten Chatterer, dem das Fleisch von den Zähnen hängt, ob es die Female Cenobite mit offenem Hals und Draht im Gesicht ist, keine dieser bizarren Gestalten vermag dem grandiosen → Pinhead das Wasser zu reichen, dessen Haupt zahllose herausragende Nägel zieren. Neben den oben genannten Figuren, die von der inzwischen aufgelösten Firma »Sreamin« auch als eindrucksvolle → Modelle feilgeboten wurden, gibt es noch einige andere Cenobiten, deren Qualitäten der Leser beim Studium der → *»Hellraiser«*-Filme oder aber anhand des Buches *»Raising Hell«* überprüfen sollte.

Chaney, Lon

(eigtl. Leonidas F. Chaney);
(1883 Colorado, † 1930)*
Der erste wirkliche Star des Horrorfilms, der insgesamt in über 150 Filmen mitspielte, hatte die Eigenart, sein → *Make up* und seine Maske selbst aufzulegen, und legte dabei eine derartige Virtuosität an den Tag, daß einige seiner Rollen (→ *»Das Phantom der Oper«*, → *»London after Midnight«)* noch heute furcht-

Cenobiten – Hier sehr anschaulich, Valentina Vargas als Vertreterin der bizarren Gemeinschaft.

einflößend wirken und er sich den Spitznamen »der Mann mit den 1000 Gesichtern einhandelte«. Chaney hantierte dabei mit Drähten und Bändern, um sein Gesicht entsprechend zu verzerren, was manchmal über die Grenzen des Schmerzes hinausging. Bevor Chaney in wirkliche Rivalität mit den nachfolgenden Horrorgrößen → Boris Karloff und → Bela Lugosi treten konnte, verstarb er 1930 an einem Krebsleiden.

Chaney, Lon (jr.)

*(eigtl. Creighton Tull Chaney;*1906 Oklahoma, † 1973 San Clemente)*
Der Sohn des großen → *Lon Chaney* sollte es bei weitem nicht so weit bringen wie sein Vater. Doch auch er war letztenendes für die → *Universal Studios* tätig, begann als Kleindarsteller und spielte später manche → Mumie, manchen → »*Frankenstein*« und nicht zuletzt die Titelrolle in → »*Der Wolfsmensch*«.

Chaos

Potentierte Unordnung definitiv unüberschaubarer Natur, die am Anfang von allem gestanden hat und aller Wahrscheinlichkeit nach auch am Ende stehen wird. Eine alchimistische Definition bezeichnet das Chaos als »schleimlichtes schweflichtes Saltz«. Das Prinzip und die Gesetzmäßigkeiten, respektive Antigesetzmäßigkeiten (darum schon wieder Regelmäßigkeiten) des Chaos jedenfalls werden nicht selten als intellektueller Ansatz in die Horrorlandschaft eingewoben. Einigen → *Dämonen* jedenfalls unterstellt man eine gewisse Freude am Die-Welt-ins-absolute-Chaos-stürzen, weshalb das Chaos mitunter direkt mit dem Bösen in Verbindung gebracht wird. Symphatischste Chaos Gottheit jedenfalls dürfte der musikalische → *Azatoth* sein.

Obwohl das absolute Chaos mit Sicherheit das Schlimmste ist, sind auch wirtschaftliche, verbrechensstatistische, menschliche, katastrophentechnische, persönliche und anderweitige Chaosvarianten im Horrorgenre weitgehend unbegrenzt einsetzbar. Im Zeitalter des technisierten Schreckens ist Chaos ein Aspekt, der sich hervorragend am Ende kompliziert berechneter Diagramme auf Monitoren von Computern mit beeindruckender Leistung anbringen läßt und dort nach mehrtägigem Rechenaufwand immer für ein bedrücktes »*Oh mein Gott!*« gut sein sollte.

Chaos Comics

Weiterer Comicverlag, der sich in seinen → *Comics* um das Horrorgenre mehr oder minder verdient macht. Vornehmlich sind es Titel wie

»Lady Death« – Brüsteln für Chaos Comics

»*Lady Death*« oder »*Purgatory*«, in denen sich ansehnliche vollbusig dämonische Geschöpfe in hahnebüchenen Handlungen verstricken, um ein vornehmlich jugendliches Publikum zu erfreuen. Ein gleiches tut auch ein Charakter wie »*Evil Erni*«, dem es zwar an Oberweite, aber nicht an Bösartigkeit mangelt. Das bezüglich der Handlung ungleich bedeutendere Zugpferd des Verlages dürfte »Buffy – The Vampire Slayer« (→ »*Buffy, der Vampirkiller*«) sein. Was das → *Merchandise* angeht, sei allerdings festgestellt, daß die → *Modelle* von Lady Death und Purgatory höchst ansehnlich zu nennen sind.

Chikatilo, Andrej

(hingerichtet 14.2.1994)

Wohl prominentester Vertreter des russischen → *Kannibalismus*. Für seine Motive führte Chikatilo an, daß sein Bruder bei einem Aufstand von anderen Dorfbewohnern ermordet und verspeist worden wäre. Chikatilo, Parteimitglied und Lehrer von Beruf, trieb sein Unwesen in Rostov, wo er im Verlauf von zwölf Jahren mehr als 52 Opfer fand. Diese quälte, verstümmelte, schändete und verspeiste der Bildungsbürger, bis ihm im Jahre 1992 das Handwerk gelegt wurde. Chikatilo war schon Jahre zuvor ähnlicher Verbrechen verdächtigt worden, aufgrund eines Untersuchungsfehlers aber wieder freigelassen worden. Bei einem späteren Fall erkannten zwei seinerzeit beteiligte Beamte ihn jedoch wieder, was ihm letztendlich zum Verhängnis wurde, allerdings erst, nachdem das sozialistische Regime vorüber und seine Parteimitgliedschaft nichtig geworden war.

Chikatilos Verhandlung im Jahr 1994 sollte ein einmaliges Ereignis in der russischen Gesetzesgeschichte werden und für internationales Aufsehen sorgen. Er gab in seinem Plexiglaskäfig eine Vorstellung par excellence, setzte sich als Ausnahmewahnsinnigen in Szene und berichtete bereitwillig über alle Einzelheiten seiner Verbrechen.

Chikatilos Geschichte diente als Vorlage für den Hollywoodfilm: »*Citizen X*« mit Donald Sutherland und Max von Sydow.

Chimäre

→ *Mischwesen* aus der griechischen → *Mythologie*, das mit dem Kopf eines Löwen, dem Körper einer Ziege und dem Schwanz einer Schlange gesegnet war, dessen Name aber auch im übertragenen Sinn für alptraumhafte und erschreckende Erscheinungen gebraucht wird.

»A Chinese Ghost Story«

HO 1987 R: Ching Siu-Tung D: Leslie Cheung, Joey Wang

Während einer stürmischen Nacht verbirgt sich der Gehilfe eines Geldeintreibers in einem verlassenen Tempel vor einem fürchterlichen Gewitter. An diesem Ort – wo natürlich kein vernunftbegabter Mensch sich je verstecken würde – hat er die Freude, einen Geist kennenzulernen, der nicht bloß die ursprüngliche Aufgabe hat, ihm irgend einem verdammt alten, bösen und gefährlichen Baumgeist in die Äste zu spielen, sondern überdies noch unwahrscheinlich lecker ist. Letztenendes ist es einzig seine gutmütige Trotteligkeit, die ihn von den bisherigen Opfern des Geistes unterscheidet. In dieser Rolle wird er von dem ansprechenden Astralwesen und einem ziemlich durchgeknallten Priester unterstützt, gegen die der Baumgeist letztenendes vergebens anzappelt. *»A Chinese Ghost Story«* ist einer der wenigen Filme, der mit einer wahrhaft gelungenen Mischung aus Action, → *FX*, rasanten Kampfeinlagen, Reminiszenzen an den großen amerikanischen Humor und asiatisch verquastem Witz aufwartet. Die eigenartige Mischung aus Horror und Fantasy ist wohl nur auf einer solchen Ebene möglich, weshalb der Film beim westlichen Publikum auch dementsprechend aufgenommen wurde und außerdem manchen europäischen Filmpreis einheimste. Zwei Umstände, die in diesem Fall zu zwei weniger sehenswerten Fortsetzungen führen sollten.

Im Bezug auf westliches Kino ist *»A Chinese Ghost Story«* wohl am ehesten mit → *»Armee der Finsternis«* zu vergleichen.

- *»Chinese Ghost Story II, A«; HO 1990 R: Ching Siu-Tung D: Leslie Cheung, Jacky Cheung*
- *»Chinese Ghost Story III, A«; HO 1991 R: Ching Siu-Tung D: Joey Wang, Tony Leung*

Chiromantie

[von griech. cheir; Hand]

Handlesen, Zukunftsdeutung aus der Beschaffenheit der Handlinien. Diese Wissenschaft basiert auf der Chirologie, der Charakterdeutung anhand der Handlinien, und obwohl beides ernsthafter Gegenstand der → *Parapsychologie* ist, steht die Chiromantie doch in dem schlechten Ruf der Scharlatanerie, was vor allem an ihrer Massentauglichkeit als Jahrmarktsvergnügen (→ *Esoterik*) liegt. Sie ist auch ein beliebtes schicksalsträchtiges Motiv des Horrorgenres, das mit Vorliebe von alten Zigeunerinnen oder anderen seltsamen Gestalten ausgeübt wird, die nicht selten nach einem flüchtigen Blick in die Handfläche ihres

Gegenübers entsetzt zurückweichen, was nicht an mangelnder Hygiene, sondern am Schrecken der bevorstehenden Ereignisse liegt, der innerhalb der Handlinien unmißverständlich ausgewiesen ist.

»Christabel«

(1797, veröffentlicht 1816; unvollendet)

Ballade von → *Samuel Taylor Coleridge*, die sich mit dem Ewig Weiblichen und dem Hexentum auf eine überaus mystische Weise beschäftigt und in der die Hexe Geraldine ihre Intrigen um Lady Christabel und ihren Vater, Sir Leoline, spinnt und seine Tochter in unvergleichlichen Versen verführt und mit einem Spruch belegt, damit sie das wahre Wesen der Hexe nicht verraten kann.

Ein Glanzstück der düsterromantischen Literatur, dessen sprachlicher und formaler Aufbau sich als prägend für die englische Literatur erweisen sollte, und von dem der Autor leider keine brauchbare deutsche Übersetzung ausfindig zu machen vermochte.

Das Gedicht ist allerdings unvollständig geblieben. Coleridges Pläne für das Ende sind zwar bekannt, aber alle Veröffentlichungen seit 1805 fanden in der einzig bekannten und unvollständigen Version statt.

Neben der englischen Literatur wurden vornehmlich → *Edgar Allan Poe*, → *Lord Byron* oder Percy Bysshe Shelley nachhaltig von diesem Werk geprägt.

»Chucky – die Mörderpuppe«

(»Child's Play«)

USA 1988 R: Tom Holland D: Alex Vincent, Catherine Hicks

Neben den kruden Lieblingen des → *»Puppetmasters«* und → *Stuart Gordons »Dolls«* ein weiterer unverwüstlicher Vertreter des Spielzeughorrors. Charles »Chucky« Lee Ray, ein Serienmörder mit → *Voodoo*-Vorliebe, reinkarniert sich in der niedlichen lebensgroßen Spielzeugpuppe Chucky, die alsbald von einem Straßenhändler an eine Mutter verkauft wird. Diese macht ihrem Sohn Andy damit nicht bloß eine Freude, versucht Mr. Lee Ray sich doch alsbald in ihm zu reinkarnieren und verwüstet in diesem Rahmen einiges, bis er selbst entarmt und entbeint endet.

Die Qualität dieses Filmes besteht keinesfalls in einer originellen Geschichte, gibt es dafür doch zu viele Parallelen zu einigen → *Twilight Zone* Episoden und → *EC Comics*, die Dimension des Ganzen ist allerdings bemerkenswert. Chucky ist, was man dem Film auch ansieht, hochbudgetierte Tricktechnik und sollte wirtschaftlich zumindest so erfolgreich sein, daß dem Puppenfreund inzwischen drei Fortsetzungen beschert wurden.

Ein Vergleich des amerikanischen und deutschen Titels zeigt jedenfalls einmal mehr, daß man den deutschen Horrorfilmkonsumenten aller Wahrscheinlichkeit nach für blöd hält.

Die Fortsetzungen jedenfalls hätten nicht wirklich sein müssen.

- *»Chucky 2 – die Mörderpuppe ist zurück!« (»Child's Play 2«); USA 1990 R: John Lafia D: Alex Vincent, Jenny Agutter*
- *»Chucky 3 – Kuck mal wer wieder da ist ...« (»Child's Play 3«); USA 1992 R: Jack Bender D: Justin Whalin, Perry Reeves*
- *»Chuckys Braut« (»Bride of Chucky«); USA 1998 R: Ronny Yu D: Jennifer Tilly, Brad Dourif*

Chupacabras

(Ziegenmelker)

Eigenartige Tiere, ursprünglich in der Gegend um Puerto Rico gesichtet, denen seit den 70ern die Morde an verschiedenen Tieren zur Last gelegt werden und die angeblich über paranormale Fähigkeiten verfügen. Der Beschreibung nach dürften die Chupacabras eine Art außerirdische Echsenwerwölfe sein. Ein Denkmal setzte diesen, in Europa so gänzlich unbekannten Geschöpfen jedenfalls eine Folge der Serie → *»Akte X« (»Der Chupacabra«,* org. *»El Mundo Gira«).*

»Cinefantastique«

Monatlich erscheinende englischsprachige Zeitschrift, die sich mit allen Facetten des fantastischen Filmes von Trickfilm über Manga bis Horror befaßt, ohne dabei eine eine genuine Horrorzeitschrift zu sein. Jede Ausgabe hat einen aus dem Cover ersichtlichen Schwerpunkt, der von Filmen über die Arbeit bestimmter Regisseure bishin zu

Cinefantastique – höchst informative Zeitschrift mit interessanten Schwerpunkten

Serien reicht, und wartet mit Veröffentlichungsterminen, Vorankündigungen und ausführlichen Hintergrundberichten von Video- und Kinoproduktionen auf. Ein besonderes Augenmerk gilt hierbei nicht selten den → *FX*. Empfehlenswert auch die untergeordneten Serien der Zeitschrift »*Femme Fatales*« und »*Imagi Films*«.

Comics

Die prägende Kraft der Bildergeschichten für das Horrorgenre geht vor allem von → *ECs*, → *Geschichten aus der Gruft* (1950-54) aus, die eine ganze Generation von Horrorschaffenden, Autoren wie Regisseuren prägen sollten.

Auch heute ist der Comicmarkt voll von Perlen des Schreckens, die in einer ungleich eigenwilligeren Art glänzen als → *Mainstream-* oder → *Splatter*-Kino.

Mitunter gelingt es, in einer dieser Bildergeschichten die unmögliche Kombination von Sex, Gewalt und guter Handlung zu finden, was heutzutage kaum ein anderes Medium darzustellen wagt. Während in Amerika → *Glenn Danzig* mit seinem → *Verotik* Label die Panel durchstreift und davon abgesehen, vor allem → *Vertigo*-Titel recht anspruchsvoll sind, erscheint in Deutschland seit nunmehr zwanzig Jahren der bemerkenswerte Titel → »*Menschenblut*« (Eisenfresser Comix). In den letzten Jahren hat sich mit → *EEE* ein weiterer ambitionierter Verlag in diesen Breiten etabliert. Mainstream-Horror ist aber auch innerhalb der Comicszene höchst lebendig, ein Evergreen des Genres ist dabei → »*Vampirella*« (Harris Comics, in Deutschland mit Splitter), doch das Mainstreamregiment übernimmt hier vor allem → *Chaos Comics* (Deutschland).

Angesichts der Unüberschaubarkeit des Marktes – annähernd keine Serie, die ohne irgend einen Horroraspekt auskäme – ist die Nennung dieser wenigen, eine einmal mehr höchst subjektive, aber gelungene Auswahl, die den Leser vor verschiedenen Titeln verschont, deren Anspruch sich linear gegen Null bewegt.

Computerspiele

Auch das Medium Computer hat das Horrorgenre inzwischen für sich entdeckt und vor diesem Hintergrund manches stimmungsvolle Spiel geboren. Sind es aus alten Amiga-Tagen noch Spiele wie → »*Alone in the Dark*«, die zu beeindrucken verstanden, bedarf es heute schon aufwendig animierter Zombieschießereien, wie etwa »*Blood*« oder die auf Spielautomaten basierenden → »*House of the Dead*« oder → »*Resident*

Evil«, um den Computerfreak aus der Reserve zu locken. Doch auch sogenannte Adventures gibt es noch, in denen der Spieler sich auf den Weg macht, Schauernisse zu erkunden, statt sie wegzuballern wie etwa »*The* 7th *Guest«* oder »*The* 11th *Hour«*.

Coleridge, Samuel Taylor

*(*1772 Devon, † 1834 London)*
Der englische Dichter, der zum bedeutendsten Literaturkritiker der englischen → *Romantik* werden und sich nebenbei im zeitgemäßen Mißbrauch von Opium ergehen sollte, verfaßte mit → »*Christabel«* und der → »*Weise des alten Seemanns«* zwei für das Genre der Horrorliteratur überaus prägende Balladen.

Computerspiele – Der Spieler in der Rolle von Zombiejägern oder Untoten mit Hut.

Conte Cruel

(frz. »grausame Geschichte«)

Französisches Äquivalent der Horror- oder Schauergeschichte. Sprichwörtlich wurde der Begriff durch die gleichnamige Geschichtensammlung des → *Comte de L'isle Adam.*

Cooper, Alice

*(eigtl. Vincent Furnier;*1948 Michigan)*

Seit nunmehr 1968 Sonderling in der → Heavy-Metal resp. Rockszene, dessen extravagante Bühnenshows vielerlei Schreckliches bieten.

Den Namen Alice Cooper erlangte der Musiker in einer Variante durch eine Sitzung an einem → *Ouija*-Brett, in einer anderen wurde er von dem Sänger aufgrund seiner außerordentlichen Belanglosigkeit erwählt. Cooper bedient sich dabei eines bizarren, mitunter an → *Kiss* erinnernden Make-ups, tanzt mit lebenden Schlangen und ergibt sich mitunter auf treffliche Weise dem Pathos und der Theatralik.

Sein 94er Album »*The last Temptation*« erschien in einer limitierten Sonderauflage zusammen mit einem wahrhaft düster-visionären Comic aus der Feder von → *Neil Gaiman*, das in Serie auch gesondert zu erhalten war.

Corman, Roger (William)

*(*1926 Michigan)*

Der König des → *B-Movie*, ein Regisseur, der aus mittelmäßigem Budget bessere Filme als erwartet machen kann. Abgesehen davon, daß die uneingeschränkte Schöpfungskraft dieses Mannes, der bei über 50 Filmen Regie führte noch immer nicht versiegt ist, schuf er vor allem mit seinen recht freien Adaptionen von → *Edgar Allan Poe,* Werken wie etwa → *»Der Rabe«,* → *»Der Untergang des Hauses Usher«* oder → *»Die Grube und das Pendel«* Meilensteine des Genres. Aber auch andere großartige Filme, wie etwa → *»Kleiner Laden voller Schrecken«* oder → *»Lebendig begraben«,* entstanden unter Cormans Regie, kleine Meisterwerke, die unverständlicherweise die wenigsten mit seinem Namen in Verbindung bringen.

Craven, Wes

*(eigtl. Wesley Earl;*1939 Ohio)*

Den meisten dürfte der amerikanische Regisseur durch → »Nightmare – Mörderische Träume« bekannt sein, wobei dies einer seiner weniger subtilen Filme ist. Zu neuerlichem Ruhm gelangte Craven durch den

Horror/Thriller Hybriden → »Scream«, und allzu leicht gerät der unkritische Kinokonsument in Versuchung, sein brillantes früheres Schaffen zu übersehen. So löste Craven etwa mit »The last House on the Left« (→ »Mondo Brutale«) seinerzeit große Kontroversen aus und schuf mit → »Die Schlange im Regenbogen« den bisher einzigen authentischen → *Voodoo* Film.

»Creepshow – die unheimliche verrückte Geisterstunde«

(»Creepshow«)

USA 1982 R: George A. Romero D: Leslie Nielsen, Adrienne Barbeau

In seiner Aufmachung ist diese Creepshow wohl am ehesten als eine Hommage an die → EC-Comics der 50er zu verstehen, in denen, wie auch hier, meist die Bilder und nicht die Stories das Beeindruckende sind. Bemerkenswert ungewöhnlich auch die Montagetechnik der Bilder, die mitunter in aufwendigen Rahmen laufen. → *Stephen King*, der auch Autor der einzelnen Episoden war, ist hier auch als Schauspieler mit von der Partie.

Ein zweiter Aufguß sollte folgen:

- *»Creepshow – kleine Horrorgeschichten« (»Creepshow 2«); USA 1987 R: Michael Gornick D: George Kennedy, Dorothy Lamour*

Wieder darf Mr. King seine Feder für die Creepshow schwingen, um in einer spärlichen Rahmenhandlung inkl. → *Teenager* drei mittelmäßige Geschichten zu plazieren, denen ein wenig die Ernsthaftigkeit des ersten Teiles fehlt und die vornehmlich wegen ihrem kruden → *EC*-Charme oder den Effekten von → *Tom Savini* sehenswert sind.

Cronenberg, David

*(*1943 Kanada)*

Auch Cronenberg ist ein Ausnahmeregisseur, der vom Blickpunkt des Autors am ehesten wohl mit → *David Lynch* zu vergleichen wäre, wobei Cronenberg ungleich direkter und weniger subtil ist und die bei Lynch unterschwellig aufgebaute surreale Atmosphäre mit Bildern bedenkt, wie sie verstörender nicht sein könnten. So sind Cronenbergs Filme eigentlich immer seltsame Hybriden aus Kunst- und Splatterfilm, abseits vom Mainstream mit außerordentlichem Kultfilmpotential ausgestattet.

Bei allen Projekten wirkt Cronenberg kaum wie ein Regisseur, der sich dem Markt beugt, allein die Realisierung seiner eigenwilligen → »*Naked Lunch*«-Umsetzung (nach dem gleichnamigen Buch von William S. Burroughs) hat ihn einige Jahres seines Lebens und einiges an

Schweiß gekostet, wobei der ursprünglich geplante Ansatz laut Cronenberg wohl in beinahe jedem Land der Welt verboten worden wäre.

Sein erster Erfolg war »Scanners«, darauf folgte »Dead Zone – Das Attentat« (nach → *Stephen King*) und dann → »*Videodrome*«. Sein unzweifelhaft größter Erfolg dürfte sein Remake von → »*Die Fliege*« gewesen sein.

Crowley, Aleister

Eigtl. Edward Alexander, Pseudonyme: To Mega Therion (griech. das große Tier), Gérard Aumont, Frater Perdurabo u.a. (1875-1947). Engl. Magier, Lyriker und Gründer verschiedener esoterischer Orden. Crowleys Lebenswandel ist abenteuerlich und durchsetzt von Drogenexzessen und sexuellen Grenzerfahrungen. Beides wurde unabdingbarer Bestandteil seiner Lehren und Ausgangspunkt verschiedener Trancezustände. Crowley verfügte über die Fähigkeit des automatischen Schreibens, sein Buch des Gesetzes (»Liber Al«) beispielsweise wurde ihm von einem Dämon diktiert und von Crowley mit genauen Anweisungen für den späteren Druck versehen.

Kurios ist neben dem Namen seiner Tochter (Night my Athatour Hecate Sappho Jezabel Lillith) sicher auch Crowleys Angebot, das er Churchill machte, den zweiten Weltkrieg durch eine unfehlbare magische Methode zu gewinnen. Churchill lehnte übrigens ab.

Crowleys Maxime: »Tue was Du willst, soll das ganze Gesetz sein.« ist leichter falsch zu interpretieren, als wirklich zu verstehen, und sein Stellenwert zwischen den Okkultisten ist allerdings umstritten, wohl auch aufgrund seines Humors, der ihn nicht selten zu allem möglichen verleitete.

Wer immer Crowley aber war, seine Person regt die Phantasie Horrorschaffender noch immer an. In der Regel wird er fälschlicherweise auf die Rolle des finsteren Schwarzmagiers reduziert, der durchweg gänzlich böse und alles andere als ein Suchender ist ...

Interessant ist allemal auch der Tonträger: »The great beast speaks«, eine Aufarbeitung von Wachszylinderaufnahmen, wie sie zu Beginn des 20. Jahrhunderts üblich waren.

Cryptkeeper

[engl. »Gruftwächter«]
Der Gastgeber und etwas andere Märchenonkel aus den → *E.C. Comics*, → »*Tales from the crypt*«, ein symphatischer älterer Herr von außerordentlich hagerem Wuchs, der zweifelsfrei seit Jahren dem unge-

wöhnlichen Hobby der → *Verwesung* frönt, war ursprünglich weit weniger verwesend, als er in der späteren Fernsehserie dargestellt wurde. Dennoch wurde er dort, entwickelt von → *FX* Spezialist → *Kevin Ygher* und geführt von den Händen des Puppenspielers Mecki Heussen, zu einer wahren Koryphäe auf dem Gebiet der schrecklichen Fabulierkunst, deren Äußeres mit mancher Schauergeschichte zu konkurrieren vermag.

Cthulhu

Einer der Großen Alten, der am Grunde des Meeres in der versunkenen Stadt R'lyeh schläft. Gallionsfigur des lovecraftschen Pantheons, die es trotz ihres leidlichen Äußeren zu einem ansehnlichen Ruhm in den verschiedensten Medien gebracht haben. Vom Computerspiel (etwa *»Prisoners of Ice«*) über die Titel drittklassiger Filme, → *Rollenspiel,* bis in ungezählte Geschichten begegnet uns der Name des großen Cthulhu, der auch im legendären → *Necronomicon* nicht unerwähnt bleibt.

Dessen Kopf besteht überwiegend aus oktopoden Fangarmen, während sein Körper als humanoid und seine Größe als sehr groß (vgl. Wolkenkratzer[2]) zu bezeichnen sind. Eine annehmbare Darstellung dieser Kreatur aus dem Pantheon des → *H.P. Lovecraft* scheint allerdings vornehmlich im Literarischen möglich.

Cushing, Peter

*(*1913 Surrey, † 1994 Kent)*

Der britische Mime mit dem markanten Gesicht ist einer der einprägsamsten Darsteller des Genres. Mit → *Christopher Lee* entwickelte er sich im Dienste der → *Hammer Studios* zu einem beinahe legendären Paar von Gegenspielern mit außerordentlicher filmischer Präsenz. Cushing brillierte als Dr. Frankenstein (→ *»Frankensteins Fluch«,* 1957) ebenso wie als Vampirjäger van Helsing (→ »Dracula« 1958), rutschte allerdings nach dem Ende der Studios zeitweise in dubiose internationale Produktionen ab, zu denen natürlich sein großartiger Gastauftritt in »Star Wars« (1977) nicht gerechnet werden kann. 1994 verstarb Peter Cushing an den Folgen eines Krebsleidens.

D

Dachboden

Ebenso wie etwa der → *Keller*, einer der alltäglichen Orte, an denen das Böse zu lauern pflegt. Beide Räume stellen die Grenzen des individuellen Lebensraumes dar, in denen vorzugsweise Grenzerfahrungen angesiedelt werden.

Ob hinter verschlossenen Dachbodentüren oder in frei zugänglichen dachwärtigen Rumpelkammern verbirgt sich, abgesehen von stimmungsvoll eingesetzten → *Fledermäusen,* → *Spinnen* usw., in der ein oder anderen verschlossenen Truhe oder hinter Unmengen von irgend etwas, das Grauen, ein fürchterliches Geheimnis, ein uraltes Buch, Verderben in der Form von Harmlos o.ä. das, freigesetzt von dem unwissenden Finder, fortan das Dorf, die Stadt oder die ganze Welt bedroht. Als klassisches Horrormotiv kommt der Dachboden allerdings in Anbetracht der Superlative des Schreckens unserer Tage bedauerlicherweise aus der Mode.

Dahmer, Jeffrey

Eine der bekanntesten amerikanischen → *Kannibalismus*-Fälle der Neuzeit. Dahmer lockte mit sexuellen Versprechungen überwiegend farbige junge Männer in seine Wohnung in Milwaukee, wo er sie umbrachte und verspeiste. Als die Polizei ihn 1991 festnahm, wurden in seinem Garten drei Körper im Säurebad, vier Köpfe, sieben Schädel, verschiedene Skelette, ein Penis und in seinem Kühlschrank ein Herz gefunden. Bevor Dahmer 1994 im Gefängnis bei einem Aufstand ums Leben kam, bewies er makabren Humor, indem er einen Zettel bezüglich eines Treffens der »Anonymen Kannibalen« an das schwarze Brett der Anstalt heftete.

Abgesehen davon ließen Angehörige der Opfer den Inhalt von Dahmers Wohnung versteigern. Sein Gehirn sollte zunächst für die

Wissenschaft konserviert werden, wurde jedoch ein Jahr später auf Bestreben seines Vaters verbrannt.

Damballa

Zentrale Schöpfergottheit des haitianischen → *Voodoo*-Kultes. Ihr zugeordnetes Tier ist die Schlange, und unter anderem gilt der Evangelist Johannes als Erscheinungsform Damballas. Ein treffliches Beispiel für die Verquickung von Christen- und Heidentum ...

Dämonen

[von griech. daimon »kleiner Gott«]

Im homerischen Griechenland zunächst eine weitere Bezeichnung für die Gottheit, entwickelte sich der Dämon zur Spätantike hin zu einem höheren Wesen. Im späteren Verständnis werden Dämonen zu personifizierten Angstgefühlen, sexuellen Sehnsüchten oder Aspekten des → *Bösen*. Die meisten dieser letzteren Kräfte wirken in Hinblick auf den Menschen destruktiv. Sogar den einzelnen Gestirnen sind Dämonen zugeordnet. Ursprünglich aber werden sie als körperlos und den Dingen innewohnend betrachtet, obwohl sie durch verschiedene rituelle Handlungen (vgl. → *Beschwörung*) dazu gebracht werden können, sich zu manifestieren. Dämonen sind, wie auch an der Herkunft der Bezeichnung zu erkennen, in ihrer ursprünglichen Bedeutung nicht böse. Im Griechischen gab es, um entsprechend verwerfliche Kräfte dieser Art zu benennen, die Kategorie »Kakodaimones«.

Zum Mittelalter hin waren sie allerdings nichts anderes als böse, und das Christentum versäumte nicht, alle »heidnischen« Götter zu Dämonen zu ernennen. Im → *Hexenhammer* wird Dämon dann erster der acht Aspekte des Teufels, womit seine Karriere in der Hierarchie des Bösen wohl endgültig besiegelt gewesen sein dürfte. Die mittelalterliche Zauberliteratur nennt verschiedene Dämonen, die für ebenso verschiedene Zwecke beschworen werden konnten. Das Horrorgenre jedenfalls hält nicht wirklich auch nur einen Dämonen bereit, der auch nur einen Deut weniger als böse wäre. Dementsprechend verheißt die Anwesenheit derartiger Gevattern selten weniger als zumindest → *Besessenheit*. Das Horrorgenre schert sich in der Regel wenig um die Etymologie des Wortes, stattdessen läßt es Dämonen ständig und regelmäßig Besitz von allem möglichen ergreifen. Der interessierte Leser hätte diesbezüglich sicher Freude an → »*Der Exorzist*«, obwohl eine interessante Dämonenvariante auch → »*Dämon – trau keiner Seele*« darstellt.

Die moderne Psychologie hält Dämonen lediglich für Projektionen. Ob Projektion oder nicht, eine erquicklich praxisnahe oder zumindest unterhaltsame Lektüre ist Karl Spießbergers »*Experimentaldämonologie*«.

»Dämonenkiller«

Der Journalist Dorian Hunter ist schicksalhaft mit uraltem Dämonengeschlecht verbunden, statt aber endgültig in die schwarze Familie aufgenommen zu werden, wendet er sich im entscheidenden Augenblick gegen sie und wird zum erbarmungslosen Jäger seiner Brüder und Schwestern und zum Erzfeind des diabolischen Asmodi (→ *Asmodäus*). Wie andere Heftchenhelden hat auch Hunter hierbei einen treuen Gefährten; die abtrünnige Hexe Coco Zamis ... Zunächst im Rahmen der Serie »Vampir Horror Roman« (um genau zu sein in Ausgabe 23 (!) »Im Zeichen des Bösen«) aufgetaucht, entstand mit dem im Pabel Verlag (»Perry Rhodan«) erschienen »Dämonenkiller« → *Spin Off* 1972 nach → »*Larry Brent*« und vor → »*John Sinclair*« die zweite große deutsche Horrorheftchenserie. Dabei war die Handlung dieser Serie ungleich komplexer angelegt und wurde von einem Autorenkollektiv

»Dämonenkiller« – die vielleicht ambitionierteste Heftchenserie.

verfaßt, das sich zum Ziel gesetzt hatte, hier einen ähnlich umfassenden Kosmos wie in »Perry Rhodan« zu schaffen.

Im Gegensatz zu den anderen Serien brachte die »Dämonenkiller« Serie, die von vielen Lesern als ambitionierteste Horror-Romanserie betrachtet wird, es bedauerlicher-unverdienterweise auf lediglich 143 Ausgaben, was vor allem mit Indizierungsproblemen zusammenhing. Ein späterer Versuch, der indizierte Ausgaben wegließ und explizite Stellen einfach strich, war von vornherein zum Scheitern verurteilt und die vollständige Neuauflage in gebundener Form im Zaubermondverlag scheiterte ebenfalls. (Wobei 37,- DM für je 5 Ausgaben den Autor trotz Hardcover auch entsetzte). Abgesehen von der Dämonenkillerodyssee in den Printmedien wird auch der → *Hörspiel*-Aspekt der Serie erwähnt, der sich in den 80er Jahren in fünferlei Kassetten der Firma Europa niederschlug.

»Dämon – trau keiner Seele«

(»Fallen«)

USA 1998 R: Gregory Hoblit D: Denzel Washington, John Goodman

Trotz seiner erfolgten Hinrichtung scheint ein grausamer Massenmörder seine Tätigkeit nicht einstellen zu wollen, noch immer werden Morde nach seinem Vorbild verübt ... Der farbige Polizist Hobbes, der kurz vor der Hinrichtung noch Kontakt zu dem Täter hatte, stößt bei seinen Ermittlungen auf seltsame Umstände und den mysteriösen Selbstmord eines Kollegen, der über 30 Jahre zurückliegt. Ganz allmählich kristallisiert sich heraus, daß hier dämonische Kräfte im Spiel sind und daß der Urheber des Übels kein geringerer als der Dämon Azazel ist, der durch Körperkontakt von einem Menschen in den anderen wechseln kann ... Die Geschichte wird von Hobbes in der Retrospektive erzählt und neben einer großartigen Pointe hat der Film die wohl interessanteste Verfolgungsjagd der Filmgeschichte zu bieten, in welcher der Dämon den Polizisten verfolgt, indem er in einer Schlange von Mensch zu Mensch springt. Der Film ist sehr still, verzichtet dabei auf blutige Szenarien oder pompöse Spezialeffekte und entwickelt seine Bedrohung auf der Ebene der allmählichen Bewußtwerdung des Dämons und seiner Möglichkeiten, die wahrhaft dämonisch sind.

Danzig, Glenn

→ *Heavy-Metal*-Ikone, die trotz geringer Körpergröße als fragmentarische Verkörperung des Bösen betrachtet werden muß und Begründer des amerikanischen → *Verotik* Labels ist, das sich für die Herausgabe höchst kontroverser Horror → *Comics* verantwortlich zeigt. Unter anderem frönte Danzig etwa in »The Prophecy II (vgl. → »*God's Army*«) als gefallener Engel seinen schauspielerischen Neigungen und durfte beispielsweise in dem → *Snuff*-Thriller »8mm« (USA 1999) von einem sadistischen Psychopathen verehrt werden ...

Dark Horse

Amerikanisches Comiclabel, dessen Programm neben »*Star Wars*« und → »*Alien*« von qualitativ hochwertigen Horrortiteln wie etwa »*Hellboy*« oder → »*Zombieworld*« bestritten wird.

Dark, Jason

Pseudonym von Helmut Rellergeld, der die seit über zwanzig Jahren erfolgreich erscheinenden → »*John Sinclair*«-Romane verfaßt. Rellergeld wurde 1945 in Dahle geboren und schreibt bereits seit seiner Jugend. Obwohl er zunächst mit Krimis und Western begann, wurde er bald und im Zuge seiner Tätigkeit als Redakteur des Bastei-Verlages Autor für die Reihe »Gespenster-Krimi«, aus der sich bald schon die eigenständige Sinclair-Serie freistrampeln sollte, der der Autor bis heute treu geblieben ist. Sein Einfallsreichtum kennt dabei keine Grenzen. Nicht nur, daß Rellergeld emsig seine wöchentlich erscheinenden Sinclair-Romane tippt, außerdem verfaßt er Kinderbücher und Romane ...

Dehnke, Karl

Ein weiterer deutscher Vertreter des → *Kannibalismus* nach dem ersten Weltkrieg. D. betrieb im Nachkriegsdeutschland ein Gasthaus, dessen Bewohner er in mindestens 30 Fällen einem unnatürlichen Tod überantwortete und ihre Überreste eingelegt im Keller seiner Kneipe aufbewahrte. Als er

Dark Horse – Horrorcomicserie mit Anspruch

1924 verhaftet wurde, offenbarte er der Polizei, sich seit drei Jahren überwiegend von Menschenfleisch ernährt zu haben.

»Deliria«

→ *»Aquarius«*

»Dellamorte Dellamore«

I/FR/D 1993 R: Michele Soavi D: R. Everett, S. Masciarelli

Wenn die Verstorbenen einige Tage nach ihrer Bestattung zu untotem Leben erwachen, wird der Job des Friedhofswächters ungleich anspruchsvoller. Dies erfährt auch Francesco, der diesen ehrenvollen Beruf am Rande eines verkommenen Städtchens ausübt, wo genau dieses Problem besteht und Totenruhe mehrfach eingefordert werden muß. Gemeinsam mit seinem debilen Gehilfen gewährleistet Francesco das Verbleiben der Verstorbenen auf dem Totenacker. Als er aber eine Frau unter die Erde bringen muß, die er liebt, beginnen die Grenzen zwischen Tod und Leben, Pflicht und Liebe zu verfließen ...

→ *Argento* Potegée Soavi liefert mit »Dellamorte Dellamore« einen der originellsten Ansätze des Horrorfilmes der letzten Jahre. Allein der philosophische Diskurs des Protagonisten mit dem Tod und die enttäuschende Wiedergeburt der Geliebten sind außergewöhnlichst. Die eigenwillige Annäherung und ernste, mitunter gar poetische Behandlung eines Themas, das für normal allenfalls einen mittelprächtigen → *Zombie*-Film abgegeben hätte (und in vielen Fällen auch hat), macht aus diesem Film eine Perle, die jenseits gängiger Klischeevorstellungen glänzt und sich dennoch mit ihren Glanzstücken messen kann.

Der für den Film als Vorlage dienende Roman stammt übrigens von einem gewissen Sclavi.

»Delicatessen«

FR 1990 R: Marc Caro, Pierre Jeunet

D: Dominique Pinon, Jean-Claude Dreyfuss

Eine halb verfallene Häuserzeile inmitten eines Endzeitszenarios ist Zentrum der Handlung. Die Bewohner erstehen ihre Fleischvorräte bei dem Fleischer im Erdgeschoß, der wiederum in steter Regelmäßigkeit und trautem Einvernehmen mit den übrigen Mietern den jeweiligen Hausmeister verwurstet, um besagte Vorräte aufzufüllen. Der Artist Louison scheint zunächst zu mager, wird aber dennoch eingestellt. Lecker Essen, wenn nicht die kurzsichtige Tochter des Metzgers ein Auge auf ihn werfen würde ...

Eine stille Form des Schreckens, ein untypischer poetischer → *Kannibalenfilm* von Jeunet und Caro, (ein Duo, dessen erster Teil auch für die Umsetzung des vierten Teiles von → *»Alien«* verantwortlich zeichnet). Eine konsequent durchgehaltene mikrokosmische Endzeitatmosphäre und ungewöhnliche Gadgets (wie etwa das wiederkehrende Wurfmesser »der Australier«, kurzsichtige Frauen ohne Brille, ein Keller voller Frösche oder ein kollektiv-akkustischer Koitus) machen den Film zu einem wahrhaft ungewöhnlichen Werk, das verdienterweise mit zahlreichen Auszeichnungen des europäischen und französischen Kinos bedacht wurde, dessen stiller und romantischer Soundtrack das Ganze abrundet.

»Delicatessen« – Kannibalismus für poetische Gemüter

Deutschland

Deutschlands Verdienste um das Horrorgenre liegen vor allem in zwei Bereichen: zum einen ist es die Literatur und Malerei der → *Romantik*, deren Vertreter, wie etwa → *E.T.A. Hoffmann* oder → *Caspar David Friedrich*, nachhaltigen Einfluß auf Schriftsteller und Künstler des Genres ausübten. Zum zweiten sind es die filmischen Folgeerscheinungen des deutschen → Expressionismus, wie etwa → *»Das Cabinett des Dr. Caligari«*, → *»Vampyr«* und der legendäre → *»Nosferatu – Eine Symphonie des Grauens«*, deren Wirkung bis heute ungebrochen ist.

Diabolisch

Ein Adjektiv, das mit »teuflisch« oder »dem → *Teufel* zugehörig« zu vergleichen ist, aber gerade substantivierten Verben wie »Lachen« vorangestellt ungleich besser klingt.

Dibbuk

[hebr. Anhaftung]

Nach kabbalistischer Überlieferung ruhelose Totenseele, die Phänomene der → *Besessenheit* verursacht und einzig durch entsprechenden → *Exorzismus* ausgetrieben werden kann. Auch der Dibbuk ist ein frühes Motiv des Horrorgenres, so gibt es ein recht früh verfilmtes Stück von Charles Anski (*»Der Dibbuk«* (1916)), in dem der Geist eines kaum verstorbenen Kabbalisten den Körper seiner Geliebten heimsucht.

»Dictionaire infernale«

(1818)

Das wohl bekannteste Werk → *Colin de Placys*, in dem der Autor über 5000 dämonische Wesenheiten beschreibt, deren Einzelheiten ihm kein geringerer als der → *Teufel* offenbarte. Zu der ständig erweiterten Auflage des Lexikons steuerte der bekannte Pariser Kupferstecher Louis Breton im Jahre 1863 einige Bilder hinzu, welche die höllische Aristokratie in ihrer ganzen widerlichen Pracht darstellten.

Dem Normalsterblichen dürfte das Ganze wohl am ehesten auszugsweise durch das Buch »Die Kinder Luzifers« zugänglich sein.

»Ding aus dem Sumpf, Das« (»Swamp Thing«)

USA 1981 R: Wes Craven D: Ray Wise, Dick Durock

Nach einem Überfall auf seine Forschungsstation im Sumpf, wo er Experimente mit Pflanzen durchführt, kommt Dr. Holland zu Tode, als er brennend in den Sumpf stürzt. Da er dabei allerdings mit einer Substanz aus dem Rahmen seiner Experimente in Berührung kommt, mutiert (→ *Mutation*) er zu einem seltsamen Hybriden zwischen Mensch und Pflanze und sinnt auf Rache, während sein Gegenspieler bereits seinerseits mit der besagten Substanz expermentiert und → *Mutanten* erschafft ...

Der Film basiert auf einer (wiederum auf einem großartigen DC-Comic von → *Bernie Wrightson* basierenden) amerikanischen Fernsehserie. Der mittelmäßige Film kann dem Comic zwar nicht das Wasser reichen, ist aber dennoch eine sehenswerte Variante in den Weiten des Schreckens mit einem etwas anderen Protagonisten, die auch noch ein Sequel nach sich zog ...

- *»Return of the Swamp Thing«; USA 1989 R: Jim Wynorski D: Dick Durock, Louis Jordan*

  Mehr Mutanten – weniger Sinn – danke Tschüß.

»Das Ding aus einer anderen Welt«

(»The Thing from another World«)

USA 1951 R: Howard Hawks D: James Arness, Kenneth Tobey

Eingeschlossen im ewigen Eis entdecken die Mitarbeiter einer antarktischen Forschungsstation ein UFO. Doch während der vermeintliche Leichnam des Piloten in einem Eisblock geborgen werden kann, wird das Raumschiff selbst bei einem Bergungsversuch vollständig zerstört. In die Forschungsstation gebracht stellt sich allerdings bald heraus, daß der Außerirdische alles andere als tot ist, und nachdem er auftgetaut und entkommen ist, sind es bald vielmehr die Wissenschaftler, die sich in besagtem Zustand befinden ... Nach einer literarischen Vorlage von John W. Campbell entstanden, ist

»Dictionnaire infernal« – derzeit am ehesten in dieser Form erhältlich

»Das Ding aus einer anderen Welt« einer der großartigen und bedeutendsten frühen SciFi / Horrorhybriden, der unheilsschwangere menschenjagende Außerirdische ähnlich wie später → »*Alien*« oder → »*Predator*« in stimmungsvolle Handlungen einfügte.

• *»Das Ding aus einer anderen Welt« (»The Thing«); USA 1981 R: John Carpenter D: Kurt Russell A.W. Brimley*

Das → *Remake* des Klassikers wartet im Rahmen der Handlung mit einigen neuen Qualitäten auf, so erhöht sich nicht nur das Maß an dargestellter Gewalt, sondern ändert sich neben einigen Ansätzen auch die Pointe, die Carpenter ganz allmählich heraufbeschwört und zu einer zwingend logischen, grandios einzigartigen macht.

Doppelgänger

Der Doppelgänger ist das Abbild einer handelnden Person, das sich jedoch völlig dessen Kontrolle entzieht und in seinen Handlungen die Grenzen seines Ebenbildes, seien sie moralischer oder intellektueller Natur, in erschreckender Weise überschreitet. Das Doppelgänger-Motiv ist ein klassisches in der → *Phantastischen Literatur*, wo es nicht selten mit dem psychologischen Motiv der Persönlichkeitsspaltung verbunden ist. Die facettierte Entwicklung des Motives ist vor allem dem deutschen Romantiker → *E.T.A. Hoffmann* anzurechnen, zu dessen Doppelgängermotiven es Unmengen psychologischer Sekundärliteratur gibt. Eine andere populäre Bearbeitung des Themas ist »*William Wilson*« von → *Edgar Allan Poe*. Die Manifestation eines zweiten Selbst ist allerdings auch dem Rest des Horrorgenres recht willkommen und wird – wenn auch ohne tiefenpsychologischen Überbau – in Filmen wie → »*Army of Darkness*« trefflichst eingesetzt.

»DNA – Experimente des Wahnsinns«

→ »*Die Insel des Dr. Moreau*«

Dr. Phibes

Musikalisch begeisterter Orgelvirtuose und seit einem Autounfall entstellter Racheengel, der den Tod seiner Frau zunächst zu rächen versucht (→ »*Das Schreckenskabinett des Dr. Phibes*«, 1971) und später auf die Idee kommt, sie wiederzubeleben (»*Die Rückkehr des Dr. Phibes*«, 1972). Dr. Phibes, seit einem Autounfall bloß noch fähig, durch ein elektronisches Gerät zu kommunizieren, verfügt über eine außerordentlich krude Phantasie, derer er sich im Rahmen seiner Rache rückhaltlos befleißigt, wobei man feststellt, daß auch eine Karriere als Zoologe oder Mechaniker sicher nicht ganz erfolglos verlaufen wäre.

Der Charakter des Dr. Phibes (begnadet dargestellt von → *Vincent Price*) jedenfalls ist eine begnadete Mischung späterer → *Maniac-on-the-Loose* mit → *Stalk'n Slash*-Charakteren und dem klassischen → *»Phantom der Oper«*. Die pathetische Ader dieser Figur wird von Price ein Jahr darauf in einer anderen Figur, nämlich der des Edward Lionheart (→ *»Theater des Grauens«*, 1973), noch auf die Spitze getrieben.

»Dracula«

(1897)

Die Geschichte erzählt, wie der Anwaltsgehilfe Jonathan Harker im Auftrag seines Vorgesetzten in die transsylvanischen Berge reist, um dort in seinem Schloß den Grafen Dracula zu treffen, um mit ihm einen Handel abzuschließen, der den Graf in Besitz eines Wohnhauses in Essex bringen soll. Als Harker feststellen muß, daß sowohl sein Gastgeber als auch dessen Gespielinnen Vampire sind, wird er auf dem Schloß gefangengesetzt, während der Graf sich auf dem Schiff Demeter in Richtung England aufmacht. Hier begegnet er Harkers Verlobten Mina und ihrer Freundin Lucy, die er zum Vampir macht, wobei er den Zorn der weiteren Protagonisten und die Aufmerksamkeit Dr. van Helsings auf sich zieht. Als es Jonathan gelingt, arg gebeutelt nach England zurückzukehren, schließt er sich van Helsing an. Dracula derweil bringt – nachdem die vampirisierte Lucy besiegt wurde – Mina in seine Gewalt und schafft sie in Richtung Transsylvanien. Neben van Helsing und Harker nehmen die ehemaligen Verehrer der bedauernswerten Lucy seine Verfolgung auf, um den Vampirfürsten in einem furiosen Showdown directement in die Hölle zu schicken.

Bemerkenswert an der Geschichte, die uns überwiegend durch Tagebucheinträge Jonathan Harkers nahege-

»Dracula« – untoter Adel

bracht wird, ist der sexuelle Aspekt, der neben einigen Schockmomenten des Buches für das → *Großbritannien* jener Zeit äußerst gewagt war.

In der vielschichtigen Gestalt des Grafen heißt es, habe Bram Stoker (abgesehen von dem historischen Vorbild → *Vlad Tzepes*) seinen von ihm sehr geschätzten Arbeitgeber Henry Irving dargestellt.

Der Graf und sein außerordentlicher Nimbus jedenfalls animiert gewiefte Marketingexperten auch heute noch zu höchst absonderlichen Eskapaden. Der Protagonist der Zeichentrickvariante der Disneystudios etwa ist *Duckula*, das Blaxploitationpendant der frühen 70er heißt → *»Blacula«*, und ich möchte nicht wissen, wie oft und genreübergreifend der Name einfach umgedreht wurde. Zahllose Hörspiel- und Bühnenvarianten (erwähnenswert ist sicher die Mercury-Radio-Theatre-Umsetzung von Orson Welles) sind nur eine Seite der Geschichte, denn die Vermarktung des Dracula-Charakters dürfte selbst durch → *Merchandise*-Prinzen wie → *Freddy Krueger* oder → *»Alien«* nur schwerlich zu toppen sein. Nur wenige Stoffe in der Geschichte des Filmes wurden so häufig wie der Dracula Stoff verfilmt, wobei die meisten

»Dracula« – um sich beißend, hier in der Filmplakatversion der Hammer Studios (1958)

Umsetzungen bemerkenswerterweise auf dem Theaterstück von Hamilton Deane und John L. Balderston (1927) und nicht auf dem Buch beruhen. → *»Nosferatu – eine Symphonie des Grauens«* (1922) war beispielsweise die erste aufwendige und unautorisierte filmische Umsetzung des Stoffes. Von den darauffolgenden zahlreichen (weit über hundert) Filmen, deren Tiefpunkte solche wie *»Dracula jagt Minimädchen«* (1972) oder zweitklassige Parodien wie *»Dracula – Tot aber glücklich«* (1995) sind, seien hier einige bedeutende erwähnt:

- *»Dracula«; USA 1930 R: T. Browning D: Bela Lugosi, Edward Van Sloan*

  Frühe, bemerkenswerte und annähernd legendäre Umsetzung des Themas, deren finanzieller Erfolg einer der ehernen Pfeiler der → *Universal* Studios werden sollte. → *Todd Browning* (der zu diesem Zeitpunkt bereits ein heftiges Alkoholproblem hatte) wollte Dracula eigentlich als schattenhafte Figur im Hintergrund belassen. Die Produktion veranlaßte den Nachdreh der heute vielgeschätzten Nahaufnahmen von Lugosis Gesicht. Wer bei diesem Film überhaupt Regie geführt hat, ist bis heute unklar, er wirkt jedenfalls wie eine ungewollte Collage der Werke zweier Regisseure, die mit nachgedrehten Sequenzen angereichert wurde.

  Gewisse »Verdienste« um die Fertigstellung des Filmes sind auf jeden Fall dem deutschstämmigen Karl Freund zuzuschreiben, der bekanntermaßen nicht bloß Lugosis Blicke mit Punktstrahlern ungleich hypnotischer machte, sondern auch die Regie einiger Schlüsselsequenzen übernahm. Dennoch ist der Film bis heute ein Publikumserfolg und etablierte neben dem Thema den charismatischen → *Bela Lugosi* als absoluten All Time Favourite Vampire.

  In der Entstehungszeit des Filmes befand sich der Tonfilm noch in den Kinderschuhen, was auch der Grund dafür ist, daß der »Soundtrack« des Filmes lediglich aus dem Titelstück von Tschaikowskys »Schwanensee« besteht, das auch als Titelmusik von → *»Die Mumie«* (1932) verwendet wurde.

- *»Dracula«; GB 1958 R: Terence Fisher D: Peter Cushing, Christopher Lee*

  Nach → *»Frankensteins Fluch«* ein weiterer Film, durch dessen Erfolg die → *Hammer* Studios ihren Ruf als Großbritanniens Schreckensfilmschmiede festigten. Außerdem wurde nach → *Bela Lugosi* → *Christopher Lee* durch diesen Film als zweiter ewiger Vampir festgelegt.

- *»Bram Stoker's Dracula«; USA 1992 R: Francis Ford Coppola D: Gary Oldman, Winona Ryder*

  Die letzte hochbudgetierte Verfilmung des Stoffes, die sich vor allem durch großartige Tricktechnik, aufwendige Szenarien und treffliche

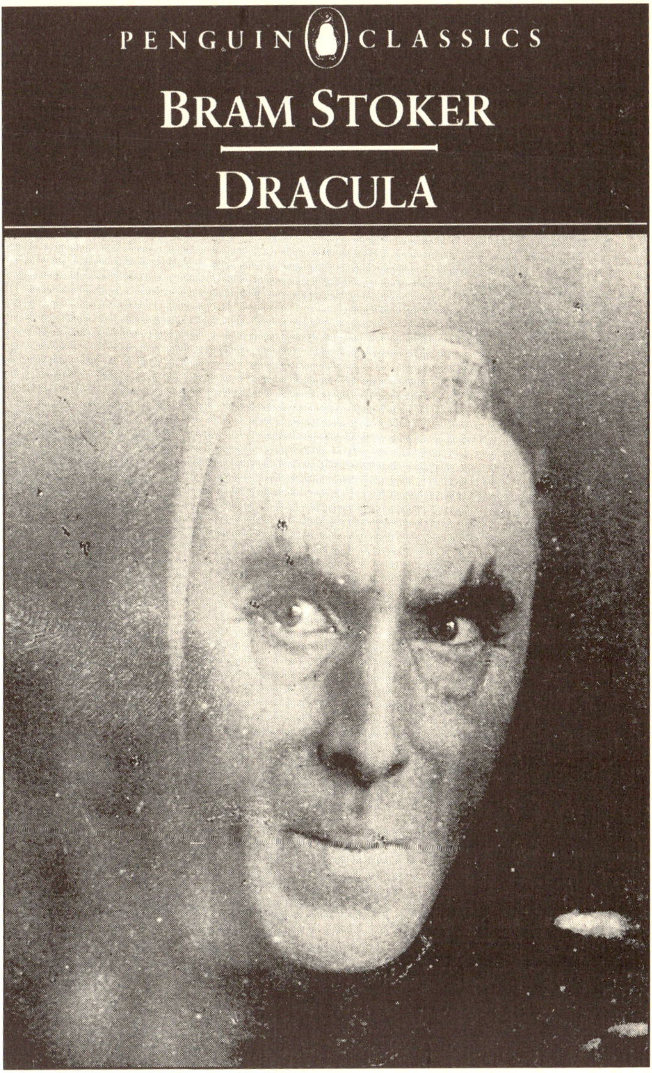

»Dracula« – Das Buch, das den Vampir salonfähig machte und bis heute zahllose Gemüter beflügelt.

Schauspieler, weniger durch vermeintlich originalgetreue Adaption der Geschichte Stokers auszeichnet.

- *»Dracula, Dracula – ein transsylvanisches Abenteuer« (1966)*

Neben → *»Frankenstein in Sussex«* eine weitere ungewöhnliche Parodie eines Horror-Klassikers aus der Feder → H.C. Artmanns, in die er neben Reminiszenzen an → *H. P. Lovecraft* und → *Sheridan LeFanu* noch manche Frivolität hereinzuweben versteht, während sein Protagonist auf den Spuren Bram Stokers in Transsylvanien dessen literarischem Vampir begegnet.

»Dr. Jekyll und Mr. Hyde«

(»The strange Case of Dr. Jekyll und Mr. Hyde«, 1886)

Ein Bekannter des ehrgeizigen Wissenschaftlers Dr. Henry Jekyll; Edward Hyde, gibt Freunden des Doktors zu denken, denn es scheint sich dabei um einen äußerst unfreundlichen Zeitgenossen zu handeln. Das Mißtrauen von Jekylls Freunden führt dazu, daß sie Hyde beobachten, während er einen brutalen Mord begeht. Im Zuge der Ermittlungen stellen sich einige seltsame Dinge heraus und in ihrem späteren Verlauf findet man Hydes Leiche in Jekylls Labor. Darüber hinaus verwirrt ein Bericht Dr. Lanyons, eines der Freunde Jekylls, demzufolge sich der krude Hyde vor seinen Augen in keinen geringeren als Dr. Jekyll verwandelte. Am Ende des Buches klärt Henry Jekylls vollständiger (schriftlicher) Bericht alles auf; es war dem Wissenschaftler gelungen, seine Persönlichkeit in Gut und Böse zu spalten, wobei allerdings der böse Aspekt Hydes allmählich die Oberhand gewann und am Ende keine Rückverwandlung mehr möglich war.

Die Geschichte von Robert Louis Stevenson, die 1886 erstmalig als Groschenroman (→ *Penny Dreadful*) erschien, verkaufte sich bis zum Ende des Jahres mehr als eine Viertelmillion Mal. Der Inhalt der Geschichte ist letztenendes »lediglich« eine Variation des → *Doppelgänger*-Themas, welche die anderen Aspekte des Protagonisten nicht in einem zweiten Körper, sondern temporär in ihm selbst manifestiert. Die Art aber, in der Stevenson seine Geschichte umsetzte, wurde ein Meilenstein des Schreckens, der mit einem Mal im möglichen Doppelleben eines jeden allgegenwärtig schien. Die psychologische Faszination dieser Geschichte ist nicht zu unterschätzen und macht einen großen Anteil ihres Ruhmes aus.

Ein knappes Jahr nach Veröffentlichung des Buches erlebte die erste Bühnenfassung (Thomas Russell Sullivan) in Boston ihre Uraufführung, wo sie auch noch lief, als eine andere Bestie in Menschengestalt, nämlich → *Jack the Ripper*, die Bühne England betrat.

Die Geschichte von Dr. Jekyll und Mr. Hyde wurde zu einem gern und viel interpretierten Stoff, die erste Verfilmung erfolgte 1908, und bis 1953 waren es bereits 12, und bis zu diesem Tag ist der Fluß fragmentarisch origineller Umsetzungen nicht abgerissen. Dann erlebte die Geschichte 1999 in Bremen sogar ihre Uraufführung als → *Musical*. Wahrscheinlich wird auch dies ein Erfolg. Schrecklich.

Drogen

Der Gebrauch von Drogen ist nicht bloß innerhalb der Produkte unseres Genres von Bedeutung, sondern spielt nicht selten auch bei deren Entstehung eine nicht unerhebliche Rolle. Viele Autoren hatten respektive eine hohe Affinität zu Drogen. Neben dem → Alkohol, der etwa brillanten Geistern wie → *E.T.A. Hoffmann* oder → *Edgar Allan Poe* zu schaffen machte, war im 19. Jahrhundert etwa Laudanum, ein starkes, von intellektuellen Freigeistern (wie etwa → *Lord Byron*) geschätztes Opiat.

Genrefilme, die die Auswirkung von Drogen und ihre Bedeutung für die Protagonisten auf verschiedene Weise beleuchten, sind etwa → »*Gothic*« oder → »*Naked Lunch*«.

Drudenfuß

→ *Pentagramm*

Dschinn

Arabische Wüstengeister, die sich gerne irgendwo, z.B. in Wunderlampen, einschließen und über hunderte von Jahren gefangenhalten lassen, um ihrem Befreier daraufhin drei Wünsche o.ä. zu gewähren. Neben der Verniedlichung und Verweiblichung in »Bezaubernde Jeannie« darf man einen neuzeitigen Dschinn beispielsweise in »*Wishmaster*« bewundern.

E

»Eating Raoul«

USA 1982 R: Paul Bartel D: Paul Bartel, Mary Woronow

Das Ehepaar Bland ist überaus glücklich und hegt den gemeinsamen Wunsch, zusammen ein eigenes Restaurant zu besitzen. Hierfür allerdings müßten sie 20.000 $ aufbringen, die sie nicht einmal im Ansatz besitzen. Sie geben sexuelle Anzeigen in einschlägigen Magazinen auf, um die Leute, die daraufhin bei ihnen auftauchen, umzubringen und auszurauben. Das alles geht gut, bis der windige Gauner Raoul die Umtriebe der Kleinfamilie entdeckt. Gegen Bezahlung ist Raoul allerdings bereit, den beiden bei ihrer Aufgabe zu helfen.

Auch Altmeister → *Roger Corman* hatte bei dieser wilden und → *grotesken* Komödie des seltsamen Geschmacks seine Finger im Spiel und fungierte im Hintergrund als Bartels Berater. Außerdem sehen wir mit Robert Beltran in der Rolle Raouls auch mal einen Schauspieler des Star-Trek Imperiums (Chakotee aus »Raumschiff Voyager«).

E.C.

(Entertaing Comics Group ehem. Educating Comics)

Mit → *»Tales from the Crypt«* hob E.C. 1950 (neben den Serien »The Vault of Horror« & »The Haunt of Fear«) die wohl einflußreichste amerikanische Serie von → *Comics* des Genres aus der Taufe.

Bereits drei Jahre später sollten derartige und ähnliche Comics einen Viertel des Umsatzes der amerikanischen Comicindustrie ausmachen.

Die E.C. Comics überschreiten inhaltlich bereits manche Grenze, hinter der sich das Filmgenre noch einige Jahre verbergen mußte. Und obwohl die einzelnen Geschichten mitunter recht rüde sind, Protagonisten kleingeschnitten, aufgefressen, enthauptet oder zu Zombies werden, liegt die Kraft der Geschichten nicht in vergossenem Blut (das übrigens in den seltensten Fällen tatsächlich zu sehen ist), sondern im Stil von Zeichnern wie »Ghaslty« Graham Inglcs, Bernard Krigstein oder

»The Haunt of Fear« –
einer der Titel aus der legendären E.C.-Horrorpalette

Jack Davis, die für Detailliertheit und Charakterstudien keine Mühen zu scheuen schienen.

Alle drei Serien wurden dabei von drei charismatischen Figuren betreut, die sich gegenseitig die Bälle zuspielten und Prolog und Epilog der Geschichten bestritten: → *Crypt-Keeper*, Old Witch und Vault Keeper, von denen der erstgenannte ein furios perfekt animiertes Revival erlebte.

Um der Wahrheit genüge zu tun, sollte allerdings auch erwähnt werden, daß die meisten E.C.-Geschichten nach einem bestimmten Strickmuster konstruiert wurden, an dessen Ende in der Regel eine politisch korrekte Aussage stand. Der Erfolg legitimer Rache war ebenso vorhersehbar wie die Strafe für Protagonisten, die sich dem Lauf der Natur in den Weg gestellt oder Schlimmeres getan hatten.

Obwohl keine der drei Serien länger als bis 1955 lief (was vor allem auf das Erscheinen eines bemerkenswerten Buches namens → *»Seduction of the Innocent«* zurückzuführen ist), gewann vor allem → *»Tales from the Crypt«* durch verschiedene komplette Nachdrucke und Fernseh-, Video- und sogar Kinoadaptionen über die Jahre an Popularität.

Edition Metzengerstein

Ambitionierter kleiner Verlag für → *Phantastische Literatur*, der 1996 von Frank Festa gegründet wurde. Die Namensgebung basiert auf der ersten von → *Edgar Allen Poe* veröffentlichten Geschichte. Im Rahmen des Verlagsprogrammes gelang es, das schwierige Gleichgewicht zwischen internationalen und deutschen Autoren zu finden und dem Auge des Lesers überdies manch literarische und bis dato verborgene Perle zu offenbaren (wie etwa → *Thomas Ligotti*).

Am 1.7.1999 ging die Edition Metzengerstein nach einigen gemeinsamen Projekten (vor allem die bemerkenswerte Reihe »H. P. Lovecrafts Bibliothek des Schreckens«) in den → Blitz Verlag über, wo Frank Festa allerdings auch weiterhin seine Hände in den Zügeln des Phantastischen haben wird.

»Edward mit den Scherenhänden«

(»Edward Scissorhands«)

USA 1990 R: → Tim Burton D: Johnny Depp, Vincent Price

Ein schrulliger Erfinder – großartig dargestellt von dem alternden Price – dessen riesige Villa mit allerlei Kuriosem angefüllt ist. Sein Hauptwerk ist Edward, der künstliche Mensch. Dieser ist allerdings noch nicht vollkommen und verfügt anstelle von Händen über zwei Scheren.

Als der Erfinder stirbt, bevor er seiner Kreatur ein paar Hände entwickeln kann, versteckt Edward sich auf dem Dachboden des Anwesens, wo er bald von einer jungen Frau gefunden und mit in die Stadt genommen wird, wo bald das ewige Schicksal des Andersartigen seinen Lauf nimmt ...

Neben → *»A Nightmare before Christmas«* ist dies ein weiterer großer Wurf Tim Burtons, der hier exzentrische → *Mainstream*-Unterhaltung schafft, die zu begeistern versteht. Er erzählt ein melancholisches Märchen, fügt dabei klassische Versatzstücke des Monsterfilmes aneinander und schafft, etwa wenn sich Edward mit seinen Scherenhänden an den Hecken vergeht, einige einzigartige poetische Momente.

Ein Kleinod des Absonderlichen, voller Wärme und tatsächlich ein Film für die ganze Familie.

EEE

(Extrem Erfolgreich Enterprises)

Das ehrgeizige Comiclabel des Ärzte-Schlagzeugers Bela Felsenheimer hat sich dem Schrecken verschrieben und veröffentlicht dabei nicht bloß anspruchsvolle und kontroverse Titel aus dem amerikanischen → *Verotik*-Programm, »Gothic Nights« oder → *»Faust«*, sondern bemüht sich (etwa mit *»Extreme Illustrated«)*, auch nationalen Künstlern eine Chance zu geben.

»Ein andalusischer Hund«

(»Un Chien Andalou«)

FR 1929 R: Luis Buñuel D: Pierre Batcheff, Salvatore Dali

Dieser französische Kurzfilm enthält eine Szene, die den Betrachter heute wie vor siebzig Jahren anwidert und verstört: den Schnitt eines Rasiermessers durch einen Augapfel. Allein diese Szene macht den Film zu einem bemerkenswerten, vor allem im Rahmen des → *Splatter*-Subgenres, dessen Inhalt ja mitunter die ungeschminkte expressive Darstellung der Gewalt ist. »Ein andalusischer Hund« kann als ein Vorläufer bezeichnet werden, wobei die Intention der Filmemacher damals und heute einmal außen vor gelassen werden soll.

Ekel

Neben → *Angst* eines der Gefühle, die das Horrorgenre durch den Einsatz verschiedener Elemente bewußt hervorzurufen versucht. Besagte Elemente variieren in Subtilität und Widerwärtigkeit erheblich und

»Gothic Nights« – Gothic Horror liebevoll herausgebracht von EEE können von einer Ansammlung → Schleim über → Verstümmelungen bis hin zu → Kannibalismus gehen.

Hierbei ist auch das Empfinden des Ekels durch den Protagonisten nicht unwichtig, da es nicht selten eben seine Schilderung ist, die den Konsumenten daran erinnert, im entsprechenden Moment Ekel o.ä. zu empfinden.

Während der Ekel innerhalb des Genres üblicherweise recht dosiert eingesetzt wird, ist er ein zentraler Bestandteil des → *Splatter-* oder auch des → *Mondo*-Filmes.

Ektoplasma

[von griech. ektos »außen« und plasma »Gebilde«]

Der spätestens seit → *»Ghostbusters«* auch einem größeren Publikum bekannte Terminus bezeichnet in der Parapsychologie eine bestimmte weißgraue schleierartige Manifestation übersinnlicher Kräfte, die einerseits für paranormale Phänomene verantwortlich gemacht wird und andererseits im Rahmen medialer Sitzungen austritt.

Ekstase

[von griech. ek-stasis »Aus sich heraustreten«]

Zustand höchster Entrückung, in dem das normale Bewußtsein des Individuums verlassen wird. Im Rahmen der Ekstase können verschiedene Phänomene, wie etwa → *Visionen* oder → *Prophezeiungen*, auftreten, die auf den außergewöhnlichen Zustand des in Ekstase befindlichen Individuums zurückzuführen sind. Der Ursprung der Ekstase selbst kann hierbei verschiedener Natur sein, von religiös bis sexuell ist alles möglich.

»Der Elefantenmensch«

(»The Elephant Man«) s/w

USA 1980 R: David Lynch D: Anthony Hopkins, John Hurt

Der Engländer John Merrick leidet unter Neurofibromatose, einer Krankheit, die sein Gesicht schrecklich deformiert. Merricks Schicksal in den Freakshows seiner Zeit scheint besiegelt, doch da taucht der Arzt Frederick Treves auf, der Merrick helfen will. Doch dies stellt sich als keine leichte Aufgabe in einer Welt von innerlich Deformierten heraus, in deren Oberschicht die Konversation mit dem intelligenten Elefantenmensch bald Mode wird ...

Im Gegensatz zu dem Originalfilm von 1920 orientiert sich diese Umsetzung des Themas von → David Lynch an dem authentischen Fall des 1862 in Leicester geborenen John Merrick, er wird zu einem höchst menschlichen Film, der nicht nur, wie auch → *»Freaks«* das Thema der Ausgestoßenen behandelt und außerdem für acht Oscars nominiert wurde.

- *»The Elephant Man« s/w – stumm; USA 1920 R: Scott R. Dunlap D: Shirley Mason, Alan Roscoe*

  Dieser Film basiert auf der Novelle von Pearl Doles Bell, die sich nur grob am Schicksal John Merricks orientiert.

»Die Elixiere des Teufels«
(1816)
Der Kapuzinermönch Medardus ist mit der Aufsicht über eine Reliquie, ein Elixier aus der Hand des Teufels betraut. Von zwei übermütigen Gästen der Abtei zum gemeinsamen Kosten des Fläschleins bewegt, beginnt mit seinem rumorenden Gewissen die Odyssee des Mönches, der bald einen sonderbaren → Doppelgänger und der verworrenen Wahrheit über seine eigene Herkunft begegnet. Dabei wird Medardus zum Mörder, zum Aristokraten, zum Liebenden, zum Gefangenen und vielerlei mehr, wobei er sich in eine Geschichte verstrickt, in der Wahnsinn und Wirklichkeit sich die Hände reichen ...

→ *E.T.A. Hoffmanns* Buch gebührt in verschiedenster Hinsicht eine Sonderrolle in der → *Phantastischen Literatur*, sowohl literarisch, psychologisch als auch phantastisch ist das Buch großartig und vielschichtig anglegt. Mit Burgen, Klöstern, Kirchen und urwüchsiger Landschaft und dem abtrünnigen → *Priester* als Protagonisten bedient Hoffmann sich klassischer Versatzstücke des → *Gothic Horror*, vermengt sie virtuos mit dem → *Doppelgänger*-Motiv und erschafft ein Verwirrspiel, das die Grenze zwischen Wirklichkeit und Traumbild auf eine Art verwischt, wie es erst hundert Jahre später wie-

Elvira – Wenn wir ehrlich sind, sieht sie gar nicht so schrecklich aus...

der der Fall sein sollte. Literaturhistorisch verschieden bewertet – vom Thron der → *Romantik* bis zum restlosen Vergessen wollte man Hoffmann hierfür alles angedeihen lassen –, sucht das mehrmals verfilmte Buch bis heute ein Äquivalent an Subtilität.

- *»Die Elixiere des Teufels«; D 1976 R: Manfred Purzer D: Dieter Laser, Sylvia Manas*

Elvira

(eigtl. Cassandra Peterson)

Ähnlich wie ihre Vorgängerin → *Vampira* ist Elvira, wenn auch in ungleich gewagterem Outfit und üppigerem Dekolleté, eine Horrorhostess des amerikanischen Fernsehens. Im Verlauf der 80er Jahre zu einer wahren Horrorikone geworden – was unter anderem zu ihrem eigenen Kinofilm *»Elvira – Mistress of the Dark«* (USA 1988) führte – erfreut sich Elvira auch heute noch großer Popularität.

→ *Vampira* führte einen jahrelangen kostspieligen Rechtsstreit gegen die Produzenten von Elvira, da sie in ihr ein Plagiat der Vampira-Figur sah, an der sie noch immer die Rechte besitzt. Irgendwann in den 80ern gab es mit der wilden Hilde im RTL Spätprogramm auch im deutschen Fernsehen ein Elvira-Plagiat, das Horrorfilme präsentierte und zurecht vollkommen der Vergessenheit anheim fiel.

Engel

Ein übliches Motiv ist der Engel als williger Handlanger Gottes, der sich neben seiner goldenen Lockenpracht in der Regel auch einer gewissen Körperfülle und ewig kindlichen Alters erfreut. Der Ursprung dieser Engelsdarstellungen ist dem Autor nicht bekannt, entstammt jedoch gewiß weder der Bibel noch anderen ernstzunehmenden Texten. In der Bibel etwa ist die Rede von den Seraphimen, den Kriegerengeln Gottes, deren flammende Schwerter nicht wirklich etwas mit Harfenmusik zu tun haben. Auch für J.W. Goethe haben die Engel in → »Faust«, 2. Teil, eher erotische Ausstrahlungskraft. Innerhalb der Engel besteht eine strenge Hierarchie, der voran die vier Erzengel stehen, derer Namen sich das Horrorgenre oft und gern, von → *»Der Exorzist«* bis → *»John Sinclair«* bedient.

Der → *Teufel* selbst – bekanntermaßen weder pausbäckig noch feist – ist nichts anderes als ein gefallener Engel, was das Motiv des Engels und vor allem des gefallenen für das Horrorgenre durchaus tauglich macht. Brillant nimmt sich etwa der Film → *»God's Army«* der Welt der Engel an.

Engel, Rainer

*(*1966)*

Illustrator und Zeichner mit außerordentlichem Hang zum Horror. So illustrierte er bereits ein Lovecraft-Buch, war verschiedentlich für das → Fandom tätig, arbeitet mitunter für den → *Blitz Verlag* und sammelt zu allem Überfluß mit fanatischer Hingabe → *Modelle*. Diesen Ansatz sinnvoll umsetzend ist er neben → Jörg Buttgereit Mitautor des Buches »*Nightmares in Plastic*«, das sich dieses Themas annimmt.

Ähnlich wie etwa → *Markus Mayer* ist Rainer Engel ein Künstler, der dem Autor während der Recherchen zu diesem Buch begegnet ist, wobei er sich spontan für die Erstellung des Titels bereit erklärte und sich sogar zu weiterführenden Zusammenarbeiten nötigen ließ ...

»Eraserhead«

s/w; USA 1977 R: David Lynch D: John Nance, Charlotte Stewart

Henry wird sich gewahr, daß er gemeinsam mit seiner Freundin etwas gezeugt hat, daß weder ein Kind noch im entferntesten menschlich ist. Seine Freundin verläßt ihn und Henry bleibt mit dem merkwürdigen Geschöpf in seiner Bruchbude zurück und kümmert sich rührend um das bald erkrankende Ding, daß zwar den Film nicht überleben und als

Rainer Engel – ein Kind des Schreckens mit Talent

Radiergummi enden wird, aber genug Wahnsinn in das Gemüt seines vermeintlichen Vaters pflanzt, daß es für zwei Filme reichen würde ... »Eraserhead« ist mit keinem anderen Film zu vergleichen und einer der begnadesten und zugleich verstörendsten Undergroundklassiker des phantastischen Filmes. Die dunkle Apokalyptik der Bilder, durch den s/w-Aspekt noch verstärkt, verschmilzt mit der einzigartigen Ästhetik des Filmes und der surrealen Handlung zu einem absurden Geniestreich, dessen Einfluß innerhalb des Genres unverkennbar ist.

Erotik

Vornehmlich vordergründiger Bestandteil des Horrorkinos der späten Siebziger, wo Frauen ohne ersichtlichen Grund fast immer Bikinis tragen. Horror und Erotik sind jedoch eine qualitativ hochwertig nur schwer herzustellende Mischung und das Ergebnis besteht meist aus zwei lächerlichen Komponenten. Dennoch aber ist das eine Thema kaum vom anderen zu trennen, ist doch der Reiz des Sexuellen nicht zu unterschätzen, was auch nicht selten die Rolle der → *Frau* innerhalb des Genres ausmacht.

Während in den Werken einiger großer Autoren, wie etwa → *Lovecraft,* erotische Spannung beinahe gänzlich fehlt, spielt sie in Frühwerken des Genres, seien es nun → *»Dracula«* oder etwa → *»Christabel«,* immer wieder eine bedeutende Rolle.

Auch die → *Hammer Studios* konnten sich dem Bikiniprinzip nicht entziehen und ein Titel wie »Dracula jagt Minimädchen« tut einem vernunftbegabten Menschen durchaus weh. Problematisch sind jedoch tatsächlich vornehmlich besagte siebziger Jahre-Streifen, die E. selbst nämlich ist seit Anbeginn des Unheimlichen Teil desselben. Ein festes Wort ist etwa das griechische Eros und Thanatos (Sex & Tod), das nicht von ungefähr kommt. Die verführerischen Aspekte der → *Vampire,* das Animalische des → *Werwolfes* oder auch das Prinzip von → *Succubus* und → *Incubus* sprechen für die traditionelle Verbundenheit von Erotik und Schrecken, die in Filmen wie → *»Nekromantik«* eine ganz andere Dimension erfahren, die zartbesaitete Gemüter sich trotz Vorliebe für das eine oder andere besser nicht zu Gemüte führen sollten.

Esoterik

[von griech. esoteros »innerlicher«]

Ursprünglich geheimes religiöses oder wissenschaftliches Wissen, das nur einem bestimmten Personenkreis vorbehalten war. Inzwischen ist die Esoterik der wohl am meisten kommerzialisierte Zweig des Übersinnlichen geworden und die Zahl der Hausfrauen, die sich in ihrer Freizeit dem → Tarot oder dem Pendeln hingeben, läßt sich auf immer häufiger stattfindenden Esoterikmessen ablesen. Aufgemerkt: Messen für Geheimwissen! Die Esoterik taucht regelmäßig auch in der Peripherie des Horrorgenres auf. Obwohl auch darin weniger bedeutend als etwa der → Okkultismus, ist eine alte → Zigeunerin, die einem Protagonisten aus der Hand liest, ihm die Karten legt oder einen pendelt, stimmungsvolles Beiwerk, auf das man nicht verzichten sollte. Selten allerdings machen esoterisch interessierte Charaktere eine wirkliche Karriere innerhalb von Horrorfilmen oder Geschichten. Eine Umschulung zum Parapsychologen oder Okkultisten ist vielversprechender als eine Weihrauch-Edelsteintherapie und Pendellaufbahn ...

E.S.P.

Abk. für Extra Senory Perception (außersinnliche Wahrnehmung), Begriff aus der → *Parapsychologie*, den man nicht so einfach erklären kann. Aber die Bee Gees haben ein Lied darüber gemacht.

»Event Horizon«

USA 1997 R: Paul Anderson D: Sam Neill; Laurence Fishburne

Nach sieben Jahren taucht das Raumschiff Event Horizon im Jahre 2047 wie aus dem Nichts wieder im Weltraum auf. In dem Team, das den mysteriösen Fall an Bord des Raumschiffes »Lewis und Clark« untersuchen soll, befindet sich auch Dr. Weir, der mit dem ehemaligen Projekt des Raumschiffes vertraut war. Das zunächst 10köpfige Team macht sich an die Erkundung des Schiffes und auf die Suche nach Hinweisen und Überlebenden und begegnet dabei neben seinen Ängsten etwas völlig anderem ...

Dieser Film wäre brillant, großartig und preisenswert, gäbe es da nicht zwei Filme: → *»Alien«* und → *»Hellraiser«*. »Event Horizon« ist nämlich – wenn auch ein brillanter – bloß ein Hybride aus beidem und wird an dieser Stelle als das Beispiel eines Genres angeführt, das zu großen Teilen dazu übergeht, sich selbst bloß noch in Variationen zu wiederholen.

Dennoch ist der Film sehenswert, voll von beeindruckend grausigen Bildern (etwa der ausgeweidete Körper mit gespreizter Bauchdecke in der Krankenstation) und Spannungsmomenten, obwohl die Auflösung des Ganzen die subjektive Wahrnehmung des homo sapiens und seine im kosmischen Zusammenhang vergleichsweise unbedeutenden Ängste doch ein wenig überbewertet.

»Evil Dead«
→ *»Tanz der Teufel«*

Ewers, Hanns Heinz
*(*1871 Düsseldorf, †1943 Berlin)*
Deutscher Autor → *phantastischer Literatur*, dessen Werke große Auswirkungen auf die euopäische Schauerliteratur und den frühen phantastischen Film hatten. Eine mehrfach verfilmte Geschichte von Ewers ist etwa *»Alraune«*.

Ewers Geschichten sind dabei durchzogen von Motiven der Dekadenz, voller Schrecken und Perversion, so daß Romane wie »Alraune« und Geschichtensammlungen wie »Das Grauen« zu den skandalträchtigsten Werken der Phantastik seiner Zeit zählten.

Die Tatsache, daß Ewers mit den Nationalsozialisten liebäugelte und unter anderem den »Horst Wessel«-Roman schrieb, sollte allerdings nicht im Zusammenhang mit seinem phantastischen Werk gesehen werden, zumal er bei den Nazis später ohnehin in Ungnade fiel und die Ächtung seiner phantastischen Geschichten erleben mußte.

Exorzismus
[von griech. ex-orkizein »Dämonen abwehren«]
Von Geistlichen vorgenommenes Ritual zur Bannung und Austreibung von → *Teufel*, → *Dämonen* und ähnlichem. Exorzismus wird vereinzelt noch heute praktiziert, und zwar wie vor zweihundert Jahren gemäß den von der katholischen Kirche festgeschriebenen Grundsätzen des »rituale romanum« (verfaßt 1614, anerkannt erst 1918). Das Bemerkenswerte hierbei ist, daß der Dämon im Rahmen des Exorzismus erst beschworen werden muß, um ausgetrieben werden zu können ...

Einblick in die Arbeit des für das Horrorgenre überaus geeigneten Charakters des Exorzisten erhält man, obgleich auch an anderen Stellen anschaulich ausgetrieben wird, vornehmlich in → *»Der Exorzist«*.

Für etwa 40.000 DM ist in einem italienischen christlichen Devotionaliengeschäft bereits ein Exorzismuskoffer zu bekommen, in dem sich alles für den Exorzismus Nötige befindet.

»Der Exorzist«

(»The Exorcist«)

USA 1973 R: William Friedkin D: Richard Burton, Linda Blair

Kein Geringerer als der Dämon → Pazuzu ist es, der, infolge archäologischer Ausgrabungsarbeiten befreit, in Amerika Besitz von einem zwölfjährigen Mädchen ergreift. Dieses verhält sich, kaum vom Dämon besessen, höchst unteenagerlike und wird zur teuflischen Plage ihrer Umgebung. Niemand ist in der Lage, das Mädchen in ihre Schranken zu verweisen, bis die Mutter sich an die katholische Kirche wendet, die ihr zwei Exorzisten mit auf den Weg gibt, welche Zeuge der ketzerischsten Handlungen werden. Hemmungsloses Herumurinieren, Masturbation via Kruzifix und Sprechen in vergessenen Sprachen fügen sich zu einem teuflischen Gesamtbild, daß niemand anderen darstellt als den guten Pazuzu hinter der Fassade seines minderjährigen Opfers.

Nach der Hochzeit der → *Hammer Studios* war »Der Exorzist« einer der ersten großen Erfolge des modernen Horrorfilmes, der gleichermaßen Anerkennung von Publikum wie auch Kritik erhielt. Die Thematik des Exorzismus, das Eindringen der Dämonie in den modernen amerikanischen Alltag und der Versuch, es zu bannen, werden hier mit dem klassischen Motiv Gut gegen → *Böse* zu einem Film verquickt, der die Gemüter bei seinem Erscheinen mehr zu erschrecken vermochte, als er es heute könnte.

Die literarische Vorlage des Filmes stammt hierbei von William P. Blatty, und eine teilweise trefflich gelungene Parodie auf die Exorzistenfilme ist *»Von allen Geistern besessen«* (USA 1990), in dem Leslie Nielsen in bekannt nielsenesker Art an der Originalbesessenen Linda Blair herumexorziert.

- *»Exorcist II – der Ketzer« (»Exorcist II – The Heretic«); USA 1977 R: John Boorman D: Linda Blair, Max von Sydow*

Eines der weniger nötigen → *Sequel,* setzt dieser zweite Teil den Zuschauer alsbald in Kenntnis, daß Freund Pazuzu nicht wirklich ausgetrieben und noch immer in dem nunmehr zur Frau herangereiften Teenager steckt. Das ist nicht schön, passiert aber und zwingt den Zuschauer zu einem psychodelischen Trip in die Besessenheit.

Das Kauen getrockneter Eidechsenhoden dürfte den gleichen Effekt haben.

- *»Exorzist III – Legion« (»The Exorcist III – Legion«); USA 1990 R: William Peter Blatty D: George C. Scott, Ed Flanders*

Polizeiinspektor Kinderman wird zur Aufklärung einer obskuren Mordserie herangezogen, deren Opfern die Köpfe und je ein Finger abgetrennt wurden, und bald stellt sich heraus, daß der Verantwortliche der bereits inhaftierte »Gemini-Killer« ist, der die Seelen seiner Opfer assimiliert ...

Dieser Film, der an den ersten Teil anschließend, die mindere Qualität des zweiten vergessen läßt, beruht ebenfalls wie der erste Teil auf einem Buch William Peter Blattys und auf einem der großartigsten biblischen Aussprüche des → *Teufels*: *»Ich bin Legion.«*

Experiment

[lat.]

Künstliche und im Regelfall kontrollierte Herbeiführung verschiedener Umstände, um Schlüsse daraus zu ziehen, die sich im Verlauf weiterer Experimente mit Sicherheit noch ändern. Der noch nicht ganz ausgereifte Plan eines Wissenschaftlers, dessen Attitüde von engagiert über fanatisch bis wahnsinnig reichen kann, zeigt seine Schwächen zumeist im Rahmen eines Experimentes. Dieses soll nicht selten zum Wohle der Menschheit gereichen, hat aber ebenso regelmäßig ein relativ gegenläufiges Ergebnis. Überwindung der Sterblichkeit, der Tierversuche und Neugier sind die üblichen Grundmotive der im Horrorgenre üblichen Experimente.

Die großen Experimente des Horrorgenres sind älterer Natur; heißen etwa → *»Frankenstein«* oder → *»Dr. Jekyll und Mr. Hyde«*. Aber gerade in einem Zeitalter der Wissenschaft gelangt das Experiment stetig zu neuem Ruhm, sei es durch → *»Die Fliege«*, → *»Re-Animator«* oder *»Mimic«*. Der Ausgang dieser Experimente jedenfalls hat mit dem Wohl der Menschheit so viel zu tun wie ein Steckschuß mit Wohlbefinden.

Expressionismus

Kunstrichtung des frühen zwanzigsten Jahrhunderts, die sich auf archaische Urströmungen besann, ihren Bildern eine außerordentliche Ausdruckskraft verlieh und nicht zuletzt auch den frühen deutschen phantastischen Film prägte. Ein überaus expressionistischer Film ist → *»Das Cabinet des Dr. Caligari«*.

F

»Der Fall Charles Dexter Ward«

(The Case of Charles Dexter Ward«; 1927)

Charles Dexter Ward kommt nach → *Arkham,* um das Haus seines Urahnen Joseph Curven zu beziehen und mehr über seinen Vorfahren herauszufinden. Zweiteres jedoch gestaltet sich schwierig, die Leute in der Stadt scheinen nicht gerne über Curven zu reden. Neben der seltsamen Feindseligkeit der Dorfbewohner gewahrt Ward bald auch einige weitere sonderbare Umstände, findet etwa ein Gemälde seines Ahnen, das ihm selbst bis auf das Haar gleicht und Aufzeichnungen, die Unschönes über seinen Vorfahren erahnen lassen. Tatsächlich kristallisiert sich bald heraus, das Curven eine Art Schwarzmagier war, und ganz allmählich wirkt sich der dunkle Einfluß des allgegenwärtigen Geistes auf den armen Ward aus, der alsbald zum Werkzeug jener Mächte wird, die sein Urahn einst heraufbeschwor ...

Eine weiteres großartiges Werk des Altmeisters → *H.P. Lovecraft,* das erste, das der Autor dieser Zeilen von ihm las und das ihm den Atem raubte und eine Ahnung dessen erschloss, was das Gesamtwerk des Autors zu bieten haben würde ...

• *»Die Folterkammer des Hexenjägers« (»The Haunted Palace«); USA 1963 R: Roger Corman D: Vincent Price, Lon Chaney jr.*

Während der Filmtitel im Original – deutscher → *Titel* »Du seiest verdammt« – aus einem Gedicht von → *Edgar Allan Poe* stammt, das in seiner Geschichte → *»Der Untergang des Hauses Usher«* nachzulesen ist, handelt es sich bei dem Film selbst tatsächlich um eine beinahe werksgetreue Adaption der Lovecraft Geschichte »Der Fall Charles Dexter Ward«.

Fan

→ *Fandom*

Fandom

[von engl. fanatics]

Das Kollektiv der Fans – in diesem Fall des Horrorgenres – ist groß, die Anzahl innerhalb des Fandoms semiprofessionell und unkommerziell erstellter Zeitschriften ist immens. Einzelne Filme haben ebenso Fanclubs wie ihre Protagonisten, deren Schauspieler oder Schöpfer, Autoren wie Regisseure, Komponisten von Horrorfilmmusik ebenso wie Make-up-Spezialisten. Die Bandbreite ist groß und nicht selten der Fan gleichbedeutend mit dem gnadenlosen Sammler jeder Art von → *Merchandise*. Mitunter aber entwickelt sich aus der bloßen Begeisterung für den → *Horror* das Bedürfnis, etwas eigenes zu schaffen. Diese Blüten, die das Fandom mitunter treibt, haben seine Daseinsberechtigung, wenn die Affinidos des Grauens sich bewegen, um selbst etwas zu schaffen; seien dies ambitionierte Kleinverlage wie → *Edition Metzengerstein* oder → *Goblin Press*, das Entwickeln eines unverkennbaren Schreib- oder Zeichenstiles oder etwas anderes, das über die bloße Kenntnis der Materie – und sei diese noch so vollkommen – hinausgeht und sich in irgend einer Form manifestiert.

Fandom – Freddy, ein engagierter Fan, in seiner Alptraum-kemenate

Faust

Der alternde Gelehrte Johann Faust schließt einen Vertrag mit → *Mephisto*, einem wortgewandten Teufel, der ihm im Rahmen des Vertrages auf Erden dienen wird, um später seine Seele einzufordern. Dieser Pakt beruht allerdings auf einer Wette, die Mephisto mit Gott abgeschlossen hat. Mephisto tut einiges, um dem guten Faust Vergnügen zu bereiten, so bekommt er etwa seine Jugend zurück und die Frau seines Herzens dazu. Als es zuletzt ans Sterben geht und Mephisto sich gewiß ist, die Seele sein zu wissen, erlöst Gott den Gelehrten mit einem freundlichen Verweis auf die ewige Fehlbarkeit des Menschen, die nichts Böses an sich hat.

Der Faust ist das wohl bekannteste Werk deutscher Dichtung. Es entstammt der Feder Johann Wolfgang von Goethes, der die beiden Teile des Gesamtwerkes in jungen Jahren begann und erst kurz vor seinem Tod beendete. Das Faust-Motiv, menschliche Grenzen erkennend einen Pakt mit dem → *Teufel* schließen zu wollen, ist nunmehr ein geflügeltes Wort, das regelmäßig Verwendung in Film und Literatur findet. In der Geschichte selbst findet sich neben den Verwandlungen des Teu-

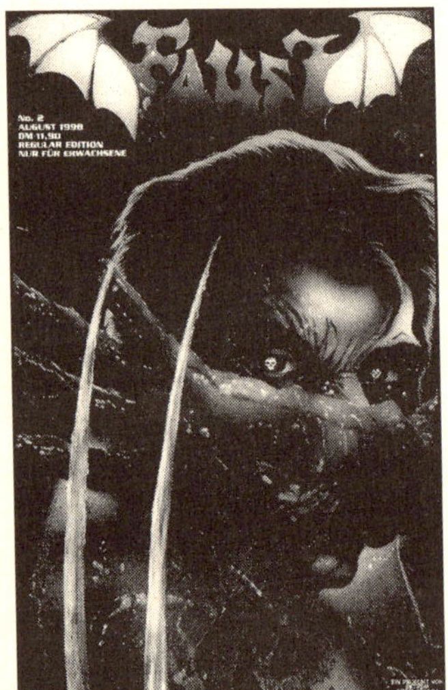

»Faust« – operiert ohne Doktortitel in einer großartigen aber schwer begreiflichen Geschichte

fels und zahlreichen magischen Symbolen (wie etwa das → *Pentagramm*) auch eine ausschweifende Darstellung des Treibens der → *Hexen* auf dem → *Blocksberg* zur → *Walpurgisnacht*.

Obwohl dies das allgemein Bekannte ist, ist das erwähnte Motiv ein beinahe traditionelles, das bereits 1587 als »Historia von D.J. Fausten« in verschiedenen Volksbüchern als Warnung vor dem unbedachten Umgang mit dem Übersinnlichen erschien. Die Geschichte basiert dabei auf der realen Figur des Johannes Faust (ca. 1480-1540), der neben Theologie angeblich Magie studierte und später in Deutschland als Horoskopsteller, Hellseher und Zauberkünstler auftrat. Zeitgenössische Berichte lassen vermuten, daß F. zumindest magisch begabt war. Wurde er zu Lebzeiten von Zeitgenossen wie Agrippa und Paracelsus überstrahlt, wurde er doch durch die späteren literarischen Umsetzungen zur Symbolfigur des deutschen Gelehrten, der nach dem Unmöglichen strebt.

»Faust«

John Jaspers kehrt von den Toten zurück um, geplagt von unmenschlichen Visionen, Rache an M. seinem einstigen Herren zu nehmen und als das Böse in Form von Verbrechen und Dämonie gegenüberzutreten. Und obwohl er mit seinem Umhang, der sinistren Maske und seinen stählernen Klauen so wirken mag, ist er nicht mit freundlichen Superhelden oder fragmentarisch unfreundlichen Superschurken der Comicwelt zu verwechseln, denn John Jaspers ist Faust und fieser als sie alle zusammen ...

Ein Comic knöcheltief im Blut, Psychopathen, Dämonen, Gangster und ein Arsch voll Magie. David Quinn und Timothy B. Vigil leisten hier einen interessanten und stimmungsvollen (wenn auch insgesamt schwer verdaulichen) Beitrag zum Universum des Horror → *Comics*, gespickt mit Zitaten, Anspielungen und schizoiden Eskapaden inmitten horrender Blutbäder. Das amerikanische Original erscheint auf dem Label Rebel Studios, in Deutsch wird die Serie von → *EEE* herausgebracht.

Fetisch

[von lat. facere / machen oder portugies. feitico / Zauber]
Ausdruck zur Bezeichnung einer Weltanschauung, in der übermenschliche Kräfte oder Wesenheiten in Gegenstände hineinprojeziert werden. Im sexuellen Bereich bezeichnet der Fetischismus eine Richtungsänderung des Sexualtriebes, in welcher der Fetisch als Sexualobjekt die

Person ersetzt. Abgesehen davon, daß der Fetisch auch in der → *SM Szene* eine große Rolle spielt, bedient sich das Horrorgenre oft des Fetischismus allzu gern, wobei die erst genannte Definition ihm ursprünglich ungleich näher steht. Neuerdings wird der Begriff Fetischismus am ehesten auf Lack bzw. Leder bezogen, dessen Tragen in der Regel etwas verrucht Andersartiges hat oder haben soll, weshalb solcherlei Kleidung Einzug in Horrorfilme findet, um eine Atmosphäre zu schaffen, wie kein Leinenhemd es vermöchte. Ein Beispiel für eine gute Verwendung letztgenannter Aspekte sind → »*Hellraiser*« oder → »*Der Biß der Schlangenfrau*«. Als Beispiel für weniger gute Verwendung des Fetischmotives läßt sich »*The Crow – Die Rache der Krähe*« heranziehen.

Feuer

Das Feuer ist ein beliebter Teilnehmer in zahlreichen Showdowns, und das nicht nur im Horrorgenre. Es qualifiziert sich vor allem durch die Tatsache, daß ein riesiges Flammenmeer eine nicht unerhebliche Anzahl von allem Möglichen vernichten kann, seien es Außerirdische, Riesenameisen oder wahnsinnige Massenmörder (jeder wahnsinnige Massenmörder, dessen filmische Karriere mehr als drei Teile umfaßt, hat mit an Sicherheit grenzender Wahrscheinlichkeit seine Erfahrungen mit Feuer gemacht).

Feuer ist jedoch auch die prädestinierte → Waffe im Kampf gegen Untote, eine Weisheit, die auch dem Horrorlaien bekannt ist und die genreübergreifend und allgegenwärtig ist. → *Mumien*, → *Zombies* und andere → *Untote* haben eine außerordentliche Aversion gegen das F., derweil Gestalten wie etwa → *der Teufel* oder verschiedene → *Dämonen* eine gewisse Affinität dazu aufweisen.

In der Psychologie heißt es, daß jemand, der mit dem Feuer spielt, Probleme mit seiner Sexualität hat. Unter diesem Gesichtspunkt betrachtet, werden pyrotechnische Exzesse zu verschämten Bekenntnissen und die Bühnenshows verschiedener Bands zu einem Fall für den Therapeuten ...

Davon abgesehen ist es in 99 von 100 Fällen heiß und brennt.

Film

Der Bereich des Horrorfilms ist inzwischen der populärste und gewinnträchtigste des Genres geworden.

Den Grundstein für diese Entwicklung legten die → *Universal Studios*, die weitere Entwicklung wurde maßgeblich von den → *Hammer Studios* geprägt.

Bedeutende Filme, vor allem aus der Stummfilmzeit des phantastischen Filmes, stammen aber auch aus Deutschland, wie etwa → *»Das Cabinett des Dr. Caligari«* oder → *»Nosferatu – Eine Symphonie des Grauens«*. In den meisten Fällen aber ist der Horrorfilm von den Werken der → *Phantastischen Literatur* inspiriert.

Fisher, Terrence

(1904 Maida Vale, † 1980 London)*

Der spätere Starregisseur der → *Hammer Studios* begann seine Laufbahn schon früh mit niederen Arbeiten beim Film. Seinen Durchbruch als Regisseur erlebte er 1956 mit → *»Frankensteins Fluch«,* dem ersten aus der erfolgreichen Hammerserie von → *Remakes* des klassischen Horrorfilms, wie ihn seinerzeit die → *Universal Studios* begründet hatten.

Fledermaus

Die Fledermaus ist ein weiterer klassischer Stimmungsmacher des Genres. Die nachtaktiven Tiere schlafen gerne in Höhlen, Grüften oder Ruinen, wo der Horrorprotagonist sie mit einer gewissen Regelmäßigkeit versehentlich aufscheucht, um sich gewaltig zu erschrecken. Weiterhin wird der Fledermaus eine blutsaugerische Tendenz nachgesagt. Tatsächlich aber gibt es lediglich zwei Fledermausunterarten die → *Blut* saugen und außerdem in europäischen Breiten eingehen würden. Doch auch ohne Blutsaugen ist die Fledermaus stimmungsvoll genug, um etwa in Rostock Namens- und Emblemgeber für die Nachtbusse der Fledermauslinie zu sein; höchst niedlich. Nichtsdestotrotz ist die Fledermaus nicht ungefährlich und eine der allgemein bekannten Formen, die der bedrohliche → *Vampir* per Verwandlung anzunehmen vermag, um flügelschlagend zu entfleuchen ...

»Die Fliege«

(»The Fly«)

USA 1958 R: Kurt Neumann D: Vincent Price, Al Hedison

Weshalb die junge Helen ihren Mann André, einen Wissenschaftler, in einer Presse ermordet und bis zur Unkenntlichkeit verstümmelt hat, ist zunächst die zentrale Frage des Filmes. Die Suche nach der Antwort gestaltet sich für Schwager und Polizei recht schwierig, und die Geschichte, daß André durch einen Fehler in einem → *Experiment* zu einem Hybriden aus Mensch und gemeiner Stubenfliege geworden sein soll, erscheint ihnen zunächst als zu phantastisch. Der Teil Andrés jedenfalls, der fliegenartig gewesen sein soll, ist nicht mehr erkenntlich. Oder sollte es noch andere Beweise für solche Geschichten ...

Die ältere Version des Themas steht, obwohl anders akzentuiert, der neueren Verfilmung → David *Cronenbergs* in nichts nach. Endlich betritt wieder ein ambitionierter Wissenschaftler die Leinwand, das Feld aus Wissenschaft und Schrecken, dessen Name weder → *Frankenstein* noch Jekyll ist und der uns eine neue schauerliche Lehre von den Grenzen der Wissenschaft erteilt. Dem Entstehungsjahr entsprechend geht es nicht um die Aneinanderreihung von Spezialeffekten, sondern vornehmlich um das Erzählen einer Geschichte. Die wenigen Effekte jedenfalls, sei es die Fliegenmaske oder der wimmernde Fliegen/Mensch Hybride im Netz der Spinne, sind trefflich in Szene gesetzt und wirken mehr als manch halbherzig abgetrenntes Körperteil dieser Tage.

Der Film entstand nach einem Buch von George Langelaan und wurde bereits ein Jahr später Opfer des amerikanischen Fortsetzungsprinzips »The Return of the Fly« (1959). Während Regisseur Kurt Neumann zuvor verstarb, hatte → *Vincent Price* auch hier das Vergnügen der Mitwirkung.

»Die Fliege«

(»The Fly«); USA 1987 R: David Cronenberg D: Jeff Goldblum, Geena Davis
Ein weiterer besessener Wissenschaftler, Seth Brundle, experimentiert hier im Bereich der Teleportation und macht im Zuge eines fehlgeschlagenen Experimentes eine → *Metamorphose* durch, die ihn ganz allmählich in eine Fliege verwandelt. Als seine Freundin Veronica, dies in ihrer Rolle als Journalistin über Brundles Experimente mitbekommt, ist sie nicht wirklich erfreut.

Jeff Goldblum mimt hier einen wunderbaren ehrgeizigen Wissenschaftler, dessen Ambivalenz auch im Verlauf der Verwandlung spürbar bleibt. Dieses → *Remake* hat natürlich andere Schwerpunkte als das Original von 1958, zumal sich vor allem die Tricktechnik nicht unwesentlich verbessert hat. Und gerade die großartigen Effekte – auch an Schleim wird nicht gespart – sind es, die einen außerordentlichen Anteil an dem Gelingen dieses Filmes haben. Was zur Folge hat, daß die Fortsetzung:

- *»Die Fliege II – Geburt einer neuen Generation« (»The Fly II«) (USA 1989)*

unter der Regie von Chris Wallas überwiegend auf besagte Effekte setzt, was eben auch nicht jedermanns Sache ist. Und was den widerwärtigen ätzenden Verdauungsschleim angeht: ein ohne Zweifel hübscher Effekt, doch biologisch gewiß nicht korrekt.

Fluch

Ein weiteres klassisches Element des Horrors, daß seine Wirksamkeit selten verfehlt und untrennbar mit dem → *Aberglauben* verwoben ist. Der Fluch beinhaltet im wesentlichen eine Verwünschung, die das Schicksal von Individuen, deren Kindern und schlimmstenfalls ihren Nachkommen für hunderte von Jahren negativ beeinträchtigen soll. Diese Beeinträchtigung kann von schlimmem Ausschlag, über → *Lykanthropie* bis zu chronischer Impotenz führen (wobei sich das Thema Nachfahren im letzteren Fall erübrigt).

Ob von alten zahnlosen Zigeunerinnen, Medizinmännern, geheimnisvollen Sektenmitgliedern oder auch nur Spinnern ausgesprochen, verfehlt der Fluch nur selten seine Wirkung, und selbst wenn er es tut, bleibt er zumindest zweideutig. Er kann, wie etwa in *»Thinner«*, offensichtlich thematisiert werden oder aber metaphorisch wirken wie in → *»Der Untergang des Hauses Usher«*. Grundsätzlich bleibt über den Fluch zu sagen, daß er grundsätzlich nicht angenehm ist und sich von Literatur bis Film gut in jedem Titel macht, sei es der Fluch der Dämonen, des Magiers, der Mumie oder wessen Fluch auch immer.

»The Fog – Nebel des Grauens«

(»The Fog«)

USA 1979 R: John Carpenter D: Adrienne Barbeau, Hal Holbrook

Einige längst verstorbene Seeleute, die einstmals von den Bewohnern des kleinen Hafenortes Antonio Bay auf die Klippen gelockt wurden, kommen im Schutze dichten Nebels wieder, um Rache an den Nachfahren der Täter zu nehmen. Und als der → *Nebel* über Antonio Bay kommt, ist all das plötzlich nicht länger bloß eine Geschichte ...

Ein überaus stimmungsvoller Gruselfilm (die gleichen Attribute verdient auch die Titelmusik, → *Musik*), der sich der klassischen Elemente des Horrors bedient und vor allem ein Beweis dafür ist, daß weder übermäßige Spezialeffekte (→ *John Carpenters* Geister sind hier tatsächlich Silhouetten mit rot leuchtenden Augen), noch Blut, noch affektive Originalität vonnöten sind, um einen ansprechenden Genrefilm zu drehen.

Folter

Zufügen von unnötigen Schmerzen außerordentlichen Ausmaßes zum Zwecke der Informationsgewinnung oder aus sadistisch motivierten

Gründen. Innerhalb des Genres wird das Motiv der Folter gerne angewandt, um die außerordentliche Grausamkeit, den Fanatismus oder → *Sadismus* verschiedener Protagonisten herauszustellen.

Folterkammer

Einer der schrecklichen Orte, deren Atmosphäre unmißverständlich grauenerregend ist, was vor allem an zahlreichen Instrumenten liegt, deren genaue Funktionsweise man besser nicht kennenlernen möchte. Daumenschrauben, die → *eiserne Jungfrau* oder die → *Streckbank* sind klassische Instrumentarien in diesem Rahmen. Die Folterkammer befindet sich meist entweder im Besitz von Aristokraten, religiösen Fanatikern oder Wahnsinnigen, die in der Regel das Ziel haben, ihren Gästen Informationen zu entlocken. Ganz besonders schlimm sind aber solche Folterkammereigner, die keinerlei Wert auf Informationsfluß legen und die Folter aus reinem Vergnügen betreiben. Mitunter vermischen sich hier die Motivationen aufgrund der Interessenkonflikte zwischen Folterndem, Gefoltertem und Folterauftraggeber. Einen Rush auf europäische Folterkammern löste die → *Inquisition* (→ *»Die Grube und das Pendel«)* aus.

Zahlreiche historische Museen stellen den Einfallsreichtum der Folternden, der von Nägelstühlen bis zu Zungenherausreißapparaturen führt, zur Schau.

Moderne Folterkammern allerdings bedürfen keiner rostanfälligen Gerätschaften und bedienen sich moderner Technik, halluzinogener Substanzen und Psychologie, ihr prominentestes Produkt ist die Gehirnwäsche, ein Mechanismus, der den Betreibern klassischer Folterkammern nicht bekannt gewesen sein dürfte.

Das Horrorgenre bedient sich der Folterkammer oft und gerne und selten subtil, wie etwa Filme wie *»Hexen bis aufs Blut gequält«* zeigen. Aber die stimmungsvolle Öffnung eines spinnwebenverhangenen Kellerraumes voll mit verstaubtem martialischem Folterwerkzeug ist ohne Zweifel ein ganz einzigartiges Vergnügen.

»Formicula«

(»Them!«) s/w

USA 1954 R: Gordon Douglas D: James Whitmore, Edmund Gwenn

Wieder einmal sind es Atombombenversuche, die diesmal in der südamerikanischen Wüste zur Mutation von Lebewesen, diesmal Ameisen führen, die in diesem Falle zu riesiger Größe heranwachsen und sich still und heimlich im Wüstensand vermehren. Als den Ungetümen die

ersten Menschen zum Opfer fallen, rückt, wie üblich, die Armee an, um die Situation in Griff zu bekommen. Dabei gelingt es jedoch noch lange nicht, die Ameisen unschädlich zu machen ...
Ähnlich wie etwa → *»Tarantula«* einer der großartigen unbedarften Superlativfilme, die den → *Tier-Horror* begründeten und sich dabei jenseits von Gut und Böse als sehenswert etablierten.

Fortsetzung

→ *Sequel*

Francis, H.G.

Pseudonym eines Hörspielautoren, der Deutschlands Jugend viele Jahre lang mit verschiedenen Horrorhörspielkassetten die Furcht lehrte (→ *Hörspiel*). Aus der Distanz betrachtet, gewährleisteten bereits die grellen Neoncover einen gewissen Schauder. »Dracula trifft Frankenstein« war ebenso Titel wie »Der Fluch des Werwolfs«, Grund genug für einen Kniefall vor einem kreativen Genius. Zielgruppe der horriblen Tongefüge waren Teenager. Nicht wenige elfjährige Knaben und Mägdelein lauschten stolz den schauderbaren Hörstücken, deren Cover ein strenges »ab 12 Jahren« zierte. Ein debil grinsender Totenschädel war dabei das Logo der H.G. Francis Werke.

»Frankenstein oder der moderne Prometheus«

(»Frankenstein or a Modern Prometheus« 1818)
In der Nähe des Pols wird der → *Wissenschaftler* Viktor Frankenstein von einem Forschungsschiff aufgenommen und erzählt dessen Kapitän seine Geschichte, die Geschichte eines Lebens, das von dem Wunsch geprägt war, künstliches Leben zu schaffen. Nach manchem → *Leichenraub* und blasphemischem → *Experiment* gelang ihm dies, doch die geschaffene Kreatur erschreckte ihn mehr als daß sie ihn begeisterte. Das tragische Geschöpf, als Monster verschrien und dem ewigen Außenseitertum preisgegeben erbittet alsbald einen Gefallen von seinem Schöpfer; daß er ihm nämlich ein Weib erschaffe. Die anfängliche Bereitschaft des Wissenschaftlers endet mit der Zerstörung des weiblichen Geschöpfes und sein erstes Geschöpf prophezeit Viktor Frankenstein im Zorn, ihn selbst in seiner Hochzeitsnacht heimzusuchen ...

Auch die Autorin kann sich in ihrem Werk einer Reminiszenz an einen prägenden Dichter ihrer Zeit, → *Samuel Taylor Coleridge*, nicht erwehren und zitiert in der Geschichte sogar aus → *»Die Weise des alten Seemanns«*.

Ebenso wie → »*Dracula*« ist dieses wissenschaftliche Gleichnis einer der ewig populären Stoffe des Horrorgenres, dessen Umsetzungen, Nachahmungen und Fortsetzungen beinahe zahllos sind.

Das Markante an den zahlreichen Verfilmungen des Stoffes ist die → *Metamorphose*, die der künstliche Mensch Viktor Frankensteins durchgemacht hat. Die Autorin beschreibt ihn in ihrem Buch nämlich definitiv nicht als häßlich. Dem Publikum aber ist Frankensteins Kreatur weltweit als unförmiger, hünenhafter und lediglich entfernt menschlicher Unhold bekannt, der erst in Kenneth Brannaghs Verfilmung aus dem Jahr 1995 wieder etwas menschlicher wurde. Nach Viktor Frankenstein und Mary Wollstonecraft Shelley darf in diesem Zusammenhang wohl James Whale als dritter Vater des Geschöpfes betrachtet werden. Dieser führte die Zügel in der legendären amerikanischen s/w-Verfilmung des Stoffes aus dem Jahr 1931 (→ »*Frankenstein*« / »Frankenstein – The Man Who Made a Monster«) und ihrer Fortsetzung, in der die Standards des Charakters neu gesetzt wurden. Seitdem → *Boris Karloff* den künstlichen Menschen seinerzeit verkörperte, hat sich an dieser Darstellung bis zu den Zeiten der → *Hammer Studios* wenig geändert. Dies Maskenbildner der → *Universal Studios* überlegten zwar zeitweise, das Geschöpf wie einen mechanischen Menschen aussehen zu lassen, tatsächliche Vorlage wurde jedoch die Figur eines Wahnsinnigen aus einem Bild (»Los Chinichillas«) von → *Goya* von 1799. Dieser Charakter wies alle Eigenschaften eines Menschen auf, der unter Akromegalie leidet. Die sichtbaren Symptome jener Krankheit jedenfalls sind bis heute die vorrangigen Charakteristika des Ungetüms. Interessante Ansätze sind vor allem auch → »*Frankenstein Junior*«, die Erzählung → »*Frankenstein in Sussex*« und Ken Russels Film → »*Gothic*«, der die Entstehung der Geschichte behandelt.

Frankenstein – lebendiges Stückwerk

• *»Frankenstein« (s/w – stumm); GB 1910 R: J. Searle Dawley D: Charles Ogle, Augustus Phillips*

Diese erste überaus ambitionierte filmische Umsetzung des Stoffes, lediglich 16 Minuten lang, trägt den Untertitel »a liberal adaption of Mrs. Shelley's tale« und ist für diese Zeit ein außerordentlich bemerkenswerter filmischer Ansatz, der übrigens von Thomas Alva Edison, dem Erfinder des Telefons, produziert wurde.

• *»Frankenstein«, (Frankenstein – The Man Who Made a Monster) (s/w); USA 1931 R: → James Whale D: Colin Clive, → Boris Karloff*

Die erste Tonfilmadaption des Stoffes, die nicht nur Standards für diese Geschichte sondern für das gesamte Genre setzte. Ein nicht allzu bekannter Umstand ist, daß für die Rolle des Monsters, die Boris Karloff auf ewig prägen würde, ursprünglich kein geringerer als → *Bela Lugosi* vorgesehen gewesen war.

Seit seiner Uraufführung ist der Film um zwei Szenen, eine blasphemische und eine höchst poetische, gekürzt; in der einen verkündet der Schöpfer des Ungetümes lautstark: »Jetzt weiß ich, was es heißt, sich wie Gott zu fühlen!« und in der anderen ertränkt das Monster versehentlich ein kleines Mädchen, weil es möchte, daß dieses wie die Seerosen schwimmt.

• *»Frankensteins Braut«, (»The Bride of Frankenstein) (s/w); USA 1931 R: James Whale D: Colin Clive, Mae Clarke*

Gelungenes → *Sequel* unter dem Zepter James Whales, das allgemein als bester Horrorfilm der Universal-Studios jener Zeit betrachtet wird. Der Zuschauer freut sich über das Überleben der Kreatur und darf sie einmal mehr in beinahe poetischen Situationen begleiten. Ihre Begegnung mit einem blinden Einsiedler ist herzerwärmend und die Figur des Dr. Pretorius offenbart noch einen ganz anderen Blick auf die Thematik des künstlichen Menschen (vgl. → *Homunculus*).

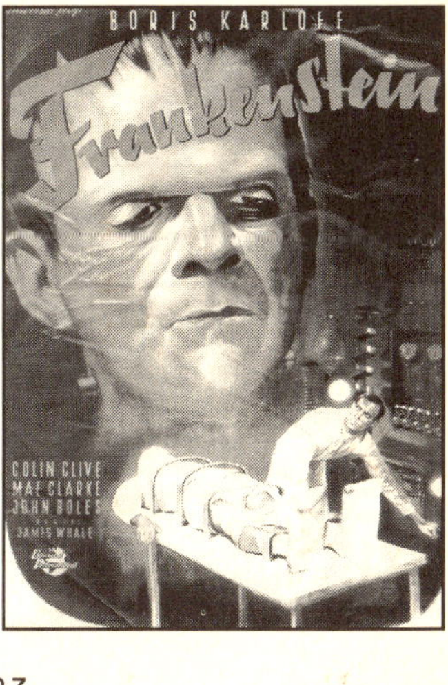

Frankenstein Universal 1931
... und es ward Monster!

Tragisch das Ende, eine Legende die Frisur der Braut. (1/2 Meter senkrechtes Haar mit hineingefärbtem Blitz). Auch die Eröffnungssequenz ist bemerkenswert, treten hier doch Lord Byron und Mary Shelley in Erscheinung und sie erzählt die Fortsetzung ihrer Geschichte. Ein Ansatz, den die Universal-Studios aufgrund der Brisanz des Themas anbrachten. So ist das ganze eben bloß eine Geschichte. Elsa Lanchester spielt hierbei nicht bloß Mary Shelley, sondern später auch die Braut des Monsters.

- *»Frankensteins Fluch« (»The Curse of Frankenstein«); GB 1957 R: Terence Fisher D: Peter Cushing, Christopher Lee*

Diese Neuverfilmung des Stoffes begründete nicht nur den Ruhm der → *Hammer Studios* und somit den von → *Christopher Lee*, → *Peter Cushing* und → *Terence Fisher*, sondern in seiner neuen farbigen Qualität auch eine neue, explizitere Ära des Horrorfilmes. Da sich die Rechte für das klassische Frankenstein Make-up im Besitz der Universal Studios befanden, mußte Hammer ein neues, anderes Monster kreieren, das sich – dargestellt von Lee – im Endeffekt nicht bloß im Aussehen von Karloffs Darstellung unterscheiden sollte.

Ein spätes Beispiel ungnädiger Fortsetzungen (hier durch die Hammer Studios)

• *»Frankenstein in Sussex« (1969)*

Die junge Alice – eben die, die eigentlich ins Wunderland gehört – stürzt bei einem Streifzug durch Sussex in den Schornstein eines unterirdischen Wolkenkratzers, in dem die Kreatur Viktor Frankensteins eingeschlossen ist. Einzig durch ihre Flügel, die ihr der Sturz in einen Topf Schwanensuppe bescherte, vermag sie den Nachstellungen der Kreatur zu entgehen, die den ganzen Verlauf der Geschichte danach trachtet, sie zu schänden. Gerettet wird Alice letztendlich durch Frau Holle, die das Geschehen gemeinsam mit Mary Shelley von ihrer Wolke aus beobachtete. Statt Alice ist es Mary Shelley, die das Ungeheuer am Ende der Geschichte in die Finger bekommt.

Eine ungewöhnliche Parodie auf einen Klassiker von → *H.C. Artmann*, die auf bizarre Weise sexuelle Aspekte des künstlichen Menschen Viktor Frankensteins verarbeitet und sich dabei liebevoll an verschiedenen Klassikern vergeht. Einen ähnlichen Ansatz hat auch Artmanns Erzählung → *»Dracula, Dracula«*.

• *»Frankenstein Junior« (»Young Frankenstein«); USA 1974 R: Mel Brooks D: Marty Feldman; Gene Wilder*

Ein Gehirnchirurg, welcher der Enkel Viktor Frankensteins ist und diesen beerben soll, begibt sich dafür aus Amerika nach Europa. Dort angekommen, eifert er, trotz anfänglicher Gegenwehr, dem Vorbild seines Großvaters nach. Aufgrund einer Verwechslung entscheidender Teile läßt das Ergebnis jedoch zu wünschen übrig.

Kein Mel Brooks Film hat mich je so begeistert wie dieser, der in seiner ganzen Machart eine Hommage an die alten Frankensteinfilme der Universalstudios ist. Nicht nur, daß er in schwarz / weiß gedreht wurde, sogar die alten Sets wurden nachgebaut und auch die Drehbuchparallelen sind unverkennbar als eine parodistischer Kniefall vor dem Horror der 30er Jahre zu erkennen. Ein Ansatz, der zumindest derart anspruchsvoll ist, daß Mel Brooks ihn bis dato kein weiteres Mal zu erfüllen vermochte ...

• *»Frankenstein« (»Frankenstein«); USA 1994 R: Kenneth Brannagh D: Robert de Niro, Kenneth Brannagh*

Ähnlich wie Francis Ford Coppolas »Dracula« ist diese Adaption des Stoffes durch den ursprünglichen Shakespearedarsteller Brannagh eine adäquate werknahe Umsetzung mit den Mitteln der Neuzeit, die den Focus des Zuschauers dank der Darstellung de Niros auch wieder auf die Tragik des Geschöpfes zu richten versteht.

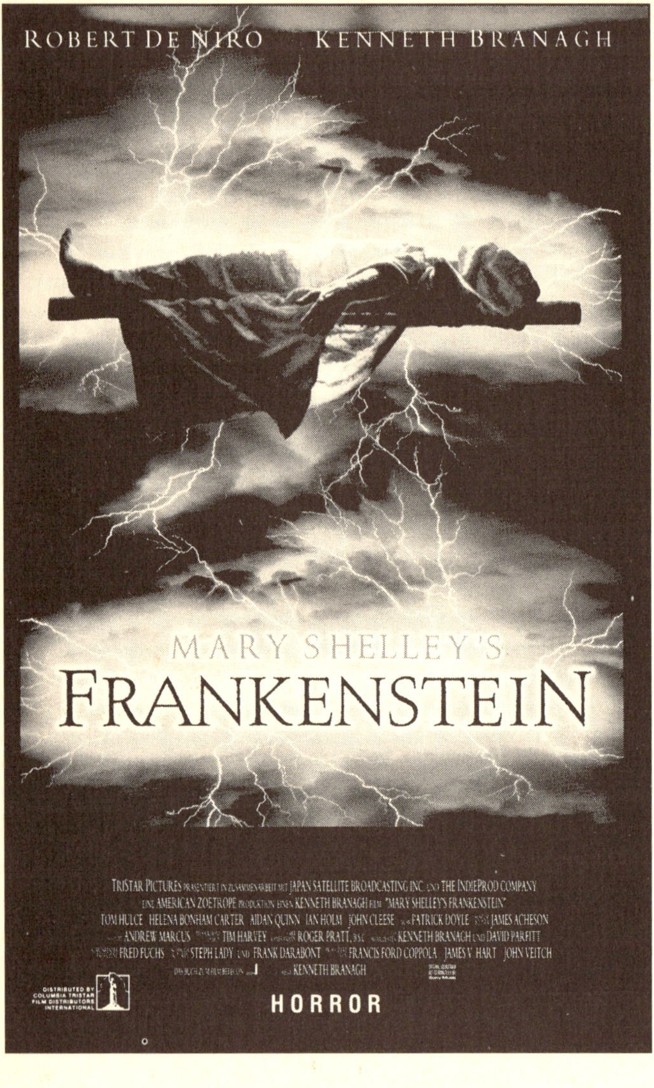

Robert DeNiro monstert unter Kenneth Brannagh den Ruf des Monsters gerade

Frau

Innerhalb des Horrorgenres fallen der Frau im Regelfall nur wenig dankbare Rollen zu. Meist ist es die des → *Opfers* oder der Femme Fatale, wobei ersteres selten eine Fortsetzung erleben kann und zweiteres scheinbar auch nicht serientauglich ist. Die Horrorikonen der Neuzeit jedenfalls sind durchweg männlicher Natur, obwohl die Frau als Verführerin, Objekt der Begierde und schreiendes Inventar unerläßlich vor allem für das Filmgenre ist. Eine der ersten bekannten Frauen des Genres wurde → *Fay Wray*, als Filmpartnerin von King Kong (→ *»King Kong und die weiße Frau«)*. Elsa Lanchesters Performance als Braut in *»Frankensteins Braut«* (→ *»Frankenstein«)* ist bis heute legendär und auch Jamie Lee Curtis' Rolle als → *Scream Queen* (→ *»Halloween – Die Nacht des Grauens«)* sollte hier ebenso Erwähnung finden wie die Horrorcomic-Ikone → *»Vampirella«*. Einen weiblichen Protagonisten hat zumindest → *»Buffy, der Vampirkiller«* zu bieten, davon abgesehen sind es allerdings verdammt wenig Frauen, die sich im Horrorgenre, sei es nun Film, Literatur oder was auch immer, tummeln. Sogar die Monster sind männlich. Aus höchst subjektiven Gründen möchte der Autor an dieser Stelle allerdings noch mit einem zufriedenen Gesichtsaudruck Amanda Donohue (→ *»Der Biß der Schlangenfrau«*) und Valentina Vargas (→ *»Hellraiser IV«)* gedenken – seufz!

»Freaks«

USA 1932 R: → Todd Browning D: Wallace Ford, Leila Hyams

In den Reihen einer Freakshow, die Teil eines Wanderzirkusses ist, befindet sich der Lilliputaner Hans, der sich tragisch in die oberflächliche Artistin Cleopatra verliebt. Diese scheint seine Liebe zu erwidern, hat aber in Wirklichkeit ein Verhältnis mit dem Muskelmann des Zirkusses und heiratet Hans in Wirklichkeit nur, um ihn zu ermorden und zu vergiften. Als die übrigen Freaks dies mitbekommen, machen sie der eitlen Artistin und ihrem Komplizen Hercules einen wirklich häßlichen Strich durch die Rechnung ...

Die New Yorker Zensur beraubte dem Film bei Veröffentlichung ganze 30 Minuten. Was blieb, brach dennoch genügend Regeln des bekannten Horrorkinos, so daß es Publikum, Kritiker und selbst Darsteller völlig zu verstören vermochte.

→ *Todd Browning* beschäftigte für diesen Film tatsächliche »Freaks«, die er auf Rummelplätzen und im Zirkus rekrutierte. Einige von ihnen, wie der »half-boy« Johnny Eck, wurden durch den Film berühmt, andere, wie etwa die Lilliputaner, wurden später im »Wizard of Oz« zu

Munchkins. Und wieder andere, wie etwa »bearded Lady« Olga Roderick distanzierten sich später von dem Film.

Es ist bezeichnend, daß dieser, einer der verstörendsten Filme des gesamten Horrorgenres, der Zeit des großen amerikanischen Horror-Rush entstammt und neben → *Dracula*, → *Frankenstein* und → *»Dr. Jekyll und Mr. Hyde«* das Licht der Welt erblickte. Die Intensität und Kompromißlosigkeit dieses Filmes ist nichts, das durch → *Splatter* FX oder Computeranimationen und wohl mit keinem Geld der Welt reproduziert werden kann.

Auch wenn »Freaks« heute von vielen als Glanzstück des phantastischen Filmes gehandelt wird, war er seinerzeit ein finanzielles Debakel und in → *Großbritannien* beispielsweise bis in die 50er Jahre verboten.

»Freitag der 13.«

USA 1979 R: Sean S. Cunningham D: Betsy Palmer, Adrienne King

Einige Morde, die vor Jahren in der Nähe des Feriencamps »Crystal Lake« stattfanden und deren Schuldiger nie gefaßt wurde, werden zu einigen Morden mehr, als etliche Jugendliche sich entgegen aller Warnungen dorthin aufmachen. Der Mörder läßt nebst → *Messer* dementsprechend nicht allzu lange auf sich warten. Die Zahl der Jugendlichen, die ihm letztendlich entkommen geht linear gegen Null.

Freitag der 13. ist neben → *»Alien«* ein weiterer Film des Jahres 1979, der im Horrorgenre neue Standards setzte. Die Verdienste dieses Filmes liegen hauptsächlich in der Entwicklung des sinnlos mordend herumirrenden Protagonisten und seinen blutigen Effekten, die von keinem geringeren als → *Tom Savini* stammen. Aus diesem Film jedenfalls schlüpfte eine der modernen Horrorfiguren, → *Jason Voorhees*, neben → *Freddy Krueger*, → *Leatherface* und → *Michael Myers* eine der Gestalten, die den Horror der 70er und 80er Jahre nicht zuletzt durch gnadenlose Fortsetzungen prägten.

Freitag der 13. zierte bis heute ganze neun Male unseren Kinokalender, gereichte überdies auch zur Fernsehserie, und das, was unserem Freund Jason in all der Zeit widerfahren ist, deutet auf einen wirklich zähen Burschen hin, den weder Starkstrom noch Schiffsschrauben oder Schüsse zum endgültigen Ableben motivieren können.

- *»Freitag der 13. Teil 2« (»Friday the 13th Part 2«); USA 1981 R: Steve Miner D: Amy Steel, John Furrey*
- *»Und wieder ist Freitag der 13.« (»Friday the 13th Part 3: 3D«); USA 1982 R: Steve Miner D: Richard Booker, Rachel Howard*

- *»Freitag der 13. Das letzte Kapitel« (»Friday the 13th: The Final Chapter«); USA 1984 R: Joseph Zito D: Erich Anderson, Judie Aronson*
- *»Freitag der 13. – Ein neuer Anfang« (»Friday the 13th Part V: A New Beginning«); USA 1985 R: Danny Steinman D: Melanie Kinneman, John Sheppard*
- *»Freitag der 13. – Jason lebt« (»Friday the 13th Part VI: Jason Lives«); USA 1986 R: Tom McLaughlin D: Thom Mathews, Jennifer Cooke*
- *»Freitag der 13. – Jason im Blutrausch« (»Friday the 13th Part VII: The New Blood«); USA 1988 R: John Carl Buechler D: Lar Park Lincoln, Terry Kiser*
- *»Freitag der 13. – Todesfalle Manhattan« (»Friday the 13th Part VIII: Jason Takes Manhattan«); USA 1989 R: Rob Hedden D: Kane Hodder, V.C. Dupree*
- *»Jason goes to Hell – Die Endabrechnung« (»Jason Goes to Hell: The Final Friday«); USA 1993 R: Adam Marcus D: Kari Keegan, Kane Hodder*

Friedhof

Ursprünglich Ruhestätte der Toten, gliedert sich der Friedhof in eine oberirdische und eine unterirdische Sektion. Die oberirdische wird von verschiedenen Grabsteinen geziert, die jeweils ein → *Grab* kennzeichnen, während die unterirdische aus eben diesen Gräbern besteht, deren Füllung jeweils ein → Leichnam ist. Soviel zur ursprünglichen Situation auf dem Friedhof. Das Horrorgenre ändert diese nicht selten zugunsten der Atmosphäre. Statt Toten liegen → *Untote* in den Gräbern und es finden mitunter auch → *Leichenraub* und → *Grabschändung* statt. Selten werden Friedhöfe dabei von ihren Bewohnern so gut bewacht wie in »*The Frighteners*«.

Friedrich, Caspar David

(1774 Greifswald, † 1840 Dresden)
Deutscher Maler, der sich von der Literatur der → *Romantik* beeinflussen ließ und sich vor allem auf stimmungsvolle Landschaftsmalerei spezialisierte. Seine Bilder »*Wanderer über dem Nebelmeer*«, »*Abtei im Nebel*« oder »*Zwei Männer in Betrachtung des Mondes*« sind beispielhaft für die deutsche Romantik und den darin enthaltenen Reiz des Unheimlichen.

Fröhlich, Fabian

*(*1971)*

Der nunmehr in Berlin ansässige Zeichner und studierte Kunsthistoriker, ein weiterer begnadeter junger deutscher Illustrator mit deutlichem Hang zum Schrecklichen, Metamorphosen und filigraner Darstellungsweise, veröffentlicht seine Werke, abgesehen von verschiedenen Fanzines (→ *Fandom*), auch im Rahmen von Publikationen des Bastei-Verlages und der → *Edition Metzengerstein*.

»From Dusk till Dawn«

USA 1996 R: Robert Rodriguez / Quentin Tarrantino
D: George Clooney, Harvey Keitel

Nachdem Richard Gecko seinen Bruder Seth aus seiner Gerichtsverhandlung befreit, überfallen die beiden eine Bank, nehmen eine Geisel und fliehen, eine blutige Spur nach sich ziehend, in Richtung Mexiko. In einem schäbigen Motel überwältigen sie einen in einer Glaubenskrise befindlichen Priester mitsamt seinen Kindern, um mit ihrer Hilfe und ihrem Wohnmobil über die Grenze zu gelangen. Kurz hinter der Grenze liegt die »Titty Twister« Bar, einer Truckerkneipe, der abge-

Fabian Fröhlich – Metamorphosen filigraner Natur

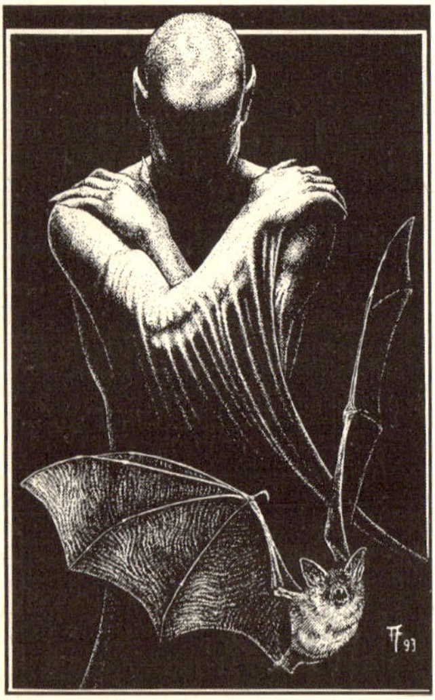

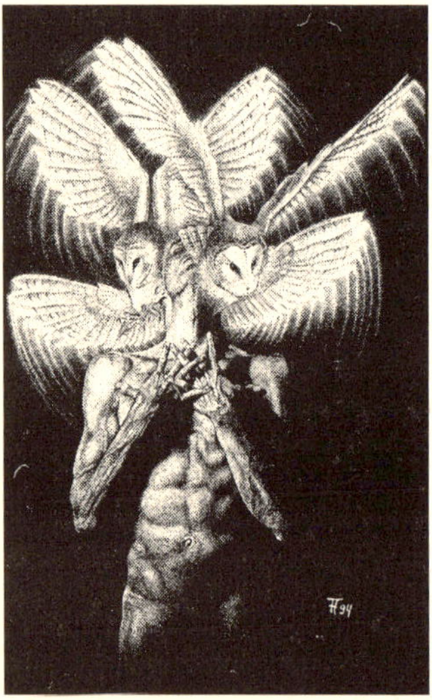

machte Treffpunkt, wo die Gangster am nächsten Morgen den Mann treffen sollen, der ihnen eine neue Identität geben wird.

Bis zum Morgengrauen ist es allerdings noch lange hin, und die Tatsache, daß die gesamte Kneipenbelegschaft sich nach einiger Zeit in Vampire verwandelt, macht die Sache nicht gerade unkompliziert. Kaum jedenfalls, daß dies klar ist, wandelt sich der Film in der aufkommenden → *Panik* der Anwesenden zu einem blutigen Schlachtfest.

Ein überaus seltsamer Film, der Road Movie, Vampirfilm, makaberen Humor und sehenswerte Effekte zu einer recht kuriosen Mischung verbindet. Das größte Erlebnis ist es wohl, den Film völlig unvorbereitet anzusehen, denn sein plötzliches Umkippen, die Mutation vom Gangsterroadmovie in eine Vampirvernichtungsorgie ist etwas, das seinesgleichen sucht. Beim zweiten Mal ist dies Vergnügen leider schon hinfort, aber dann kann man sich auf andere Details konzentrieren, wie etwa die drei Rollen Cheech Marins (»Cheech & Chong«), den großartigen Auftritt → *Tom Savinis* als »Sexmachine«, die großartigste Vietnamtraumapersiflage seit *»Meet the Feebles«* und zahllose kleine Gags am Rande, die einem beim ersten Ansehen garantiert entgehen. Abgesehen von einem grandiosen Schlußbild, sind vor allem die schauspielerischen Leistungen von Juliette Lewis und George Clooney und das Aussehen Salma Hayeks (seufz!) hervorzuheben und der ungewöhnliche Umgang des Filmes mit seinen Protagonisten, die bis auf besagte zwei, ausnahmslos Radieschen von unten gucken gehen. Überdies ist der Soundtrack des Filmes durchaus besitzenswert, vor allem schon aufgrund von »*Tito and Tarantula*«, einer höchst skurrilen Band, deren Ruhm nicht zuletzt dieser Film begründete. Zu dem Film gibt es sowohl ein → *Sequel* (»Texas Blood Money«) als auch ein → *Prequel* (»Hangman's Daughter«) beides – hierzulande bis dato noch nicht zu sehen – soll qualitativ bestenfalls verschweigenswert sein.

Fulci, Lucio

(1927 Rom, † 1996 ebenda)*

Italienischer Regisseur, der vor allem durch den außerordentlichen Blutgehalt seiner Streifen von sich Reden machte. Exemplarisch für Fulcis Werk dürfte der in Deutschland gemäß → *Paragraph 131* beschlagnahmte »Ein Zombi hing am Glockenseil« sein. Filme denen man oftmals eine unsaubere Macht, unnötige Gewalt, doch einen unverkennbar eigenen Stil zuspricht. Als Fulci 1996 infolge seiner Zuckerkrankheit verstarb, stand er im Begriff, ein → *Remake* des Klassikers → »*Das Geheimnis des Wachsfigurenkabinetts*« zu drehen.

Furien

(griech. Erinyen)

Rachegöttinnen der griechischen und später auch römischen → *Mythologie*, die schlangenhaarig und fackelschwingend auftauchen, wo immer es was zu rächen gibt.

»Die Fürsten der Dunkelheit«

(»Prince of Darkness«)

USA 1987 R: John Carpenter D: Donald Pleasance, Jameson Parker

Der → *Antichrist* ist seit Jahrhunderten in einem uralten Zylinder gefangen, der sich nicht nur im Keller einer verlassenen amerikanischen Großstadtkirche befindet, sondern auch noch kurz davor steht, in die Freiheit zu entwischen. Ein Priester, der den Zylinder im Rahmen einer Erbschaft entdeckt, zieht nach der Entdeckung einen Parapsychologen mit seinen Schülern zu Rate, die mitsamt ihren Meßgeräten Stellung in der Kirche beziehen, um das Phänomen zu beobachten. Doch diese Beobachtung gestaltet sich schwieriger als zunächst gedacht und das → *Böse* ergreift von seinen Beobachtern Besitz ...

→ *John Carpenter* inszeniert hier nicht nur ein brillantes → *B-Movie*, sondern stilsicher einen der intelligenteren und ruhigeren Filme des Genres, in dessen Zentrum mehr die Handlung denn → *FX* stehen.

FX

[engl. Kürzel für effects »Effekte«].

Sind im filmischen Bereich des Genres seit eh und je ein bedeutendes Element. Die Palette reicht hierbei vom mehrfachen Belichten der Filme, über Stop-Motion-Technik (→ *Ray Harryhausen*), das → *Make up*, mechanische Effekte und Animationen bishin zu computergenerierten Effekten, um Verwandlungen, Mutationen, Verwesung und andererlei darzustellen. Besondere Verdienste im FX Bereich fallen auch → *Rick Baker* und → *Bob Keen* zu.

Während das Horrorkino heutzutage zum einen ohne FX nicht mehr denkbar ist, machen viele Produzenten den Fehler und setzen eher auf die Effekte als auf gute Plots oder Schauspieler, woran ein Großteil des modernen Horrorfilms krankt.

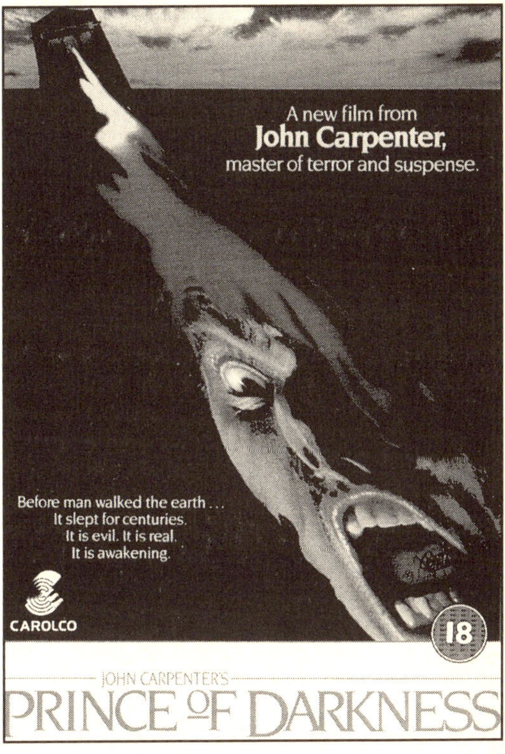

»Die Fürsten der Dunkelheit« – intelligenter Film mit Schrecken statt Blut

G

Gaiman, Neil

**1960 Porchester*

Einer der wenigen großen dunklen Poeten der Neuzeit. Gaiman erschafft in seinen Geschichten Atmosphären von außerordentlicher Eindringlichkeit, jongliert mit klassischen Versatzstücken aus Geschichte, → *Mythologie*, → *Horror* und → *Märchen* und kreiert Geschichten von unerreichter Komplexität und Schönheit. Seine Comic Serie → *»Sandman«* (→ *Vertigo*), auch in deutsch erschienen (feest USA/ehapa) ist ein unbedingter Geheimtip für Liebhaber intelligenter Fantasyhorrorfiction (oder wie immer man das nennen will). Sein Buch »Neverwhere« wurde sowohl für den britischen Rundfunk als auch das Fernsehen adaptiert, es gibt Gerüchte über die Verfilmung einer anderen Gaiman Comicserie »Die Bücher der Magie«. Daß Gaiman sich bei seinen Comics allerdings regelmäßig verschiedener Zeichner bedient, während die Cover von Dave McKean allesamt brillant sind, ist etwas gewöhnungsbedürftig. Gestern Abend gewahrte der Autor, was Glück ist: Ein gemeinsames 100 Mio. $ Filmprojekt von → *Tim Burton*, → *Clive Barker* und Neil Gaiman...

»Galerie der Phantasten«

Serie → *Phantastischer Literatur* mit außerordentlichem Ruf, zwischen 1910 und 1922 von → *Hans Heinz Ewers* herausgegeben.

Galgen

Wenig komplexe Vorrichtung zur Hinrichtung durch den Strang. Bemerkenswert die verschiedenen Arten: der Klassiker, auch Schnellgalgen, Soldatengalgen, oder Kniegalgen genannt, besteht aus einem senkrechten Pfeiler und einem rechtwinklig abragenden Balken. Die multiple Variante namens Dorfgalgen oder Dreiholz besteht aus zwei

Pfeilern, über die ein dritter Balken gelegt wird. Es war, an welchem man auch immer erhängt wurde, kein angenehmes Erlebnis.
Der Galgenberg oder Galgenhügel, auf dem diese Vorrichtungen außerhalb der Dörfer bisweilen standen, wurden von den meisten Menschen gemieden, waren Teil verschiedener Beschwörungen und Zauber (»Vom Fuß der Galgenstangen eine Handvoll nimm an Erde...«) und ein dankbarer Ort, um sich in den Besitz von Leichen zu bringen, insofern man denn das Bedürfnis hatte.

»Garden of Delight«

→ *Garten der Lüste*. (Auch dieser Name gereichte einer Band, hier aus dem → *Gothic*-Bereich, zur Inspiration).

»Der Garten der Lüste«

(»The Garden of Earthly Delights«, ca. 1500)

Dreiteiliges Altarbild (Tryptichon) von → *Hieronymus Bosch*, auf dem die Entwicklung der Sünde unter den Menschen dargestellt wird. Während Eva auf dem linken Flügel der Schlange verfällt, zeigt die Mitte die Wirrungen und Lüsteleien des Diesseits, die auf der rechten Seite eben das Los der Hölle nach sich ziehen. Jeder der Flügel enthält eine Unzahl von Symbolen, aber vor allem der Höllenflügel, auf dem gespielt, gefoltert, Unzucht getrieben und der Völlerei gefrönt wird, wo riesige insektenartige Geschöpfe Menschen verspeisen und Schweine in Nonnentracht vom Widerschein der höllischen Feuer beleuchtet werden, machen das Bild zu einem der rätselhaftesten und verstörendsten der Kuntsgeschichte.

Geburt

Erste Begegnung des Individuums mit der Welt, Voraussetzung zu Teilnahme an dem großen Spiel. Im Horrorgenre ist vor allem die

»Der Garten der Lüste«
Der Buchcover bietet einen Einblick in den Höllenflügel

Geburt von Erlösern, → *Dämonen*, Auserwählten und zu Opfernden wichtig, weshalb sie in diesen Fällen oft und gern mit einer → *Prophezeiung* o.ä. versehen wird. Selbstverständlich müssen, damit sie einen gewissen Handlungsspielraum gewinnen, auch die übrigen Protagonisten geboren sein, dies aber wird in der Regel nicht wirklich ausführlich dargestellt und liegt meist soweit zurück wie die jeweilige Person alt ist.

»Das Geheimnis des Wachsfigurenkabinetts«
(»The Mystery of the Wax Museum«)
USA 1933 R: Michael Curtiz D: Lionell Atwill, Fay Wray
Der Angestellte eines eher erfolglosen Wachsfigurenkabinetts kommt auf die Idee, selbiges anzuzünden, um das Versicherungsgeld einzuheimsen. In den Flammen kommt vermeintlich sein Partner Ivan Igor, der Schöpfer der Wachsfiguren, ums Leben. Einige Jahre später aber taucht Igor, wenn auch entstellt und an den Rollstuhl gefesselt, wieder auf, und so wird die Eröffnung seines eigenen Wachsfigurenkabinetts vom Verschwinden einiger Leute begleitet, was im Endeffekt die außerordentliche Detailgetreue von Igors Figuren erklärt. Der Film ist eines der frühen Werke, das dem inzwischen klassischen Motiv des → *Mad Scientist*, das des besessenen Künstlers entgegenstellt, der für sein Werk fähig und bereit ist, sich über jede moralische Grenze hinwegzusetzen. Der Film erlebte 1953 ein → *Remake*, das ihm in verschiedener Hinsicht sogar überlegen war.

- *»Das Kabinett des Professor Bondi« (»House of Wax«); USA 1953 R: André de Toth D: Vincent Price, Phyllis Kirk*

»Die Geheimnisse von Udolpho«
(»The Mysteries of Udolpho« 1794)
Emily soll ihr Erbe auf Schloß Udolpho antreten, doch gewahrt sie bei ihrer Ankunft die Unheimlichkeit der Situation, in der sie sich mit einer seltsamen Familie, einem merkwürdigen Schloß und düsteren Intrigen konfrontiert sieht, die letztenendes auf einem anderen, nicht minder verfluchten Schloß ein Ende finden ...

Die Geschichte von Ann Rodcliffe steht in direkter Tradition der ersten → *Gothic Novel* → *»Das Schloß von Otranto«* und gereichte unter anderem → *Lord Byron* zur Inspiration.

Gehenna

[von hebr. ge (bne) hinnom »Tal (der Söhne) des Hinnom«]
Tal südlich von Jerusalem mit einer alten Kultstätte, die nach Jes. 66,24 Ort des Endgerichtes (→ *Apokalypse*) werden soll. Diese Vorstellung wurde im Laufe der Geschichte ausgebaut, löste sich von dem geographischen Aspekt, verband sich mit verschiedenen Unterweltsvorstellungen und wurde letztendlich Teil der → *Hölle*.

Gein, Ed

Einer von Amerikas berühmtesten Massenmördern, dessen außerordentliche Kreativität in die amerikanische Kriminalgeschichte einging und manchen Film inspirierte, der es inzwischen zu Kultstatus brachte (→ *»Kettensägenmassaker«* – das Mobile ist eine deutliche Remniniszenz an Mr. Gein – → *»Besessen«*, → *»Psycho«*). Gein war ein abartiger Autodidakt in Sachen Mode und Dekoration, zwei Richtungen, die er wie kein zweiter mit sinnlosen Morden in Einklang zu bringen verstand. So besaß er etwa einen brustwarzenbesetzten Gürtel, eine Weste aus Menschenhaut und Suppenschüsseln aus Schädeldecken, alles Dinge, die er auf seiner abgelegenen Farm in mühevoller Kleinarbeit fertigte. Seine Morde hatten zudem eine überaus bizarre sexuelle Komponente, entfernte Gein seinen bevorzugt weiblichen Opfern doch die primären Geschlechtsorgane, um damit seine eigenen zu verdecken ... Einhalt geboten wurde dem kreativen Perversen erst, als die Polizei auf der Suche nach einem Ladeninhaber, diesen halb zerteilt in Geins Küche baumelnd fanden. Obwohl Gein tatsächlich lediglich zweier Morde überführt werden konnte, gibt es kaum einen Serienkiller, der ihn an Durchgeknalltheit übertrifft. Gein verstarb erst 1984 in einer geschlossenen Anstalt.

Geist

Der germanische Ursprung des Wortes bedeutet soviel wie »schreien« resp. »entsetzen«. Der Begriff wird – nachweislich seit der Christianisierung der Germanen – auch im Sinne von → *Gespenst* verwendet.

Geisterstunde

Ursprünglich und in Teilen vornehmlich älterer Literatur beginnt zur Mitternacht die Geisterstunde. → *Hui Buh* zum Beispiel ist der Geisterstunde unterworfen und muß, kaum um → *Mitternacht* zu spuken begonnen habend, ebenso wie das bedauernswerte feinstoffliche Geschöpf in den → *»Canterburry Tales«* eine Stunde später zurück in die Kiste. Im Rahmen einer Arbeitszeitverlängerung, die ihren Auftritten in Film und Buch zugute kam, überwanden die meisten übersinnlichen Gestalten die Grenzen der Geisterstunde, um sich erst wieder an der Schwelle des Tages gestoppt zu sehen. Die zeitliche Begrenzung des Wirkens übernatürlicher Wesenheiten, die der zentrale Inhalt der Geisterstunde ist, ist innerhalb des Genres inzwischen beinahe gänzlich aufgehoben, so daß sich das Übersinnliche – im Gegensatz zu früher – inzwischen mitten unter uns mischt, was die von ihm ausgehende Gefahr wesentlich größer werden läßt.

»Geschichten aus der Gruft«

→ *»Tales from the Crypt«*

»Gesichter des Todes«

(»Faces of Death«); JAP 1979

Einer der verrufensten → *Mondofilme* resp. Exploitationfilme überhaupt, bemüht sich der Film um eine pseudodokumentatorische Darstellung von angeblich realen Sterbeszenen in verschiedensten Zusammenhängen. Obwohl grausam, bluttriefend, schockierend etc. pp. ist festzustellen, daß die Szenen des Filmes nicht echt sind. Trotz dessen ist sein Inhalt – mitsamt der hahnebüchenen Überleitungen eines Möchtegernwissenschaftlers (Dr. Frances B. Gross) von Tod zu Tod – extremst krank. Es gibt nicht einmal die Ahnung einer Handlung, lediglich eine Aneinanderreihung von Bildern, in denen gestorben wird. Alles was tot ist oder wird scheint hierbei eine Szene wert zu sein, Tiere im Schlachthaus, mumifizierte Kadaver, Delinquenten auf elektrischen Stühlen oder Touristen, denen Bären die Köpfe abbeißen.

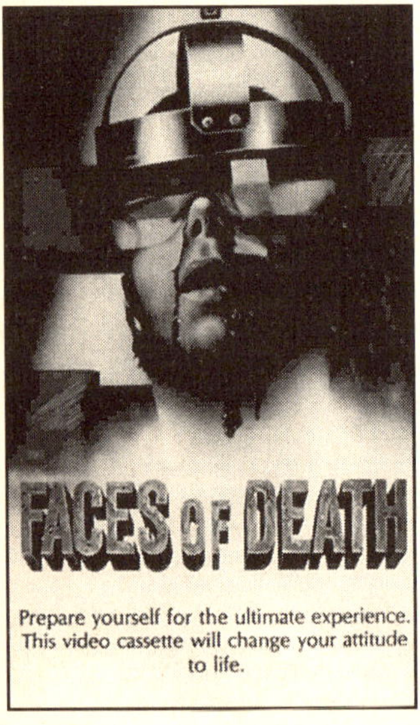

»Gesichter des Todes« – Bizarre Auswüchse eines Genres, das Bedürfnisse befriedigt

Der → *Tod*, ursprünglich lediglich Element des Schreckens, wird hier um seiner Darstellung Willen zum Selbstzweck. Und da kontinuierlich weitergestorben wird, gestaltet sich auch das Sterben unter diesem Titel, obwohl in zahlreichen Ländern noch immer verboten, in fünffacher Fortsetzung.

- *»Gesichter des Todes 2« (»Faces of Death 2« 1981)*

Dr. Frances B. Gross ist zurück, offenbahrt uns seinen Wunsch, das Thema weiter zu erforschen und uns daran teilhaben zu lassen, wobei in diesem Teil tatsächlich überwiegend echte Szenen gezeigt werden, was in diesem Maß in dieser Reihe nicht wieder vorkommen sollte.

- *»Gesichter des Todes 3« (»Faces of Death 3« 1985)*

Der Dr. ist zurück!

- *»Gesichter des Todes 4« (»Faces of Death 4« 1990)*

Zu Beginn des Filmes wird kein geringerer als Dr. France B. Gross in einem Krematorium vebrannt, um das Szepter an seinen motivierten Nachfolger Dr. Louis Flellis abzugeben, der Bungee-Unfälle und anderes nicht minder liebevoll als sein Vorgänger moderiert und sich nicht einmal zu schade ist, zwischendurch ein Lied auf seiner Gitarre feilzubieten. Grund genug, den Film auch in Deutschland gemäß dem *Paragraph 131* über Gewaltverherrlichung zu beschlagnahmen.

- *»Gesichter des Todes 5« (»Faces of Death 5« 1992)*

Belanglose Sammlung aus den vorangegangenen Filmen, die, ebenso wie der noch folgende Teil, das *Paragraph 131*-Schicksal teilt ...

- *»Gesichter des Todes 6« (»Faces of Death 6« 1993)*

Unglaublich, wie viele Fortsetzungen ein derart krankes Thema bietet und wieviel Platz es in diesem Buch wegnimmt. Der Autor möchte sich dafür an dieser Stelle aufrichtig entschuldigen.

Gespenst

Übernatürliche Erscheinung, paranormales Phänomen, ein feinstoffliches, ursprünglich konturloses Abbild eines vermeintlich Verstorbenen, das schemenhaft wahrnehmbar vornehmlich des Nachts agiert und dabei verschiedene → *Spuk*-Phänomene verursacht.

»Gespenstergeschichten«

Seit 1974 erscheinendes Urgestein der deutschen Comicszene, das sich ursprünglich bei einer jugendlichen Zielgruppe die variierte Neuauflage annähernd aller bekannten Horrothemen zur Aufgabe gesetzt hat. Der Serie wohnt allerdings im Gegensatz zu anderen Publikationen ähnlicher Art, wie etwa »Geister«- und »Spukgeschichten«, eine erstaunliche Langlebigkeit inne. Zunächst wurden im Rahmen des Heftes vornehmlich amerikanische Geschichten veröffentlicht, während später auch internationale Zeichner und ambitionierte Geschichten versucht wurden, was jedoch vom Publikum nicht wirklich honoriert wurde. Die ambitioniertesten Projekte waren etwa eine → *Edgar Allan Poe*-Umsetzung von Richard Corben oder die → *»Frankenstein«* Adaption von Neil Adams, die im Rahmen der Specials Gespenstergeschichten präsentiert: Mitte der 80er erschienen. Seit 1978 wird die Serie von Ewald Fehlau betreut, der bestrebt ist, seinem Publikum jede Woche einen neuen Gruselcocktail zu präsentieren.

»Ghostbusters«

USA 1984 R: Ivan Reitmann D: Sigourney Weaver, Dan Akroyd, Bill Murray
Die aus der Not geborene Geschäftsidee zweier arbeitsloser Parapsychologen mit hoher Affinität zum Chaos, paranormale Phänomene und Spukerscheinungen zu beseitigen, ist der Ursprung der »Ghostbusters«-Firma, die fortan mit zwei weiteren Mistreitern und Sekretärin das New

Gespenstergeschichten – Urgestein des deutschen Comicmarktes

Yorker Geisterwesen in seine Schranken verweisen wird. Nachdem hier ein Geist und da ein Geist eingefangen wird, beginnen, während ominöse Torwächter und Schlüsselmeister auftauchen, die Spukphänomene sich zu häufen. Endlich sieht man → *Alien*-Protagonistin Sigourney Weaver wieder einmal anders, auch sieht man den Marshmallowman, abgesehen davon sieht man natürlich → *Schleim.*

Ein beschaulich Kommödchen, nicht zu schwarz, doch fein bebildert, mit keiner allzu unzusammenhängenden Geschichte versehen, darf sich zufrieden an der Peripherie des Horrorgenres sonnen, wo es, allein aufgrund der großartiger Monster – deren Design übrigens von → *Bernie Wrightson* stammt – seinen Platz als hochbudgetierter Mainstreamhorrorkomödienvorfahre sicher hat.

Bemerkenswert ist hierüber hinaus allerdings auch die Nähe des Sujets zu verschiedenen älteren Produktionen, wie etwa *»Ghost Breakers«* (1940) oder *»The Cat an the Canary«* (1939) und die Tatsache, daß der Film ursprünglich für das Dreamteam Dan Akroyd / John Belushi (*»Blues Brothers«)* vorgesehen gewesen war.

- *»Ghostbusters II«; USA 1989 R: Ivan Reitmann D: Sigourney Weaver, Dan Akroyd, Bill Murray*

Der, durch den unermüdlichen Einsatz der Geisterjäger verursachte Rückgang der paranormalen Aktivität gefährdet den ernstzunehmenden Status der Ghostbusters, die sich nunmehr vornehmlich mit Lappalien und Nichtigkeiten abgeben, bis ... Ja, bis der Geist eines überaus bösen Vojvodengrafen aus einem Gemälde heraus die Weltherrschaft an sich reißen will, nicht ohne natürlich zuvor ein Blutopfer in Gestalt eines unschuldigen Neugeborenen kassiert zu haben, für das eines Geisterjägers Nachwuchs herhalten darf.

Erfolg gebiert Fortsetzung, und mit den Jahren wird manches besser. Während die Tricktechnik durchaus dazu zu zählen ist, kann man das vom Script nicht behaupten. Wer Schleim mag, wird zwar auch hier nicht enttäuscht, die wandelnde Freiheitsstatue wird amerikanisch in Szene gesetzt, doch obwohl noch aufwendiger und noch witziger, bleibt alles irgendwie wie im ersten Teil ...

Ghoul

Ursprünglich arabische, tiergestaltige, magisch begabte Wüstengeister aus der Gattung der → *Dschinn* mit Vorliebe für Blut und Menschenfleisch. Wie die meisten Unholde werden wie etwa → *Zombies* oder → *Vampire* auch Ghuls inzwischen vergleichsweise inflationär behandelt, um die benötigte Komparserie des Schreckens aufzustocken, ohne dabei natürlich Rücksicht auf das eigentliche Wesen zu nehmen. Eine Gestalt der islamischen Mythologie ist Ras-al-Ghul (Kopf des Ghul), eine Figur, der man als magisch begabtem Widersacher übrigens auch bei Batman begegnen kann.

Giger, H.R.

*(Hans Ruedi;*1940 Chur/Schweiz)*

Einer der bedeutendsten lebendenden Vertreter phantastischer Kunst. Giger, der vornehmlich mit Airbrush arbeitet und stetig wiederkehrend sexuelle und mechanische Motive in bizarr-phantastischen Landschaften oder Gruppierungen grotesker Geschöpfe postiert, absolvierte die Züricher Kunstgewerbeschule und machte sich von da an als freischaffender Plastiker und Designer einen Namen. Neben Plattencovern verschiedener namhafter Künstler (z.B. Debbie Harry, → *Glenn Danzig*) verfolgte Giger auch verschiedene ehrgeizige Filmprojekte, war z.B. am Design der Austattung für »Dune – Der Wüstenplanet« beteiligt und bescherte uns – nicht zu vergessen – mit dem → *»Alien«* einen der all time favourite Außerirdischen, dessen Design dem Künstler auch einen Oscar einbrachte. Trotz zahlreicher Arbeiten Gigers im filmischen Bereich (*»Species« / »Kondom des Grauens«)*, ist das Alien Design hier sein wohl wichtigster und herausragendster Verdienst.

Seine Bücher und die darin enthaltenen Bilder und Abbildungen von Skulpturen allerdings verdienen so viel Aufmerksamkeit, daß ihnen mit Worten nur schwer gerecht zu werden ist. Die Titel seiner beiden großen (und nicht zu vergessen auch teuren) Bildbände sprechen für sich, tragen sie doch nicht umsonst den Namen des verfluchten → *»Necronomicon«*.

Bedrückende Darstellungen wie Gigers Schöpfungen erschaffen nur wenige aktuelle Künstler. Einer davon aber, dessen Gesamtwerk dem Gigers durchaus ähnelt und ihm in beängstigender Selt-

H.R.Giger – der Schöpfer des unvergleichlichen Alien und anderer sinistrer Kunstwerke

samkeit durchaus nahekommt, ist der nahezu unbekannte Tscheche → *Zdzislaw Beksinski.*

Gläserrücken

Ähnlich wie das vor allem in Amerika verbreitete → *Ouija*, ist das Gläserrücken ein → *Orakel*-Spiel im Grenzbereich von → *Esoterik* und → *Okkultismus*. Hierbei agiert eine Gruppe von Teilnehmern als kollektives Medium und legt seine Zeigefinger auf ein auf dem Kopf stehendes Glas, das sich inmitten eines Buchstabenkreises befindet, der außerdem auch »ja« und »nein«, »schwarz« und »weiss« und die Zahlen von 0 bis 9 beinhaltet. Hierauf wird nun ein vermeintlicher → *Geist* beschworen, der darauf durch Herumrücken des Glases von Buchstabe zu Buchstabe Antwort gibt.

Inwieweit dieses Phänomen durch das Unterbewußtsein der Gruppe hervorgerufen wird, ist bis dato nicht befriedigend geklärt, aber weniger als daß das Gläserrücken ernst genommen wird, gereicht es zur Unterhaltung angetrunkener Teenager auf deren Parties.

Der Autor wurde übrigens während einer Gläserrück- → *Séance* vom Geist Arthur Schopenhauers auf das wüsteste beschimpft ...

»Der Glöckner von Notre Dame«

(»Notre Dame de Paris« 1831)

Diese Geschichte Victor Hugos (1802-1885) behandelt das Schicksal Quasimodos, des mißgestalten Glöckners von Notre Dame, der in der Obhut eines Priesters aufwachsend von den Menschen ferngehalten wird, doch eines Tages im Rahmen eines Narrenfestes unter das Volk gerät, das den Buckligen zum König der Narren kürt. Vor den Mauern der Kirche begegnet Quasimodo der Zigeunerin Esmeralda. Diese regt allerdings auch das Herz Frollos, des Oberhauptes der Stadtgarde, an und diese Herzensangelegenheit ist es, die dazu führt, daß Esmeralda als Hexe angeklagt, jedoch von Quasimodo befreit und in der Kirche versteckt wird, was einen Tumult auslöst, in den die halbe Stadt verwickelt scheint.

Es sind vor allem die Umgebung, die unwirkliche Architektur Notre Dames, mit ihren Wasserspeiern, Türmen und Gängen, wo der allmählich ertaubte Quasimodo aufwuchs, und einige Nebenschauplätze wie etwa der Hof der Wunder, wo der König der Bettler hofhält, die der Geschichte eine sehr phantastische Atmosphäre verleihen.

Zu Beginn dieses Jahrhunderts ist dieses zweifellos bekannteste Buch von Victor Hugo mit ähnlicher Häufigkeit wie die »klassischen« Horrorthemen verfilmt worden, wobei eine vergleichsweise freie Auslegung des Stoffes in einer der Stummfilmversionen darstellt, daß Quasimodo Esmeralda am Ende bekam. Eine Entwicklung, die nicht einmal der Disney-Zeichentrickfilm zuließ. Besagter Zeichentrickfilm ist auch die Vorlage für das → *Musical*, daß im Sommer 1999 seine Welturaufführung in Berlin erlebte. Dies geschah mit dem Titel »Disney's Der Glöckner von Notre Dame«, ohne daß Victor Hugo auf dem Plakat auch nur ansatzweise genannt wurde.

Eine seltsame Welt.

Bemerkenswert sind aber allemal die Schauspieler, die im Lauf der Jahre Quasimodos Buckel tragen durften: → *Lon Chaney*, Anthony Quinn, Charles Laughton (der von sich selbst einmal sagte, er habe ein Gesicht wie ein Elefantenarsch) und Anthony Hopkins. Dies sind zwar bei weitem nicht alle, aber genug, um aufzuzeigen was für einen Stellenwert das Thema hat, dessen aufwendige Kulisse bei jeder Verfilmung richtig extra kostet.

In einer Pro7-Fernsehverfilmung von 1996 (?) begegnet dem Zuschauer dann auch noch Salma Hayek (alias Satanica Pandaemonium → *»From Dusk till Dawn«)* in der Rolle Esmeraldas.

- *»Der Glöckner von Notre Dame« (Notre Dame de Paris); FR/IT 1956 R: Jean Delannoy D: Anthony Quinn, Gina Lollobrigida*
- *»Der Glöckner von Notre Dame« (»The hunchback of Notre Dame«); USA 1981 R: Michael Tuchner D: Anthony Hopkins, Lesley Anne Down*
- *»Der Glöckner von Notre Dame« (»The hunchback of Notre Dame«) (s/w); USA 1939 R: William Dieterle D: Charles Laughton, Maureen O'Hara*

Großartig der Schlußsatz des Filmes aus dem Mund der gebeutelten Kreatur, an einen der Wasserspeier der Kirche gerichtet: »Ach, wär' ich doch aus Stein, so wie Du.«

- *»Der Glöckner von Notre Dame« (»The hunchback of Notre Dame«) (s/w stumm); USA 1923 R: Wallace Worsley D: Lon Chaney, Patsy Ruth Miller*

Eine für damalige Verhältnisse riesige Produktion mit einem Jahr Vorlaufzeit zum Bau der Kulissen, 3500 Komparsen und einem → *Lon Chaney*, der in der Rolle Quasimodos unter einem 36 kg schweren Gummibuckel brilliert.

Gnom

Dämonisch zwergenhafte Figur des Volksglaubens, in Art und Verhalten dem → *Kobold* nicht unähnlich. Der Name entstammt aller Wahrscheinlichkeit dem Griechischen und wird von *genomoi* (Erdbewohner) oder *gnomon* (Wächter) abgeleitet.

Goblin Press

Ein weiterer ambitionierter Kleinverlag, der sich der → *Phantastischen Literatur* verschrieben hat und dabei vor allem deutschen Nachwuchsautoren eine Chance einräumt. Verlagsgründer Jörg Kleudgen, der außerdem auch Frontmann der → *Gothic*-Rock-Formation → *House of Usher* ist, hat dabei nicht nur meist ein glückliches Händchen, sondern wird im Rahmen verschiedener Publikationen auch selbst aktiv. (Näheres unter Kontaktadressen)

»God's Army«

(»The Prophecy«)

USA 1994 R: Gregory Widen D: Elias Koteas, Christopher Walken

Der Film beginnt mit der fehlschlagenden Priesterweihe des Protagonisten Thomas Dagett, den wir Jahre später als Polizist wiedertreffen, der sich plötzlich im Rahmen einiger seltsamer Vorfälle wieder mit seiner religiösen Vergangenheit konfrontiert sieht. Antike Bibeln tauchen ebenso auf wie seltsame Zeichen und nur ganz allmählich kristallisiert sich die Tragweite der Fälle heraus. Es geht um den Krieg einiger aufbegehrender → *Engel* gegen Gott, Anführer dieser Aufrüher ist der Erzengel Gabriel (hebr. für »Starker Gottes«, hier ein brillierender Christopher Walken), der auf der Suche nach der Seele des rücksichtslosen Colonel Hawthorne ist, den er als Heerführer für die Revolte einsetzen will. Diese Seele befindet sich nunmehr im Körper eines kleinen Mädchens, dessen sich Gabriel folgerichtig zu bemächtigen sucht. Bei dieser selbsterwählten Mission stehen ihm jedoch gottesfürchtige Engel, Beinahepriester und indianische Schamanen entgegen.

Ein weiterer der seltenen Fälle der Neuzeit, in denen Originalität gewagt und umgesetzt wurde. Die Tatsache, daß es sich bei dem Film um ein → *B-Picture* handelt, kommt ihm dabei sehr zugute, wird sich doch im Zuge dessen nicht auf Effekte verlassen, zu deren Gunsten die Story hätte vernachlässigt werden können. Visionen riesiger Felder gepfählter Engel, der Opfer des himmlischen Konfliktes, das Setting des bedrohlichen Konfliktes innerhalb der Reihen des Himmels und die Verquickung verschiedener Mythologien machen »God's Army« zu einem einmaligen Erlebnis. Bemerkenswert auch, wer letztenendes – aus diplomatischen Gründen – die Beseitigung Gabriels übernimmt. Nämlich niemand geringerer als → *Luzifer* (Viggo Mortensen) selbst ...

Das → Sequel des Filmes ist:

- *»The Prophecy II«; USA 1998 R: Greg Spence D: Christopher Walken,* → *Glenn Danzig*

Godzilla

Eine der wirklichen Größen des Horrorfilmes, dinosaureskes Urzeitmonstrum, das durch Atomversuche zum Leben erweckt, fortan in einem nicht nachvollziehbaren, aber durchaus glaubhaften Verhältnis zum Menschheitskollektiv lebt. Zwar zerstört der Urzeitgigant in regelmäßigen Abständen vor allem Tokio, tut dies aber unter anderem auch aus dem Grund, damit keine anderen Riesenungetüme es tun.

Mit Godzilla, der in Japan übrigens *Gojira* heißt und in dessen Kostüm ursprünglich ein gewisser Haruo Nakjima zu stecken beliebte, schuf der japanische Regisseur Inoshiro Honda (1911 – 1993) einen höchst japanischen Beitrag für das Horrorgenre, dessen Reiz noch immer anhält, obwohl sich heutzutage niemand mehr ein Lächeln verkneifen kann, der die alten japanischen Godzillastreifen betrachtet, in denen allzu offensichtlich eine Gestalt in einem Plastikkostüm den wenig differenzierten Auftrag hat, eine Modellbaustadt in jeder Hinsicht komplett zu zerstören. Godzilla aber fesselte auch eine ganze Generation und ist abgesehen davon ein Meilenstein des Monsterfilms, die einzige wirkliche große Prominenz nach King Kong (→ *»King Kong und die weiße Frau«)*. Im Rahmen des → *Aurora* Programmes sind zahlreiche Modellbausätze des Ungetüms erschienen (kurios: Godzillas Go-Kart), doch seinen wirklichen Merchandisepush bekam das Sujet des Urzeitgiganten erst 1998 mit der amerikanischen Umsetzung Roland Emmerichs. Wie vertraglich festgelegt, durfte keiner der zahlreichen Merchandisepartner vor Anlauf des höchst budgetierten Streifens irgend etwas über das Aussehen des nunmehr computeranimierten Ungetümes verlauten lassen ...

Abgesehen von all diesen Geschichten dürfte Godzilla das am meisten in Computerspielen umgesetzte Monstrum sein, was wohl mit seinem Herkunftsland zusammenhängt, wo das riesige Geschöpf vom Gameboy bis zur 32bit Konsole vermarktet wird.

- *»Godzilla« (s/w); JAP 1954 R: Inoshiro Honda D: Takashi Shimura, Momoko Koshi*

Wissenschaftler entdecken das unerwartete Ergebnis zahlreicher Atomtests vor der Küste Japans. Riesige Fußabdrücke auf einer vorgelagerten Insel deuten auf ein größeres Problem hin. Dieses trägt den Namen Godzilla und ist eine urzeitliche Riesenechse (o.ä.), die auch in der Mythologie der Inselbewohner eine Rolle spielt und sich alsbald in Richtung Tokio aufmacht ...

Der Prototyp des strahlenmutierten Ungetümes, im Kaliber höchstens mit King Kong (→ *»King Kong und die weiße Frau«)* zu vergleichen, beginnt seinen grotesk destruktiven Siegeszug durch die Modellbaumetropolen Japans. Die Ableger der Serie Gamera, Mothra, King Gidhora und wie sie nicht alle heißen, geistern bis heute an der Seite Godzillas durch die Kinos. In Japan produziert man noch immer Godzillafilme, ob das Untier gegen Mecha Godzilla oder was auch immer antritt, seine Popularität ist ungebrochen.

- *»Godzilla«; USA 1998 R: Roland Emmerich D: Matthew Broderick Jean Reno*

Dr. Niko Tatopoulos wird nach Tahiti gerufen, wo Spuren einer überdimensionierten Eidechse gefunden wurden. Diese ist allerdings bereits in Richtung Manhattan unterwegs und zu allem Überfluß wirklich riesig und nicht freundlich. Nachdem die Stadt dies erfahren mußte, versucht man die Situation mit Hilfe des Militärs in Griff zu kriegen. Derweil ist eine Gruppe Wissenschaftler um Tatopoulos ebenfalls nicht untätig. Als Tatopoulos seine Theorie äußert, daß das Ungetüm, das nach und nach die gesamte Stadt zerstört, seine Ableger in der Stadt verteilt, will ihm niemand glauben. Das Schicksal der Stadt, womöglich der ganzen Welt scheint beinahe besiegelt ...

Das beeindruckende Effektspektakel von Roland Emmerich ist einmal mehr grandioses Unterhaltungskino der 90er, das sich nicht mit einer komplexen Handlung oder tiefsinnigen Dialogen aufhält, sondern das Augenmerk gleich auf virtuose Effekte richtet und dabei versucht, vom Mythos Godzilla zu profitieren. Selten zuvor wurde in der Filmgeschichte solch ein → Merchandise Aufwand getrieben, wie für diesen Film, der nach Abzug des Mythos immer noch so etwas wie »Jurassic Park 2« ist.

Golem

Bedeutet im Hebräischen ursprünglich ungeformte Materie und bezeichnet unter anderem auch den Zustand Adams während seiner Erschaffung. Desweiteren Gestalt aus der kabbalistischen Mythologie (→ *Kabbala*), die, ursprünglich aus Lehm geformt, durch eine kabbalistische Zahlenfolge auf einem Papier, das ihr in den Mund gelegt wird, zum Leben erweckt wird. Abgesehen von dem überaus bekannten Roman von → *Gustav Meyrink* (→ *»Der Golem«)*, gibt es, abgesehen von zahlreichen alten Verfilmungen des Themas auch eine sehenswerte Folge aus der Serie → *»Akte X«*. (*»Der Golem«* / org. *»Kaddish«)*

Das Motiv des Golems als das des künstlichen Menschen ähnelt in verschiedenen Aspekten sowohl dem des klassischen → *Homunculus* als auch dem → *»Frankenstein«* Thema.

»Der Golem« –
Gustav Meyrinks Meisterwerk im ansprechenden Gewand

»Der Golem«

(1915)

Der okkulte Roman von → *Gustav Meyrink* ist eine bemerkenswerte Erscheinung innerhalb der phantastischen Literatur. Der hohe literarische Anspruch und die Tiefe des Buches – die vor allem auf Meyrinks umfangreiche esoterische Bildung zurückzuführen ist – manifestiert sich in einer Geschichte, in der ein Zeitgenosse Meyrinks, kaum daß er den Hut eines gewissen Athanasius Pernath gefunden hat, im jüdischen Ghetto von Prag in einen Strudel von Ereignissen gezogen wird, die vom Mythos des Golem, Veränderung seiner eigenen Persönlichkeit und den Gesetzen jüdischen Lebens geprägt sind und Vision und Realität auf beunruhigende Weise miteinander verwachsen lassen. Obwohl im 3. Reich geächtet und verbrannt, erhielt sich die Bedeutsamkeit der Geschichte, fand ihren Weg in die Köpfe und wurde mehrfach verfilmt.

- *»Der Golem« (s/w – stumm); D:1914 R: Paul Wegener D: Paul Wegener, Lyda Salmonova*

  Ein Jahr vor Erscheinen des Meyrinkbuches nahm sich Paul Wegener einer Variante der Golemgeschichte an. Arbeiter entdecken die Lehmstatue in den Ruinen einer Synagoge und verkaufen sie an einen Antiquitätenhändler, der sie prompt wiederbelebt und als seinen Diener benutzt. Einmal mehr ist es unerfüllte Liebe, die das seelenlose Geschöpf in Wut geraten läßt und ihm, nach dem entsprechenden Demoliermarathon, das Ende bringt. Das hier gezeigte Kostüm des Golems wurde auch in den folgenden Golemfilmen stets beibehalten.
- *»Der Golem und wie er in die Welt kam« (s/w – stumm), D: 1920 R: Karl Freund D: Paul Wegener, Ernst Deutsch*

  Rabbi Loew erschafft den Golem, um die Juden vor der Tyrannei Rudolf II. zu schützen, doch sein Assistent Famulus erlangt Kontrolle über das Geschöpf, das er benutzt, um die Frau seines Herzens zu entführen. Irgendwann allerdings rebelliert der Golem gegen seinen Meister und beginnt – na was wohl – zu wüten, um am Ende durch ein kleines Mädchen wieder zu leblosem Lehm gemacht zu werden.
- *»Golem« (s/w); FR 1936 R: Julien Duvivier D: Harry Baur, Germaine Dussey*

Gordon, Stuart

*(*1947 Chikago)*

Nach einigen Jahren kontroverser Theaterarbeit (Gordon ist unter anderem Gründer des bekannten Organic-Theater-Chikago), in der Gordon, geprägt durch den Geist des → *Grand Guignol*, bereits deutlich in Richtung des Horrors tendierte und manches Tabu zu brechen suchte (wobei er auch vor der Verfremdung von Bühnenklassikern nicht zurückschreckte), wendete er sich 1985, nach wenigen Fernseh- und Drehbucharbeiten, mit → *»Re-Animator«*, einem von → *H.P. Lovecraft* inspirierten Stoff, dem großen → *B-Movie* zu. Das Ergebnis ist ein umwälzender Film, dessen Blutrünstigkeit und düsterer Humor auf seine Art noch immer einzigartig sind. Ein Jahr später folgte mit »From beyond« (*»From beyond – Aliens des Grauens«)* eine weitere, ungleich freiere Lovecraft-Adaption, der ursprünglich auch noch weitere folgen sollten. Abgesehen von einigen Ausflügen in die → *Mainstream*-Welt (u.a. *»Fortress«* (1993) *»Honey, I shrunk the Kids« (Liebling, ich habe die Kinder geschrumpft)* (1989) – an dieser Stelle bittet der Autor die bizarre Tatsache zur Kenntnis zu nehmen, daß der Macher eines der blutigsten Filme der Achtziger für eine der familientauglichsten Komödien des gleichen Jahrzehnts verantwortlich ist! – ist Gordon dem Genre, für das sein Herz schlägt, treu geblieben. Dabei ist ausnahmslos allen seinen Horrorfilmen eine gewisse Originalität zuzusprechen, die nicht selten einem Subgenre neue Impulse zu verleihen vermag. So ist etwa → *»Dolls«* der erste der neueren Kinofilme, deren schreckliche Protagonisten → *Puppen* sind und → *Edgar Allan Poes »The Pit and the Pendulum«* (→ *»Die Grube und das Pendel«)* bekommt unter Gordons Händen sogar politische Züge.

Charakteristisch für Gordons Filme ist eine Verquickung von → *Sex* und Horror, und darüber hinaus ist es eine seiner Marotten – für manchen sicher nachvollziehbar – in seinen Horrorstreifen seine Frau umbringen zu lassen.

Der größte Verdienst Gordons, der sich unter anderem auch einen Ruf als Autor (z.B. *»Castle Freak«)* gemacht und abgesehen davon sogar Filmmusik komponiert hat (*»Next«*, 1989), ist aber fraglos → *»Re-Animator«*.

Gore

[engl. geronnenes Blut]

Prädikat, das auf überhöhten Blutgehalt von Videos hindeutet und dementsprechend Filme des → *Splatter*-Genres kennzeichnet. Außerdem scheint die Vokabel provokant genug zu wirken, um in mittelmäßigen Filmen für drittklassige Wortspiele herzuhalten, deren Krönung ohne Zweifel *»Goregasm«* (USA 1990) ist (obwohl → *Hershell Gordon Lewis' »Gore Gore Girls«* auch nicht zu verachten sind).

Gorgonen
Die fürchterlichen Töchter des Meergottes Phorkys: Stheno (Stärke), Euryale (weites Meer) und → *Medusa*, deren Fürchterlichkeit sich vornehmlich durch Schlangenhaar, Flügel und bleckende Zungen auszeichnet, was die Mädels bei jeder Schönheitskonkurrenz auf die undankbaren hinteren Plätze verweist.

»Gothic«
GB 1986 R: Ken Russell D: Gabriel Byrne, Julian Sands
Im Mittelpunkt des Filmes steht das Wochenende, daß → *Lord Byron*, sein Leibarzt John Polidori, der Dichter Shelley und seine zukünftige Frau Mary Godwin im Juni 1816 in der Villa Diodati am Genfer See verbringen. Im Verlauf des Abends beginnt ein Geschichtenwettstreit, der sich mit jeder Geschichte tiefer in die Gemüter der Anwesenden gräbt und ihre intimsten Ängste weckt. Die laudanumschwangeren Stunden sind von sexuellen Eskapaden und wirren Visionen geprägt, die jeden der anwesenden Libertins im Innersten verstören und die Grenzen zwischen Traum und Wirklichkeit verwischen.

Der Film zeichnet sich vor allem durch die Nähe zu einem realen Zusammentreffen der Protagonisten aus, das zu jener Zeit tatsächlich in der gleichen Zusammensetzung stattfand, und auch die Pointe des Filmes, daß nämlich jener Abend Mary Godwin zum Schreiben von → *»Frankenstein«* anregte, entspricht soweit bekannt den Tatsachen. Dies ist auch der Grund, weshalb das gleiche Zusammentreffen auch als Prolog für die älteren beiden Frankensteinfilme der → *Universal Studios* gewählt wurde, in dem Mary Godwin Lord Byron und Shelley die Geschichte zu erzählen beginnt. Des weiteren ist auch dieser Film eine Ausnahmeerscheinung inmitten der inflationierten Gewaltschemata, die das Genre in den Achtzigern zu beherrschen begannen. Nicht ganz ohne Widerwärtigkeit und Ekel auskommend, ist »Gothic« aber dennoch ein subtiler und anspruchsvoller Film, der das Herz eines jeden Romantikers höherschlagen lassen muß, zumal auf dem Videocover auch noch Johann Heinrich Fueßlis → *»Der Nachtmahr«* photographisch umgesetzt wurde ...

Gothic
Jugendbewegung, die sich inhaltlich vor allem an den dunklen Strömungen der Romantik orientiert. Goths tragen vornehmlich schwarz und sind nicht selten aufwendigst gestylt und geschmückt und favorisieren Orte mit Ausstrahlung. Der Aufenthalt in → *Ruine*n und auf →

→ *Friedhöfen* bringt ihnen mitunter – in der Regel völlig zu unrecht – den Vorwurf des → *Satanismus* und der → *Grabschändung* ein. Ein Faible für Mystik und → *Magie* und vor allem für → *Vampire* ist der Szene dabei jedoch nicht abzusprechen. Während all dies aber Randerscheinungen sind, ist ein zentraler Aspekt der Bewegung die Musik, die von *»Darkwave«* bis *»Gothrock«* beinahe gänzlich im Zeichen dieser schwarzen Szene steht.

Abgesehen von der Bezeichnungs Gothics ist für Anhänger der Szene auch der mißverständliche Terminus »Gruftis« gebräuchlich.

Darüber hinaus ist jede Verallgemeinerung schwierig, da die Gothic Szene eher durch Individualisten als ein Kollektiv gekennzeichnet ist.

Gothic Horror

Eine klassische Variante des Horrors, die sich vor allem romantischer Schauplätze und imposanten Bauwerken, übersinnlichen Motiven und Mysterien bedient. Schlösser und → *Ruinen*, Spinnweben und unheimliche Landschaften prägen das Bild des Gothic Horrors, der filmisch eine unnachahmbare Spezialität der frühen → *Hammer Studios* war. Desweiteren ist in diesem Kontext der → *Gothic Novel* nachzulesen.

Gothic Novel

Die Geschichte der in Großbritannien aus der Taufe gehobenen literarischen Gattung entwickelte sich seit der Veröffentlichung von Horace Whalpoles → *»Das Schloß von Otranto«* (»The Castle Otranto) im Jahre 1765 stetig fort. Whalpole fällt hierbei am ehesten das Verdienst zu, die klassischen Protagonisten und Handlungsorte einzuführen, deren Darstellung mit den Jahren durch zahlreiche Autoren verfeinert werden sollten, die sich dabei gegenseitig inspirierten und übertrumpften. Die Grundmotive, Schlösser, Ruinen, verwunschene Landschaften, Charaktere wie Priester, Adelige und bedauernswerte Opfer verschiedener Flüche nebst geheimnisvollen oder unverhältnismäßig unschuldigen Frauen, sollten sich jedenfalls auch in der Zukunft der Gothic Novel nicht wesentlich verändern. Weitere bedeutende Titel im literaturgeschichtlichen Kontext sind → *»Der Mönch«* (»The Monk«, 1796) von M.G.Lewis, → *E.T.A. Hoffmanns* → *»Die Elixiere des Teufels«*, 1815 und → *»Melmoth der Wanderer«* (»Melmoth the Wanderer«, 1820) von Charles Maturin.

Obwohl die Hochzeit der Gothic Novel bereits um 1850 vorüber war, ist ihr Einfluß, der sich über Bram Stokers → *»Dracula«* bis auf das Werk → *Franz Kafkas* erstreckt, auch heute noch eine beliebte Spielart des Horrorgenres.

Götter

Religiöse Autoritäten nichtmenschlicher Art, deren Existenz in der Regel nicht nachweisbar ist, aber durch verschiedenste Umstände vermeintlich nachgewiesen werden kann. Während sich einige Weltreligionen auf lediglich einen Gott beschränken, finden sich in der Antike zuständige Götter für annähernd alle Bereiche des täglichen Lebens und der Natur, nicht nur daß Blitz und Donner Götter waren, im alten Ägypten war sogar der Furz ein Gott.

Götter lassen sich in der Regel durch Opfer gütlich stimmen, sind nicht selten über alle Maßen zornig, dulden mitunter keine anderen neben sich.

Goya

(y Lucientes), Francisco José de; span. Maler;
(Aragon 1746, † Bordeaux 1828)*
Im Kontext des vorliegenden Lexikons ist vor allem das Spätwerk des Spaniers interessant, in dem er sich einer düsteren Phantastik in dunklen Tönen widmete. »Der Schlaf der Vernunft gebiert Ungeheuer« Interessant und dabei weniger bekannt ist, daß wohl ein Stich Goyas aus den Caprichos (1799), der einen Irren darstellte, das Aussehen des klassischen Frankensteinmonsters in dem Film von 1931 inspirierte.

Grab

Obwohl auch ohne ihn funktionierend, ist das Grab in der Regel der Ort zur Ablage des → *Sarges* und Ruheplatz eines Toten, der im Zentrum der zivilisatorischen Errungenschaft der Bestattung steht. Das klassisch europäische Grab ist eine mannsgroße Grube von über 1 m Tiefe, es kann sich dabei jedoch auch um Krypten, Mausoleen, Grüfte oder → *Pyramiden* und im übertragenen Sinne um so ziemlich jeden Ort handeln, an dem Individuen tod zu sein belieben (z.B. »*feuchtes Grab*« für Ertrunkene).

Das Horrorgenre bedient sich des Grabes meistens in der Phase seiner Öffnung oder Schließung, ganz einfach, weil das die beiden beeindruckendsten Momente seiner Existenz sind (leicht variiert in → *»Lebendig begraben«)*. Sowohl Öffnung als auch Schließung können innerhalb des Genres verschiedenste Parameter haben und die daran Beteiligten sind in der Regel tot, untot oder lebendig.

Grabschändung

Im Gegensatz zur Exhumierung ungenehmigtes Öffnen eines Grabes und Vornahme ebenso wenig genehmigter Handlungen, welche die Totenruhe stören. In jedem Fall ist das Motiv der Grabschändung ein überaus beunruhigendes.

Im Horrorgenre gängig ist hierbei Diebstahl von Leichenteilen (etwa zur Erzeugung künstlichen Lebens (→ *»Frankenstein«)*, Grabschmuck oder vollständig Verstorbenen zum Zweck der Wiederbelebung mit technischen Mitteln oder → *Nekromantie.*

Die Medien machen heutzutage gerne und nicht selten Mitglieder der → *Gothic*-Bewegung für Grabschändungen verantwortlich.

»Graf Zaroff – Genie des Bösen«

(»The Most Dangerous Game«)

USA 1932 R: Ernest B. Shoedsack, Irving Pichel D: → Fay Wray, Leslie Banks

Graf Zaroff, ein Sadist (→ *Sadismus*) par excellence, ist der Besitzer einer kleinen Insel im malayischen Archipel, in dessen Klippen er Schiffe zu locken pflegt, um einem seltsamen Hobby zu frönen. Auch seine neuesten Opfer möchte er daran teilhaben lassen, ist sein Hobby doch die Jagd ...

Basierend auf einer Geschichte von Richard Connell, die allerdings ohne weibliche Protagonistin auskam, ist dieser Film eine der begnadetsten Umsetzungen einer sadistischen Geschichte, der Charakter Zaroff ein Prototyp des dekadenten Perversen der Neuzeit.

Teile der Dekoration wurden übrigens in dem Klassiker → *»King Kong und die weiße Frau«* wiederverwendet.

»Grand Guignol«

(Théatre du Grand Guignol)

Das Theater wurde 1897 von Oscar Méténier, einem Stückeschreiber und ehemaligen Polizeiangestellten, gegründet, befaßte sich vornehmlich mit der – in jeder Hinsicht schonungslosen – Darstellung des Bösen und Seltsamen, das in dieser Zeit salonfähig wurde. Auseinandersetzung mit Verbrechen, Schrecken und dem Abschaum der Menschheit hatte einen gewissen Underground-chic, an dem sich verschiedenste gesellschaftliche Schichten erfreuten. Das Theater befand sich (und konnte sich wohl auch kaum wo anders befinden) in einer alten Kapelle am Ende der Rue Chaptal, einer Sackgasse. Ein Jahr nach seiner Gründung übernahm Max Maurey das Grand Guignol und begann die

Faszination des physischen Schreckens gnadenlos zu kommerzialisieren. Unter seiner Schirmherrschaft schrieb auch der Pariser »Prinz des Terrors«, André de Lorde, an die hundert wunderbar wiederwärtige Stücke. Vom Ersten Weltkrieg bis in die Zwanziger Jahre erlebte das Grand Guignol unter Camille Choisy seine Blüte und die Anerkennung der Surrealisten. Der Schrecken war in Mode gekommen.

Eine Reise des Ensembles nach Amerika im Jahre 1923 endete in einem Debakel, expliziter Nichtwürdigung und Verrissen des Grand Guignol Schreckens durch die amerikanischen Kritiker, die der Meinung waren, daß solcherlei nichts auf der Bühne zu suchen hätte.

Geschlossen wurde das Grand Guignol 1964. Heute beherbergt das Gebäude eine Schauspielschule.

Die blutige Theatralik des Grand Guignol aber wurde sprichwörtlich und, wie so mancher Effekt aus jener Zeit, fester Bestandteil des Horrorgenres, vor allem des Subgenres des → *Splatter*-Filmes, und der Spitzname »*King of Grand Guignol*« wurde keinem geringeren als → *Vincent Price* verliehen ...

Grauen

→ *Schrecken*

Gremlin

Amerikanisches Synomym für → *Kobolde*. In diesem Kontext können Gremlins für annähernd alles verantwortlich gemacht werden, was schiefläuft.

»Gremlins – Kleine Monster«

(»The Gremlins«)

USA 1984 R: Joe Dante D: Zachary Galligan, Phoebe Cates

In der Kleinstadt Kingston Falls schenkt der Erfinder Peltzer seinem Sohn eine possierliches Fellkreatur (erinnert ein bißchen an die Tribbles), einen Mogwai. Sein Sohn Billy wird genauestens instruiert, das Geschöpf nicht nach Mitternacht zu füttern, nicht naß werden zu lassen und nicht mit Sonnenlicht zu konfrontieren. Der Mogwai, nunmehr den Namen Gizmo tragend, kommt versehentlich in Kontakt mit Wasser und bekommt plötzlich einige Ableger (sie entsteigen übrigens schleimigen Kokoons), die weit weniger possierlich sind. Kaum, daß diese auch noch nach Mitternacht gefüttert wurden, verwandeln sie sich in fiese Gremlins und der Niedergang von Kingston Falls beginnt ...

Eine großartig bösartige Kleinstadthorrorkomödie, kleine Monster, die in Mixern und Mikrowellen ein Ende finden und sich danebenbenehmen, bis der Arzt kommt. Anarchische gewaltbereite Bösewichte, die Spaß um jeden Preis haben und deren Ursprung eines der niedlichsten Wollknäuel überhaupt ist. Im gleichen Jahr wie → *»Ghostbusters«* entstanden, ist *»Gremlins«* mit ungleich niederträchtigeren Antagonisten und einer beispiellosen Garstigkeit ausgestattet. Ein böser Witz folgt dem nächsten, um laut und schrill von einem weiteren abgelöst zu werden, wobei jeder zehnte eine Reminiszenz an irgend ein Horrorsujet zu beinhalten scheint.

Das → *Merchandise* beinhaltete neben dem guten Mogwai auch die garstigen Gremlins und ich entsinne mich auch eines zweitklassigen Computeradventures namens »Gremlins«, das meinem C64 und mir nicht wirklich viel Freude bereitete.

• *»Gremlins II – Die Rückkehr der kleinen Monster« (»Gremlins II – The New Batch«), USA 1984 R: Joe Dante D: Zachary Galligan, Phoebe Cates*

Gremlins go Genlabor, Gremlins go Großstadt! Im Prinzip begegnet uns der erste Teil noch einmal, wobei er jedoch mit sich selbst multipliziert wird, was kein verachtenswertes Ergebnis nach sich ziehen kann, zumal wenn ein fanatischer Wissenschaftler wie Christopher Lee den häßlichen Kobolden zum Opfer fallen darf, Gremlins statt Vorstadthäusern Wolkenkratzer füllen und Gizmo in Rambomanier loszieht, um einen Alienmuttergremlin abzuziehen ...

Groschenroman

Rüder Ausdruck für erschwingliche Romanserien im Heftformat, deren Inhalt am ehesten der Gattung des → *Pulp* zugerechnet werden kann. Gesellschaftlich wenig anerkannt, haben Groschenromane doch eine bedeutende Rezeptionsgeschichte, wie sich vor allem an ihrem englischen Pendant (→ *Penny Dreadful*) ablesen läßt. Deutsche Serien im Rahmen des oben erwähnten Begriffes sind etwa → *»Larry Brent«*, → *»John Sinclair«* oder → *»Dämonenkiller«*.

Gruft

Grabgewölbe, ungleich großzügigere und gemauerte Variante des Grabes, wo in der Regel Platz für mehr als einen Leichnam ist. In der Regel sind es – da mit jemandem begraben sein eine überaus intime Angelegenheit ist – am ehesten Familienangehörige, die sich eine Gruft teilen. Neben dem Begraben von Leuten befleißigt sich das Horrorgenre der Gruft auch für andere Dinge. So vermag der Protagonist die Gruft mitunter lohnend auszurauben, sich darin zu verstecken oder natürlich wahnsinnig geheime Geheimnisse zu entdecken. Desweiteren → *Grab*.

Grimoire

[frz.]

Zauberbuch, Verballhornung von »grammaire« (Grammatik). Im Volksglauben seit dem Mittelalter präsent, wurden zahlreiche dieser Bücher, ob auch zunächst nur in der Phantasie der Menschen existent, alsbald tatsächlich gedruckt. Die größte Verbreitung fanden wohl neben dem *»Le Dragon Rouge«* das *»Grimoire du Pape Honorius«* und das *»Le Grand Grimoire«*. Auch der Schlüssel Salomos (*»Clavicula Salomonis«)* ist ein beliebter Titel, der in mehrfacher Ausführung zu finden ist.

Ein Grimoire jedenfalls ist ein dankbares Motiv und daraus zu zitieren ist, ob es das Buch nun gibt oder nicht, ob in Film oder Literatur, ein fruchtbares und stimmungsvolles Unterfangen.

Die filmische Welt des Schreckens schickt in → *»Warlock«* mit → *Julian Sands* den zukünftigen (!) Sohn des Teufels in die Welt, um die *»Grand Grimoire«* zu suchen. Hier ist das Buch nicht bloß unzerstörbar, sondern kann außerdem die ganze Schöpfung umkehren. Beeindruckend, wenn man bedenkt, daß manche Bücher nicht einmal annehmbar zu unterhalten vermögen.

Großbritannien

Der Verdienst des Landes bezüglich des Horrors ist – abgesehen von der Tatsache, daß Großbritannien getrost als Mutter der klassischen Geistergeschichte und der → *gothic novel* betrachtet werden kann – überwiegend literarischer Natur. Das Genre prägende Autoren wie → *Montague Rhodes James*, Matthew Gregory Lewis (→ *»Der Mönch«)*, Horace Walpole oder → *H.G. Wells* bescherte uns die Insel. Wenn wir – ganz kurz und ohne daß es uns jemand übelnehmen könnte – Irland zu England zählen, bekommen wir auch noch → *Sheridan Lefanu* und Charles Maturin (→ *»Melmoth der Wanderer«)* dazu, womit wir einen Großteil der prägenden Geister der → Phantastischen Literatur des 19. Jahrhunderts versammelt haben dürften, denen hier auch → *Arthur Machen* und → *Algernon Blackwood* zur Seite gestellt seien.

Abgesehen von diesem literarischen Verdienst bilden hier freilich die → *Hammer Studios*, eine nicht zu vernachlässigende Ausnahme, da sie dem britisch filmischen Umfeld eine bemerkenswerte Komponente verliehen und einen unauslöschlichen Verdienst in der Auferstehung des Horrorfilmes leisteten.

Auf die architektonischen Verdienste adäquat einzugehen ist mir an dieser Stelle aufgrund mangelnder Bildung nicht vergönnt, doch der Leser sei sich versichert, das Burgen und Schlösser mit Geheimgängen, Folterkellern und Verliesen in ihrer vollendeten Höchstform ein kulturelles Erbe Großbritanniens sind, jener Insel, die aus der internationalen Horrorkultur nicht wegzudenken ist ...

Grotesk

[von ital. »grotta«, Grotte, nach dem Fundort römischer Malereien]
Übersteigert und absurd, ist das Groteske in der Literatur vornehmlich ein Stilmittel der Satire und der Karikatur. In diesem Rahmen findet man das Groteske auch gehäuft in der klassischen Schauerliteratur der → *Romantik*.

»Die Grube und das Pendel«

(The Pit and the Pendulum«, 1843)
Neben → *»Der Fall des Hauses Usher«* wohl die bekanneste und meistverfilmte Geschichte → *Edgar Allen Poes*. Der Titel beruht auf zwei (von einigen) → *Folter*[mechanismen], denen der namenlose Protagonist der Geschichte im Rahmen seiner Gefangenschaft durch die spanische → *Inquisition* ausgesetzt wird. Die Geschichte, die vornehmlich aus seinen Gedanken über die Gefangenschaft und die Folterinstrumente besteht, findet ein gutes Ende, indem er vor seinem Tod durch die schrecklichste Folterinstanz (die Grube) errettet wird, als das Gebäude von den Franzosen erstürmt wird. Eine der frühen großartigen Horrorgeschichten. Das Motiv des schwingenden und sich senkenden messerscharfen Pendels jedenfalls ist inzwischen allgemein bekannt und in manch Film und Geschichten und selbst in Form eines Schmuckstückes gebannt worden.

- *»Meister des Grauens« (»The Pit and the Pendulum«) R: Stuart Gordon D: Lance Henriksen, Rona de Ricci*

Der bei → *Poe* nicht ausgeweitete Aspekt der → *Inquisition* wird in Gordons Werk zum zentralen und der Anführer der spanischen Inquisition selbst, → *Thomas de Torquemada* übernimmt alsbald das Ruder in den Folterkammern der Inquisitoren ...

Gordon befleißigt sich einiger interessanter Ansätze und überträgt die Geschichte direkt auf die Ebene des → *Hexenwahnes*, wo es tatsächlich zu einer Art Geschlechterkampf transzendiert.

- *»Die Grube und das Pendel« (»The Pit and the Pendulum«); USA 1961 R: → Roger Corman D: → Vincent Price, → Barbara Steele*

Unter Cormans Händen wird das inquisitorische Kleinod mit Liebe, Eifersucht und unterschwelliger Sexualität angereichert, während → *Vincent Price* zum errinnerungswürdigen Folterknecht wird.

Nach → *»Der Untergang des Hauses Usher«* die zweite beeindruckende, ob auch sehr freie → *Poe*-Interpretation → *Roger Cormans*.

Gwar

Musikgruppe, deren Verdienst weniger musikalischer als vielmehr bühnenshowtechnischer Art ist. Die Art der Musik ist ... hm .... nun ja .... eben Gwar. Die Gruppe besteht aus ... vielen Leuten, die sich mit phantastischen Namen und grotesken Kostümen schmücken und die im Rahmen ihrer Bühnenshows (die natürlich ebenfalls Gwar sind) weder an künstlichem → *Blut* noch künstlichem Sperma sparen, darüberhinaus werden Riesenphalli geschwenkt, Pinguine geköpft, entarmt und entbeint und das Ganze mit solcher Hingabe, daß eine Aufnahme der Gruppe in dieses Lexikon unbedingt vonnöten ist, auch wenn der Autor niemals einen Tonträger dieser Gruppe von Anfang bis Ende durchhören wird.

H

Hades

Bezeichnet in der griechischen → *Mythologie* sowohl die Totenwelt (röm. Orkus) als auch den darüber herrschenden Gott (röm. Pluton).

Hagens, Gunther von

*(Prof. Dr. med.; *1941 Posen)*
Der Mediziner entwickelte das Prinzip der Plastination, eine Methode, mit der eine vollständige Konservierung von Leichen erreicht werden kann, ohne daß diese dafür dauerhaft eingelegt werden müßte. Tatsächlich erfolgt die Konservierung der Körper durch und durch und erstreckt sich auf Nerven, Knochen und Gewebe, so daß plastinierte Körper die wohl naturgetreuesten medizinischen Anschauungsobjekte sind. Abgesehen von dem wissenschaftlichen, ist aber auch der künstlerische Aspekt der Plastination nicht zu unterschätzen, wie etwa die Ausstellung »Körperwelten« zeigt, die in Deutschland eine Welle der Empörung hervorrief. Das Internet hält noch manche Information bereit: *http://www.koerperwelten.de*

Halloween

In Amerika, dem Land der unbegrenzten Möglichkeiten verhalten sich schauerlich verkleidete Horden debilen Jungvolkes jedes Jahr in der Nacht zum 1. November so, als ob die Hölle selbst sie ausgespien und ihr Therapeut sie versetzt hat. Mit einem neckischen »trick or treat!« (in diesem Falle am ehesten mit »Bonbons oder Ärger!« zu übersetzen) ziehen Knaben und Mägdlein durch die Wohnviertel, während die Fratzen ausgehöhlter Kürbisse wohlwollend auf sie niedergrinsen, Plastikknochen die Wohnzimmer der Eltern zieren und nüchtern betrachtet, das ganze Land zu dieser Zeit am Rande einer psychiatrischen Einweisung steht. Damit aber nicht genug, werden die bereits erwähnten Kinder in ihrem Tun bekräftigt, ob ihres Verhaltens mit Bonbons belohnt, und sichtlich zufrieden ziehen Zombies, Ghouls, und Vampire weiter, um die Gunst der Stunde zu nutzen.

Soviel ist dem gemeinen Europäer bekannt, der diese Auswüchse amerikanischer Kultur voll Verwunderung von ihrer Peripherie aus betrachtet, wo man auch mal ein lustiges Fest mit Gruseldekoration feiert und Gestalten, wie → *Michael Myers* (→ *»Halloween – Die Nacht des Grauens«)* regelmäßig und jedes Halloween wieder das Böse verkörpern.

Doch Obacht, oh fragmentarisch gebildeter Mitteleuropäer! Du hast mehr mit Halloween zu tun als du ahnst. Also leg die Gummispinne und das Vampirgebiß fort und schaue der Wahrheit ins ungeschminkte Gesicht: Ob Amerika mitunter auch originell ist, geht das Halloween-Brauchtum auf irische und schottische Einwanderer zurück, die das Fest aus dem keltisch geprägten Europa (wo es unter anderem auch in Franzland und Deutschland begangen wurde) nach Übersee brachten. Der ursprüngliche Name der bizarren Festlichkeiten mit urig alter Tradition lautete *»Samhain«* (von *sam-fuin* = Sommers Ende). Diese Zeit, die Nacht vom 31. Oktober auf den 1. November, wurde im keltisch-druidisch geprägtes Europa als eine Art Unzeit empfunden, in der Vergangenheit, Gegenwart und Zukunft verflossen. In dieser Nacht versammelte man sich um den Kamin und erging sich in okkulten Spielereien, während sich alle Grenzen allmählich auflösten und sich vor der Tür auch noch die Welt der Lebenden mit jener der Toten mischte. In dieser Nacht wandelten Lebende unter Toten und hätten die Türen gerne zweimal abgeschlossen. Eine Ausnahme bildete jedoch die übermütige Jugend, die sich in haarsträubenden Verkleidungen in den Straßen herumtrieb, ihrerseits noch mehr Unruhe stiftete und dabei die auferstandenen Toten symbolisierte. Da man die Geister der Verstorbenen gut behandelte – bevor man zu Bett ging, stellte man Trunk und Speise

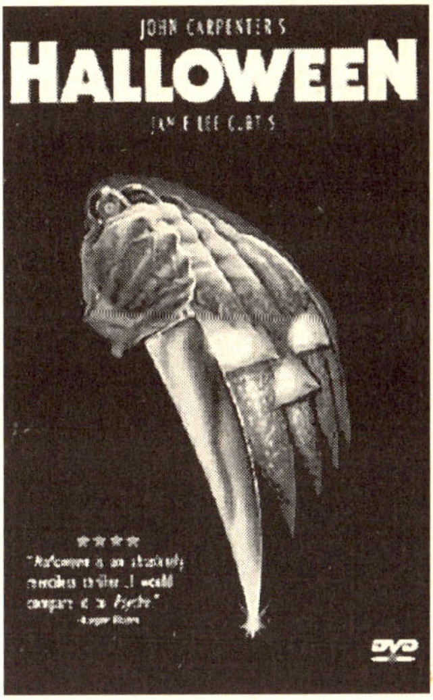

»Halloween« – Die Mutter tödlicher Fortsetzungen

für sie bereit und öffnete die Tür – konnte der junge übermütige Verkleidete in jener Nacht damit rechnen, gegen Morgen satt und volltrunken in einen zufriedenen Schlaf zu fallen.

Inzwischen hat sich auch das Christentum des Datums angenommen, den 1. November zu Allerheiligen (*All Hallows*) erkoren, was den 31. Oktober auch zu *All Hallow's Eve* macht, es werden Süßigkeiten gereicht und die Haushalte mit allerlei geschmackvollen Scheußlichkeiten geschmückt. Inzwischen bedient eine eigene Industrie die Halloweengelüste und die kommerzielle Bedeutung dieser Nacht – die zunehmend auch wieder in europäischen Breiten begangen wird – hätte einen ehrbaren keltischen Druiden an den Rand eines Herzinfarktes gebracht.

Haarmann, Fritz

(1879 Hannover, † 1925 daselbst)*
Nach dem ersten Weltkrieg war Haarmann, der eine zweifelhafte militärische Karriere durchlebt hatte und mehr als einmal wegen Unzucht mit Minderjährigen aufgefallen war, eine der großen Alptraumgestalten Nachkriegsdeutschlands, wo er auf den Bahnhöfen Hannovers vornehmlich männliche Minderjährige überredete, mit ihm nach Hause zu kommen, wo er sie mißbrauchte und ihnen die Kehlen durchbiß. Die Knochen von 27 Opfern wurden 1924 in der Leine gefunden, Kleidung und Fleisch seiner Opfer hatte Haarmann auf den Schwarzmärkten verkauft. Dabei war er ein gutmütiger und leicht beschränkter Unhold, und einiges an Schuld muß seinem Gefährten Hans Grans zugesprochen werden. 1924 verhaftet, genoß Haarmann, kaum, daß seine Verhöre begonnen hatten, im Mittelpunkt des öffentlichen Interesses zu stehen. Dieses Interesse dauerte bis zu seiner Enthauptung am 15. April 1925 an. Hans Grans wurde zu zwölf Jahren Zuchthaus verurteilt. Fritz Haarmann wurde zur Symbolfigur des gefährlichen Fremden, ein Unhold, der in Abzählverse und mütterliche Schauermärchen einging. (»Warte, warte nur ein Weilchen, dann kommt der Haarmann mit dem Hackebeilchen ...«) Eine beeindruckende Verfilmung der Geschichte, dargestellt als Kammerstück in der Retrospektive, ist → »*Der Totmacher*« mit Götz George.

»Halloween – Die Nacht des Grauens«

(»Halloween«)
USA 1978 R: → John Carpenter D: Donald Pleasance, Jamie Lee Curtis
Als er sie an Halloween mit ihrem Freund überrascht, ermordet der

halbwüchsige → *Michael Myers* seine Schwester mit einem Küchenmesser. Als er fünfzehn Jahre später aus der Anstalt entlassen wird, befürchtet der Psychiater Dr. Loomis, daß Michael alles andere als geheilt ist. Und tatsächlich macht Myers sich auf, um Halloween in der ihm eigenen Art in seinem Heimatort zu begehen ...

Obwohl beinahe kein sichtbares Blut vergossen wird, ist dieser Film, der vielerseits als Hommage an → *»Psycho«* verstanden wird, der Urvater aller → *Maniac on the Loose*, → *Stalk'n Slash* Reißer und Fortsetzungsfieslinge, öffnete zahllosen ungleich blutigeren Streifen wie etwa → *»Freitag der 13.«* die Kinotüren und etabliert nebenbei Jamie Lee Curtis als begnadete → *Scream Queen.*

- *»Halloween II – Das Grauen kehrt zurück« (»Halloween II«); USA 1981 R: Rick Rosenthal D: Donald Pleasance, Jamie Lee Curtis*

Abgesehen davon, daß er eine Handlung, die nicht wirklich für eine Fortsetzung geschaffen ist, hahnebüchen weiterführt, distanziert dieser Film sich derart motiviert von der Blutleere des ersten Teils, daß das Ergebnis hierzulande ein Verbot gemäß → *Paragraph 131* sein mußte.

- *»Halloween III – Die Nacht der Entscheidung« (»Halloween III: Season of the Witch«); USA 1982 R: Tommy Lee Wallace D: Tom Atkins, Stacey Nelkin*

Wirre Handlung, aber diesmal ohne → *Michael Myers* ...

- *»Halloween IV« (»Halloween 4: The Return of Michael Myers«); USA 1988 R: Dwight H. Little D: Donald Pleasance, Ellie Cornell*

Einige Jahre nach den ersten Teilen entkommt Myers aus dem Gefängnis, um seiner blutigen Vorliebe für Verwandschaft, um genau zu sein, seiner Nichte zu frönen. Muß aber nicht sein.

- *»Halloween V – Die Rache des Michael Myers« (»Halloween 5: The Revenge of Michael Myers«)*

Wenn Michael was will ... Er kommt wieder Nichte pomfen, was ihm im Endeffekt – zumindest psychisch – auch irgendwie gelingt. Trotz dieser netten Pointe recht unnötig.

- *»H 20« (»Halloween H20: Twenty Years Later«; USA 1998 R: Steve Miner D: Jamie Lee Curtis, Adam Arkin*

Michaels Lieblingsopfer aus den ersten beiden Teilen (übrigens seit dem zweiten zu seiner Halbschwester mutiert) arbeitet nunmehr unter falschem Namen als Direktorin einer Privatschule und hat inzwischen einen Sohn, dessen Freunde beschließen, eine Halloweenparty zu veranstalten ... Potzblitz!

Nach all dem faden Gemüse noch Geschmack aus der Halloweensauce zu zaubern ist eine reife Leistung, und der Film widmet sich tatsächlich wieder Charakteren statt deren bloßem Ableben. Zwar fehlt die Würze des inzwischen leider verstorbenen Donald Pleasence und der Titel erinnert ein wenig an die chemische Formel für Wasser, aber darüber hinaus gelingt es hier, die Schande des Michael Myers fortzuwaschen.

Hammer

Ursprünglich zur Versenkung metallener Stifte in Holz oder Mauerwerk konzipiert, ist der Hammer am ehesten als ziemlich sehr stumpfes Beil zu betrachten und, ebenso wie → *Kettensäge*, → *Rasenmäher* und eigentlich alles, was heftige Schmerzen bereiten kann, als Behelfswaffe innerhalb des Horrorgenres zu betrachten.

Hammer Studios

Ein weiterer bedeutender Aspekt der Horrorkultur und erfolgreichstes Filmstudio in der Geschichte Großbritanniens. Die Hammer Studios gaben dem Horrorfilm durch ihre eigene Note neue Impulse. Diese bestand vor allem aus klassischem → *Gothic Horror* und einer neuen Explizität, die das Grauen durch seine rückhaltlose Darstellung mehr und mehr in den Fokus des Betrachters rückte. In diesem Sinne nahmen sich die Hammer Studios im Verlauf ihres Bestehens aller klassischen Themen des Genres, von → *»Dracula«* über → *»Frankenstein«*, → *»Mumie«*, → *»Werwolf«* und → *»Phantom« der »Oper«* an, um sie in das unverwechselbare Hammergewand zu kleiden.

Im Gegensatz zum Publikum befanden die zeitgenössischen englischen Kritiker die Hammerfilme in der Regel als scheußlich, schlecht und nicht wirklich sehenswert.

Gegründet wurden die Studios, deren bedeutender Aufstieg erst Mitte der 50er Jahre mit ihren Horrorfilmen begann, bereits 1934 von William Hinds, dessen Bühnenpseudonym Will Hammer lautete.

Die Hammer Studios etablierten mit den Antagonisten → *Peter Cushing* und → *Christopher Lee* zwei neue große Gestalten des Pantheons des Grauens und zwei unvergeßliche Gegenspieler, die sich fortan noch oft und nicht bloß als Dr. van Helsing und Dracula gegenüberstehen sollten.

Der bedeutendste Regisseur in der Geschichte der Hammer Studios war → *Terrence Fisher.*

Obwohl die Studios sich bald schon um zeitgemäße Metamorphosen des klassischen Horrors bemühten, fixierte der Geschmack des Publikums sich bereits Anfang der 70er auf einen neue Art von Schrecken, den zwar nicht die ungeschminkte Darstellung des Schrecklichen, aber doch das liebevolle Ambiente fehlte, dessen die Hammer Studios sich befleißigt hatten (→ »*Der weiße Hai*«).

1976 wurde mit → »*Die Braut des Satans*« der letzte Film der Hammer Studios gedreht.

Trotz dieses (vorläufigen) Endes der Hammer Studios haben die Filme Kultstatus, inzwischen gibt es eine große Palette an Tradingcards und neu editierte Filme. 1997 feierten die Studios (mathematisch nicht ganz korrekt) ihr 50jähriges Bestehen. Zu diesem Anlaß wurden die wichtigsten Filme ihrer Geschichte wieder aufgeführt, und plötzlich befleißigten sich die Kritiker so gänzlich anderer Töne und lobten die Hammer Studios über den grünen Klee. Zeitschriften (einige, wie etwa »*Dark Terrors*« oder das inzwischen eingestellte »House of Hammer«, befassen sich lediglich mit den Hammer Studios), die sich mit dem Genre befassen, kommen ebensowenig wie dieses Buch um ihre Erwähnung herum.

Hand

Die Hand ist in der Regel das ausführende Organ aller erdenklichen Übeltaten, gewöhnlich mit direkter Nervenbindung an das besagte Übeltaten ersinnende Gehirn. Die Trennung dieser Verbindung ist nicht nur in verschiedenen Kulturkreisen die Strafe für verschiedene Vergehen, sondern auch innerhalb des Horrorgenres ein beliebtes Motiv, und als wäre das Abtrennen dieser Gliedmaßen nicht schon genug, erfreut sie sich hier mitunter (→ »*Addams Family*«, → »*Tanz der Teufel II*«) trotz dessen außerordentlicher Lebendigkeit. Dies tun abgetrennte Hände bereits seit 1960 (»Tormented«) und spielen davon ab auch manch andere seltsame Rolle in den Weiten des Schreckens (→ »*Orlacs Hände*«).

Harpyien

[griech. »Rafferinnen«]
Unheilbringende Mischwesen der griechischen → *Mythologie* mit den Oberkörpern von Frauen und den Rümpfen von Vögeln.

Harryhausen, Ray

(1920 Kalifornien)
Einer der großen Meister der Spezialeffekte der Präcomputerära und Perfektionierer des Stop-Motion-Tricks. Bereits als Kind von den Stop-Motion-Tricks in Filmen wie → »*King Kong und die weiße Frau*« (1933)

begeistert, entwickelte Harryhausen alsbald ein derart professionelles Interesse an dieser Art der Tricktechnik, daß er zu einer uneingeschränkten Koryphäe auf dem Stopmotiongebiet wurde. Ein Ruf, den nicht zuletzt legendäre Filme wie »Jason und die Argonauten« oder »Eine Million Jahre vor unserer Zeit«, deren Kreaturen er schuf, festigten. Obwohl moderne computergenerierte Effekte die Stop-Motiontechnik überholt, ist der Charme, wie er etwa Harryhausens Skelettkriegern eigen ist, ungebrochen und der Name Harryhausens, der mitunter auch als Produzent und manchmal gar als Schauspieler agiert, nachwievor legendär im Terrain der → FX.

Haß

Höchst negativ akzentuiertes Gefühl gegenüber Personen, Gruppen oder was auch immer, das meist jenseits des Diplomatischen mitunter auch des Rationalen besteht und (auch in Verbindung mit etwa → *Rache*), Motiv für → *Mord*, Intrigen, Anwendung von Gewalt und vielerlei anderem ist.

Haunted House

Bezeichnet zum einen mitunter verfallenen, von → *Spuk* und anderem Übersinnlichen heimgesuchte Häuser, die unerläßlicher Bestandteil von Horrorfilm (→ *»Amityville Horror«*, → *»Bis das Blut gefriert«*, *»Landhaus der verlorenen Seelen«)* und -literatur (*»The Haunting of Hill House«*, → *»Malpertuis«)* sind und zum anderen die klassische Form der amerikanischen Geisterbahn, die in gewöhnlichen Häusern eingerichtet wird, um schreckfreudige Besucher hindurchzuführen.

Heavy Metal

Musikrichtung, deren verschiedene Untergruppen (von Death- über Black, Goth- bis Ritual Darkmetal) sich inzwischen ein

Ray Harryhausen – Der FX Pionier hier auf dem ihm gewidmeten Titel von Imagi-Movies

wenig unübersichtlich gestaltet und gewiß ein eigenes Lexikon verdiente. Der Autor nennt an dieser Stelle Personen wie → *Glenn Danzig*, → *Alice Cooper* und → *Ozzy Osbourne*, nebst Kapellen wie → *Gwar* oder → *Kiss*, deren Bühnenshows mitunter großzügige Reminiszenzen an die wunderbare Vielfalt des Horrors sind.

Viele in dieser Richtung musizierenden Gruppen (wie etwa → *Paradise Lost* oder → *Black Sabbath*) lassen sich sogar in Bezug auf ihren Namen von Genrebeiträgen inspirieren. Na ja, und viele dieser Leute benehmen sich sehr böse, drehen → *Kreuze* um, assozieren laut mit → *böse* und provozieren mitunter absichtlich den Vorwurf → *Satanismus* zu praktizieren.

»The Hellbound Heart«

(1986;deutsch »Hellraiser – Das Tor zur Hölle«, 1992)

Zunächst lediglich im Rahmen verschiedener → Anthologien erschienene Novelle von → *Clive Barker*, welche die literarische Vorlage seines → *»Hellraiser«*-Filmes und den bizarren Kosmos der → *Cenobiten* bildet.

- *»Hellraiser – Das Tor zur Hölle«; (»Hellraiser«); GB 1986 R: → Clive Barker D: Sean Chapman, Ashley Lawrence, Doug Bradley*

Auf einem Basar ersteht Frank Cotton eine mysteriöse Puzzlebox. Zurück in England, gelingt es ihm, das Rätsel des Würfel zu lösen. Der Lohn dafür ist unbeschreiblich und beinhaltet neben Cottons effektheischendem Ableben den Auftritt der bizarren → *Cenobiten*, allen voran der unvergeßliche → *Pinhead*. Kurz darauf bezieht Franks Bruder Larry sein Haus mitsamt seiner Frau Julia und Tochter Kirsty. Julia gibt sich ihren sentimentalen Gefühlen für den vermeintlich Verschwundenen, der, genährt vom Blut seines Bruders in der Dachkammer des Hauses aufersteht. Für seine Regeneration (Schleim!) bedarf

Haunted House – Und manches Haus birgt manchen Fluch zwischen seinen kalten Mauern...

Frank einiger Opfer, und Julia ist ihm bei deren Beschaffung gerne behilflich. Bald haben die zwei eine gewisse Routine, der auf eine ganz besondere Weise auch Larry zum Opfer fällt ...

Nachdem einige Kurzgeschichten Barkers von George Pavlou vergleichsweise inadäquat in Szene gesetzt worden waren, nahm er sich der Verfilmung seiner damals neuesten Kurzgeschichte (»*The Hellbound Heart*«) selbst an, und nahm daran zu verschmerzende kinodramaturgiegerechte Änderungen vor. Mit dem heutzutage beinahe lächerlich anmutenden Budget von 1,5 Mio. Dollar gelang es Barker in »Hellraiser« tatsächlich, *seine* Ideen in ihrer ganzen bizarren und surealen Spannbreite auf beeindruckende Weise umzusetzen. Der Hellraiserstoff, insbesondere die Charaktere des bizarren Kollektivs der Cenobiten (die Entwicklung eines einzigen hätte den gewöhnlichen Horrorschaffenden jener Zeit wahrscheinlich überfordert), gaben dem Horrorkino, das außer der stetigen Reproduktion seiner Evergreens und der regelmäßigen Bedienung des relativ jungen → Stalk'n-Slash Kinos seinerzeit kaum viel zu bieten hatte), einen neuen Auftrieb, den es schon lange nötig hatte.

Die Effekte von → *Bob Keen* sind brillant und die subtilen Gedanken hinter dem Stoff, die → *S/M*- wie → *Fetisch*-Szene und Fans des psychologischen wie blutigen Horrors ansprach, entwickelten bald ein eigenes Leben. Marvel brachte eine Hellraiser-Comicserie heraus und auch die charismatische Entität des (zunächst und dennoch ewig) obersten Cenobiten fand ihren Weg in eine eigene Comicserie, auf Flyer, seine Zitate schafften es bis in Technostücke. Darüber hinaus manifestierte seine Gestalt sich in einer qualitativ hochwertigen Merchandisepalette.

Da Produzenten Freunde des Erfolges sind, war ein Folgefilm für sie die logische Konsequenz, und daß Clive Barker nicht wirklich die Kontrolle über diesen zweiten Teil haben sollte, schien ihnen ebenso logisch.

- *»Hellbound- Hellraiser II«; GB 1988 R: Tony Randel D: Ashley Lawrence, Doug Bradley, Imogen Boorman*

Kirsty Cotton (mehr ist von der Familie nicht geblieben) sitzt in der Psychiatrie, deren Leiter, Dr. Channard (Kenneth Cranham), ein Fan der unheilbringenden Puzzlebox ist. Abgesehen von ihm glaubt niemand Kirstys Berichten, und Channards Interesse hat durchaus zweifelhafte Beweggründe. Nicht nur, daß er die böse Stiefmutter Julia wiedererweckt, er trachtet auch nach einer Position in der Hierarchie der Cenobiten. Scine Initiation erfährt er an keinem anderen Ort als der Hölle, deren Darstellung ein Highlight des Filmes ist. Einmal mehr ist es Kirsty, die im unfreiwilligen Kontakt mit den Cenobiten und mit Hilfe der Autistin Tiffany (Imogen Boorman) (what a face!) das Schlimmste irgendwie abzuwenden versteht.

Die bemerkenswerte Darstellung der Hölle, in deren Zentrum der → *Leviathan* (hier in Form der Würfelvariante) drehend Strahlen aus Dunkelheit versendet, erinnert in seinem paradoxen Aufbau und der Vermischung von oben/unten in architektonischer Unmöglichkeit am ehesten an ein Gemälde H.C. Eschers (ein Motiv das sowohl im Finale von »Nightmare on Elm Street 5 – The Dream Child«, vgl. Nightmare, als auch in »Labyrinth« eingesetzt wird). Obwohl dieser Teil der wesentlich beeindruckendere ist, halten die unteren Gefilde der Hölle auch die üblichen Fressedick-, Sex/Gewalt- und Ekelkammern bereit. Und obwohl der Film nicht schlecht ist, vermochte er manchen »Hellraiser« Freund in Wut zu versetzen, besitzt doch Channard die Unverfrorenheit, den vielgeliebten Pinhead zu terminieren.

Anyway, Blut gibt es reichlich, Bob Keen, arbeitet weiter trefflich, auf keinen Cenobiten muß verzichtet werden und die Endsequenz ist wieder einmal zauberhaft-mystisch-abartig-Kunst-seltsam.

Der dritte Teil des Epos, für das Clive Barker eigentlich nie auch nur ein → *Sequel* geplant hatte, ließ nicht nur den Pinhead auferstehen, sondern verlagerte sich überdies nach Amerika ...

• *»Hellraiser III« (»Hellraiser III – Hell on Earth«), USA 1992 R: Anthony Hickox D: Doug Bradley Terry Farrell*

Amerika: J.P. Monroe, der skrupellose Eigentümer des New Yorker »Boiler-Room«, einer exzentrischen Evil-Trash-Disko, ersteht das eigentümliche Kunstwerk aus der Schlußsequenz des zweiten Teiles.

Die Reporterin Joey Summerskill bringt das »Boiler-Room« mit einem seltsamen Todesfall in Verbindung und stellt Nachforschungen an. Monroe (Kevin Bernhardt) derweil erweckt den der Säule innewohnenden Pinhead zu neuem Leben. Dieser verlangt nach Blut, verspricht Macht, dunkle Geheimnisse etc. pp. und Monroe opfert bereitwillig eine Gespielin, um bald darauf selbst Opfer der Säule zu werden. Der Pinhead manifestiert sich, verwandelt den »Boiler Room« in ein Schlachthaus und bald haben wir – abgesehen von Doug Bradley – einen Haufen neuer Cenobiten, die allesamt nicht nett zu ehemaligen Menschen, insbesondere zu Joey Summerskill sind.

Abgesehen davon, daß inzwischen offensichtlich jeder Arsch Cenobit werden kann, sind wir in Amerika und müssen dementsprechend ganze Städte abschlachten um Aufmerksamkeit zu erheischen. Herr Barker jedenfalls ist nicht schuld, und einige Leute (in diesem Fall Bob

Keen) schätzen die Originalität, neue → *Cenobiten* zu generieren. Nun ja, die Story, größtenteils programmatisch ausartendes Massaker, bietet einige neue Informationen über die Vergangenheit des Pinhead und beinhaltet eine wirklich superbe Szene, in welcher der erste der Cenobiten ein höchst eigenes Abendmahl inklusive Kreuzigung zelebriert ...

Auch wenn Pinhead samt seinem cenobitischen Kaffeekränzchen zurück in die Hölle geschickt wird, wird er uns – schließlich befinden wir uns inzwischen im Land der unbegrenzten Fortsetzungen – wiederbegegnen ...

- *»Hellraiser IV – Bloodline«; USA 1996 R: Kevin Yagher D: Bruce Ramsey, Doug Bradley, Valentina Vargas*

Im Jahr 2127 befindet sich auf der Raumstation »Minos« in der Gestalt Paul Merchants (Bruce Ramsay) ein direkter Nachfahre des Mannes, der seinerzeit die unheilvolle Puzzlebox erfand. Auch sie selbst befindet sich auf der Station, wo Merchant die Cenobiten beschwören will, um sie endgültig gefangen zu setzen. Während des Transfomationsprozesses der Box wird die Station gestürmt und Merchant hat die Gelegenheit, die ganze Geschichte von Anfang an, von Box bis Pinhead, zu erzählen.

Sein Vorfahr Phillipe Le Marchand durfte die Box 1784 für einen okkult interessierten Grafen bauen, der treibt damit Schindluder, indem er sie als Schlüssel zur Hölle (inkl. Menschenopfer) benutzt, erfreut sich darauf der Begegnung mit einem frühen Cenobiten (Valentina Vargas) in Gestalt des ehemaligen Menschenopfers, bezahlt diese alsbald mit dem Leben. Phillipe Le Marchand will alles rückgängig machen und wird dabei zerlegt, doch seine Frau ist schwanger und wir verstehen endgültig, was mit Bloodline gemeint ist. Der Versuch der Merchants setzt sich im Jahr 1996 fort, wo ein weitere Nachkomme – nicht ohne einen Sohn gezeugt zu haben – den Löffel abgibt, um die 2127 weiterzumachen, wo uns zumindest eine ansprechende Pointe erwartet.

Abgesehen von dieser Pointe, in der die Raumstation sich transformierend in eine gigantische Puzzleboxvariante verwandelt, schreitet die kreative Inflationierung der Cenobiten fort. Valentina Vargas – die in »der Name der Rose« trotz fortgeschrittenen Alters das brünftige Bauernmädchen verkörpern durfte – ist unglaublich ansprechend und ein subjektiv wahrgenommenes fettes Plus für den Film. Clive Barker hat mit diesem Hellraiser IV – zumindest vor Drehbeginn – wieder etwas mehr zu tun gehabt. Bob Keen hielt nun nicht mehr das Szepter des Effektes, und die Produktion artete mit der fortschreitenden künstlerischen Beschneidung Kevin Yaghers in ein Debakel aus, das nur durch nachgedrehte Szenen »gerettet« werden konnte. Für diese zeigt sich Joe Chapelle (»Halloween VI – der Fluch des Michael Myers«, vgl. → *»Halloween – Die Nacht des Grauens«*) verantwortlich – und wir wollen nicht weiter darüber sprechen.

Hellseherei

(auch Hellsichtigkeit oder Präkognition)

Fähigkeit der Vorhersage zukünftiger Ereignisse.

»Helter Skelter – Die Nacht der Langen Messer«

(»Helter Skelter«)

USA 1976 R: Tom Gries D: Steve Railsback, George Dicenzo

Filmische Umsetzungen der Hollywood-Morde um → *Charles Manson*, gemäß dem Stil der 70er und der Prägung durch verschiedene → *Mondo-Filme* im Stil einer Pseudodokumentation.

»Der Henker von London«

(»Tower of London«) s/w

USA 1939 R: Rowland V. Lee D: Basil Rathbone, Boris Karloff

Unter der Herrschaft von Richard III ist in seinen Diensten ein gewisser Mord (!) als Folterknecht beschäftigt. Dieser, großartig dargestellt von → *Boris Karloff* und ein Sadist par excellence, geht seiner Profession mit Leib und Seele nach, ist aber dabei auf die Folterkammern des Towers beschränkt, die er nicht verlassen darf. Die Handlung gipfelt in der Bitte des klumpfüßigen Folterknechtes (eine interessante Parallele zu dem buckligen Richard), die Gewölbe verlassen zu dürfen, um als Soldat zu kämpfen.

Ein großartiger stimmungsvoller Film, der – abgesehen davon, daß er 1962 noch ein Remake erfahren sollte – neben der → *Folter* einige weitere Motive des Schreckens bereithält, so erinnert die Verbannung Mords etwa an das Schicksal des Glöckners von Notre Dame, auch Anklänge an → *»Das Phantom der Oper«* sind spürbar und die menschlichen Seiten des Folterknechtes unübersehbar. Der Film ist ein Klassiker, und wenn der Film ein französisches Restaurant wäre, wäre allein seine Besetzungliste unbezahlbar.

Übrigens gibt hier → *Vincent Price* sein Debüt im Horrorgenre, hier spielt er noch Clarence, 1962 übernimmt er die Rolle Richards.

- *»Tower of London« s/w; USA 1962 R: Roger Corman D: Vincent Price, Joan Freeman*

→ *Roger Corman* benutzt einen anderen Ansatz als Rowland V. Lee und macht aus dem Film eher eine schwarze, → *Edgar Allan Poe*-inspirierte Kommödie, als eine bizarre Charakterstudie deformierter Folterknechte. Sehenswert bleibt es, ob auch weniger bedeutend, allemal.

»Henry, Portrait of a Serial Killer«

USA 1986 R: John McNaughton D: Michael Rooker, Tom Towles
Der Film erzählt die Geschichte des bekannten Serienmörders → *Henry Lee Lucas* und seines »Kollegen« Otis Toole und zeigt, wie die beiden ihre weiblichen Opfer entführen, schänden und verstümmeln. Irgendwann finden die beiden eine Videokamera und beschließen ihre Eskapaden auf Video zu bannen ...

Einen Dreh in eine andere Richtung bekommt der Film durch Auftauchen von Otis' kleiner Schwester, durch die sich eine scheinbare Veränderung im Leben der beiden Killer abzeichnet.

Bereits 1986 gedreht, erschien der Film erst 1990 auf Video, gewann aber bald schon große Resonanz. Einer der wenigen wirklich guten und dabei ungeschminkt heftigen low-budget-Filme, der bemerkenswerte darstellerische Leistungen und Ansätze zeigt.

Hexe

Im Volksglauben Frau mit okkulten (→ *Okkultismus*) Kenntnissen und Zauberkraft. Ihre Fähigkeiten benutzt die Hexe hierbei in der altertümlichen landläufigen Vorstellung selten zum Guten, weshalb vermeintliche Hexen nicht selten einem aufgebrachten Mob oder später auch der → *Inquisition* zum Opfer fielen.

Dementsprechend ist auch die Hexe ein gern und verschieden verwandtes Motiv innerhalb des Genres, ob es sich um die Old Witch der → *E.C. Comics*, → *»Die Hexen von Eastwick«* oder → *»The Blairwitch-Project«* handelt.

»Hexenhammer«

(lat. »Malleus Maleficarum«)
Das Buch, von Heinrich Sprenger und Jakob Institoris verfaßt, wurde (nachdem einige Herausgeber eine Veröffentlichung zunächst aufgrund des miserablen Lateins der Autoren verweigert hatten) im Jahre 1487 veröffentlicht und entwickelte sich bald zur Richtlinie in Hexenprozessen und zur Grundlage zahlloser diesbezüglicher → *Foltern* und → *Hinrichtungen*. Dabei beinhaltet das Buch, das ein überaus groteskes Stück Geschichte darstellt, so kuriose Kapitel wie etwa »Wie angehexte

Impotenz von natürlicher zu unterscheiden sei« und ist bei dtv in einer preislich annehmbaren Paperbackausgabe erschienen.

»Der Hexenjäger«

(»The Conqueror Worm«)
GB 1968 R: Michael Reeves D: Vincent Price, Ian Ogilvy
Der Hexenjäger Matthew Hopkins treibt im puritanischen England des 17. Jahrhunderts mit Anklagen und Verleumdungen ein unheilvolles Spiel. Sich einem höheren Ziel verpflichtet fühlend, führt er seinen Feldzug gegen das Hexenwesen, bis ein Soldat, der Verlobte eines seiner Opfer, es wagt, sich ihm in den Weg zu stellen.

Während der Titel des Filmes auf ein Gedicht von → *Edgar Allan Poe* zurückgeht, beruht der Film auf der realen Person des »Witchfinder General« → *Matthew Hopkins*, der dem von → Vincent Price dargestellten Charakter gewiß nur in wenig nachstand.

Desweiteren gab der für seine Zeit überaus gewalttätige Film den Startschuß für eine Reihe von Hexploitation Streifen, in deren Mittelpunkt Hexenjagd, -fleisch und -folter stehen. Keiner der folgenden Filme konnte diesem aber auch nur annähernd das Wasser reichen, obwohl Titel wie »Hexen bis aufs Blut gequält« in irgend einer Hinsicht durchaus denkwürdig sind.

Hinrichtung

Künstlich herbeigeführtes Ableben eines Individuums unter dem Vorwand der Ausübung einer Bestrafung. Hinrichtungen innerhalb des Genres sind etweder → *grotesk*, grausam, im letzten Moment zu verhindern oder die Ursache für weitaus Schlimmeres (wie etwa in → *»Dämon – Trau keiner Seele«*, wo durch die Hinrichtung der Dämon Azazel freigesetzt wird, oder *»Shocker«*, wo der Geist des Massenmörders Horace Pinker ähnlich wie der Max Jenkes in *»Horror House«*, nach dessen Hinrichtung erst richtig loslegt). Überwiegende Motivationen für Hinrichtungen innerhalb des Genres sind → *Rache* oder Religion (→ *Inquisition*). Für den, der es braucht, bietet → *»Gesichter des Todes«* Filmmaterial von vermeintlich echten Hinrichtungen.

Hoffmann, E.T.A.

(Ernst Theodor Amadeus, eigtl. Ernst Theodor Wilhelm);
*(*1776 Königsberg, † 1822 Berlin)*
Der international einflußreichste Vertreter der deutschen → *Romantik*, der seinen dritten Vornamen aus Verehrung für Mozart annahm und

der neben → *Edgar Allan Poe* beispielsweise auch → *Guy de Maupassant* inspirierte, verfaßte bedeutende Werke wie → *»Die Elixiere des Teufels«*, »Der Sandmann«. Auch als Komponist machte Hoffmann sich einen Namen und inspirierte auch hier andere Musiker wie etwa Jaques Offenbach.

Zeitlebens hatte Hoffmann, ähnlich wie auch Poe, Probleme mit → *Alkohol* und fürchtete nicht selten seine eigenen Traumbilder.

Hoffnung

Das irrationale Gefühl einer Ahnung von der möglichen bevorstehenden Veränderung einer Situation zum als besser Empfundenen. Innerhalb des Genres wird das Privileg des Hoffens meist von Individuen in Anspruch genommen, die → *Monster* aufhalten, die Welt retten, sich in Sicherheit bringen oder ähnliches tun wollen.

Holocaust

[griech. »Brandopfer«]

Trauriges und ernstes Kapitel des Schreckens in der Wirklichkeit, der die schreckliche Massenvernichtung der Juden durch die Nationalsozialisten während ihres Regimes bezeichnet.

Holländer, fliegender

Legende über das Schiff eines Kapitäns, daß dieser gegen den Wind und den Willen Gottes um ein Kap lenken wollte, wofür er dazu verflucht wurde, sein Schiff bis in alle Ewigkeit im Himmel mit den Stürmen zu führen. Die Legende, die ein klassischer Teil horriblen Sagenschatzes ist, erfuhr Bearbeitungen etwa durch Heinrich Heine oder Richard Wagner.

Hölle

[von germ. Hel]

Bezeichnet im Volksglauben den Ort, an dem die Sünder in ewiger → *Verdammnis* der Ewigkeit entgegenharren müssen. Gemäß dem Volksglauben sind Dinge wie → *Folter* in dieser Gegend an der Tagesordnung, klimatisiert ist es dort auch nicht und »nett« wäre so ziemlich das letzte Attribut, daß der Hölle zustünde. Ein gutes Bild von der Hölle läßt sich im Gemälde → *»Der Garten der Lüste«* oder Ludwig Hevesis Kurzgeschichte *»Jules Verne in der Hölle«* machen.

Homunculus

[lat. »Menschlein«]

Eines der ältesten Motive des künstlichen Menschen, dessen Erschaffung sowohl durch alchimistische als auch magische Prinzipien für möglich gehalten wurde. Ein Homunculus im ursprünglichen Sinne begegnet dem Freund des Genres etwa in Goethes → *»Faust«* oder durch die Forschungen eines Dr. Pretorius auch in → *»Frankensteins Braut«*. Das Motiv des Homunculus als das des künstlichen Menschen ist jedoch ein klassisches, den → *Wissenschaftler* seit Urzeiten beschäftigendes Moment, daß in manch frevelhaftem → *Experiment* umgesetzt wird. Ein kabbalistisches Pendant ist etwa der → *Golem*.

Hooper, Tobe

*(*1946 Texas)*

Der amerikanische Regisseur, der mitunter in kleineren Rollen auch als Schauspieler tätig wird, ist vor allem für sein → *»Kettensägenmassaker«* berühmt / berüchtigt geworden, doch fertigte in der Folgezeit auch vollkommen andere Filme wie etwa → *»Brennen muß Salem«* oder den großartigen → *»Poltergeist«*, die sich trotz ihrer unbestreitbaren Qualitäten weit weniger als der höchst kontroverse, hierzulande beschlagnahmte Kettensägenfilm auf Hoopers Ruf auswirkten.

»Der Horla«

(»Le Horla«, 1887)

Der Protagonist der Novelle fühlt sich von etwas Unsichtbarem bedroht und verfolgt. Während er kurzzeitig annimmt, dem Wahnsinn zu verfallen, gewahrt er alsbald tatsächlich die Spuren einer gestaltlosen Kreatur, die, wie sich allmählich herauskristallisiert, außerirdischen Ursprunges ist. Die Bekämpfung dieser Kreatur, des Horla, wird zum dramatischen Inhalt der weiterführenden Geschichte, in der die tatsächliche Existenz des Horla den tatsächlichen Wahn des Protagonisten heraufbeschwört ...

Die Novelle von → *Guy de Maupassant*, die in einer früheren und einer späteren Fassung erschien, ist eines der frühen Werke, in dem der Schrecken außerirdischen Ursprungs ist, und wird somit zu einem der frühen großartigen SciFi/Horror-Hybriden.

Hörner

Kopfschmuck und → Waffe, der neben verschiedenen Tierarten unter anderem auch den → Teufel und verschiedene → Dämonen auszeichnet (was vor allem auf den phallischen Aspekt zurückzuführen ist), wobei nach einem bis hierhin ungeschriebenen Gesetz die Schrecklichkeit des Dämons mit der Anzahl seiner Hörner zunimmt. Zwar ist nicht bekannt, wo ein Dämon beispielsweise neun Hörner unterbringen sollte, aber wenn er solcherlei vermag, dürfte er schon ziemlich garstig sein.

Horror

[engl. »Schrecken«]
Mit Horror wird das Schreckliche, Entsetzliche und Angsteinflößende an sich bezeichnet, das oftmals auch zentraler Gegenstand der Literatur und des Filmes wird und somit die Kategorien Horrorfilm und Horrorliteratur formt. Die Freude des Konsumenten am Horror wird dabei oft als Bewältigung eigener Ängste durch literarisch resp. filmisch dargelegte gesehen.

»Horrorladen, der kleine«

(Little Shop of Horrors«)
USA 1986 R: Frank Oz D: Rick Moranis, Ellen Greene
Nach dem Vorbild des von → *Roger Corman* inszenierten Klassikers → *»Kleiner Laden voller Schrecken«* entstandenes → *Musical*-Remake, das bei Erscheinen in seinen Ankündigungen großspurig mit dem Kultstatus der → *»Rocky Horror Picture Show«* gleichgesetzt wurde.

Ähnlich wie etwa in »Armee der Finsternis« (→ *»Tanz der Teufel«)* erlebte das ursprüngliche Ende, daß den Triumph der gigantischen fleischfressenden Pflanze beinhaltete, eine verfreundlicht amerikanisierte Metamorphose zum Happy End, in der sie größtenteils zu Tode kam ...

Hörspiel

Akkustische Umsetzung von Geschichten, in diesem Kontext des Horrorgenres. Die Firma Europa hat hierzulande wohl die populärsten Horrorhörspiele, eine Serie in deren Rahmen 18 verschiedene Titel (von → *H.G. Francis*) erschienen sind, veröffentlicht. Außerdem produzierte Studio Braun insgesamt 108 Titel aus der Reihe → *»John Sinclair«* als Hörspiele. Während diese beiden Serien noch immer erhältlich sind und sogar neu produziert wurden, sind die Hörspieladaptionen von → *»Macabros«*, → *»Dämonenkiller«* und → *»Larry Brent«* vornehmlich noch auf Flohmärkten erhältlich.

Aber auch populäre Horrorschauspieler wie etwa → *Vincent Price* nahmen treffliche, nunmehr noch schwer erhältliche Hörstücke (auf LP) auf, und auch die Hörspielumsetzung von → *»Dracula«* durch den WDR Hörfunk im Jahre 1997 zeigt, daß sich Hörspiele nachwievor in gewissen Kreisen großer Beliebtheit erfreuen.

»Der Hund von Baskerville«

(»The Hound of the Baskervilles«, 1901)

Der merkwürdige Tod des Sir Charles Baskerville ruft den Detektiv Sherlock Holmes und seinen Gehilfen Dr. Watson auf den Plan. Bei der Untersuchung der Umstände stoßen sie auf die Legende um ein riesiges schwarzes Ungetüm, den Hund der Baskervilles, dessen Existenz mit einem Fluch zusammenhängt, der über der Familie liegen soll. Es werden sogar Spuren des Monstrums gefunden und Holmes macht sich an die Aufklärung des übersinnlichen Phänomenes ...

Die Geschichte Arthur Conan Doyles, eine der bekanntesten, der letzten und seit Anfang des Jahrhunderts meistverfilmtesten mit seiner weltberühmten Detektivgestalt, ist ein Spiel mit Motiven des → *Gothic Horror* und des → *Fluches*, das sich den Nimbus des Übersinnlichen zunutze macht, um jene unheimliche Stimmung zu erzeugen, welche die Geschichte so einzigartig macht. In dieser Art ist der Aufbau der Handlung mit der dazugehörigen Pointe mit dem legendären → *»London after Midnight«* resp. *»Das Zeichen des Vampirs«* zu vergleichen.

House of Horror

Das House of Horror, 1996 gegründet, ist Deutschlands erster → *Halloween-Store*, der mit Gale Anderson, Christian Candini und DJ Holthusen von drei seltsamen Gestalten unterhalten wird, die sich dem Vertrieb von Horrordevotionalien aller Art verschrieben haben. So scheint es dort, von abgetrennten Gliedmaßen jeder Art, Hirnpuddingformen, Horrormasken und bizarren → *Merchandise* nichts zu geben, das es nicht gibt. Der Tresen ist eine Guillotine, und jeder Mitarbeiter für sich ein Bild des Schreckens ...

Im Rahmen des Geschäftes richten die Betreiber überdies Parties aus und bemühen sich außerdem redlich, ein Podium für verschiedene Künstler des Genres zu schaffen, so war es zum Beispiel auch das House of Horror, wo der Autor zum ersten Mal die Werke eines → *Markus Mayer* betrachten oder Einblick in die bizarre Welt des → *Fandom* und manch seltsame Adresse manches seltsamen Menschen erhalten durfte. Obwohl es inzwischen deutschlandweit noch einige andere Geschäfte dieser Art gibt, muß dem House of Horror in diesem Rahmen zweifelsfrei eine Vorreiterrolle zuerkannt werden.

House of Usher

→ *Gothic*-Rock-Formation um → *Goblin Press* Gründer Jörg Kleudgen, deren Name einmal mehr den Einfluß des Horrorgenres auf die Bandnamensgebung zeigt und eine Reminiszenz an → *Edgar Allan Poes* brillante Geschichte → *»Der Untergang des Hauses Usher ist«*.

»House of the Dead«

(SEGA 1996)

Mit Hilfe zweier Pistolen hat man allein oder zu zweit das Vergnügen, sich dem Bösen entgegenzustellen. Die verschiedenen Monster mit der einzigen Motivation – nämlich dem Spieler gehörig in den Arsch zu treten – können vollständig zerballert werden. Das bedeutet, man kann ihnen die Gliedmaßen oder den Kopf wegschießen, muß dabei recht fix sein und natürlich eine Vorliebe für Spiele dieser Art haben. Der Autor hat sich für jede Stunde an diesem Automaten eine Stunde anspruchsvolle Literatur vorgenommen. Da er das Spiel nach drei Abenden durchgespielt hatte, mußte er nicht allzu viel lesen.

Am meisten leid tat dem Autor übrigens der Zombie am Eingang der Villa, von dem selten mehr als die Beine übrig blieben.

Während man sich in den Niederlanden mit der blutigen Version abgeben kann, wird die Farbe des Blutes in Deutschland übrigens für gewöhnlich auf Grün gestellt.

Das Spiel wurde auch für den PC umgesetzt und durchgespielt, aber eine Maus unterscheidet sich gewaltig von diesen formschönen Pistolen. (Anspruchsvolle Literatur läßt sich übrigens auch ohne das Spielen derartiger Spiele konsumieren.)

- *»House of the Dead II« (SEGA 1998)*

Größer, besser, weiter. Die Untoten sind nunmehr besser animiert und haben wohl beim → *»Resident Evil II«* spielen gelernt, wie einfach es ist, eine Stadt zu infiltrieren. Das nämlich haben sie getan. Davon ab ist der Oberbösewicht des ersten Teiles noch immer am Leben, freut sich auf ein Wiedersehen und veranlaßte den Autor bei seinen zweimaligen Spielversuchen zum unfreiwilligen Innehalten und Nicht-wirklich-weiterkommen.

Während aber dieses grandios stimmungsvolle Spiel die Herzen des Horrorfreundes zu erwärmen versteht, schleichen sich zahllose schlechte Kopien des Konzeptes in die Spielhallen, die auszuprobieren, wie der Autor feststellen durfte, in der Regel ein kostspieliges Unvergnügen darstellt ...

Humor

Bestandteil, der den verschiedenen Aspekten des Horrorgenres – wenn richtig eingesetzt – gut zu Gesicht steht. Wobei die höchste Kunst wohl die ist, eine ernsthafte Geschichte resp. einen ernsthaften Film mit einem unterschwelligen Humor zu versehen. Und obwohl heutzutage beinahe kein Horrorfilm ohne vereinzelt humoreske Einlagen auskommt, gibt es nur wenige, wirklich durchgehend mit einer eigenen Art von Humor versehene Horrorfilme, die in ihrer Art recht verschieden voneinander sind. Genannt seien an dieser Stelle fünf bemerkenswerte und dem Autor sehr liebe Exemplare: → »*Der Rabe – Das Duell der Zauberer*«, → »*Der kleine Horrorladen*«, → »*Army of Darkness*« → »*Theater des Grauens*« & nicht zuletzt → »*Braindead*«.

I

»Ich bin Legende«

(»I am Legend«, 1954)

Futuristischer Vampirroman von Richard Matheson. Der Lebensraum der Zukunft (in dem Buch in den Mitsiebzigern angesiedelt) ist in der Hand von Vampiren, die sich die Welt mit einem einzigen Menschen, Robert Neville, teilen. Dieser hat sich in seinem Haus verbarrikadiert und trotzt dem blutdurstigen Mob, dessen debile Vertreter ihn nachts belagern. Tagsüber sucht der Protagonist in der Stadt nach Lebensmitteln und pfählt ohne Rücksicht von Alter und Geschlecht alles, was er finden kann. Irgendwann im Verlauf seiner Nachforschungen stellt sich heraus, daß das Vampir-Phänomen das Resultat einer Seuche ist. In der gleichen Erkenntnis versuchen die Vampire ihr neues Leben in den Griff zu bekommen und Neville muß erkennen, daß er selbst inmitten der neuen Gesellschaft das Abnormale verkörpert ...

Das Buch ist eine bemerkenswerte Genreerweiterung, die über ein bloßes Vermengen von Science-Fiction und Horror weit hinausgeht, neue Impulse gibt und das halbherzig kreative Horror-Autorentum schamhaft erröten lassen sollte.

Zweierlei filmische Umsetzung soll Erwähnung finden:

- *»The last Man on Earth« s/w; I/USA 1964 R: Sydney Salkow, Ubaldo Ragona D: Vincent Price, Franca Bettoia*

Entspricht der dunklen nihilistischen Atmosphäre des Buches, alleine durch die Darstellung eines → *Vincent Price* ungleich eher als

- *»Der Omega-Mann«; USA 1971 R: Boris Sagal D: Charlton (Ben Hur) Heston, Anthony Zerbe*

Diese Adaption verwandelt Mathesons Vampire in dunkelmutierte Menschen, den Protagonisten in einen Albino und schafft – Hokuspokus – einen politisch höchst inkorrekten Schwarz/Weiß-Konflikt.

Illusion
Täuschung, Einbildung, inhaltslose Variante der → *Vision*. Im Horrorgenre wie im wirklichen Leben oftmals durch → *Drogen*, → *Magie* oder → *Alkohol* hervorgerufen, gereichen Illusionen zur Irreführung, zum »Ins-Bockshorn-jagen« oder lediglich zur Verwirrung von Protagonisten. Oftmals aber werden tragischerweise auch feinstoffliche körperlose Wesenheiten wie → *Geister* oder → *Gespenster* fälschlicherweise als Illusion abgetan.

Image Comics
Ähnlich wie etwa → *Chaos Comics* oder → *Vertigo*, ein weiteres modernes Comiclabel, in dessen Stall sich manch Horror-related Ferkeltier tummelt, das an dieser Stelle im Gegensatz zu Titeln wie → »*Spawn*« oder → »*The Crow*« keine Erwähnung findet.

Incubus
[lat. »Draufflieger«]
Männlicher Teil eines dämonischen Lustbarkeitsgespannes, das laut mittelalterlichem → *Aberglauben* für die Vermehrung der Gattung der → *Dämonen* zuständig ist. Da Dämonen sich, dem Volksglauben nach, nicht eigenständig vermehren können, schicken sie zunächst einen → *Succubus*, in Gestalt einer körperlich unmißverständlich ansprechenden Frau ins Rennen, die Männer mit lüsternen Träumen quält und ihren Samen stiehlt. Die weitere Verarbeitung desselben obliegt dem Incubus, der seinerseits in Gestalt eines nicht weniger ansprechenden männlichen Pendants Frauen im Verlauf ekstatischer Träume schwängert, die daraufhin den Dämonenbastard in die Welt setzen.

»In der Strafkolonie«
(1919)
Zentraler Aspekt dieser grausamen Geschichte von → *Franz Kafka* ist ein riesiges bizarres → *Folter*-Instrument, eine Maschine, die Worte ins Fleisch des Delinquenten schreibt. Abgesehen von der akribischen Darstellung der Apparatur und ihrer Funktionsweise ist es die Inbrunst ihrer Betreiber, mit der sie das Gerät pflegen, bedienen und lobpreisen, was diese Geschichte so außerordentlich ungewöhnlich und bedrückend macht. Der Leser sieht dabei alles aus dem Blickwinkel des Protagonisten, dem die Apparatur vom Ranghöchsten ihrer Betreiber erklärt wird, bis er beinahe selbst der von ihr ausgehenden Faszination erliegt ...

»Die Insel des Dr. Moreau«

»The Island of Dr. Moreau« (1896)

Geschichte von → *H.G. Wells*, welche die düsteren Seite der → *Wissenschaft*, den Wunsch nach Allmacht und Gottgleichheit behandelt.

Die Strandung eines Schiffbrüchigen auf einer pazifischen Insel ist der Beginn einer Geschichte, in deren Verlauf die → *Experimente* eines (wie üblich) wahnsinnigen Wissenschaftlers, menschliches aus tierischem Leben zu schaffen, mitsamt seiner Skrupellosigkeit dem Protagonisten allmählich offenbar werden, bis dieser selbst Teil eines → *Experimentes* werden soll. Er entfacht einen Aufstand unter den Tieren versucht die Flucht mit einer vermeintlich menschlichen Gefährtin. Die Geschichte wirft einen anderen Blick auf ein → *»Frankenstein«* ähnliches Thema; nämlich den Wunsch, intelligentes Leben zu erschaffen. Die Geschichte bleibt dabei genauso wissenschaftlich und wirft ebenso die Frage nach den Grenzen der Wissenschaft auf. »Die Insel des Dr Moreau« ist den meisten durch ihre Verfilmung ein Begriff.

»Insel der verlorenen Seelen«

(»Island of the lost souls«)

USA 1932 R: Erle C. Kenton D: Charles Laughton, Bela Lugosi

→ *Bela Lugosi* als Obermutant »Sayer of the Law« und Charles Laughton als Dr. Moreau brillieren hier. Der Film war aufgrund seines Themas in zahlreichen Ländern verboten (Deutschland machte da keine Ausnahme), erlebte seine erheblich geschnittene Wiederaufführung 1941 und dürfte bis heute noch nicht ungeschnitten zu sehen gewesen sein. H.G. Wells jedenfalls selbst war, wie es heißt, von dieser Umsetzung seiner Geschichte nicht angetan.

»Die Insel des Dr. Moreau«

(»The Island of Dr. Moreau«)

USA 1977 R: Don Taylor D: Burt Lancaster, Michael York

Die amerikanische Spielfilmvariante von 1976 bewegt sich ebenfalls dicht an der literarischenVorlage, ist aber trotz Darstellern wie Burt Lancaster und Michael York eher mittelmäßig.

»DNA – Experimente des Wahnsinns«

(»The Island of Dr. Moreau«)

USA 1996 R: John Frankenheimer D: Val Kilmer, Marlon Brando

Gentechnisch aufgearbeitet beschert dieser Film dem Zuschauer ein

Wiedersehen mit Marlon Brando und viele schöne Maskeneffekte, ohne aber wirklich meilensteinig zu sein.

Inquisition

[lat. »Untersuchung«]

Die Inquisition, 1231 von Papst Gregor IX. zur päpstlichen Einrichtung erhoben, agierte zur Unschädlichmachung resp. Beseitigung von Elementen, die dem katholischen Glauben entgegenstanden. Im Laufe ihrer Geschichte erstreckte sich die Palette der Opfer der Inquisition von Andersdenkenden über Ketzer bis hin zur gemeinen → *Hexe*, denen entsprechend der inquisitorischen Direktiven nicht selten durch → *Folter* Geständnisse abgepresst wurden. Die furchtbarste Form der Inquisition soll (nicht nur gemäß Monty Python) die spanische Inquisition gewesen sein, deren einstiges Oberhaupt → *Thomas de Torquemada* bezüglich besagter Grausamkeit zu fraglichem Ruhm gelangte.

Eine grandiose klassische Geschichte, die vor dem Hintergrund der Inquisition spielt, ist → *»Die Grube und das Pendel«*.

»Interview mit einem Vampir – Aus der Chronik der Vampire«

(»Interview with the Vampire«)

USA 1994 R: Neil Jordan D: Tom Cruise, Brad Pitt

Im Amerika der Neuzeit erzählt der Vampir Louis seine Geschichte. Im Jahre 1791 nach dem Tod seiner Frau des Lebens überdrüssig geworden, wird er von einem Vampir namens Lestat gebissen und vor eine schicksalhafte Wahl gestellt. Mit seiner Entscheidung, das Blut des Vampirs zu trinken und so selbst zum Vampir zu werden, beginnt eine beinahe dreihundertjährige Geschichte, in deren Verlauf sein Unwillen, menschliches Blut zu trinken, und ein Mädchen namens Claudia Louis noch manches Problem bereiten. Beinahe dreihundert Jahre später ist auch Lestat noch am Leben ...

Inquisition – Das Wappen der unheilvollen Institution

Der auf dem gleichnamigen Buch von → *Anne Rice* basierende Film ist eine einzigartige Fusion aus dargestellter Gewalt und epischer Erzählweise, bemüht sich aber dennoch um das → *Mainstream*-Publikum, wobei einige Ansätze großartig ausgearbeitet werden. So zum Beispiel das Theater der Vampire, das → *Grand Guignol* at its best zu bieten hat.

Inzest

Geschlechtliche Fortpflanzung innerhalb einer Erblinie, die bei ihren Nachkommen nicht selten geistige oder körperliche Deformierungen zur Folge hat. Neben dem einstigen Inzest in aristokratischen Kreisen, der oftmals bizarre Auswirkungen hatte (→ *Nero*), wird das Inzestmotiv auch innerhalb des Genres mitunter überaus stimmungsvoll eingesetzt, da eine inzestuöse Familie jenseits der sieben Berge und von Gut und Böse großartige Möglichkeiten abseits des üblichen Denkens offeriert. Ein Paradebeispiel für Inzest im Horrorgenre ist der Film *»Hämoglobin«*, dessen Schlußbild grandios inzestuös bizarr ist.

Italien – der italienische Horrorfilm, manchen Buches Gegenstand.

Irrsinn

→ *Wahnsinn*

Italien

Eines der Länder mit eigener Horrorkultur, vornehmlich im filmischen Bereich, dessen moderne Abkömmlinge dem Giallo, einer italienischen Form des Thrillers entstammen. Der italienische Horrorfilm ist jedoch im Gegensatz zum spanischen oder japanischen etwas weniger gewöhnungsbedürftig und ungleich einfacher zugänglich.

Abgesehen davon, daß italienische Filmemacher seit den 70ern annähernd jede auch nur ansatzweise erfolgreiche US-Produktion (mitunter trefflich) zu plagiieren verstanden, gebührt ihnen die Ehre, das Subgenre des Kannibalenfilms aus der Taufe gehoben zu haben (→ *Kannibalenfilm*) von denen hier mit → *»Cannibale Holocaust«* und → *»Man-Eater – der Menschenfresser«* zwei so zu bezeichende Highlights Nennung finden sollen. Auch das bizarr anmutende Subgenre der → *Mondofilme* ist durch die innovativen Kräfte des italienischen Kinos, daß unter anderem auch dem → *Zombie*-Stoff neues Leben einzuhauchen verstand, geprägt. Als bedeutende Regisseure italienischen Schreckens seien an dieser Stelle Mario Bava, → *Lucio Fulci* und nicht zuletzt → *Dario Argento* genannt.

J

Jabberwocky

Der Jabberwocky ist, ähnlich wie der → *schwarze Mann* im deutschen Sprachraum oder der amerikanische → *Boogey Man* ein Ungetüm des Volksglaubens, das vor allem Kindern Furcht einflößt und mit dem ihnen bei unvollständiger Nahrungsaufnahme gedroht werden kann. Der Jabberwocky ist die britische Variante derartiger Ungeheuer, sein Aussehen variiert von Auftritt zu Auftritt, ist aber in jedem Falle fürchterlich. Bekanntheit und Popularität über die Grenzen Großbritanniens hinaus gewann der Jabberwocky vor allem durch zwei Dinge, das gleichnamige Gedicht von Lewis Caroll (in *»Trough the Looking Glass«)* und den gleichnamigen Film von Monty Python (1977).

Jackson, Peter

*(*1961, Neuseeland)*

Der neuseeländische Produzent und Regisseur, der seit frühester Jugend versucht hatte, verschiedene Jobs innerhalb des Filmgeschäftes auszuüben, machte zum ersten Mal durch seinen anarchistischen Splatterstreifen → *»Bad Taste«* von sich reden. Darauf folgte »Meet the Feebles«, eine Art Muppets Show pervers, und vor allem der erstmals weltweit angemessen gewürdigte → *»Braindead«*. Inzwischen sind es auch noch der erfolgreiche Film »Heavenly Creatures« und der überaus sehenswerte und leider etwas untergegangene »The Frighteners« entstanden. Im Moment dreht Jackson in Neuseeland angeblich die von ihm selbst finanzierte Realfilmversion von J.R.R. Tolkiens legendärem Werk *»Der Herr der Ringe«*. Bleibt zu hoffen, daß er dafür nicht die übrig gebliebenen Kulissen der *»Hercules«* Serie benutzt, die dort noch herumstehen dürften.

Jack the Ripper

Im Jahre 1888 erschütterte eine grausame Mordserie im Londoner Stadtteil Whitechapel das Vertrauen in die britische Polizei. Fünf Prostituierte fielen einem grausamen Mörder zum Opfer, der einige seiner Opfer regelrecht ausweidete. Obwohl es eine handvoll plausibler Verdächtiger (der ehemalige Leibarzt der Königin gehört auch dazu) und sogar vermeintlich echte Tagebuchaufzeichnungen gibt (erschienen bei Bastei), ist die Identität von Jack the Ripper bis heute nicht gelüftet. Den Namen gab der Täter sich selbst in den Bekennerschreiben und geschmacklosen Gedichten, die er an Presse und Polizei versand hat. Als eine Zeitung die Echtheit dieser Schreiben bezweifelte, übersandte er selbiger ein Stück von der Niere eines seiner Opfer.

»Jakob's Ladder – In der Gewalt des Jenseits«

(»Jacob's Ladder«), USA 1990 R: Adrian Lyne D: Tim Robbins, Danny Aiello

Der Postangestellte Jacob Singer leidet seit seiner Zeit in Vietnam unter grauenhaften Alpträumen. Doch er hat auch Visionen von seiner Zeit vor dem Krieg, in der sein Sohn noch am Leben und seine Familie noch intakt war. Als Singer schließlich bemerkt, daß er verfolgt wird und daß auch seine ehemaligen Kameraden unter ähnlichen Visionen leiden, kommt er auf die Idee, daß das Ganze mit Drogen zu tun haben könnte, die während des Krieges an sie verabreicht worden waren. Als er durch einen Chemiker über das Experiment, in dem es um die Schaffung von Supersoldaten durch Verabreichung einer Droge ging, aufgeklärt wird, ist der Alptraum noch nicht zu Ende und das Erwachen beinahe grausamer als die Visionen selbst ...

Ein großartiger und intelligenter Film, der eine beunruhigende dichte alptraumhafte Atmosphäre schafft, der der Betrachter sich nicht entziehen kann, eine einzigartige Fusion aus Geist und Gewalt heraufbeschwört und dem Horrorgenre durch Kombination verschiedener bekannter Motive dennoch eine neue schillernde Facette hinzuzufügen vermag. Die Pointe, die am ehesten mit der von Filmen wie *»Brazil«*, → *»Tanz der verlorenen Seelen«* oder einer Geschichte wie *»Der Zwischenfall auf der Eulenflußbrücke«* (→ *Ambrose Bierce)* zu vergleichen ist, ist großartig und das fürchterliche Sahnehäubchen auf einer einzigartigen Alptraumtorte, wie man sie selten nur zu essen bekommt.

Den Schöpfer des zweiten Teils des deutschen → *Titels* bitte ich, sich auf das Heftigste zu schämen.

Japan
Ein weiteres Land, das sich einer eigenen, hierzulande mitunter unverständlichen Art der Horrortradition erfreut, wobei auch der Unterhaltungswert von Filmen japanischer Herkunft für das westliche Gemüt nicht immer einfach zu erkennen ist. Neben solch unsterblichen Filmen wie denen der → »*Godzilla*«-Reihe oder poetischen Meisterwerken wie → »*Kwaidan*« sind es verstörende Produktionen wie etwa → »*Tetsuo – The Iron Man*« oder → »*Evil Death Trap*«, die den dortigen beinahe tabulosen Markt beherrschen. So produzieren etwa Firmen wie »Japan Shock Video« am laufenden Band Filme mit außerordentlich hohem Blut- und Gewaltgehalt mit hahnebüchenen Titeln wie »*The Android of Notre-Dame*«. Mit einer ähnlich hohen Frequenz wird der japanische Markt der → *Comics* (Mangas) bedient. Selten befinden sich unter den Ergebnissen wirkliche Perlen, doch auch die findet man im Land der aufgehenden Sonne ...

James, M.R.
*(Montague Rhodes; *1862 Goodnestone, †1936 Eton)*
Der Altertumsforscher, dessen Werk wie bei vielen Autoren des Genres vornehmlich aus Kurzgeschichten besteht, ist der wohl bekannteste Vertreter der klassischen englischen Gespenstergeschichte, dessen eigenes von Autoren wie etwa → *Sheridan LeFanu* geprägt war.

Eine erwähnenswerte von ihm inspirierte Verfilmung ist → »*Der Fluch der Dämonen*« (1958), der auf seiner Geschichte »Casting the Runes« basiert.

Jason
→ *Jason Voorhees*

»John Sinclair«
Der Frauenschwarm John Sinclair ist für Scotland Yard als internationaler Geisterjäger tätig, stellt sich → *Vampiren*, → *Dämonen*, → *Zombies* und der ganzen Baggage des Grauens, wobei ihm verschiedene Kameraden (wie etwa der Asiate Suko oder der Brite Bill Conolly) und zahlreiche mystische Gegenstände hilfreich zur Seite stehen ...

Die seit 1973 wöchentlich erscheinende Horrorromanserie aus der Feder → *Jason Darks* ist nicht nur die erfolgreichste Deutschlands, sondern findet inzwischen selbst in Finnland und Brasilien Verbreitung, erscheint teilweise bereits in vierter Auflage und kommt bezüglich aller

Erscheinungen nunmehr auf eine Gesamtauflage von 150 Millionen Exemplaren.

Auch die Liste von related products kann sich sehen lassen, inzwischen gibt es bei Bastei sogar ein »John Sinclair-Lexikon (das übrigens auch online zugänglich ist), 107 Hörspiele (Studio Braun) und ein gleichnamiges Computerspiel.

Internetadresse: *http://www.bastei.de/sinclair/21.htm*

Jones, Jim

Ein weiteres Kapitel des wirklichen Schreckens, das mehr als 900 Menschen das Leben gekostet hat. Jim Jones, der Anführer der → *Sekte* »The People's Temple« (Eigner eines immensen Geschlechtsorganes, das er oft und angeblich im Namen Jesu benutzte) animierte seine Anhänger im Zuge von Ermittlungen, die gegen ihn im Gange waren, im Jahre 1978 zum Trinken von tödlichem Gift. Eine Tat, die sich abgezeichnet hatte, da der Massensuizid beinahe von Anfang an seinen Platz im Konzept der Sekte hatte.

Jungfrau, eiserne

Metallenes Behältnis menschenähnlicher Form, dessen Innenseite mit derart langen Nägeln besetzt ist, daß ein Aufenthalt innerhalb des Behältnisses bei dessen Schließung gesundheitliche Probleme ernsterer Natur verursacht.

Ähnlich wie etwa die → *Streckbank* ist die eiserne Jungfrau (die ja außerdem das Vergnügen hat, Namensgeber der → *Heavy Metal* Gruppe »*Iron Maiden*« zu sein) ein weiteres klassisches Instrument der → *Folter*.

K

»Das Kabinett des Professor Caligari«
→ *»Das Cabinet des Professor Caligari«*

Kadaver
Aas, Tierleiche. Innerhalb des Genres auch als Bezeichnung für tote herumliegende Körper menschlicher Art gebraucht. Innerhalb des Genres sind Kadaver in der Regel mehr oder minder vordergründig eingesetzte Staffage, da tote herumliegende Körper ein allgemeingültiges Synonym für Unheil und Ärger sind.

Kafka, Franz
*(*1883 Prag, † 1924 Kierling bei Wien)*
Franz Kafka ist den wenigsten als Autor → *Phantastischer Literatur* ein Begriff, obwohl die zentralen Elemente seines Werkes, vornehmlich Angst-, Straf-, Ohnmachts- und Labyrinthmotive jenseits des rational Möglichen nahelegen, Kafka in diesem Kontext zu sehen. Wie auch immer man aber Kafkas Schaffen bewertet, in seinen Werken ist der Schrecken allgegenwärtig, Situationen entziehen sich der Kontrolle. Metamorphosen und undurchschaubare Mechanismen unterwerfen den Protagonisten, dessen Hilflosigkeit und Verlorenheit immer zentral sind. Obwohl Kafka zu Lebzeiten etwa den Fontane Preis verliehen bekam, war er niemals von seinem literarischen Talent überzeugt. Seiner Anordnung aber, das geschaffene Werk nach seinem Tod nicht zu veröffentlichen, sondern zu vernichten, kam der Nachlaßverwalter Max Brod nicht nach, weshalb dem Leser heute neben großartigen Romanen wie *»Der Prozeß«* auch Kafkas gesammelte Werke zur Verfügung stehen. Im Rahmen dieses Lexikons seien lediglich zweierlei Werke Kafkas: → *»In der Strafkolonie«* und → *»Die Verwandlung«* besprochen und die verwegene Bemerkung gemacht, daß Kafka in den Augen des Autors neben → *H.P. Lovecraft* einer der brillantesten Phantasten ist.

Kannibalismus
[griech. Antropophagie]
Mit Kannibalismus bezeichnet man das Verzehren des Fleisches von Vertretern der eigenen Art, im Falle der meisten Leser also das von Menschen. Das Phänomen ist seit Anbeginn der Menschheitsgeschichte bekannt, doch scheint es sich mit dem Jahrtausendwechsel immer mehr in den Vordergrund zu spielen, denn allein im ehemaligen Rußland sind im Zeitraum von 1996-99 über 30 Fälle bekannt geworden. Der Ursprung des Wortes beruht auf einem Mißverständnis, dem kein geringerer als Christoph Columbus erlag. Er mißverstand den Stammesnamen der menschenfressenden »Kariben« als »Kaniben«, womit einem neuen schrecklichen Wort Tür und Tor geöffnet waren, was uns den modernen Menschenfresser beiderseits korrekt als Kannibalen, oder Antropophagen, bezeichnen läßt. Kannibalismus ist ein Randphänomen des Horrors, das vornehmlich in den späten 70ern boomte und grundsätzlich für Unbehagen und Verstörung des Betrachters und mitunter Verbot von Filmen führt. Praktizierter Kannibalismus ist Thema etwa in skandalumwitterten Filmen wie → *Antropophagus* oder → *»Canibale Holocaust«*, wo er jedoch weit weniger subtil behandelt wird wie etwa in → *»Das Schweigen« der Lämmer*, oder weniger unterhaltsam wie etwa in den Menschenfresserkomödien → *»Eating Raoul«*, *»Eat the Rich«* oder → *»Delicatessen«*, das für das Horrorgenre urbar gemachte Motiv des Kannibalismus jedenfalls fußt in der Realität, seien es Eingeborenenstämme, die rituellen Kannibalismus praktizieren, wahnsinnige Serienmörder, welche die Überreste ihrer Opfer verspeisen (vgl. → *Andrej Chikatilo*, → *Fritz Haarmann*, → *Karl Dehnke*, → *Ed Gein*) oder Exoten wie etwa → *Issei Sagawa*, deren kannibalische Motivation künstlerischer Natur ist. Mitunter aber ist Kannibalismus, von all diesen irrigen Motivationen abgesehen, die einzige Möglichkeit zu überleben, wie das Beispiel des bekannten Flugzeugabsturzes in den Anden 1972 zeigt, als nur diejenigen überlebten, die sich dazu durchrangen, menschliches Fleisch zu essen (→ *»Überleben«)*. Doch davon abgesehen gibt es auch die Variante des rituell, magisch oder sexuell motivierten Kannibalismus.

Kannibalenfilm
Subgenre des Horrorfilmes, nicht selten mit Anklängen an sogenannte → *Mondo Filme*. Der Kannibalenfilm ist eine Innovation des italienischen Horrorkinos der späten 70er, dessen sich Aaron Boone (resp.

Heiko Bender) einmal mehr in einem seiner Bücher annahm. (»*Kannibalen*« mpw)

Karloff, Boris

*(eigtl. William Henry Pratt;*1887 London, † 1969 Sussex)*
Karloff ist ein Mitglied der kleinen Riege der großen Mimen des Schreckens. Bereits in der Frühzeit des Horrorfilmes wurde Karloff im Rahmen von Produktionen der legendären → *Universal Studios* neben → *Bela Lugosi* zum Inbegriff des Schrecklichen auf der Kinoleinwand. Seine bekannteste Rolle dürfte nachwievor die des Monsters in → »*Frankenstein*« (1931) und dessen → *Sequel* sein, die er wie kein anderer prägte. Doch auch seine Rolle als → »*Die Mumie*« (1932) ist legendär und seine sinistren Gesichtszüge waren stets ein Garant für das Grauen. Die Konkurrenz, in der er zeitlebens zu Bela Lugosi stand, wird am ehesten in → »*Die schwarze Katze*« (1934) deutlich. Ein weiteres hier angeführtes brillantes Kleinod ist → »*Der Rabe – Das Duell der Zauberer*«, in dem Karloff neben → *Vincent Price* spielt. Ein wichtiger und repräsentativer Film aus der Zeit des Niederganges des klassischen Horrorfilmes ist → »*Bewegliche Ziele*«.

Keen, Bob

Einer der großen → *Make up* und → *FX* Fachmänner der amerikanischen Filmindustrie, der etwa bei den Effekten zu → »*Hellraiser*« oder → »*Candymans Fluch*« seine Künste spielen ließ.

Keller

Unterirdisch gelegene Räumlichkeit, die in der Regel zur Aufbewahrung kalt zu lagernder Dinge oder Gefangenhaltung bedauerlicher Individuen dient. Dabei liegt der Keller unheimlicherweise abseits natürlicher Lichtquellen und verfügt überdies nicht selten über Zugänge zu mit schrecklichem Inhalt gesegneten Höhlen, Gewölben oder Katakomben, wie etwa in → *H.P. Lovecrafts* »*Die Ratten im Gemäuer*«. Ein Film, in dessen Zentrum dem Betrachter ein Keller begegnet, ist etwa »Das Haus der Vergessenen«, davon abgesehen pflegt in der Regel aber auch die → Folter in Kellergewölben praktiziert zu werden, weshalb Geschichten und Filme wie → »*Die Grube und das Pendel*« ebenfalls in Kellergewölben spielen und man nicht selten den Terminus des Folterkellers benutzt.

»Kettensägenmassaker«

(»The Texas Chainsaw Massacre«)

USA 1974 R: Tobe Hooper D: Gunnar Hansen, Marylin Burns

Auf ihrem Weg über abseitige Landstraßen sammeln einige Jugendliche einen seltsamen Kerl auf, dessen wirres Verhalten und Erzählungen in einem körperlichen Angriff und seiner Flucht enden. Als die Teenager wenig später mit ihrem Wagen liegenbleiben, machen sie sich getrennt auf die Suche nach Hilfe. In einem abgelegenen Farmhaus finden zunächst zwei von ihnen schließlich etwas, das nur schwerlich Hilfe zu nennen ist. Dabei handelt es sich um → *Leatherface*, den Schlachternachwuchs einer seltsamen Familie, die nicht nur seit längerem Reisende massakriert und zu innovativer Kunst verarbeitet, sondern auch diese Gruppe von Teenagern annähernd ausradieren wird. Eigentlich *der* legendäre Film mit dem Touch des Verbotenen, dessen Erscheinen Publikum und Kritik gleichermaßen verstörte und dementsprechend zu einer Beschlagnahme gemäß → *Paragraph 131* führte. Das Verbot des Filmes ist dabei wohl, ähnlich wie im Fall von → *»Mondo Brutale«*, eher auf die Beiläufigkeit und Konsequenz der gezeigten Gewalt als auf ihre Explizität zurückzuführen. Bemerkenswert auf einer anderen Ebene ist die Tatsache, daß der Film ebenso wie der Klassiker → *»Psycho«* auf dem Fall des → *Serienmörders* → *Ed Gein* basiert. Der umherwankende Leatherface und die Rauchfahne seiner bevorzugten Jagdwaffe, der → *Kettensäge*, sind unvergeßliche Momente, der charmante Großvater der Familie ein Grenzfall zwischen tot und untot. Auf der antiken Atari 2600 Spielkonsole erschien übrigens Ende der 70er tatsächlich ein auf diese Film basierendes Spiel in der klassischen Punkt und Strichmanier ... Dennoch ansprechender als manch unnötiges → *Sequel*.

• *»The Texas Chainsaw massacre Part Two«; USA 1985 R: Tobe Hooper D: Dennis Hopper, Caroline Williams*

Hopper legt hier einen seltsam bizarrhumoristischen und mitunter unnötig gewalttätigen Ansatz an den Tag, der

»Kettensägenmassaker« – legendär, schlimm und beschlagnahmt gemäß § 131 StGB.

abgesehen von der Weiterführung der Charaktere mit dem furiosen ersten Teil nur wenig zu tun hat.

- *»Leatherface – The Texas Chainsaw Masscre III«; USA 1989 R: Jeff Burr D: Kate Hodge, Viggo Mortensen*

→ *Splatter* goes → *Mainstream* und büßt dabei neben kontroversem Potential auch Glaubwürdigkeit und Originalität ein.

- *»Texas Chainsaw Massacre – Die Rückkehr«; (»The Return of the Texas Chsainsaw Massacre«). USA 1994 R: Kim Henkel D: Renee Zellweger, Rober Jacks*

Der Ansatz des Filmes scheint ein motiviertes Back to the Roots, was aber, da der erste Teil das diesbezüglich Notwendige bereits beinaltete, nicht genügen kann.

Killer

[engl. Mörder]

Im Horrorgenre in der Regel mit zumindest einem Adjektiv zu versehen, das von abartig über wahnsinnig bis hin zu untot reichen und auch kombiniert werden kann. Aufgrund des hohen Stellenwertes der Ermordung (→ *Mord*) menschlicher Individuen im Horrorgenre, ist die sie ausführende Person nicht selten zentraler Aspekt einer Handlung. Sie, der Killer, kann hierbei auf verschiedenste Weise agieren und entwickelt im Gegensatz zu seiner Tätigkeit im klassischen Krimi nicht selten eine beachtliche Kreativität (→ *»Kettensägenmassaker«*, → *»Nightmare – Mörderische Träume«)*. Ein interessanter filmischer Ansatz, der den klassischen Killer mit dem klassischen Horrorgenre in Verbindung bringt, ist → *»Bewegliche Ziele«*.

King, Stephen

*(*1946 Portland)*

Der wohl fleißigste Vielschreiber des Genres der Horrorliteratur ist ein umstrittener Charakter, dessen Werk ebenso Ablehnung wie Bewunderung hervorruft. Dabei ist das Gesamtwerk Kings inzwischen beinahe unübersichtlich geworden, wobei wirkliche originelle Ansätze (wie etwa *»Friedhof der Kuscheltiere«* oder *»Es«)* eher selten sind, was aber der Tatsache, daß King der meistgelesene, meistverkaufte und erfolgreichste Horrorautor aller Zeiten ist, keinen Abbruch tut. Mitunter drängt sich aber das Gefühl eines Strickmusters auf, das King auf die meisten seiner Werke anzuwenden scheint. Filmische Umsetzungen, wie → *»Brennen muß Salem«*, → *»Carrie – Des Satans jüngste Tochter«* oder → *»Shining«* sind inzwischen beinahe zur Regel geworden, wobei die genannten Beispiele jedoch die besseren Verfilmungen sind. Kings Buch *»Danse Macabre«* (1981) über die Geschichte des Horrors ist allerdings ein durchweg lesenswertes und profundes Werk, das von einer wirklichen Kenntnis des Genres seitens des Autors kündet.

Im Lexikon Imprint Verlag Berlin erschien im Herbst 1999 ein Lexikon über Stephen King, seine Bücher, seine Filme und sein Leben.

»King Kong und die weiße Frau«

(»King Kong«) s/w

USA 1933 R: Merian C. Cooper D: Fay Wray, Robert Armstrong

Ein Filmproduzent landet mitsamt seinem Team auf einer tropischen Insel, um dort einen Abenteuerfilm abzudrehen. Doch die Eingeborenen machen ihre Pläne zunichte und entführen die blonde Hauptdarstellerin, um sie einer hinter einem riesigen Zaun lebenden mysteriösen Gottheit als Opfer darzubringen. Diese Gottheit ist King Kong, ein riesiger Affe, der aber plötzlich ganz andere Dinge im Kopf hat, als sein Opfer in der geplanten Weise anzunehmen. Dem ihm verfolgenden Filmteam gelingt letztenendes die Gefangennahme der Kreatur, von der man sich einiges verspricht. King Kongs Gefühle gegenüber seinem »Opfer« sind allerdings ungebrochen. Einige Kürzungen, wie etwa das Schälen der frühen → *Scream Queen* → *Fay Wray* wie eine Banane oder verschiedene Gewalttaten King Kongs gegenüber bedauernswerten Individuen sind seinerzeit aus dem Film entfernt worden.

Neben → *»Godzilla«* ist King Kong einer der populärsten Vertreter des schwergewichtigen → *Tier-Horrors*. Die Stop-Motion-Effekte von Willis O'Brien, die dem zutiefst menschlichen Affenungetüm, respektive seinem 18 Zentimeter großen Modell (dessen Größe im Film von 6 bis 20 Meter Größe variiert) Leben einhauchten, inspirierten Generationen von Tricktechnikern und legten unter anderem den motivatorischen Grundsteind der Karriere → *Ray Harryhausens*.

Die literarische Vorlage zu dem Film stammte übrigens von keinem geringeren als dem Krimikönig Edgar Wallace, die Dschungelhintergründe waren von den Illustrationen Gustave Dorés zu John Miltons → *»Paradise Lost«* inspiriert, und außerdem ist dies der erste Film in der Geschichte des Cinematographie, der über eine eigene auf Zelluloid gebannte Musik verfügte.

»King Kong«
USA 1976 R: John Guillermin D: Jeff Bridges, Charles Grodin
Unnötiges → *Remake* des Klassikers, das unverständlicherweise sogar zu einer ungleich überflüssigeren Fortsetzung (*»King Kong lebt«*, 1986) führte.

Kiss
(engl. → Kuß)
Vierköpfige Ausnahmeband, deren Charakteristika exzessiv geschminkte Gesichter und eigenwillige spektakuläre Bühnenshows inklusive Kunstblut, Feuersbrunst und furiosen Kostümen sind, wobei jedes Bandmitglied seine eigenen Schminkcharakteristika und Bandleader Gene Simmons keine Kontrolle über seine Zunge hat. Im weitesten Sinne ist ihre Musikrichtung dem → *Heavy-Metal* zuzurechnen.

In den Siebziger Jahren gab es viel Aufhebens um die Band, deren Namen man unter anderem nachsagte, er wäre ein Kürzel für »Knights In Service Of Satan«. Da aber Skandale dem Image dieser Band eher zuträglich waren, war es Kiss ein Vergnügen, 1978 ihr Blut mit der Farbe für die Ausgabe eines Marvel Comics zu vermischen, in dem es um die Verwandlung einiger Jugendlicher in ihre Idole geht.

1998/99 erlebte die Gruppe ein furioses Comeback mit der »Psycho-Circus« Konzeption, die sich von einer CD und der dazugehörigen Tour über → *Comics* und → *Plastikfiguren* erstreckte. Daß die Band ein solches Comeback bereits früher versuchte und irgendwie niemand sie ungeschminkt sehen wollte, steht auf einem anderen Blatt und soll nichts über die Qualität ihrer Musik aussagen ...

Klauen
Nicht selten mit langen Nägeln oder Krallen versehene überdimensionale Hände oder Pranken von außerordentlicher Gefährlichkeit, die gerne mit Attributen wie »blutig«, »tödlich« oder »scharf« versehen werden, um richtig schlimm zu sein. Meist sind Klauen hierbei Tieren oder Monstern zueigen, aber auch als Synonym für die Hände grausamer Mörder sind sie gebräuchlich.

»Kleiner Laden voller Schrecken«
(»Little Shop of Horrors«) s/w
USA 1960 R: Roger Corman D: Jonathan Haze, Jackie Joseph
Der trottelige Seymour fristet sein tristes Dasein als Leibscherge des Blumenhändlers Mushnik und erschafft bei ehrgeizigen Züchtungs-

versuchen eine Pflanze, deren Fortbestand einzig durch den Konsum von Blut und Fleisch gesichert werden kann, was Seymour seinem Liebling in einem derart ausreichenden Maß beschafft, daß das Pflänzlein prächtig wächst und gedeiht. Dieser Klassiker des komischen Horrorfilms, der zunächst eine Umsetzung als Bühnenstück und 1986 als → *»Der kleine Horrorladen«* ein begnadetes → *Musical*- → *Remake* erfuhr, wurde von → *Roger Corman* angeblich innerhalb zweier Tage und Nächte in einer von einem anderen Film (*»A Bucket of Blood«)* übriggebliebenen Kulisse als absoluter Low-Budget-Film gedreht.

Knoblauch
Zur Familie der Liliengewächse gehörend, wird der Knoblauch in Größeneinheiten von Zehe und Knolle gemessen und vermag dabei beinahe jedem Essen Geschmack zu verleihen. So außerordentlich seine Würze, so beängstigend ist sein Geruch. Er verleiht – zumindest in klassischen Geschichten – neben → *Kreuz* und → *Weihwasser* Schutz gegen → *Vampire*, weshalb in abergläubischen Regionen Knoblauchkränze über Betten und Gräbern drapiert werden, um die Untoten zu bannen.

Davon abgesehen sorgt Knoblauch – auch wenn kein Vampir in der Nähe ist – für Ungestörtheit und absolute Ruhe in Bahnabteilen und Ehebetten.

Knochen
Einzelne Elemente des → *Skelettes*, deren Auffindbarkeit innerhalb des Genres an verschiedenen Orten Usus ist, wenn auf »Seit Urzeiten verlassen« oder »verdammt gefährlich« hingewiesen werden soll. Selten aber begegnet man in Film oder Literatur eindrucksvollen Bauten wie der Knochenkapelle von Kutnà Hora, deren Innerstes mit den Knochen mehrerer tausend Verstorbener geschmückt ist.

Kobolde
Neckische Hausgeister, ähnlich wie → *Poltergeister*. Im Volksglauben werden die meist kleinen und häßlichen Kreaturen ebenso wie Sylphen, Nymphen und Salamander den Elementargeistern, genauer der Erde zugeordnet. Kobolde richten in der Regel keinen ernsthaften Schaden an, sondern verursachen lediglich Unordnung und Ärgernis. Eine Entsprechung des Koboldes sind etwa der irische → *Lepreachaun* oder die englischen little people.

Koresh, David
Anführer der → *Sekte* der Davidianer, der das Massaker auf der Waco Ranch vom 28.2.1993 zu verantworten hat, auf der er sich mit seinen Anhängern verbarrikadiert hatte. Als die Gebäude der Ranch gestürmt wurden, hatten die meisten der Sektenmitglieder sich bereits selbst und gegenseitig gerichtet. Insgesamt waren auf jener Ranch und an jenem Februartag 90 Tote zu beklagen.

Krankenhaus
Einer der klassischen Horrororte der Moderne. Der Rahmen eines Krankenhauses samt → *Pathologie* bietet die Möglichkeit für vielerlei Absonderliches, seien es → *Experimente*, → *wahnsinnige Wissenschaftler*, verrückte Ärzte (wie etwa → *Julian Sands* in → *»Boxing Helena«*), → *Folter* oder was auch immer. (→ *»Re-Animator«*) Da unter dem Krankenhausvorzeichen auch die → Psychiatrie läuft, ist auch der → *Wahnsinn* ein stetig dort vertretenes Moment, (in → *»Hellbound«* etwa wird die gesamte Belegschaft der Psychiatrie einer ziemlich tödlichen Verhandlung unterzogen).

Kreuz
Geometrische Figur aus zwei rechtwinklig gekreuzten Geraden. Symbol des christlichen Glaubens, mit dem darauf angebrachten Abbild Jesus Christus auch Kruzifix genannt. Der vordergründig Böse dreht sowohl das eine als auch das andere um, und der noch Bösere zündet es auch noch an, wobei beides allerdings bloß Ausdruck vordergründiger Boshaftigkeit ist (→ *Satanismus*).

Im Horrorgenre deutet das Verwenden umgedrehter Kreuze darauf hin, das irgend etwas ziemlich böse ist, den Leuten, die das zum Ausdruck bringen wollten, jedoch nichts besseres eingefallen ist. Exzessiv wird man davon Zeuge in »Omen IV« (→ *»Das Omen«*), wo sich innerhalb der ersten Viertelstunde zumindest mehr als drei Kreuze umdrehen, um mächtig Angst zu machen.

Die vielseitige Verwendbarkeit zeigt etwa eine Illustration in → *Vampire*, die darstellt, wie ein weiblicher Vampir Fellatio mit einem Kruzifix andeutet. Gern schmelzen metallene Kreuze in den Händen gläubiger Menschen (→ *»Hellraiser III«* / → *»The Fog«*), manchmal erschlagen umstürzende Kreuze auch Leute, und außerdem sind sie eine klassische → Waffe im Kampf gegen → *Vampire*, die – zumindest in klassischen Geschichten – Angst vor dem Glaubenssymbol zeigen.

Wo immer aber wer auch immer ein Kreuz für was auch immer

benutzt, sowohl der → *Teufel* als auch Gott dürften besseres zu tun haben, als sich um die Stellung geometrischer Figuren zu scheren.

Kreuzweg

Bezeichnet eine gewöhnliche Wegkreuzung, im Volksglauben Beschwörungsplatz für Dämonen, wo man einen Kreis zieht und die entsprechenden Formeln zu → *Beschwörung* von was auch immer aussprechen muß, um Erfolg zu haben. Während auf dem Kreuzweg im frühen Mittelalter Verbrecher begraben wurden, damit ihre Seelen fortan verdammt dazu waren, sich zwischen den einzelnen Wegen nicht entscheiden zu können, wird der Kreuzweg im späteren oft in Hexenprozessen erwähnt.

Krueger, Freddy

Als Sohn einer in einer psychiatrischen Anstalt kollektiv geschändeten Nonne entwickelt sich Fred Krueger in der ElmStreet zum perversen Kindermörder, dessen mörderische Laufbahn zunächst ein jähes Ende findet, als er vom aufgebrachten Mob gelyncht und verbrannt wird.

Sein Handschuh mit den Klingen (seine Herstellung wird im Vorspann des ersten Filmes großartig in Szene gesetzt) ist ebenso legendär wie sein geschmackloser Strickpulli oder sein ausgeleierter Hut, ein Outfit, daß ihn am ehesten wie einen symphatischen Verlierer wirken läßt. Herr Krueger jedenfalls, eigentlich tot und doch nicht willens, gänzlich aus dem Leben zu scheiden, ist die begnadete Gabe verliehen, Menschen in ihren Träumen umzubringen. Am ehesten Teenager, die unweit der ElmStreet aufwachsen ... Kruegers Traummorde jedenfalls sind mitunter recht blutig und bemerkenswert, da sie außerhalb der Realität stattfinden, wo Schwerkraft und etwaige Behinderungen keine Rolle spielen und wahrhaftig alles möglich ist. Das erkennen nach längerem Schlafentzug zumeist auch Freddies jugendliche Opfer und schlagen ihn bald in Lummerland mit seinen eigenen Waffen. In der Regel findet sich im Rahmen des Geträumten auch die Möglichkeit, alle Verstorbenen unverstorben zu machen, was das Ende zumindest in den späteren Filmen ungemein amerikanisch werden läßt. (Das des ersten ist noch recht strange). Erstaunlich, wenn man bedenkt, daß Krueger sie zuvor nicht selten entarmt, entbeint, verflüssigt, verbrennt und andere Dinge mit ihnen tut, die zu ihrem Tod führen und für gewöhnlich nicht wirklich umkehrbar sind.

Die Figur stammen aus der Feder von → *Wes Craven*, Protagonist der einträglichen → »*Nightmare*«-Streifen (die sogar eine Fernsehserie nach sich zogen). Dargestellt wird Herr Krueger jedenfalls von Robert Englund, dem es seither schwerfallen dürfte, nicht mit dem entstellten Dreamripper identifiziert zu werden.

Als → *Merchandise* werden vor allem billig produzierte Freddy-Schminksets, Masken und Handschuhe angeboten, die vornehmlich zu Halloween reißenden Absatz finden. Wobei aber natürlich auch teure Props und lebensgroße Statuen Kruegers zu haben sind, deren Preise allerdings alles andere als benutzerfreundlich sind. Kleinere Freddy-Statuen gibt es auch hier von Screamin, wobei die Klingen an den Handschuhen allerdings aus besserem Staniolpapier sind ... Freddy Krueger ist eben eine Kultfigur, und an einer solchen pflegt mehr als bloß einer sich eine goldene Nase zu verdienen.

Obwohl es diesbezüglich eine hübsche Anekdote gibt, mußte doch Herr Englund anläßlich einer Pressekonferenz, nachdem zwei Fans seinen Handschuh gestohlen hatten, tatsächlich selbst auf eine der billigen, vergleichsweise peinlichen Plastikvarianten zurückgreifen ...

Kürbis

Es dürfte bekannt sein, daß das Dasein eines Kürbisses in Amerika und zu → *Halloween* ein plötzliches Ende in seiner kunstvollen Verstümmelung findet. Dabei wird in die Schale des Kürbis eine Grimasse geschnitten, die Frucht von innen ausgehöhlt und nachts beleuchtet ins Fenster gestellt. Dafür gibt es natürlich spezielle Kürbismesser, und wer Plastikkürbisse verkauft, die leuchten, sprechen, auf Geräusche reagieren, wackeln, zappeln und weiß der Draht was noch tun, wird – während er in jedem anderen Lande der Welt pleite gehen würde – in Amerika spätestens an Halloween reich reden.

Während dies allgemein bekannt sein dürfte, ist die Tatsache, daß man in bestimmten Balkangebieten tatsächlich glaubt, daß Kürbisse mit Vampirismus infiziert werden können. Vampirisiertes Obst rollt über den Boden und sollte innerhalb von zehn Tagen gegessen werden. Geschieht das nicht, wird der vampirisierte Kürbis – spätestens wenn er beim Umherrollen Blutstropfen zurückläßt – wirklich gefährlich.

Nein, das habe ich mir nicht ausgedacht.

Kunst

Ob es sich um → *Expressionismus* oder Surrealismus, um religiöse, mythologische oder phantastische Motive, die Martyrien der Heiligen, die Qualen der Hölle oder den ganzen Rest handelt, sein Platz in der Kunst ist dem Schrecken seit eh und je gewiss. Und neben zweierlei bedeutenden Bildern (→ *»Der Garten der Lüste«* & → *»Der Nachtmahr«)* gibt es auch Namen zu nennen: so z.B. → *Pieter Brueghel* und → *Hieronymus Bosch*, Pioniere des neuen Schreckens wie → *H.R. Giger* oder → *Zdzislaw Bekzinski*, begnadete Illustratoren wie etwa → *Bernie Wrightson* oder auch vergleichsweise unbekannte deutsche Künstler wie → *Rainer Engel*, → *Fabian Fröhlich* oder → *Markus Mayer.*

Abschließend sei allerdings auch der Ausnahmekünstler → *Gunther von Hagens* erwähnt, dessen Leichenskulpturen die Öffentlichkeit auf das äußerste verstören.

Kuß

Der Kuß ist im fraglichen Bereich zwar auch als Symphatie- und Lustbekundung üblich, durchläuft mitunter jedoch gewisse Metamorphosen. So ist etwa Kuß auch ein Euphemismus für den Biß des Vampirs (→ *Vampire*), auch abartige Mörder, Triebtäter oder → *Monster* nötigen ihre Opfer mitunter (vornehmlich zur Steigerung des Ekels und der Antipathie seitens des Konsumenten) zu widerlichen Küssen, und auch der Film *»Species«* etwa beinhaltete einen Kuß, in dessen Verlauf die weibliche Beteiligte mit ihrer Zunge den Kopf des männlichen Beteiligten sprengte. Dieser Kuß wurde übrigens vom Musiksender MTV zum Filmkuß des Jahres 1997 gewählt. Der normale Kuß ist in der Regel jedoch weniger gesundheitsschädlich. Außerdem ist der Kuß, ähnlich wie etwa → *Blut*, → *Tod* oder Nacht, ein gern gebrauchtes Substantiv in Titeln.

»Kwaidan«

JAP 1964 R: Masaki Kobayashi D: Keiko Kishi, Tatsuya Nakadei

Ein Samurai, der ausgezogen war, einem reichen Fürsten zu dienen, kehrt nach Jahren zu seiner Frau zurück, um nach einer Nacht mit ihr festzustellen, daß sich einiges geändert hat und seine Frau schon länger tot ist. Ein blinder fahrender Musiker spielt vor einem Publikum ungnädiger Geistersoldaten. Ein Holzfäller begegnet dem Geist des Todes und müßte, ihm zu entkommen, sein Geheimnis bewahren und letztenendes wird der Blick eines Mannes in eine Tasse Tee zur übersinnlichen Erfahrung. Dem japanischen Episodenfilm liegen tastächlich klassische japanische Märchen zugrunde, deren Atmosphäre hier brillant und dicht auf eine Ebene des Horrors übertragen wird, daß sich auch westlich orientierte Gemüter der Faszination des stimmungsvollen Filmes nicht entziehen können.

L

Labor

Ein weiterer klassischer Ort des Horrors, wo der übermotivierte Wissenschaftler (vgl. → *mad scientist*) seine → *Experimente* durchführt, um das eine oder andere zweifelhafte Ziel zu erreichen. Das Mobiliar des Labors wurde maßgeblich von den frühen Frankensteinverfilmungen der Universal Studios geprägt, es mit einer Unzahl blitzender Spiralen, Lämpchen und vermeintlich sinnreichen Antennengebilden, Glaszylindern und Hebeln, die einzig der Zerstörung von so ziemlich allem dienen, angefüllt, was sich bis heute nicht wirklich geändert hat. Wichtig ist bei der Bestückung des Labors lediglich der Eindruck, den seine Gesamtheit auf den Zuschauer, resp. Leser hat. Entsprechende Erklärungen einzelner Apparaturen zu erwarten wäre vermessen, das können Sie in ihrer Küche haben.

Lamia

→ *Lamien*

Lamien

[griech. »Verschlingerin«]
Menschenraubende und blutsaugende Gespenster der griechischen Antike, eine mythologische und ungleich ältere Variante des Vampirs (→ *Vampire*).

»Larry Brent«

Larry Brent alias X-Ray-3 ist ein Agent der PSA (Psychoanalytische Spezialabteilung), einer Abteilung, die da zu ermitteln beginnt, wo gewöhnliche Ermittlungsmethoden versagen.

Gemeinsam mit der PSA und seinem Kollegen Iwan Kunaretschew (X-Ray-7) klärt Brent die gesamte Bandbreite übersinnlicher Vorfälle,

»Larry Brent« – Die erste deutsche Groschenromanserie

LARRY BRENT
Die geheimen X-Akten der PSA
Ausgewählt von
Dan Shocker
Manfred Weinland
Das Kind der Toten
BLITZ

LARRY BRENT
DAN SHOCKER
Die Mörderpuppen der Madame Wong
BLITZ
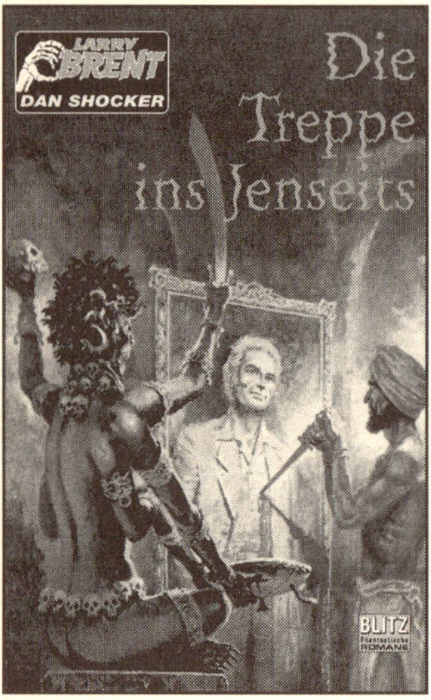
LARRY BRENT
DAN SHOCKER
Die Treppe ins Jenseits
BLITZ

LARRY BRENT
Die geheimen X-Akten der PSA
Ausgewählt von
Dan Shocker
Der Blutengel von Tschernobyl
Martin Eisele
BLITZ

»Larry Brent«

vom → *Ghoul* über → *Vampire* – bis hin zum *Zombie*-Phänomen, in bewundernswert übersinnlicher Geheimagentenmanier auf.

Der Ring mit der Weltkugel, den jeder PSA-Agent trägt, gibt, sobald die Körpertemperatur unter normal sinkt, Signale an die PSA-Zentrale ab und fungiert darüberhinaus als Funkgerät, so daß man sich durchaus fragen kann, wer überhaupt James Bond ist.

Die Serie des Autors → *Dan Shocker* wurde 1968 (fünf Jahre vor dem Evergreen → *»John Sinclair«)* als erste deutsche Horrorheftchenserie gestartet, erfreute sich in den Achtzigern ebenfalls einiger Hörspielbearbeitungen (Europa) und wurde nunmehr ebenfalls vom → *Blitz* Verlag wieder aufgelegt.

»The Last House on the Left«

→ *»Mondo Brutale«*

Leatherface

Als engagiertestes Mitglied der Saw-Family aus dem berühmt berüchtigten → *»Kettensägenmassaker«* trägt Leatherface eine selbstgenähte → Maske aus Menschenhaut, die ihn bereits unverwechselbar macht. Doch erst die blutbesudelte Schlachterschürze und seine Kettensäge machen das Bild komplett. Dabei ist Leatherface ein wuchtiger Hüne an Gestalt, wie die meisten seiner Kollegen (→ *Michael Myers* oder → *Jason Vorhees*) überaus schweigsam und fähig, wen immer er will auf einen Fleischerhaken zu hängen. Diese Summe von Merkmalen macht aus Leatherface den wohl bekanntesten Schlachter des Horrorfilmgenres, der seinem realen Vorbild → *Ed Gein* inzwischen beinahe den Rang abgelaufen hat.

»Lebendig begraben«

(»Premature Burial«)

USA 1961 R: Roger Corman D: Ray Millard, Hazel Court

Ein wohlhabender Kataleptiker (→ *Katalepsie*) unternimmt alles, um in dem Fall, daß er lebendig begraben werden sollte, aus seinem Mausoleum entkommen zu können. Neben verschiedenen Fluchtwegen steht ihm in seiner Gruft ein Glockenzug zur Verfügung, mit dem er sich bemerkbar machen kann.

Die großartigste Szene des Filmes ist eine → *Vision* des Protagonisten, in der alle angebrachten Vorsichtsmaßnahmen versagen und er trotz allen gegensätzlichen Bemühens lebendig begraben wird.

Darüberhinaus ist der Film vor allem ein Stimmungsfilm, eine Reminiszenz an den → *Gothic Horror*, mit üppigen → *Spinnweben* und eifrigst wallendem → *Nebel* auf maroden Friedhöfen.

Nach → *»Die Grube und das Pendel«* und → *»Der Untergang des Hauses Usher«* war dies die dritte → *Edgar Allen Poe* Adaption → *Roger Cormans*.

Lecter, Hannibal

Hannibal Lecter ist die von Richard Harris geschaffene literarische Figur eines hochintelligenten Psychiaters mit kannibalischen Neigungen. Hannibal Lecter ist in erster Linie einfühlsam, geistreich, hochqualifiziert und erst in zweiter Linie pervers und Kannibale. All dies ist Lecter jedoch in Vollendung und erfreut sich dabei des wohlklingenden Wortspielspitznamens »Hannibal the Cannibal«.

Berühmtheit erlangte der Charakter vor allem durch seine Darstellung durch den Schauspieler Anthony Hopkins in → *»Das Schweigen der Lämmer«*.

Das zweite Buch, in dem der kultivierte Menschenfresser die Hauptrolle einnimmt, ist in Amerika bereits unter dem Namen *»Hannibal«* erschienen.

Lee, Christopher

*(eigtl. Christopher Frank Carandini Lee;*1922 London)*

Christopher Lee ist der letzte große lebende Horrormime dieses Jahrhunderts, dessen Auftreten grundsätzlich eine Ahnung des Schauerns mit sich bringt.

Neben → *Peter Cushing* machte er sich zunächst in den Produktionen der → *Hammer Studios* einen Namen, in deren Filmen er vornehmlich als das neue → *»Dracula«* Gesicht bekannt wurde. Doch auch das Ungeheuer → *»Frankenstein«* verkörperte er und ebenso den James Bond Gegenspieler Scaramanga. Dabei ist Lee der Prototyp des hochgewachsenen distinguierten Briten, allerdings ruhiger und weniger verstörend als etwa → *Vincent Price*.

Der nächste große Auftritt des Schauspielers, dessen deutsche Sprachkenntnisse übrigens so weit gediehen sind, daß sie etwa zur Synchronisierung des König Haggard in »Das letzte Einhorn« gereichten, ist seine Rolle als Bürgermeister in → *»The Legend of Sleepy Hollow«*.

LeFanu; Joseph Sheridan

*(*1814 Dublin, † 1873 ebenda)*

Der irische, ursprünglich studierter Jurist, muß, ob auch oftmals vernachlässigt, als prägender Autor des Phantastischen betrachtet werden. Dabei bedient sich LeFanu zunächst klassischer Motive, die im Verlauf seiner Geschichten jedoch eine bemerkenswerte psychologische Dimension annehmen, was die Intensität der Grundlage des → »*Gothic Horror*« weit übertrifft und LeFanu zu einem liebevollen Überwinder seiner selbst macht. Das wohl bekannteste Werk LeFanus dürfte die Geschichte des lesbischen Vampirs → »*Carmilla*« sein, deren Erzähler (Dr. Hesselius) ein wiederkehrender Charakter in den Schriften LeFanus, der auch in der Sammlung von fünf Geschichten, die ein Jahr vor dem Tod des Autors in dem Band »*In a Glass Darkly*« den Blick in seine Archive eröffnet.

Leichenraub

Das ausgehende 19. Jahrhundert wurde von zahlreichen Geschichten begleitet, in denen das unerhörte Motiv des Leichenraubes vorkam. Sei es nun → »*Frankenstein*« oder »*The Body Snatcher*« (von Robert Louis Stevenson). Den wenigsten ist allerdings bekannt, daß auch diese Motive von tatsächlichen Ereignissen geprägt waren. Deutlich wird das vor allem am Fall der »Auferstehungsmänner«, die zu Beginn des 19. Jahrhunderts Gräber ausraubten, um Universitäten Leichen für Experimente zu verkaufen. Natürlich gab es auch Fälle wie den von William Hare und William Burke, die – statt Leute auszugraben – diese einfach erwürgten und damit manchen Horrorfilm inspirierten (»*The Body Snatcher*«, 1945).

Leichnam

Totes Individuum und für gewöhnlich Füllung des → *Sarges*, können Leichname sich innerhalb des Horrorgenres an beinahe jedem erdenklichen Ort befinden und sich überdies dadurch auszeichnen, nicht einmal wirklich tot zu sein (→ *Untote*).

Lepreachaun

Irisches Synonym für → *Kobold*, das nicht nur ungleich geldgieriger und geschmackloser gekleidet als seine Verwandten ist, sondern auch wesentlich schlechtere Filme inspirierte (»*Leprechaun*«, 1992)

Leroux; Gaston

*(*1868 Paris, †1927 ebenda)*
mit »Le Fantôme de l'opera« (→ »Das Phantom der Oper«, 1910)
Autor eines weiteren nimmermüden Motives in der Welt des

Schreckens. Obwohl L. sich überwiegend der Erstellung kriminalistischer Literatur widmete, tauchen doch darin stets auch phantastische Elemente auf. Keines seiner komplexen Werke erlangte jedoch die Aufmerksamkeit des oben erwähnten.

Leviathan
Dem Alten Testament entsprechend ein im Meer lebende, dreiköpfiges Ungetüm, welches das gesamte Reich Gottes verschlingen und ins Chaos stürzen will (Psalm 74,14). In späterer Zeit gilt der Leviathan allerdings lediglich als Erscheinungsform des Teufels und wird zeitweise auch mit dem gemeinen Wal gleichgesetzt. Doch auch Leviathan ist ein derart wohlklingender Name, daß das Horrorgenre sich seiner öfter als nötig bedient, wobei etwa seine Darstellung in »Hellbound-Hellraiser II« (vgl. → »*Hellraiser*«), obwohl nicht einmal mit *einem* Kopf versehen, durchaus erwähnenswert ist.

Levitation
Übersinnliches Phänomen der Schwerelosigkeit, in dessen Verlauf der Erfahrende die Schwerkraft für einige Augenblicke spektakulär überwindet, um ungleich später auf den Boden der Tatsachen zurückzukehren.

Lewis, Hershell Gordon
(1926 Pittsburgh)
Amerikanischer Regisseur, der vormals als Pornofilmer tätig war und 1963 mit → »*Blood Feast*« die kontroverse Kunstform des → *Splatter-Filmes* begründete und den Grundstein für die Ausweitung filmisch dargestellter Grausamkeit legte. Lewis' Bedeutung in diesem Kontext dürfte das Bemerkenswerteste an Lewis sein, dessen weitere Filme zwar unzweifelhaften Kultstatus genießen, aber eben doch nur eine begnadete Fortführung der Provokation sind. (Obwohl »*Wizard of Gore*«, 1970, noch ganz originell war). Seit den frühen Siebzigern ist Lewis nicht mehr im Filmgeschäft tätig und lebt inzwischen mit seiner Frau zurückgezogen in Florida und schreibt Bücher über Werbemanagement. True Horror.

Ligotti, Thomas
*(*1953 Michigan)*
Veröffentlichte zunächst zahlreiche Geschichten in Phantastikfanzines (→ *Fandom*), wo Ligottis ungewöhnliche Originalität schon bald für

Thomas Ligotti – eine der Perlen der neueren Phantastik

Aufsehen sorgte. Ligotti beschreitet dabei konsequent den Weg der klassischen Kurzgeschichte, weshalb seine meisten Geschichten auch in Kurzgeschichtensammlungen (so zum Besipiel »Songs of a Dead Dreamer« (1983), »*Grimscribe – His Lives and Works*« (1991) und »The Nightmare Factory«, 1996) erschienen sind (was in Deutschland übrigens annähernd undenkbar wäre).Während einige seiner Erzählungen für den World Fantasy Award nominiert wurden, wurde seine Geschichtensammlung »The Nightmare Factory« 1997 mit dem Bram Stoker Award ausgezeichnet. Ligotti, der sich selbst in der Tradition des klassischen Horrors (→ *Edgar Allan Poe*, → *H.P. Lovecraft*, → *Arthur Machen*) sieht, wird von den zeitgenössischen Phantastikschaffenden, namentlich → *Stephen King* hoch geschätzt. Unter den zeitgenössischen Autoren jedenfalls ist Ligotti einer der bemerkenswertesten, der sich durch Originalität und eigenen Stil abseits der heutzutage üblichen Vielschreiberei auszeichnet.

Loch Ness
See in Schottland, vornehmlich durch das dort beheimatete Ungeheuer bekannt, von dessen Existenz sich die Tourismusbranche um den See in Gang hält. Das Ungeheuer, mitunter auch liebevoll »Nessie« genannt, ist – obgleich nie zu entsprechenden filmischen Ehren gekommen – neben dem → *Yeti* wohl das populärste geheimnisvolle Ungeheuer der Welt. Es ist im Lauf der Jahre wiederholt gesichtet und mindestens ebenso oft gefälscht worden (die meisten Fotografien von Nessie wurden als Fälschungen enttarnt).

Was das Aussehen des Ungetüms angeht, sind sich jedoch Augenzeugen und Fälscher offensichtlich einig: langhalsig, bucklig und reptilienähnlich soll Nessie sein und kommt damit dem Plesiosaurier recht nahe. Dinosaurier oder nicht, es gibt jedenfalls zahlreiche Anzeichen dafür, daß sich innerhalb des Sees irgend etwas befindet, das sich mit »großer Fisch« nicht erklären läßt. Vor allem Sonaraufnahmen des Sees legen diese Vermutung nahe.

»London after Midnight«
→ *»London nach Mitternacht«*

»London nach Mitternacht«
(»London after Midnight«)
USA 1927 R: Todd Browning D: Lon Chaney, Marceline Day
In einem von einer Vampirplage heimgesuchten Dorf wächst das Grau-

en. Die blutsaugenden Kreaturen verbergen sich in einem nahen Schloß, doch keiner der Ansässigen wagt es, die mysteriösen Geschehnisse aufzuklären, zu groß sind Angst und Aberglauben. Bis letztendlich ein Detektiv sich der Dinge annimmt.

Dabei geht es die ganze Zeit über nicht wirklich um Vampire, vielmehr scheint das Ganze eine Inszenierung mit Schauspielern und verschiedenen Tricks zu einem seltsamen Zweck ...

Dieser legendäre Film ist leider verschollen, erlebte aber mit »*Das Zeichen des Vampirs*« (1935) ein Remake, dessen Regie ebenfalls von → *Todd Browning* übernommen wurde. Beide Filme sind tatsächlich identisch aufgebaut und stellen ein großartiges Vexierspiel mit den Motiven des Horrorgenres, sowie eine großartige Irreführung des Zuschauers dar, was vor allem im Jahre 1927, als der frühe Horrorfilm noch nicht einmal seinen Höhepunkt erreicht hatte, überaus bemerkenswert war.

»Das Zeichen des Vampirs«

(»Mark of the Vampire«)
USA 1935 R: Todd Browning D: Bela Lugosi, Lionell Atwill
→ Remake des legendären »London nach Mitternacht«, in dem die Art der Rolle des ewigen Vampirdarstellers → *Bela Lugosi* bemerkenswert ist, die hier im Rahmen der Pointe am ehesten eine Parodie seiner selbst zu sein scheint.

»Lost Highway«

USA 1997 R: David Lynch D: Bill Pullman, Patricia Arquette
»Dick Durant ist tot«, erfährt ein populärer Saxophonspieler über die Gegensprechanlage seiner Türklingel im Rahmen einiger seltsamer Zwischenfälle, die nahelegen, daß er und seine Frau von Unbekannten selbst in den intimsten Momenten beobachtet werden. Als er seine Frau eines Morgens ermordet findet, ist er es allerdings selbst, dem man die Tat anlastet. Doch während seiner Zeit im Gefängnis tauscht er auf (wie ich meine) mysteriöse Art und Weise seinen Platz mit einem jungen Draufgänger, der plötzlich statt seiner in der Zelle sitzt und kaum draußen, seiner Angebeteten nachstellt, die eine nicht zu leugnende Ähnlichkeit mit der Frau des Saxophonisten hat ... Es passiert noch einiges, aber das ganze wirre Spektakel endet, als der Draufgänger die Gegensprechanlage des Saxophonisten bespricht: »Dick Durant ist tot.«

→ *David Lynch* ist eben David Lynch. Und obwohl es abseits aller menschlichen Logik, der Schwerkraft und des Diesseits gewiß eine

Erklärung gibt, die den Film wirklich verständlich macht, ist es eben doch nicht nötig, um eine gehörige Portion Verstörung abzubekommen, wie Lynch sie seit → »*Eraserhead*« selten wieder derart zu servieren verstand.

Und dennoch ist dies eben wieder eine Sonderform des Horrors, die mit Sicherheit in ihrer hypersubtilen, sich jeder logischen Erklärung entziehenden Art nicht jedermanns Sache ist. Wer aber die Werke eines David Lynch schätzt, wird gewiß große Freude haben.
Der Film verfügt übrigens über einen kongenialen und höchst kaufenswerten Soundtrack, auf dem auch die deutsche Skandalband Rammstein mitmusiziert.

Lovecraft H.P.
(Howard Phillips;1890 Providence, † 1937 ebenda)
Lovecraft ist nach → Edgar Allan Poe nicht nur der bekannteste Vertreter der amerikanischen → *Phantastischen Literatur*, er ist auch ein Neuerer desselben, der Meister des gehaltvollen geistreichen Schreckens, Schöpfer des Cosmic Horror und ein Initiierter des Unmöglichen, ohne den die Welt des Horrors auf die göttliche Prominenz eines → *Cthulhu* oder → *Azatoth* ebenso wie auf legendäre Bücher wie das → *Necronomicon* verzichten müßte. Gerne wird Lovecraft ein Hang zum Einsiedlertum nachgesagt, was aber nicht ganz korrekt ist, pflegte er doch lediglich eine besondere Form des Umganges mit Menschen, in deren Rahmen er zu Lebzeiten über 100.000 Briefe verfaßte.

Neben den überwiegend von ihm verfaßten Kurzgeschichten Lovecrafts, die seinerzeit vor allem in der Zeitschrift → *Weird Tales* veröffentlicht wurden, gibt es auch einige längere Erzählungen wie etwa »*Schatten über Innsmouth*« (die einzige zu Lebzeiten in Buchform veröffentlichte Erzählung) oder → »*Der Fall Char-*

H.P.Lovecraft – Der Meister des kosmischen Schreckens

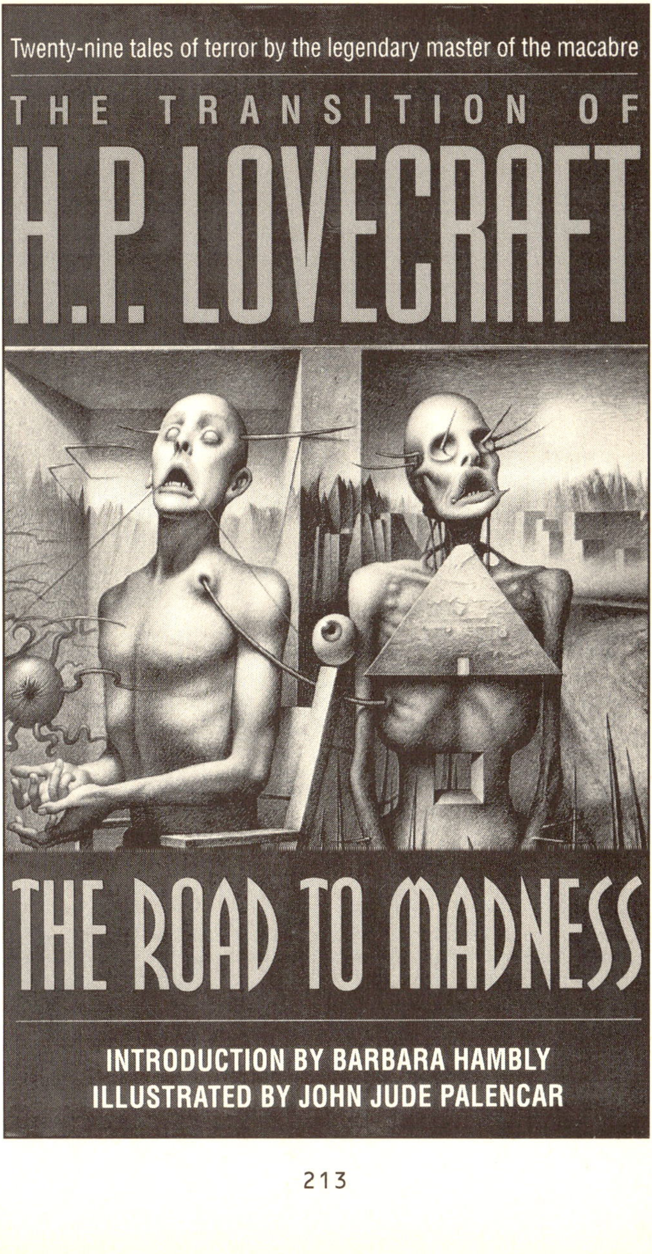
Twenty-nine tales of terror by the legendary master of the macabre
THE TRANSITION OF
H.P. LOVECRAFT
THE ROAD TO MADNESS
INTRODUCTION BY BARBARA HAMBLY
ILLUSTRATED BY JOHN JUDE PALENCAR

les Dexter Ward«. Der einzigartige Autor, der mit »Supernatural Horror in Literature« (deutsch »Die Literatur der Angst«) eines der großartigsten Bücher über die → *Phantastische Literatur* verfaßte, ist Inspirationsquelle für zahllose Autoren, und sogar Anthologien, die bloß in seinem Zeichen stehen, sind voll besonderer Kleinode.

Lucas, Henry Lee

Henry Lee Lucas steht im zweifelhaften Ruhm, der schlimmste Serienmörder der USA zu sein. Lucas' Kindheit an der Seite eines Vaters ohne Beine, der sich aufgrund der Anfeindungen von Henrys Mutter, einer Prostituierten, das Leben nahm, scheint einem schlechten Film entnommen. Ein seelisches und körperliches Martyrium durchlebt habend, erstach Henry seine Mutter zu einem späteren Zeitpunkt und schändete die Leiche. Dafür bekam er vierzig Jahre Gefängnis, kam allerdings bereits nach zehn Jahren frei, was er mit wahllosem Herummorden quittierte. 1976 tat er sich mit Toole zusammen, dessen kannibalische Vorlieben das Bild abrunden sollten (→ *Kannibalismus*). Während Lucas verstümmelte Körper mißbrauchte (→ *Nekrophilie*), verspeiste Toole die Überreste der wahllos Ermordeten.

Nach ihrer Festnahme gestanden die beiden mehr als 600 Morde in 26 Staaten der USA, einige angeblich im Auftrag einer satanistischen Vereinigung namens »The Hand of Death«. Nicht selten wird allerdings die Theorie vertreten, daß die beiden in Wirklichkeit bloß eine Handvoll Leute umgebracht und den Rest öffentlichkeitswirksam zusammengesponnen haben.

Nachdem sein Todesurteil aufgehoben wurde, sitzt Lucas heute in einer Vollzugsanstalt in Texas. Tooles Todesurteil wurde zu sechsmal lebenslänglich umgewandelt, er starb 1996 im Gefängnis an Leberversagen.

Wieviele Morde er auch immer tatsächlich begangen haben mag, die Geschichte des Serienmörders Henry Lee Lucas, der übrigens auch ein Freund von → *Jim Jones* war, bleibt inspirierend genug um, ähnlich wie die von → *Ed Gein*, das Filmgenre zu inspirieren (→ *»Henry, Portrait of a Serial Killer«*).

Lykantropie

[griech. »Wolfsmenschentum«]

Medizinischer Begriff für eine, vermeintlich das → *Werwolftum* verschuldende Krankheit.

Lynch, David

*(*1946 Montana)*

Autor und Regisseur, mitunter auch Schauspieler, der über einen höchst eigenen Stil verfügt, der in Werken wie → »*Eraserhead*« oder → »*Lost Highway*« offenbar wird, deren Großartigkeit nicht jedem zu erschließen sind, obwohl ihre verstörenden Auswirkungen auf den Betrachter unzweifelhaft sein dürften.

Den Durchbruch erlangte Lynch durch seine Serie »*Twin Peaks*« und den dazugehörigen Kinofilm, wo er seine Vorliebe für bizarre Szenerien innerhalb amerikanischer Kleinstädte auslebte ...

Ein gängiger, aber nicht minder lynchoider Film dürfte → »*Der Elefantenmensch*« oder der ambitionierte SciFi-Streifen »*Dune*« nach den Romanen von Frank Herbert sein.

M

»Macabros«

Nach einem schweren Unfall bei einem Autorennen ist der junge Playboy Björn Hellmark klinisch tot, doch verfügt er bald über eine besondere Fähigkeit: nämlich an zwei Orten gleichzeitig sein zu können.

Die zweite Manifestation Hellmarks, die alsbald von dem Magier Al Naafur in seine neuen Fähigkeiten eingewiesen wird, trägt den wohlklingenden Namen »Macabros« und befindet sich, kaum daß sie ihre außerordentliche Fähigkeit (der lateinische Ausdruck für dieses Phänomen lautet – was hier im Rahmen dieses Allegemeinbildungsexzesses nicht verschwiegen werden soll – im übrigen *Ubiquität*) mit ihrem alter ego Hellmark fortan im Kampf gegen das paranormale Böse, auf der Suche nach dem versunkenen Kontinent Xantilon und auf der ewigen Mission des Gruselns.

Dieser, für deutsche Verhältnisse wirklich originelle Ansatz macht »Macabros« zu einer weiteren bemerkenswerten deutschen Gruselserie, die übrigens 1973 zeitgleich mit → *»John Sinclair«* gestartet und von keinem geringeren als → *Dan Shocker* verfaßt wurde, der sich bereits für Deutschlands erste derartige Serie → *»Larry Brent«* verantwortlich zeigte. Auch *»Macabros«* erlebte einige Hörspielumsetzungen durch *EUROPA* und wurde ebenso wie → *»Larry Brent«* kürzlich vom → *Blitz Verlag* wieder aufgelegt.

Machen, Arthur

*(*1863 Caerleon, † 1947 Amersham)*

Geprägt von den Eindrücken keltischer Mythologie und den Eigenarten der Landschaft, in der er aufwuchs, wurde Machen zu einem vielseitigen Vertreter der → *Phantastischen Literatur*, der seinen virtuosen Prosastil Märchen wie Schauergeschichten zu verleihen wußte. Machens bedeutendste Horrorgeschichte ist wahrscheinlich »The Great God Pan«, in der Motive von → *Okkultismus*, über → *Mythologie*,

»Macabros« – Untote, Vampire und Dämonen, aber am Ende geht es um Ubiquität.

Experiment und Femme fatale zu einer furiosen Geschichte verschmelzen. Machen verwendet das klassische Motiv des Hexensabbats (»The White People« / »The Novel of the White Powder«) oder der Gralslegende (»The Great Return«), interpretiert höchst eigenwillig Elfen- und Koboldmotive (»The Three Impostors« / »The Novel of the Black Seal«), und scheint dabei nicht bloß originell, sondern auch bestens informiert, soweit man das in übersinnlichen Belangen eben sein kann. Zumindest wirkt er dabei so überzeugend, daß eine seiner Geschichten von 1914 (»The Bowmen«), die vom Eingreifen geisterhafter Bogenschützen auf Seiten der englischen Soldaten bei der Schlacht von Mons handelt, von vielen Zeitgenossen zunächst für wirklich gehalten wurde.

»Die Mächte des Wahnsinns«

(In the Mouth of Madness«)

USA 1995 R: John Carpenter D: Sam Neill, Jürgen Prochnow

Der populäre Horrorschriftsteller Sutter Cane ist verschwunden. Der Privatdetektiv John Trent wittert, kaum auf den Fall angesetzt, trotz zahlreicher seltsamer Umstände, die den Fall begleiten, einen Versicherungsbetrug. Doch weitere Nachforschungen führen ihn an der Seite von Canes Lektorin in den kleinen, auf keiner aktuellen Karte verzeichneten Ort »Hobb's End«, wo die Inspiration Sutter Canes lebendig geworden zu sein scheint ...

Die zeitweise etwas wirre Geschichte ist nicht nur voller Reminiszenzen an → *H.P. Lovecraft*, sondern beinhaltet einen für → *Mainstream* Horror recht unüblichen experimentellen Aspekt, wie man ihn Carpenter niemals zugetraut hätte. Das gänzlich in diesem Zeichen stehende Ende des Filmes jedenfalls läßt den Zuschauer an »Die Mächte des Wahnsinns« glauben ...

Mad Scientist

[engl. »verrückter Wissenschaftler«]

Ein weiteres zentrales Motiv des Horrorgenres, dessen Inhalt ein von einer Idee besessener Wissenschaftler ist, der sein Ziel um jeden Preis erreichen will und dabei weder vor → *Leichenraub* noch verbotenen Experimenten (→ Experiment) zurückschreckt. Klassiker des Mad Scientist Motives sind etwa → *»Frankenstein«* oder → *»Die Fliege«*.

Magie

[griech. »Zauberei«]

Kunst, die auf der Idee der Formbarkeit der Realität durch übersinnliche Kräfte beruht. Magisches Wissen ist dabei meist geheim und dem Bereich des → *Okkultismus* zuzuschreiben. Oftmals wird in weiße oder schwarze Magie (zu der etwa unheilige Dinge wie → *Nekromantie* gehören) unterschieden, wobei Vertreter der zweiteren Gattung wesentlich horrortauglicher und als Gegenspieler wesentlich nützlicher sind. Der Magie ausübende Charakter ist der Magier, was ein Synonym für Zauberer ist.

Mahr

→ *Alptraum*

Mainstream

Größtmöglichen Publikumserfolg versprechende Produktionen (vor allem Film), die im Hinblick darauf meist über ein sehr hohes Budget verfügen. Der größtmögliche Publikumserfolg wird dabei vor allem dadurch erreicht, daß der Film auf jeder Ebene dem Gros der Betrachter angeglichen wird, was neben expliziter Gewaltdarstellung auch anspruchsvolle und komplexe Handlungsverläufe ausschließt. Vornehmlich bemüht sich der Mainstream darum, unterhaltsam zu sein. Ein gutes Beispiel für Mainstreamunterhaltung innerhalb des Horrormillieus nebst allen erwähnten Mankos ist → *»Die Mumie«*, (1999). Seit Filmen wie → *»From Dusk till Dawn«* ist allerdings eine Inflationierung der Gewalt auch im Mainstreamhorror festzustellen. Eine neueres Beispiel hierfür ist etwa → *John Carpenters* → *»Vampire«*.

Magie – empfehlenswerte Literatur für Hobbymagier

Make up
Das Make up ist wichtiger Bestandteil des Horrorfilms und schafft → *FX* direkt am Schauspieler. Seien es nun → *Zombies* oder → *Vampire*, oder auch nur die blutigen Spuren schrecklicher Auseinandersetzungen (Enttarnung, Entbeinung usw.), sie alle haben besondere Charakteristika, die durch das Make up zum Ausdruck gebracht werden. Zwei erwähnenswerte Make up-Künstler von Weltruhm sind → *Kevin Yagher* und → *Tom Savini.*

»Malleus Maleficarum«
→ *»Hexenhammer«*

»Malpertuis«
(1943)
Der fiktive Herausgeber der Geschichte veröffentlicht einige Papiere, die er früher in einem Kloster stahl. Diese Papiere erzählen in verschiedenen Bruchstücken die Geschichte des verfluchten Hauses Malpertuis. Und nur ganz allmählich erschließt sich dem Leser durch Studium der Papiere, die von der Hand fünfer verschiedener Autoren stammen, das Geheimnis des Hauses, in dem ein alternder Kapitän einer Schar von Gestalten aus der griechischen Mythologie eine neue Heimat und ein grausames Gefängnis beschert hat ...

Der bemerkenswerte und einzigartige Roman des belgischen Phantasten Jean Ray (eigentlich Johannes Maria de Kremer) verbindet auf beeindruckende Weise das Horrorsujet mit Aspekten der griechischen → *Mythologie.* 1971 entstand eine gleichnamige Verfilmung des schwierigen Stoffes.

»Malpertuis«
FR/BELG/D 1971 R: Harry Kümel D: Matthieu Carrière, Orson Welles
Der surreale Film wird der literarischen Vorlage nicht gerecht, was allerdings auch annähernd unmöglich erscheint. Dennoch macht allein der Auftritt eines despotischen Orson Welles in seinem Himmelbett den Film sehenswert.

Mammon
[aramäisch mamon »Besitz«]
Neben der schnöden Bezeichnis des Geldes ist Mammon auch der Dämon des Geizes im → *»Dictionnaire Infernal«.*

»Man-Eater – der Menschenfresser«

(»Antropophagus«), I 1979 R: Joe D; Amato (alias Aristide Massaccesi) D: George Eastman Tisa Farrow

Neben → *Cannibale Holocaust* wohl der berüchtigtste → *Kannibalenfilm.* Ein griechischer Millionär interpretiert die Nahrungskette neu und verspeist im Zuge dieser Interpretation Frau und Kind, um daraufhin auf eine ägäische Insel verschlagen zu werden, die Jahre später von zwei Touristenpärchen besucht wird, die alsbald den ernährungstechnischen Vorstellungen des Protagonisten entsprechen dürfen. Von der Verspeisung eines Fötus wurde das deutsche Publikum durch einen gnädigen Schnitt bewahrt.

Das Ganze bleibt aber dennoch eine derart unappetitliche Angelegenheit, daß der Film hierzulande gemäß → *Paragraph 131* beschlagnahmt ist.

Maniac on the Loose

Als eines der Grundmotive des modernen filmischen Horrors bezeichnet »Maniac on the Loose« eine Handlung, deren zentrales Element ein außer Kontrolle geratener Wahnsinniger ist, der mit seinen Mitmenschen nach Gutdünken verfährt, was in den meisten Fällen deren Tod bedeutet. Zwei klassische Beispiele für das Motiv sind etwa → *»Psycho«* und *»Zwei Stunden vor Mitternacht«.*

Mann, schwarzer

Synonym für das Unheimliche und die Gefahr, das vor allem als Drohung gegenüber Kindern benutzt wird. Obwohl niemand ihn je gesehen hat, ist die Gefährlichkeit des schwarzen Mannes Gewißheit. Amerikanisches Synonym ist der → *Boogeyman,* in England kennt man den → *Jabberwocky.*

Die Herkunft des Begriffes »schwarzer Mann« ist dabei mit Sicherheit alles andere als politisch korrekt.

Manson, Charles

*(*1935)*

Der ungeliebte Sohn einer alkoholabhängigen Prostituierten durchlebte eine Kindheit zwischen Waisenhäusern und perversen Verwandten. Er wurde bereits in jungen Jahren straffällig, verbrachte bis zu seinem 32ten Lebensjahr die Hälfte seines Lebens im Gefängnis und bezeichnete sich später als Reinkarnation von Jesus und → *Satan* gleichsam. In San Francisco der Flower Powerzeit wurde der charismatische Manson dann zum »God of Fuck«. Auf der Spahn Ranch begann Manson später in L.A., seine neue Familie (eine Art Satanssekte, → *Satanismus*, → *Sekte* mit Hippieeinschlag) um sich zu versammeln. Aus dieser Zeit gibt es auch noch musikalische Aufnahmen des Beach Boy Fans, dessen musikalische Karriere jedoch floppte. Zu zweifelhaftem Ruhm gelangte Manson dennoch, und zwar als er gemeinsam mit der Gruppe junger Leute, die unter seiner Führerschaft die »Manson Family« bildeten, eine Gesellschaft im Haus des Regisseurs Roman Polanski auf grausamste Weise ermordeten und der hochschwangeren Freundin Polanskis, Sharon Tate, ihr Baby aus dem Leib schnitten. Diese skandalöse Tat war dabei eigentlich anders geplant, gehörte das überfallene Haus doch eigentlich Terry Melcher, dem Musikproduzenten, der Manson ignoriert hatte und dem darum dessen Rache eigentlich galt. Hierauf folgten noch einige weitere Bluttaten, von lapidaren Kommentaren mit Blut der Opfer auf Wänden und Kühlschränken begleitet.

Die Verfahren gegen Manson und die Mitglieder seiner »Family« zogen in den frühen 70ern ganz Amerika in ihren Bann, die meisten seinerzeit verhängten Todesurteile wurden jedoch ausgesetzt.

Manson sitzt noch immer im Pelican Bay Staatsgefängnis von Crescent City, ist inzwischen weltweit zu einer Kultfigur des Abartigen avanciert (mit Website & T-Shirt-Merchandise), bei Gefängnistumulten ging 1999 seine Akkustikgitarre zu Bruch. Ein sehenswerter Film über Manson ist der, nach einem von ihm eingespielten Beatles-Song benannter → *»Helter Skelter«*.

Mantikor

Phantastische Kreatur, die über einen Löwenkopf und den Schweif eines Skorpions verfügt und somit ähnlich wie der → *Basilisk* und die → *Chimäre* ein Mischwesen ist.

Märchen

Phantasievolle Prosaerzählung mit allenfalls fragmentarisch realem Bezug, nicht selten mit einer Moral versehen. Ähnlich wie in Mythen (→ *Mythologie*) lassen sich auch in Märchen die Grundmotive des Horrors finden, sei es Erzeugung von → *Angst*, → *Kannibalismus* oder etwa der klassische → *Fluch*. Ein Beispiel für eine grandiose Synthese aus Märchen und Horror ist der Neil Jordan Film → *»Die Zeit der Wölfe«*.

Maschine

Im Horrorgenre zumeist eine Gerätschaft, die Toten das Leben bringen, Menschen die Persönlichkeit rauben, Übergänge in andere Welten schaffen oder aber Zeitreisen ermöglichen kann. Was auch immer sie tut, es ist höchsten selten zum angestrebten Wohle der Menschheit. Maßstäbe für das Aussehen von Maschinen in der visuellen Welt des Schreckens setzte James Whales → *»Frankenstein«* Verfilmung.

In der Geschichte des → *Mad scientist* Motivs tauchen notgedrungen immer wieder eindrucksvolle Maschinen auf, deren genaue Funktionsweise dem Laien grundsätzlich vorenthalten bleibt. Dennoch darf er das → *Experiment* in der Regel mitverfolgen und sich von den Ergebnissen beunruhigen lassen. Nicht selten verfügen solche Maschinen über Schalter, die keinen anderen Sinn haben, als alles im Umkreis vollständig zu vernichten. Ein brillanter Prototyp dieses unsinnigen Schalters begegnet uns in »Frankensteins Braut«.

Natürlich gibt auch einen Film mit dem Titel *»Die Maschine«* (D/FR1994), diesem an dieser Stelle aber irgend eine Form von Wichtigkeit zuzugestehen, wäre nicht recht.

Maske

[von arab. mashara Spaßmacher]

Gegenstand zum Verbergen des Gesichtes, oft mit → *grotesken* oder furchteinflößenden Fratzen versehen. Das Tragen von Masken symbolisiert eine Veränderung der Persönlichkeit des Trägers, ein Spiel mit Identitäten – in diesem Zusammenhang spielen Masken in allen Kulturen und Zeitaltern eine Rolle. Ein interessanter Umstand ist der, daß das lateinische persona, von dem das deutsche »Person« abstammt, ebenfalls nichts anderes als Maske bedeutet.

Der Maskenball, währen dessen jeder Anwesende in eine andere Rolle schlüpft, ist in diesem Rahmen ein klassisches und bizarres Motiv, sei es in → *Edgar Allan Poes* → *»Die Maske des roten Todes«* oder → *»Die Rückkehr des Dr. Phibes«*.

Abgesehen von klassischen Maskenträgern (→ *»Das Phantom der Oper«)* zeichnet das Tragen von Masken vornehmlich die Ikonen des modernen Horrorfilmes aus, die sich mit Hockeymasken (→ *Jason Vorhees)*, solchen aus Menschenhaut (→ *Leatherface)* oder bleichen Plastikmasken (→ *Michael Myers*) schmücken und dem Zuschauer den Anblick ihres eigenen Gesichtes verwehren.

»Die Maske des roten Todes«

(»The Masque of the Red Death«, (1842/1850)

Der dekadente Fürst Prospero verbirgt sich samt Gefolgschaft und Adel in seinem Schloß vor der Pest, die im Lande wütet. Doch auf einem seiner ausschweifenden Maskenbälle taucht unvermittelt ein Gast auf, der nicht wirklich eingeladen ist ...

Über den deutschen Titel der bemerkenswertesten Verfilmung der Geschichte, → *»Satanas – Das Schloß der blutigen Bestie«*, sollte man gnädig hinwegsehen.

Masochismus

Sexuelle Eigenart, in deren Rahmen körperliche Erregung nur durch zugefügte Schmerzen empfunden werden kann. Der Masochismus ist der sexuelle Gegenpol zum → *Sadismus*, der auf den → *Marquis de Sade* zurückgeht. Beides wird unter Bezeichnung S/M abgehandelt und nicht selten auch mit der → *Fetisch*-Szene verknüpft.

Da dem Masochismus Bereiche wie etwa → *Folter* nahestehen, hat, obwohl weit seltener als etwa der → *Sadismus* anzutreffen, auch der Masochismus seine Existenzberechtigung innerhalb des Genres.

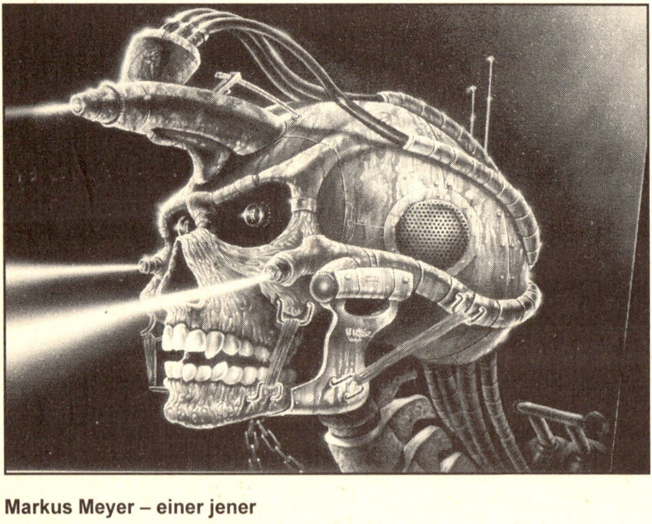

Markus Meyer – einer jener talentierten Chronisten des Schreckens

Massaker
Zahlenmäßig ausufernde Tötung von Individuen. Aufgrund besagten Ausuferns ein aus der Realität entlehntes Motiv des Schreckens, das innerhalb des Genres meist durch Auffinden von Massengräbern, Schlachtfeldern oder Schauplätzen verruchter → *Rituale* deutlich wird.

Maupassant (Henri René Albert) Guy de
*(*1850 Chateau Miromesnil, † 1893 Passy)*
Maupassant ist einer der bedeutendsten Autoren der französischen Phantastik, sein phantastisches Werk ist dabei von seinem sich allmählich verschlechternden Geisteszustand geprägt (→ *»Der Horla«)*, dessen Entwicklung sich beinahe ablesen läßt. Maupassants eigene Angst vor dem Wahnsinn schlägt sich in seinen Geschichten ebenso nieder wie seine Visionen. Abgesehen von seinen phantastischen Oeuvres, verfaßte der Franzose auch gesellschaftskritische soziallastige Geschichten, die ungleich populärer wurden und bis heute manchen Französischunterricht bereichern.

Maupassant aber betrachtete sich vor allem auch als Geistesverwandten → *Edgar Allan Poes*, von dessen Gedicht → *»Der Rabe«* er eine brillante französische Versübersetzung fertigte. Ein kurioser Umstand ist außerdem, daß Maupassant in derselben Geistesheilanstalt einsaß, in die auch Vincent van Gogh eingeliefert wurde.

Mayer, Markus
*(*1970)*
Der Illustrator mit dem erklärten Schwerpunkt → *Splatter* / → *Horror*/Fantasy arbeitet seit 1991 freiberuflich. Während sein Hang zum Horriblen ihn auch noch dazu treibt, Horrorskulpturen (→ Modelle) verschiedenster Art zu modellieren, liegt seine künstlerische Stärke vor allem in der Verbindung von Airbrushtechnik mit anderen Techniken.

McFarlane Toys
Der Stern am Himmel der Spielzeugfirmen produziert Actionfiguren von außerordentlicher Qualität und hat sich vor allem mit seiner Serie »Movie Maniacs« einen Platz im Pantheon der Produzenten qualitativ hochwertiger Horrordevotionalen gesichert. Der erste Teil dieser Serie beinhaltete Figuren von → *Leatherface*, → *Freddy Krueger*, → *Jason Vorhees* und Sil aus »Species«. Der zweite Teil, seit September 1999 erhältlich, featured neben → *Michael Myers, »The Crow«,* Chucky (→

»Chucky – Die Mörderpuppe), *»Pumpkinhead«* und Ghostface (dem Killer aus → *»Scream«)* auch → *Norman Bates* in der Verkleidung seiner Mutter. Diese Figuren, welche die Krone der Produktserie darstellen, sind sehr detailliert, ebenso wie auch die übrigen Figuren, die Todd McFarlane hier vertreibt und von denen viele mit dem Horrorgenre in Verbindung gebracht werden können.

Medusa

Populärste der drei → *Gorgonen*. Der Anblick des schlangenhaarigen Geschöpfes der griechischen → *Mythologie* soll so schrecklich sein, daß sich der Betrachter dabei in Stein verwandelt. Einen interessanten Auftritt hat die Gorgo Medusa in → *»Malpertuis«*.

»Melmoth der Wanderer«

(Melmoth the Wanderer«, 1820)

Der Protagonist der Geschichte hat sich nicht nur der Alchimie und Astrologie verschrieben, sondern auch noch einen Pakt mit dem → *Teufel* geschlossen, in dessen Rahmen er für seine Seele grenzenloses Wissen und 150 Jahre Leben erhalten hat. Zurücktreten kann er von dem Handel nur, wenn er jemanden findet, der ihn an seiner statt übernimmt. Fortan reist er durch die Welt, um jemanden zu finden, der den unangenehmen Teil des Handels übernimmt. Der Roman wird dabei, ähnlich wie etwa → *»Malpertuis«*, in verschiedenen Fragmenten erzählt, die hier von dem Studenten John Melmoth im Jahre 1816 zusammengetragen wurden. Motive des Romanes von Charles Maturin, der ein später Höhepunkt der → *Gothic Novel* ist, wurden von Oscar Wilde, einem Freund des Verfassers, in → *»Das Bildnis des Dorian Gray«* übernommen.

McFarlane Toys – qualitativ hochwertige Actionfiguren moderner Horror-Heroen

Außerdem war Maturin selbst beim Schreiben des Buches von Goethes → »*Faust*« inspiriert.

»Menschenblut«

Kontrovers diskutiertes Horrorcomicmagazin aus deutschen Landen, das bereits zu Beginn der 80er Jahre erschien, aber bald aufgrund einer drohenden Dauerindizierung eingestellt wurde.

Obwohl sie inzwischen auch »vernünftigen« Berufen nachgehen, haben die Macher (die Blutkru) zur Freude des Horrorfreundes ihre Tätigkeit an dem Magazin wieder aufgenommen und verstehen nunmehr wieder vergleichsweise regelmäßig mit außerordentlichem Geschichtenwerk auzuftrumpfen. Die Leistung der Menschenbluter liegt hierbei in Fusionen aus anspruchsvollen Elementen, wie sie sonst nur selten zusammenkommen, seien es nun Sex, Gewalt oder eine gute Handlung. Beachtlich ist mitunter auch der künstlerische Anspruch in der Umsetzung der Geschichten, die bei Eisenfressercomix erscheinen (näheres im Literaturverzeichnis).

Das Magazin bewahrt sich dabei konsequent seine Unabhängigkeit, macht allenfalls Werbung für sich selbst und ist somit im Gegensatz zu großen ähnlich konzeptionierten Anbietern wie etwa → *Verotik* oder seit kurzem → *EEE* um einiges flexibler und in der Lage, ihre großartigen Figuren wie etwa Dr. Dipperz oder Blutkind ungleich ambitionierter und charmanter zu präsentieren.

Menschenfresser
→ *Kannibalismus*

Mephisto
(auch Mephistopheles)
Einer der sympathischeren → *Teufel*, der sich bei aller Widerwärtigkeit und Garstigkeit vornehmlich in Liebe für das Wort ergeht und in diesem Kontext in Goethes → *Faust* zum betrogenen Betrüger wird.

Merchandise
[engl. »Handelsgüter«]
Bezeichnet, vor allem im Filmgenre, die mit einem bestimmten Film verbundene Produktpalette. Dabei sind → *Modelle* und → *Spielzeug* noch das übliche, weitergehend sind häufig auch Bettwäsche und Kaffeetassen und mitunter auch Uhren und sonstwas erhältlich. Sonstwas sogar besonders viel. Eine breitgefächerte Merchandisepalette gibt es zu Roland Emmerichs → »*Godzilla*«, superb sparsam übermäßig teures Merchandise hat → »A *Nightmare before Christmas*« zu bieten.

Messer
Instrument zum Schneiden von schneidbarer Materie, wobei diese innerhalb des Horrorgenres nicht selten menschliche Form annimmt, bevorzugte → *Waffe* von → *Michael Myers*.

Metamorphose
→ *Verwandlung*

Meyrink, Gustav
*(*1868 Wien, † 1932 Starnberg)*
Nach → *E.T.A. Hoffmann* ist Gustav Meyrink wohl der bedeutendste deutschsprachige Autor der → *Phantastischen Literatur*, der seine Werke mit einem immensen Hintergrundwissen aus den Bereichen des → *Okkultismus* und der → *Esoterik* verfaßte. Sein bekanntestes Werk ist → *»Der Golem«*.

Mischwesen
Kreaturen, die sich aus einzelnen Teilen bekannter Tiere zusammensetzen. Populäre Mischwesen sind beispielsweise der → *Basilisk*, die → *Chimäre* oder der → *Mantikor*.

Mitternacht
Gleichbedeutend mit 00:00 resp. 24:00 Uhr, Mitte der Nacht. Symbolträchtiger Zeitpunkt, dessen Ankündigung durch tiefe Glockenschläge ein überaus beliebtes und nicht selten unheilvolles Motiv des Genres ist. Ursprünglich und in Teilen vornehmlich älterer Literatur, beginnt zur Mitternacht die → *Geisterstunde*, in der die Macht des Übernatürlichen das Szepter übernimmt.

»Mondo Brutale«
(»Last House on the Left«)
USA 1972 R: Wes Craven D: David Hess, Lucy Grantham
Wes Cravens Debütthriller, der sich nicht mit übernatürlichem Schrecken, sondern dem der verbrecherischen Perversion auseinandersetzt, zeigt uns einige unkultivierte Ahnen der Gebrüder Gecko (→ *»From Dusk till Dawn«)*, die gemeinsam mit einer Begleiterin zwei junge Mädchen entführen, schänden und letztendlich ermorden. Später finden die Verbrecher Unterschlupf im Haus der Eltern des einen Mädchens, die überaus gastfreundlich sind, bis sie herausfinden, was die Gangster getan haben. Dann allerdings ist alle Gastfreundschaft dahin und die Rache der Eltern wird brutaler als die Taten der Verbrecher, was nichts anderes heißt, als daß die Mutter einem der Gang-

ster seinen Penis abbeißt und ein anderer vom Vater mit der → *Kettensäge* zerlegt wird ...

Vage inspiriert von dem Ingmar Bergmann-Film »Virgin Spring« wurde der Film, obwohl mit einem niedrigen Budget und unbekannten Schauspielern abgedreht, bald zu einem der kontroversesten und verstörendsten Filme der Horrorgeschichte, was vor allem am brutalen Eindringen der Gewalt in den Alltag liegt, der hier auf schonungslose Weise dargestellt wird.

Der deutsche → *Titel* des Filmes ist der Versuch, dem Ganzen den Touch eines verruchten, halbdokumentarischen Mondofilms (→ *Mondo-Filme*) zu geben.

Modelle

Beeindruckende Bausätze populärer Horrorfiguren oder -szenarien sind seit den 60er Jahren, als die legendäre Firma → *Aurora* ihre Produktion übernahm, in verschiedensten Größen und Ausführungen zu erhalten. Aktuelle Produktionen von Modellen aus dem Horrorgenre wird durch Firmen wie Geometric oder Polarlights besorgt, eine andere Firma mit großartigem Angebot, Screamin, ist bedauernswerterweise pleite gegangen. Dennoch wird man, wenn man sich umsieht feststellen, daß es auch in diesem Bereich nichts gibt, das es nicht gäbe, und annähernd jede Persönlichkeit des Genres ihre plastiline Entsprechung gefunden hat.

»Der Mönch«

(»The Monk«, 1796)

Ein Kapuzinermönch wird im Auftrag des Teufels von einer Frau verführt. Als sein Interesse an dieser nachläßt, sein ruchloser Appetit jedoch geweckt ist, wirft der Mönch einen Blick auf ein 15jähriges Mädchen, dessen Mutter er umbringt, um sie in seine Gewalt zu bringen. Erst als er das Mädchen zuletzt in ihrem vermeintlichen Grab schändet und ermordet, offenbahrt ihm die Verführerin die schreckliche Wahrheit, die seine ewige → *Verdammnis* bedeutet ...

Das erstmalig 1796 unter dem Titel *»Ambrosio the Monk«* erschienene Werk von Matthew Gregory Lewis ist eine frühe und prägende → *Gothic Novel*, steht dabei in der weiter entwickelten Tradition von → *»Das Schloß von Otranto«* und übte nachweislich große Wirkung etwa auf → *E.T.A. Hoffmann* (vor allem → *»Die Elixiere des Teufels«)*, den → *Marquis de Sade* und die → *Phantastische Literatur* aus.

»Mondo Cane«
USA 1962
Mutter aller → *Mondo Filme*, läßt »Mondo Cane« den Zuschauer teilhaben an den bizarren Riten verschiedener Eingeborener. Abgesehen von nacktem Fleisch bekommt man da Frauen zu sehen, die ihr Kind verloren haben und nunmehr den Stammesgesetzen entsprechend Ferkel säugen, amerikanische Thairestaurants, die Hunde servieren, japanische Rinderzüchter, die ihre Tiere massieren und mit Bier abfüllen, und zahlreiche Tiermorde.

Dieser → *bizarre* Film beinhaltet, im Gegensatz zu späteren Mondo Filmen noch keinerlei menschliche Todes- repektive Ermordungsszenen, stieß aber durch seine pseudo-dokumentatorische Art (Schokumentation) auch diesen Darstellungen, welche den Ansatz des Filmes lediglich weiterführten, die Tür auf.

• *»Mondo Cane 2«, USA 1963*

Logische Fortsetzung der Mondo-Mutter, die sich redlich bemüht, das Vorbild an Bizarrheit und Brutalität zu übertreffen. Zunächst gezeigte Sklavenmärkte, Insekten essende Menschen, der Mexikanische Tag der Toten und Polizisten in Frauenkleidern reichen darum nun auch nicht mehr aus und so wird – wegweisend für alle folgenden Mondo Exzesse – nun auch noch die Selbstverbrennung eines buddhistischen Mönches gezeigt.

Mondo-Filme
Filme, die vor einer pseudo-dokumentatorischen Fassade die voyeuristischen Neigungen des Betrachters im Hinblick auf Sex, Gewalt und Bizarres bedienen. Das Konzept ist hierbei das der schienbaren Dokumentation, die sich zumeist den Riten fremder Kulturen, Jagdbräuchen, ungewöhnlichen Sexualpraktiken oder anderen Seltsamkeiten widmet. Mondo (von span. Mondo »Welt«) begann 1963 mit → *»Mondo Cane«*, dem ersten Film einer Reihe von über 20 Mondofilmen, die vornehmlich in den 60ern gedreht wurden. Während »Mondo Cane« zum Großteil aus echten Szenen besteht, wurde bereits der Nachfolger mit zahlreichen nachgestellten Szenen versehen. Das gleiche Schicksal teilten auch zukünftige Mondofilme, von »Mondo Bizarro« über »Mondo America« bis »Mondo Magic«, doch die Fälschungen gewisser Szenen sind insofern legitim, als daß die Filme ohnehin lediglich die Sensationsgier des Publikums bedienten. Die Assoziation von Mondo-Titeln mit heftigen Szenen führte in späteren Jahren auch zur Inflationierung

des Attributes, wie etwa der deutsche Titel von → *Wes Cravens* »Last House on the Left« zeigt: → *»Mondo Brutale«.*

Einen neuen »Aufschwung« erlebte das obskure Genre, um das es seit den 70ern vergleichsweise still geworden war, mit »Faces of Death« (→ *»Gesichter des Todes«).*

Monster

Das Monster ist eine der Grundessenzen des Horrorgenres, → *abnorm*, entstellt, grausam, unverstanden, ausgestoßen, einsam und brutal, wenn nicht gar außerirdisch, höllisch, mutiert oder gar untot – vermag das Monster vielerlei unschönes Adjektivgut um sich anzuhäufen, um mit eben diesem versehen in Film und → *Literatur* des Schreckens zu walten, entführen, erschrecken, morden, quälen, leiden, singen, tanzen oder was auch immer sonst zu tun.

Das Monster ist zumeist in einer oder verschiedener Hinsicht unmenschlich und wird dadurch zum Einzelgänger, dessen Tun im Regelfall der → *Moral* widerspricht und mindestens verwerflich, wenn nicht gar verboten ist. In der Geschichte des Horrors kristallisierten sich aber auch in den Reihen der Monster ganz allmählich Sympathieträger heraus, die neben ihrer Unmenschlichkeit auch andere Seiten hatten, sei es das klassische Monster → *»Frankenstein«*, → *»Der Glöckner von Notre Dame«* oder → *»Das Phantom der Oper«.*

Moral

[lat. moralis »die Sitten betreffend« von mores »Sitten«]

Ein künstliches Wertesystem, das, von einer bestimmten Gesellschaft entwickelt, auf nicht nachzuvollziehende Weise den Inhalt solcher Begriffe wie »richtig« oder »falsch« und »gut« oder → *»böse«* festlegt. Ob es nun Samuel Taylor Coleridges → *»Christabel«*, → *E.C.s* → *Comics*, → *Kannibalenfilme*, die Filme der → *Hammer Studios* oder das → *Splatter* Subgenre waren, welche die Gemüter erhitzten, das Horrorgenre kollidierte im Lauf seiner Geschichte regelmäßig mit den herrschenden Moralvorstellungen der Mehrheit, was, neben dem Bruch von → *Tabus*, durchaus eines seiner Ziele ist. Was hier zunächst verwerflich klingen mag, wird durch eine Umformulierung, deren Ergebnis wir mit *»Reflektion von Wertesystemen«* benennen wollen, zu einer der vordersten Pflichten des denkenden Individuums.

Moses, 6./7. Buch

Ausgehend von der Idee, daß die 5 Bücher Moses' der → *Bibel* nicht der Gipfel der Weisheit des Propheten waren, entstand die Legende um das 6. Und 7. Buch Moses, einem ähnlich legendären Werk wie dem → *Necronomicon* oder → *Schlüssel Salomos*. Obwohl auch das Buch angeblich eines der großen Bücher der → *Magie* ist und in verschiedenen Verlagen Bücher unter diesem Titel erschienen, darf die tatsächliche Existenz des Buches mit Recht bezweifelt werden.

Sollten diese Schriften – was der Autor mit Vergnügen glauben würde – tatsächlich existieren, befänden sie sich allerdings mit an Sicherheit grenzender Wahrscheinlichkeit in den Bibliotheken solcher Leute, die kaum das Bedürfnis haben, ihr Wissen zu teilen und dieses Bedürfnis ebenso sicher auf verschiedene überzeugende Arten durchzusetzen vermögen, was in etwa bedeutet, selbst wenn das 6. & 7. Buch Moses existiert, ist davon auszugehen, daß es das nicht tut.

Mumie

[von pers. Mum »Wachs«]

Das Ergebnis der natürlichen oder durch Behandlung erreichten Austrocknung einer Leiche, welche auf diese Art erhalten bleibt. In Ägypten ist die Mumifizierung hochgestellter Persönlichkeiten seit dem 3. Jahrtausend v. Chr. bezeugt. Die Mumie wird als Gefäß für den Toten betrachtet, der im Jenseits einen neuen Körper bekommt. Eben diese ägyptischen Mumien sind es auch, die uns häufig in einschlägiger Literatur und Filmen über den Weg wanken, um ihre oft recht komplexen Rachepläne in die Tat umzusetzen, da ihre Ruhe gestört worden ist. Dies ist insoweit bemerkenswert, als daß allen ägyptischen Mumien ihr Gehirn entfernt worden ist, welches mit den anderen Eingeweiden in einem separaten Gefäß (Kanopen) beigesetzt wurde. Nur das Herz wurde meist an seinem Platz belassen, so daß man wohl davon ausgehen darf, daß die Rachegelüste den Mumien vor allem eine Herzensangelegen-

Die Mumie – das bandagierte Grauen

heit sind. Diese wird übrigens nicht selten mit dem ein oder anderen → *Fluch* in Verbindung gebracht, ein Motiv das seit Bram Stokers Geschichte »Die sieben Finger des Todes« (»Jewel of the Seven Stars«, 1903) ein weiteres etabliertes Motiv, in der Horrorlandschaft ist, das seitdem in geringfügigen Variationen immer wieder in zahleichen Filmen Verwendung findet.

»Die Mumie«

(»The Mummy«), USA 1999

R: Stephen Sommers D: Brendan Fraser, Rachel Weisz

Neuverfilmung des klassischen Mumienthemas vor dem Hintergrund der Annahme, daß brillante Effekte ebensolche Filme abgeben. Darüberhinaus ist eine Anhäufung heiterer Scherzereien festzustellen, was den Film als ein Produkt des klassischen → *Mainstream*-Entertainments identifiziert.

Während also die Mumie der am aufwendigsten errechnete Bösewicht seit Menschengedenken ist (ohne dabei jedoch wirklich in Konkurrenz zu → *Boris Karloff* zu treten), die → *FX* (übrigens von ILM) überdurchschnittlich sehenswert und manche Witze wirklich witzig sind, sollten Freunde gepflegter Dialoge und komplexer und logischer Handlungsverläufe sich besser anderswo unterhalten lassen.

Hier sind die biblischen Plagen jedenfalls Effektpustekuchen ...

• *»Das Erwachen der Sphinx« (»The Awakening«), GB 1980 R: Mike Newell D: Charlton Heston, Susanna York*

Höchst mittelmäßiger Film, an dem die Musik (Claude Bolling) noch das Erwähnenswerteste ist.

• *»Die Rache der Pharaonen« (»The Mummy«), GB 1959 R: Terence Fisher D: Peter Cushing, Christopher Lee*

Dieser Film ist kein Remake des Films von 1932, ist jedoch stark von verschiedenen älteren Mumienfilmen (»The Mummys Hand«, 1940, & »The Mummys Tomb«, 1942), der Geschichte Bram Stokers und – erstaunlich genug – von Howard Carters Öffnung des → *Grabes* Tut Ench Amuns inspiriert. Dennoch ist es ein weiterer der klassischen Horrortitel, für den die → *Hammer Studios* neue Maßstäbe setzten und dessen sie sich annahmen, bevor sie sich auch noch dem → *Werwolf* und dem → *»Phantom der Oper«* widmeten (Der Mumie widmete Hammer sich übrigens insgesamt vier (!) Male (»Curse of the Mummys Tomb«, 1964, »The Mummys Shroud«, 1966, »Blood from the Mummys Tomb«, 1971).

- *»Die Mumie« (»The Mummy«), USA 1932 R: Karl Freund D: Boris Karloff, Zita Johann*

  Die Mutter aller Mumienfilme, die uns bereits zu dieser Zeit lehrt, gewisse Pergamente besser nicht zu lesen, was wir offensichtlich bis heute nicht gelernt haben. Erstaunlich ist hierbei allemal, daß → *Boris Karloff* es in punkto mumisches Mimenspiel offensichtlich vermag, der Firma ILM Konkurrenz zu machen.

»The Munsters«

USA (CBS) 1964-1966 D: Fred Gwynne, Yvonne DeCarlo (s/w)

Neben → *»The Addams Family«* eines der beiden Serienphänomene, die sich in jener Zeit trotz zahlreicher Diskussionen auf der Basis von Cartoons (in diesem Fall aus der Feder von Lenny Bruce) über ihre filmische Umsetzung zum Publikumsliebling entwickelten.

Auch hier steht eine Familie im Mittelpunkt, die aber nicht bloß morbid ist, sondern sich sogar überwiegend aus nichtmenschlichen Mitgliedern rekrutiert; Herman ist eine 1:1 Frankensteinkopie, seine Frau, Lily Munster ein attraktiver Vampir und Hermans Stiefvater, Grandpa – entgegen aller menschlichen Logik ebenfalls – Munster (Al Lewis) ein betagter weniger attraktiver Vampir. Der Sohn Eddie ist ein weniger betagter und weniger attraktiver, dafür präpubertärer Vampir. Abgesehen davon gab es noch eine attraktive Blondine, die gänzlich normal war (wohl für die Quote), deren Name und Familienstatus mir entfallen sind (wobei ich sicher nicht der einzige bin).

Im Vergleich zu der »Addams Family« scheint sich nicht bloß der Inhalt beider Serien sehr nahe, mitunter wiesen sogar einzelne Folgen deutliche Parallelen auf ...

Musical

Umsetzung einer Geschichte unter besonderer Berücksichtigung ihrer musikalischen Verwertbarkeit. Klassische großartige Beispiel für Musical im Horrorbereich sind → *»Die Rocky Horror Picture Show«* und → *»Der kleine Horrorladen«*, → *Mainstream*-Musicals sind etwa *»Die Schöne und das Biest«*, → *»Das Phantom der Oper«* und → *»Dr. Jekyll und Mr. Hyde«*.

Musik

Sowohl innerhalb des Horrorgenres als auch an seiner Peripherie kommt der Musik eine besondere Rolle zu. Ob es sich nun um Geschichten wie *»Die Musik des Eric Zann«* (→ *H.P. Lovecraft*) oder einen Soundtrack (wie etwa die beiden Oscargewinnermusiken von → *»Das Omen«* oder → *»Der weiße Hai«)* handelt. Gerade im filmischen Bereich hat die Musik eine beinahe ebenso wichtige Aufgabe wie etwa die → *FX* und ist maßgeblich an der Schaffung der Atmosphäre beteiligt. Doch auch Bereiche wie etwa die → *Heavy Musik* werden von Seiten des Horrorgenres maßgeblich inspiriert.

Mutanten

Lebensform, deren Erbinformationen (DNS) durch einen Zufall oder eine äußerliche Einwirkung (beliebt sind hier Giftmüll, chemische Stoffe im allgemeinen und jedwedes strahlende Material) verändert worden ist (→ *Mutation*). Mutanten zeichnen sich oft durch einen ausgeprägten Haß auf alles und jeden im allgemeinen und Protagonisten im besonderen sowie ein unerfreuliches Äußeres aus. Wohl sympathischster Vertreter ist trotz der angeführten Eigenschaften wohl der → *»Toxic Avenger«*.

Mutation

[lat: Veränderung]

Eine Änderung im Informationsgehalt der DNS beschreibender und die Grundlage der Evolution darstellender Begriff aus der Genetik. Das Produkt der Mutation trägt im Horror-Genre den Namen → *Mutanten* und diese sind – ohne wirklich etwas mit fortschreitender Evolution zu tun zu haben – gern gesehene, meist in größeren Gruppen auftretende Teilnehmer des moderneren Grauens. Dieses gehäufte Vorkommen sollte bei einer allgemeinen Mutationsrate – ein Wert der bezeichnet, mit welcher Häufigkeit eine Mutation zufällig auftritt oder bewußt hervorgerufen werden kann – von 0,000001 % bis 0,001 % zumindest nachdenklich stimmen.

Dem gleichen Stamm ist auch *»Mutabor«*, das Zauberwort in Wilhelm Hauffs *»Kalif Storch«* entlehnt, mit dessen Hilfe der Protagonist sich zu verwandeln vermag.

Myers, Michael

Neben → *Freddy Krueger*, → *Leatherface* und → *Jason Vorhees* eine der serienfähigen Inkarnationen des Bösen, wobei unbedingt erwähnt werden muß, daß Myers 1978 der erste war. Im Alter von sechs Jahren ertappte Myers seine Schwester irgendwann in den 60ern an einem Halloweenabend bei sexuellen Interaktionen mit einem männlichen Gegenspieler und beschloß sie unter Zuhilfenahme einer Klingenwaffe in den Aggregatzustand »tot« zu versetzen. Danach ging es für 15 Jahre in die Psychiatrie, wonach seine Aversion gegen → *Halloween* und seine Vorliebe für Klingenwaffen allerdings noch immer bestand. Seither mordete Myers sich konsequent durch verschiedene Fortsetzungen des Filmes → *»Halloween – Die Nacht des Grauens«*, trug dabei eine nichtssagende weiße → *Maske* mit zerzaustem Haaransatz, mordete auf das äußerste motiviert, doch teilnahmslos und hatte vor allem Freude an der klingentechnischen Belästigung von Verwandten. Das Schreiben in der Vergangenheitsform ist in diesem Falle notwendig, da Herr Myers die erste Horrorikone der Neuzeit ist, deren unwiderbringlicher Auslöschung der Zuschauer im siebten Teil der Halloweensaga beiwohnen durfte. Na ja, war ja auch schon über vierzig ...

Mystery

[engl. »Mysterium«]
Schlagwort des Horrorgenres der 90er, vornehmlich auf Fernsehserien übersinnlichen Inhalts angewandt. Mystery bedeutet in diesem Zusammenhang das gleiche wie Phantastik oder auch Horror, wird aber zumeist in einer ungleich diplomatischeren, um nicht zu sagen harmloseren Form dargestellt. Die weltweit erfolgreichste Mystery-Serie ist → *»Akte X«*. Als frühe Vorgänger des Subgenres sollten → *»The Twilight Zone«* und → *»Outer Limits«* genannt sein.

Mythologie

[von griech. mythos »Wort« / »Rede«]
Überlieferung ganzheitlicher Systeme von Geschichten, die in allen Kulturen das Schicksal von Göttern, Halbgöttern und mit ihnen verbundenen Menschen behandeln. Wie im → *Märchen* finden sich auch in der Mythologie die Grundmotive des Horrors, sei dies der → *Fluch*, die → *Verdammnis*, → *Rache*, → *Beschwörung* und natürlich die vielgeschätzten → *Dämonen*, die nicht zuletzt der Mythologie entstammen. Eine Geschichte, welche die Fusion von Mythologie und Horrorfilm großartig veranschaulicht, ist etwa → *»Malpertuis«*.

In den meisten Fällen, in denen von Mythologie die Rede ist, ist die griechische gemeint, die nicht nur die komplexeste ihrer Art ist, sondern auch von den Römern mehr oder minder kopiert wurde.

N

»Die Nacht der lebenden Toten«
(»Night of the Living Dead«) s/w
USA 1968 R: George A. Romero D: Duane Jones, Judith O'Dea
Auf einem abgelegenen Friedhof erwachen die Toten, und ein gewöhnlicher Friedhofsbesuch wird für ein junges Pärchen zu einem Alptraum, den es nicht zweisam überlebt. Der weibliche Teilnehmer der Beziehung flüchtet sich in ein unweit gelegenes Haus, in dem sich im Verlauf der folgenden Nacht zahlreiche von Untoten verfolgte Personen einfinden, die sich in dem Haus vor den nahenden Zombies vebarrikadieren.

Dies ist die Mutter des Zombiefilmes und der Grundstein für den Ruf des → *George A. Romero* als Herr der → *Zombies*. Die expliziten Gewaltdarstellungen und Menschenfreßexzesse der Zombies bekommen dadurch, daß sie in s/w gehalten sind, eine ganz eigene künstlerische und atmosphärische Qualität, die den Film natürlich nicht vor Diskussionen und Vorwürfen schützen konnte. Im gleichen Jahr erschien ein gleichnamiges Comic, dessen Fortsetzung die Untoten unter Mitarbeit von → Clive Barker im Jahre 1993 nach London verschlug (»Night of the living Dead: London«).

Zusammen mit den Romero → *Sequels* → *»Zombie«* und → *»Zombie II – Das letzte Kapitel«* bildet *»Die Nacht lebenden Toten«* die Zombietrilogie überhaupt.

»Die Nacht der reitenden Leichen«
(»La Noche del Terror Ciego«)
SP/PORT 1971 R: Amando De Ossorio D: Oscar Burner, Maria Silver
In einer verfallenen Abtei spuken laut Legende die Geister einer Sekte von Templern, die aufgrund eines Bündnisses mit dem Teufel zu ewiger Rastlosigkeit verurteilt, nachts aus ihren Gräbern steigen. Genauso ist das, und das ist die Handlung und das reicht, sobald irgend jemand

besagte Abtei zu nächtlicher Stunde betritt. Obwohl er schluderig und schmuddelig wie kein zweiter und mit miserablen Effekten gedreht ist, so daß die reitenden Leichen nebst ihren Pferden wie Gummipuppen im fortgeschrittenen Verwesungsstadium wirken, erlangte der Film einen außerordentlichen Kultstatus und darf als einer der großen Beiträge Spaniens zum Horrorgenre betrachtet werden. Obwohl nichts die nachfolgend angeführten Fortsetzungen der Saga um die skelettierten Gummipuppen entschuldigt:

- *»Die Rückkehr der reitenden Leichen«, (»El Ataque de los Muertos sin Ojos«), SP 1972 R: Amando de Ossorio D: Tony Kendall, Esperanza Roy*
- *»Das Geisterschiff der schwimmenden Leichen«, (»El Buque Maldito«), SP 1973 R: Amando de Ossorio D: Jack Taylor, Maria Perschy*
- *»Das Blutgericht der reitenden Leichen«, (»La Noche de las Gaviatos«), SP 1975 R: Amando de Ossorio D: Victor Petit, Maria Kosti*

Nachtmahr

→ *Alptraum*

»Der Nachtmahr«

(1782)

Gemälde von Johann Heinrich Füssli, auf dem eine schlafende dahingestreckte Schönheit, ein auf ihrer Brust hockender Alp (→ *Alptraum*) und ein blindes, hinter dem Bettvorhang hervorstarrendes Pferd zu sehen sind.

Das Bild, das gemalt wurde, noch bevor die → *Romantik* in Europa wirklich Fuß gefaßt hatte, birgt dennoch annähernd alle Merkmale derselben. Dementsprechend hatte es eine außerordentliche Wirkung auf die Romantik und speziell das Horrorgenre. Nicht nur, daß Sequenzen des Bildes in → *»Frankenstein«* (1931) absichtlich nachgestellt werden, auch der Inhalt, der Alptraum, ist ein Thema, daß sich bald nach Entstehen dieses Bildes etablieren und Eingang in die Literaturgeschichte finden sollte.

Nachzehrer

→ *Vampire*

»Nackt und zerfleischt«

(»Cannibal Holocaust«)

I 1979 R: Ruggero Deodato D: Robert Kerman, Francesca Ciardi

Ein Reporter berichtet in bester Manier klassischer → *Mondo-Filme* von dem ehrgeizigen Vorhaben eines Reporterteams, im Dschungel des Amazonas etwas über den Verbleib eines anderen Teams herauszufinden. Dies ist, wie sich später herausstellen soll, von Kannibalen, deren Leben es dokumentieren wollte, gefoltert und gefressen worden. Natürlich erst, nachdem sie sich selbst an ihnen schuldig gemacht haben. Gott sei Dank wird ein Film gefunden, auf dem alles diesbezüglich Relevante festgehalten wurde ...

Dies ist der wohl bekannteste, verrufenste und verstörendste der zahlreichen Filme, die Ende der 70er über → *Kannibalismus* gedreht wurden, wobei interessant ist, daß der Film im gleichen Atemzug äußerst brutal wie auch sozialkritisch ist.

Eine legendäre Szene, die Deodato vielfach den Vorwurf einbrachte, ein echter → *Snuff*-Filmer zu sein, war die Aufspießung einer Frau auf einen spitzen Pfahl, der ins Gesäß einzudringen und aus dem Mund auszutreten scheint. Tatsächlich saß die Frau auf einem montierten Fahrradsattel und hatte einen Pflock aus Balsaholz im Mund.

»Naked Lunch«

GB/KAN 1991 R: David Cronenberg D: Peter Weller, Roy Scheider

Ein Kammerjäger, der sich Insektengift spritzt, eine ebenso abhängige Ehefrau, die bei einem skurrilen Wilhelm Tell-Spiel ums Leben kommt, Visionen von mutierenden gegeneinanderkämpfende Schreibmaschinen in Form von Alienköpfen und Käfern, die Gefahr der »Interzone« und die latente Homosexualität in arabisch anmutenden Stadtvierteln schaffen, neben Bildern einer Zuchtstation für ein berauschendes Sekret, das aus den Fortsätzen der Aliens gewonnen wird, einen Film, dessen lineare Darstellung so möglich und angebracht ist wie die kollektive Überwindung der Schwerkraft.

Der Film ist eine Adaption des gleichnamigen Buches von Drogenguru William S. Burroughs, ein großartiger Taumel durch eine Welt, in der sich Realität und Vision für Betrachter wie Protagonisten vermischen. Seit → *»Videodrome«* ist dies wohl der großartigste Film von → *David Cronenberg*, eine Collage des Unmöglichen, obsessive Visionen jenseits des vollkommenen Verstehens, die eine so spezielle Art des Schreckens zeichnen, daß diese für ein größeres Publikum nur schwer zugänglich ist. Dabei hat sich Cronenberg schon sehr zurückgenommen, seine ursprünglichen Pläne hätten nämlich bedeutet, daß der Film über hundert Millionen $ gekostet hätte und in annähernd jedem Land dieser Welt verboten worden wäre ...

Naschy, Paul

*(eigtl. Jacinto Molino; *1934 Madrid)*

Spanischer Schauspieler, der das amerikanische Pseudonym einzig aufgrund der Medienwirksamkeit wählte, ist vor allem als Darsteller des zur ewigen → *Lykantropie* verdammten Waldemar Daninsky (»El Hombre Lobo«) bekannt geworden, machte aber neben diesen Werwolffilmen auch zahlreiche andere. Die Tatsache, daß Naschy selbst um sein Make-up und die Masken seiner Charaktere kümmert, bescherte ihm auch den Titel des spanischen → *Lon Chaney*.

»Near Dark – Die Nacht hat ihren Preis«

(»Near Dark«)

USA 1987 R: Kathryn Bigelow D: Adrian Pasdar, Jenny Wright

Ein junger Mann gerät in den Wirkungskreis einer Reihe junger Vampire. Sein Interesse an der Gruppe, die durch das amerikanische Hinterland ziehend ihren Blutdurst stillt, führt letztenendes dazu, daß er gegen den Willen der Gruppe von einem weiblichen Vampir, dem er überaus zugetan ist, gebissen wird. Erst hierauf entsteht der wirkliche Reiz des Filmes, der Konflikt zwischen Mensch und Vampir innerhalb des Individuums, ein Konflikt, der sich letztenendes auf die ganze Gruppe auswirken muß ...

Einer der wenigen bemerkenswerten Horrorfilme, bei denen eine Frau Regie führte. Dabei entstand eine moderne Geschichte um Vampire, jugendliche Orientierungslosigkeit und Liebe, verschmolzen in einem Horror-Roadmovie voller großartiger Bilder und verschiedener origineller Ansätze, wie er einmal mehr einzigartig in seiner Art sein dürfte und bezüglich der dargestellten Generation X Vampire höchstens mit einem so großartigen Werk wie → *»Verlorene Seelen«* zu vergleichen ist.

»Necronomicon«

Fiktives Buch aus der Feder eines verrückten Arabers namens Abdul Alhazred, das neben seinem verbotenen magischen Inhalt auch alles Wissenswerte über die großen Alten, eine Gruppe vergessener Götter (wie etwah → *Cthulhu* oder → *Azatoth*) beinhaltet. Dem fiktiven Werk, daß dereinst der brillante Geist eines → *H.P. Lovecraft* ersann, wird inzwischen sowohl in Film als auch Literatur ein großer Stellenwert und eine wahrhaft schreckliche Bedeutung zuteil – sei es in → *»Tanz der Teufel«* oder aber in »Necronomicon«. Wenn der Name des Necronomicon fällt, ist furchtsames Schweigen die Folge. An verschiedener

Necronomicon – das einzigartige, verrucht verrufene, geheimnisumwobene... na ja, oder auch nicht.

Stelle wird dem Buch außerdem nicht bloß eine reale Existenz nachgesagt, nein, überdies sind auch verschiedene Bücher im Umlauf, die sich des Titels aus wirkungstechnischen Gründen ungerechtfertigterweise bedienen. Eine Ausnahme machen hier wohl die beiden großformatigen Bildbände von → *H.R. Giger*, die zwar weder mit Wissen über vergessene Götter noch finsteren Ritualen aufwarten, aber mit Sicherheit von dem einen wie dem anderen inspiriert sind.

Nekromantie

[von griech. nekros »Leichnam«]

Totenbeschwörung. In ihrer ursprünglichen Bedeutung wird die Nekromantie zum Zwecke einer Orakelbefragung durchgeführt, innerhalb des Genres jedoch hat die Wiedererweckung der Toten durch einen Nekromanten inzwischen jedoch meist andere Zwecke, denen allensamt keine Freundlichkeit zugrunde liegt.

»Nekromantik 1«

D 1989 R: Jörg Buttgereit, D: Daktari Lorenz, Beatrice M.

Die nekrophilen Neigungen der Freundin eines Mitarbeiters von »Joe's Säuberungsaktion« (spezialisiert auf die Beseitigung von Unfallopfern) werden von ihrem Freund toleriert und mitunter durch mitgebrachte Leichenteile befriedigt. Aber erst als ein kompletter Leichnam den Weg zu den beiden nach Hause findet, beginnt die wirkliche Geschichte um eine ungewöhnliche Dreiecksbeziehung, die nicht wirklich gut ausgehen kann ...

Kein Tabu, das nicht gebrochen würde, → *Jörg Buttgereit* offeriert Sex mit verwesenden Toten, schnörkellos und ohne etwas innerhalb dieses abartigen Aktes zu beschönigen. Doch die Widerwärtigkeit der Bilder ist nur im Zusammenhang mit der Obsession zu begreifen, die den unvermeidlichen Niedergang der menschlichen Beziehung bedeutet. Ein gering budgetierter Film am Rande des Möglichen, hinter diesen Grenzen scheint nur wenig möglich. Und dennoch ist es nicht bloße Provokation, die den Film ausmacht, sondern letztenendes auch eine allegorische Qualität, die ihn zu einer Geschichte über zwischenmenschliche Beziehungen macht. Trotz solcher Qualitäten sei an dieser Stelle zart besaiteten Gemütern vom Konsum des Filmes abgeraten.

- *»Nekromantik 2«, D 1991 R: Jörg Buttgereit D: Monika M. Mark Reeder*

Diesmal ist es eine Krankenschwester, deren nekrophile Neigungen erst im Verlauf des Filmes Verständnis durch einen Außenstehenden finden, der dieses Verständnis gegen Ende des Filmes allerdings noch steigern muß ... Ein Film, der sich jedoch noch weiter abseits aller Tabus bewegt und eine verstörende Symbiose aus Liebe und Tod heraufbeschwört, die, trotz üppigen Blutvergießens in ihrem Kontext einmal mehr eine glaubwürdige Dartsellung findet. Dennoch ist auch dieser Film ebenso wie der erste Teil von außerordentlicher Heftigkeit und nichts für sensible Gemüter. Der Höhepunkt des Filmes, die durch die Protagonistin herbeigeführte Fusionierung von verwesendem Leichnam mit dem Kopf ihres Partners zur sexuellen Stimulation ihrer selbst, mag zwar innerhalb des Filmes verständlich sein, war jedoch der Staatsanwaltschaft beinahe wieder einen → *Paragraph 131* wert. Die Beschlagnahmung zu umgehen, wurden Buttgereits Filme kurzerhand als Kunst deklariert ... Ein seltsames System, in der ein solches funktioniert. Doch zweierlei sollte diesbezüglich Erwähnung finden: zum einen ist Buttgereit selbst nicht sonderlich zufrieden mit diesem Ergebnis, und zum zweiten wäre wohl der Kunststatus wohl keinem anderen Film dieser Art zugestanden worden.

Nekrophilie

[von griech. nekros »Leichnam«]

Totenliebe, Perversion, die Lustgewinn durch sexuelle Handlungen an Leichen beinhaltet. Innerhalb des Horrorgenres wird die Nekrophilie in verschiedener Art thematisiert, ob als zentrales Thema wie etwa in → *»Nekromantik«* oder in stilisierter Form einer sexuell geprägt Totenverehrung.

Nekropolis

(auch: Nekropole)

[von griech. nekros »Leichnam«]

Totenstadt, antike, nach dem Vorbild von Städten aufgebaute Begräbnisstätten. Innerhalb des Genres als großartige Stimmungsstilleben zu verwenden,

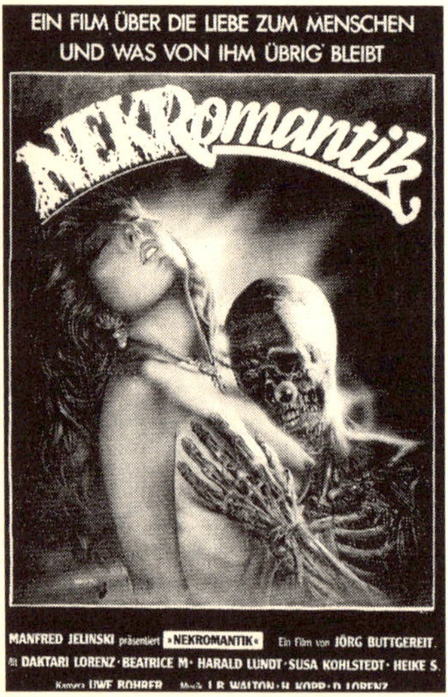

»Nekromantik« – unkonventioneller Splatter mit reichlich Diskussions- und Verbotspotential.

wobei sich Autoren und Regisseure dabei jedoch meist einer ägyptischen Variante bedienen. Die angemessenste Darstellung einer Totenstadt mitsamt des dazugehörigen Personals inklusive dessen Ausbildungsparameter fand der Autor in einem Comic von → *Neil Gaiman*: *»World's End«*.

Nero

*(eigtl. Lucius Domitius Ahenobarbus;*37 Rom, †68 ebenda)*

Von 54-68 war Nero römischer Kaiser. Dabei wurde seine Herrschaft von seiner außerordentlichen Grausamkeit geprägt, der sowohl seine Mutter als auch sein Stiefbruder, eine Ehefrau und zahllose Christen zum Opfer fielen, was ihm mancherorten den Ruf eintrug, der → *Antichrist* oder zumindest verrückt zu sein. Zweiteres ist bei näherer Betrachtung der Inzestrate in römischen Herrschaftshäusern wahrscheinlich sehr hoch. Unter anderem wird Nero fälschlicherweise die Niederbrennung Roms angelastet, die während seiner Amtszeit stattfand und für die er ebenso fälschlicherweise die Christen verfolgen ließ. Nach seiner Ächtung durch den Senat und einigen Aufständen beging Nero auf seiner Flucht Selbstmord. Doch obwohl gewiß grausam genug, war Nero es doch weit weniger als etwa sein Vorgänger → *Caligula*.

Nightmare

[engl. → »Alptraum«]

»Nightmare – Mörderische Träume«

(»A Nightmare on Elm Street«)

USA 1984 R: Wes Craven D: Robert Englund, John Saxon

Obwohl schon tot, kehrt der vernarbte Serienmörder Freddy Krueger in die Elm Street zurück, um sich für seinen Tod zu rächen. Seine Opfer sind die Kinder der Leute, die ihn seinerzeit gelyncht hatten. Nancy, die Tochter des Sheriffs, ist die erste die es bemerkt: Freddy Krueger ermordet ihre Freunde in deren Träumen und seine Kreativität kennt dabei keine Grenzen. Doch niemand will Nancy glauben, es scheint einzig an ihr zu sein, dem Alptraum Einhalt zu gebieten ...

Der Film, der Freddy Krueger neben → *Michael Myers* und → *Jason Vorhees* auf den Olymp der Schreckgespenster katapultierte, gab nicht nur dem Genre neue Impulse, indem er das Motiv der Realität des Traumes und die darin enthaltenen Möglichkeiten phantasie- und blutgehaltvoll auslotet, sondern gewährte uns auch einen frühen Blick auf Johnny Depp (→ *»Edward mit den Scherenhänden«*, *»The Legend of*

Sleepy Hollow«). Doch die Welt des Geldes schreit nach Vermarktung, und so setzte dieses Meisterwerk des einfallsreichen Horrorkinos die Gebärmaschine in Gang, die vom Kommerz geschwängert, häßliche Kinder mit Namen Fortsetzung gebiert ...

(Interessant übrigens auch, daß die »Elm Street« die Straße war, in der seinerzeit John F. Kennedy erschossen wurde ...)

- *»Nightmare II – Die Rache«, (»A Nightmare on Elm Street Part 2: Freddy's Revenge«); USA 1985 R: Jack Sholder D: Robert Englund, Mark Patton*
- *»Nightmare III – Freddy Krueger lebt«, (»A Nightmare on Elm Street 3: Dream Warriors«); USA 1987 R: Chuck Russel D: Robert Englund, Heather Langenkamp*
- *»A Nightmare on Elm Street 4«, (»A Nightmare on Elm Street 4: The Dream Master«); USA 1988 R: Renny Harlin D: Robert Englund, Rodney Eastman*
- *»Nightmare on Elm Street 5 – Das Trauma«, (»A Nightmare on Elm Street 5: The Dream Child«); USA 1989 R: Stephen Hopkins D: Robert Englund, Lisa Wilcox*
- *»Freddy's Finale – A Nightmare on Elmstreet 6«, (»Freddy's Dead: The Final Nightmare«); USA 1991 R: Rachel Talachay D: Robert Englund, Lisa Zane*
- *»Wes Craven's New Nightmare«, USA 1994 R: Wes Craven D: Robert Englund, Wes Craven;*

Wenn man sich ein Nightmare → *Sequel* antun möchte, ist dies das lohnendste. Nicht bloß weil nach zehn Jahren wieder Wes Craven selbst Regie führt, sondern auch weil das Konzept des Filmes, das die Grenzen zwischen Wirklichkeit und Horrorfilm verwischt, einfach originell und dazu noch trefflich umgesetzt ist.

»A Nightmare before Christmas«

(Musical- / Trickfilm), USA 1993 R: Henry Selick

In der Halloweenwelt ist der Teufel los, Jack Skellington, der heimliche Herrscher jener Welt, ist durch einen Zufall in die Weihnachtswelt gelangt und befaßt sich nicht nur mit der Erforschung des Weihnachtsfestes, sondern will es auch in die Halloweenwelt holen. Daß hierfür der echte Weihnachtsmann entführt und die gesamte Produktion der Halloweenweltbewohner von Grund auf geändert werden muß, ist dabei das geringere Problem...

Ein Streifen, dessen eigenwillige Poesie, liebevolle Gestaltung und bizarrer Humor derart außergewöhnlich sind, daß wohl niemals wieder auch nur ein ähnlicher Film produziert werden wird. Die einzelnen

Modelle der Figuren sind allesamt groteske Individuen und liebevolle Reminiszenzen an die Welt des Horrors. Die Planung und Realisierung des Filmes oblag keinem geringeren als → *Tim Burton*, der mit der Idee für »A Nightmare before Christmas« über Jahre schwanger ging.

Das → Merchandise für den Film ist ebenso großartig wie teuer. So ist etwa eine etwa 30 cm große Figur des Kürbiskönigs Jack Skellington kaum unter 200 $ zu bekommen.

»Nosferatu – Eine Symphonie des Grauens«

s/w stumm, D: 1922 R: F.W. Murnau D: Max Schreck, Alexander Granach

Dies ist nicht nur der erste bedeutende Vampirfilm, sondern auch die erste unautorisierte Verfilmung von → *»Dracula«*, des meistverfilmten Stoffes der Filmgeschichte. Die alptraumhafte Gestalt des Grafen Orlok ist wohl ebenso bekannt wie die des Grafen Dracula, die eindringliche

»A Nightmare before Christmas« – Direkt aus Halloweenland kommt ein Märchen für den Horrorfreund

Atmosphäre des Stummfilmes, das Spiel mit Licht und Schatten mindestens ebenso stimmungsvoll wie budgettriefende Neuverfilmungen der Traummaschine Hollywood.

Aufgrund der rechtlichen Probleme mit der Familie Bram Stokers ordnete ein englischer Gerichtshof die Vernichtung des Filmes an, was in Deutschland zwar keine Bedeutung hatte, aber zu einer Wiederbearbeitung des Materials und Neuveröffentlichung unter dem Namen *»Die zwölfte Stunde«* führte.

- *»Nosferatu – Phantom der Nacht«, D/FR 1978 R: Werner Herzog D: Klaus Kinski, Isabelle Adjani*

→ *Remake* des Stummfilmklassikers, der trotz teilweiser Frame by Frame-Übernahme nicht die Dichte seines Vorbildes erreicht.

Nonne

Angehörige einer meist christlichen Glaubensgemeinschaft. Die Nonne ist ein trefflich Persönchen, um innerhalb des Horrorgenres eingesetzt zu werden, steht sie doch stellvertretend für den gläubigen Menschen, der, konfrontiert mit dem ein oder anderen Dämon oder → *Teufel,* um Fassung ringt. Nonnen leiten gerne Waisenhäuser (→ *»Das Omen«)* oder Schulen (→ *»Die Braut des Satans«)* oder betreuen psychisch Kranke (→ *Freddy Krueger*). Wo auch immer, die Nonne, auch im Bezug auf ihr Ordenshabit gerne abwertend als »Pinguin« bezeichnet, ist ein Element, das grundsätzlich eine gewisse Stimmung schafft, da es symbolisch für Glauben, Unschuld, Güte und ähnliches steht.

O

Obelisk

Spitz zulaufender steinerner Pfeiler, der in der Gegend rumsteht und Geheimnisvolles, Unheilvolles oder etwas anderes in der Richtung verheißt. Die stimmungsvolle Schmückung des Obelisken, etwa mit → *Runen,* steigert seinen Stimmungseigenwert innerhalb des Genres um ein Vielfaches.

Oger

[von lat. Orcus »Unterwelt«]
Riesenhaftes menschenfressendes und -förmiges Ungetüm der Sagenwelt, daß sich vornehmlich durch Ungepflegtheit und Grausamkeit auszeichnet und trotz seiner schrecklichen Attribute eigentlich eher im Fantasygenre tätig ist.

Okkultismus

[von lat. occultus »verborgen«]
Geheime Lehre, Beschäftigung mit verborgenen Weisheiten, Mysterien und Phänomenen jenseits des Begreiflichen und der Wissenschaft. Um die Geheimhaltung der okkulten Materie zu gewährleisten, bewegt sich der Okkultist hierbei meist in geschlossenen Kreisen, die sich dem Ganzen nicht, wie etwa in der Parapsychologie, vom wissenschaftlichen Standpunkt, sondern vielmehr von einem im weitesten Sinne religiösen nähern. Da der Okkultismus aufgrund seiner Inhalte schwer zu umreißen ist, ist er nicht selten Opfer der öffentlichen Meinung, die, ob es nun um Satanisten (→ *Satanismus*) oder → *Grabschändung* geht, in mittelmäßigen Gazetten mit Vorliebe vermeintlich »okkulte« Praktiken anprangert. Tatsächlich aber sind → *Menschenopfer* kein zentrales Charakteristikum des Okkultismus.

Eine populäre Gestalt des Okkultismus des 20. Jahrhunderts war → *Aleister Crowley.*

Oliver
Mitbewohner resp. Verleger. Was immer sie bisher über ihn gelesen haben, er ist viel, viel schlimmer.

Omen
Zeichen, daß im Rahmen eines nicht selten als → *Aberglauben* betrachteten Kontextes im Bezug auf zukünftige Begebenheiten ausgelegt und gedeutet wird (→ *Wahrsagen*).

»Das Omen«
(»The Omen«)
USA 1975 R: Richard Donner D: Gregory Peck, Lee Remick
Damien, der Ziehsohn des Botschafterehepaares Thorn, den sie durch vermeintlich glückliche Umstände nach dem Tod ihres eigenen Kindes an Kindes statt annahmen, entwickelt sich mit zunehmendem Alter zu einem wirklichen Satansbraten. Tote Kindermädchen pflastern bald ebenso seinen Weg wie tote Gleichaltrige, Autoritäten und Leute, die etwa seine Herkunft herauszufinden versuchten. Als Robert Thorne im Grab von Damiens Mutter das Skelett eines Wolfes vorfindet, ist klar, daß nichts so ist, wie es sein sollte ...

Auch das Omen ist ein Film, der dem Genre so seltene neue Impulse verlieh. Das Motiv der Wiedergeburt des → *Antichristen*, hier in der Gestalt Damien Thornes, bekannt etwa aus → *»Rosemaries Baby«*, wird hier weitergedacht, der Teufel wächst heran und mit ihm das Dämonische in ihm. Die grandiose Schlußszene, die rituelle → *Opferung* Damiens durch seinen Ziehvater ist die Spitze eines Eisberges, der ebenso intelligent wie schockierend aus dem tristen Tümpel des eingefahrenen Schreckens ragt. Die → *Sequel* allerdings haben, ob auch logisch fortgeführt, an Innovativität nicht

»Das Omen« – versehentliche Adoption des Antichristen wird mit Ärger nicht unter viel bestraft

gar so viel zu bieten. Ein wirkliches Verbrechen ist jedoch nur der vierte Teil.

- *»Omen II; Das« (»Damien – The Omen II«); USA 1978 R: Don Taylor D: William Holden, Lee Grant*
- *»Barbara's Baby – Omen III« (»The Final Conflict«); USA 1981 R: Graham Baker D: Sam Neill, Rosanno Brazzi*
- *»Omen IV – Das Erwachen« (»Omen IV – The Awakening«); USA 1991 R: Jorge Montesi, Dominique Othenin-Gerard D: Faye Grant, Michael Woods*

Opfer

[von lat. operari »handeln«]

Ursprünglich im religiösen Sinn als Bezeichnung für das Objekt der → *Opferung* verwendeter Terminus, bezeichnet das Wort nunmehr auch die Objekte körperlicher, seelischer und anderweitiger Gewalt, die dem diesbezüglich handelnden Subjekt unterlegen sind, was bedeutet, daß in diesem Kontext ein Raubüberfall irgendwie als → *Opferung* zu betrachten ist.

Opfer beider Arten bedarf hierbei das Genre. Stimmungsvolle den → *Göttern* dargebrachte Opfer sind hier ebenso unerläßlich wie Menschen, die → *Wahnsinnigen*, → *Monstern* oder ähnlichem zum Opfer fallen. Daß sie gebraucht werden, ändert jedoch nichts an der Undankbarkeit der Rolle.

Opferung

Den → *Göttern* zur Verfügung Stellen eines bis zum menschlichen Individuum reichenden Objektes, nicht selten durch Verbrennung, Zerstörung oder Tötung desselben. Das Ganze findet meist statt, um sich das Wohlwollen der Götter zu sichern, nicht selten aber auch, um irgendeinen zu beschwören (→ *Beschwörung*) (meist mit dem gleichen Ziel). Obwohl die standardisierte Opferung meist auf einem → *Altar* stattfindet, ist annähernd jeder andere Ort zur Durchführung einer Opferung denkbar.

In aufgeklärten Zeiten wie diesen ist die Opferung ein anachronistisch-stimmungsvolles Elemente des Horrorgenres, das stellvertretend für → *Aberglauben*, Religion und archaische Kräfte steht.

Opium

Aus der Mohnpflanze gewonnenes Rauschmittel, durch dessen verschiedene Verarbeitung unterschiedliche Opiate entstehen, die entweder geraucht oder wie etwa Laudanum getrunken werden, in jedem Fall aber dem Bereich der → *Drogen* zugerechnet werden müssen. Opiumkonsum war etwa ein Hobby des Autors → *Samuel Taylor Coleridge* und kann außerdem in → *»Gothic«* bewundert werden.

In Deutschland fällt die Verwendung von Opium unter das Betäubungsmittelgesetz.

Orakel

[von lat. orare »reden«]

Das Orakel ist die, nicht der Klarheit verpflichtete Vorhersageinstanz bedeutender zukünftiger Ereignisse (→ *Wahrsagen*). Dem Normalsterblichen sind die → *Prophezeiungen* des Orakels selten vollkommen zu erschließen, aber Stimmung machen sie auch so. Vor allem wenn das Orakel uralt, blind, aus einer anderen Welt oder spärlich bekleidet ist und Worte von sich gibt wie: »Und mit Blut werden sich füllen die Straßen, derweil die Füße des Giganten werden wandern gen Osten und die Weberinnen weinen, da ihre Männer verschollen sind in jenem Reiche, das da liegt hinter dem Orte, den ihr nicht sehet, da blind ihr seid für das, was sein wird.«

»Der Orchideengarten«

(1919-1921)

Deutsche Zeitschrift für → *Phantastische Literatur*, die neben dieser selbst auch Rezension aus besagtem Bereich enthielt und, wie viele ähnliche Zeitschriften des Genres, in einer ungemein liebevollen Aufmachung erschien.

Orgie

[griech.]

Ursprünglich religiöse Handlungen bezeichnend, ist der Begriff der Orgie nunmehr ihres religiösen Inhaltes größtenteils beraubt worden und dient inzwischen zur Bezeichnung lediglich zügelloser Gelage. Die Zügellosigkeit gilt hierbei in jedweder erdenklichen Hinsicht und im Bezug auf → *Alkohol*, → *Drogen*, → *Sex* und auch Gewalt. Das Genre wartet nicht selten mit fiktiven religiösen Gemeinschaften meist unchristlicher Gesinnung auf, deren Orgien vom Protagonisten meist mit einem gewissen Maß an Verstörtheit betrachtet werden.

Bekanntestes Beispiel aus der Literatur dürfte hier die → *Walpurgisnacht* aus Goethes → *»Faust«* sein. Ein schönes filmisches Schaustück ist → *»Gothic«*, und außerdem seien an dieser Stelle zwei zügellose Herren genannt, die ihre Ausschweifungen gar mit philosophischem Überbau zelebrierten: → *Marquis de Sade* und → *Aleister Crowley*.

Ork

[von lat. Orcus »Unterwelt«]
Ebenso wie etwa der → *Oger* ein → *Ungetüm* des Volksglaubens, mit minderem Intellekt und ungepflegtem Äußeren gesegnet, ist dem Ork – überwiegend im Genre der → *Fantasy* angesiedelt – eigentlich jede erdenkliche unbedeutende Untat zuzutrauen.

»Orlacs Hände«

Ö 1924 R: Robert Wiene D: Conrad Veidt, Fritz Kortner
Bei einem Unfall werden die Hände des virtuosen Pianisten Stephen Orlac abgetrennt. Doch durch eine Transplantation, in deren Verlauf er zwei neue Hände bekommt, soll Orlac wieder spielen können. Die neuen Gliedmaßen allerdings gehörten zum Körper eines Mörders, und ihnen scheint ein eigener Wille innezuwohnen, der sie nicht nur in Richtung Klavier zieht ...

Der Film, in dem Conrad Veidt in seiner Rolle als verstümmelter Pianist wahrhaft brilliert, nach einer Novelle von Maurice Renard (»Les Mains d'Orlac«, 1920) entstanden, erlebte zweierlei → *Remakes*:

- *»Orlacs Hände« (»Mad Love«); USA 1935 R: Karl Freund D: Peter Lorre, Colin Clive*
- *»Orlacs Hände« (»The Hands of Orlac«); GB/FR 1960 R: Edmond T. Gréville D: Mel Ferrer, Christopher Lee*

Orkus

Bezeichnung der Unterwelt bei den alten Römern.

Osbourne, Ozzy

Früherer Frontmann der → *Heavy Metal Band* → *Black Sabbath*, ähnlich wie etwa → *Alice Cooper* ist Osbourne eine Gallionsfigur des Wahnsinns und machte sich durch Drogenexzesse, exzentrische Bühnenshows und Videos und programmatisch provokatives Auftreten einen Ruf als enfant terrible par excellence.

Ouija

Name eines vornehmlich in Amerika, bekannten → *Orakel*-Spieles, das am ehesten mit dem hierzulande bekannten → *Gläserrücken* zu vergleichen ist. Ouija – oder auch Witchboard – besteht aus einem rechteckigen Brett, auf dem halbkreisförmig Zahlen und die Buchstaben des Alphabetes angeordnet sind und einem dreieckigen hölzernen Schlitten, auf dem die Hand des Mediums plaziert wird. Während man nun beginnt Fragen zu stellen, heizt der dreieckige Zeiger von Buchstabe zu Buchstabe, um eine Antwort zu formen.

Das in Amerika ob der vermeintlich okkulten (→ *Okkultismus*) Inhalten in Verruf gekommene teenagerverderbende Spiel diente nicht bloß als zentraler Aspekt verschiedener drittklassiger Spielfilme, sondern ist unter dem Namen »Angelic Voices« (Engelsstimmen) auch als esoterisches (→ *Esoterik*) Orakelspiel erhältlich. Na, wenn da mal nicht der → *Teufel* seine Finger im Spiel hat ...

»The Outer Limits«

Frühe → *Mystery*-Serie des amerikanischen Fernsehens der 60er Jahre (1963-1965), erlebte ähnlich wie etwa die → *»The Twilight Zone«* oder → *»Tales from the Crypt«* in den 90ern mit zunehmendem Interesse der Öffentlichkeit an → *Horror*, Phantastischem und → Mystery ein Revival. Neuere Folgen entstanden ab 1995.

P

Panik

Stimmung, in die Menschenmassen oder Individuen verfallen, sobald Sie erkannt haben, daß ein Problem größer als erwartet ist. Diese Stimmung wird in der Regel von unkontrolliertem Drängeln, Schreien, Trampeln o.ä. begleitet, was nicht selten negative gesundheitliche Folgen bei zahlreichen Teilnehmern zur Folge hat (z.B. in → »*Carrie*«) (→ »*From Dusk till Dawn*« oder »Hellraiser III« vgl. → »*Hellraiser*«).

Paranoia

Psychose, deren Kennzeichen ein ausgebildetes Wahnsystem ist, ohne Störungen der Intelligenz und bei relativ intakt bleibender Persönlichkeit. In den Weiten des Horrors eine präzisere Form des Realismus. Die Ahnung einer handelnden Figur, daß der → *Unhold*, Massenmörder, Wahnsinnige etc. pp. ihm im → *Schlafzimmer*, Badezimmer, Büro Labor o.ä. auflauert, wird hier nämlich in den meisten Fällen zur Gewißheit.

Sätze wie: »Ich habe so eine Ahnung, daß ...« oder »Ich glaube nicht, daß er wagen wird, noch einmal zurückzukommen«, werden nicht selten mit promptem Erscheinen des gefürchteten Geschöpfes belohnt. Horrorfreunde, die Symptome der P. übernommen haben, sind mit Vorsicht zu behandeln, da in ihren Augen selbst ihr Nachbar ein gut getarnter Dämon sein könnte (wobei der Autor nicht ausschließen möchte, daß *ihr* Nachbar womöglich tatsächlich ...)

Paragraph 131

Paragraph über Gewaltverherrlichung des Strafgesetzbuches, in dessen Rahmen gewaltverherrlichende Schriften und Videos hierzulande nach entsprechender Prüfung beschlagnahmt werden können. Verkauf und Verbreitung solcher unter besagten Paragraphen fallenden Filme und Schriften ist strafbar.

Parapsychologie

Grenzwissenschaft, die sich als Teil der Psychologie versteht. Die Bezeichnung hat sich nunmehr etabliert und ehemals gebräuchliche, wie etwa den des »wissenschaftlichen Okkultismus« verdrängt. Eine genauere Definition scheint jedoch nicht möglich, da Parapsychologen in der Regel keine gemeinsame Auffassung vom Wesen und Inhalt ihres Forschungsgegenstandes haben. Die Aufgabe der P. ist die Erklärung übernatürlicher Phänomene und ihre Klassifizierung in der Welt des Normalen.

Die Wissenschaft der P. findet oftmals Eingang in Film oder Literatur, sei es in → *»Poltergeist«*, → *»Die Fürsten der Dunkelheit«* oder etwas anders in → *»Ghostbusters«*, wobei der technische Stand und die Meßbarkeit paranormaler Phänomene ungleich besser ist als in Wirklichkeit. Das gilt auch für zahlreiche pseudoparapsychologische Serien der → *Mystery*-Welle.

Pathologie

Krankenhaus- oder gerichtsmedizinische Abteilung in der – in Film, Literatur und im richtigem Leben – die → *Autopsie* vorgenommen wird. Geschichten von Medizinstudenten, die hier alberne Späße mit Leichen praktizieren, Teile derselben entwenden u.v.m. sind ebenfalls in allen drei Bereichen gang und gebe.

Die P. jedenfalls ist durch Abgelegenheit, Sterilität und die Anwesenheit Verstorbener, (neben dem → *Friedhof)* einer der grundsätzlich unheimlichen Orte, an dem die Protagonisten einer Konfrontation mit dem Tod nicht entgehen können. Die meisten haben es aber auch nicht vor, da sie zumeist Untersuchungen durchführen (→ *»Akte X«)*, Leichenteile stehlen (→ *»Re-Animator«*) wollen oder selbst tot (resp. untot) sind (→ *»Blade«).*

Pazuzu

Altorientalischer Dämon, der geflügelt und gehörnt dargestellt und vor allem als Krankheitsbringer gefürchtet wird. Zu großer Popularität gelangte der gute Pazuzu durch den dritten Teil von → *»Der Exorzist«*, dessen Hauptrolle er letztenendes spielte.

Penny Dreadful

[engl. Synonym für → »Groschenroman«]

Mitte des 19. Jahrhunderts befriedigte eine weite Palette von Penny Dreadful-Publikationen die besonderen Gelüste des Publikums in →

Großbritannien, dabei waren es vornehmlich Horrorthemen, nicht wie heute Arzt- und Alpenromanzen, die das Gros der Auflagen ausmachten. Um die Bedeutung der damalig verrufenen Publikationen zu verdeutlichen, sollte erwähnt werden, daß zum Beispiel Robert Louis Stevensons → *»Dr. Jekyll und Mr. Hyde«* als solches Heft erschien.

Pentagramm

[griech.]

Regelmäßiger fünfzackiger Stern, der durch die Diagonalen eines regelmäßigen Fünfecks entsteht. In seiner Mitte entsteht ein ebensolches Fünfeck, in dem ein gleicher eingezeichneter Stern auf dem Kopf stünde. In der Heraldik Pentalpha genannt. Das Pentagramm taucht bereits im alten Griechenland auf verschiedenen Münzen auf, im Mittelalter wurde es benutzt, um → *Dämonen* etwa von Viehställen, Wiegen, Türschwellen und Betten fernzuhalten. Eigentlich lediglich Symbol der Geisteswissenschaften, bedient sich das Horrorgenre, dringend auf überaus böse Symbole mit Wiedererkennungswert angewiesen, des P.s an allen Ecken und Enden. Auf der Spitze stehend soll es besonders böse sein, obwohl sich in seinem inneren Fünfeck derweil wieder ein aufrechtes befände. Bei → *Beschwörungen,* Bannungen o.ä. hat das Pentagramm dennoch seine magische Rolle inne, die es bereits in J.W.v.Goethes → *»Faust«* spielt.

Gerade → *Heavy Metal-*, oder → *Gothic*-Bands und degenerierte Jugendliche scheinen die Erstellung von Pentagrammen als eine Art Beschäftigungstherapie zu betrachten und sie – vorzugsweise mit der Spitze nach unten – eigentlich ziemlich überall hin zu schmieren. Ein auf dem Kopf stehendes Pentagramm mit einer → *666* zu krönen gilt schlechthin als Krone alles Bösen, respektive Ausdruck einer vergleichsweise oberflächlichen Attitüde.

Davon abgesehen bedient sich mancher Filmtitel des Pentagramms. Da begegnen wir dem des Satans, dem des Todes und der Macht des Bösen, doch müssen wir uns nicht wirklich weiter darüber unterhalten.

Periodika

→ *Zeitschriften*

Persönlichkeitsspaltung

Störung des Ich-Bewußtseins, deren vordergründiges Merkmal die Spaltung einer Persönlichkeit in verschiedene andere Persönlichkeiten ist. Abgesehen von dem → *Doppelgänger*-Motiv ist auch → *»Dr. Jekyll und*

Mr. Hyde« ein Ansatz der → *Phantastischen Literatur (→ Doppelgänger)*, die das Thema der Schizophrenie quasi vorwegnimmt. Doch auch heutzutage, da sich das Horrorgenre gerne des → *Wahnsinns* in seiner mannigfaltigen Form annimmt, begegnen dem Konsumenten des Schreckens allerorten persönlichkeitsgespaltene Gestalten, die meist ein gewöhnliches Leben führen, aber manchmal martialische Instrumente gegen unschuldige Mitmenschen richten.

Perversion

[lat. Umkehrung, Verdrehung]

Der Begriff bezeichnet die Abweichung vom Normalen, respektive Üblichen. Insbesondere wird es auf von den Normen abweichendes Sexualverhalten angewendet, das über Fixierung auf nicht der Norm entsprechende Objekte oder Praktiken definiert werden kann. Da aber alles relativ ist und Zeit nun einmal nicht still steht, ändert sich auch diesbezüglich einiges. Während etwa → *S/M*-Praktiken vor Jahren noch jeden sittlich-verantwortlich-selbsternannten Inquisitor auf den Plan riefen, werden sie heute in nachmittäglichen Talkshows propagiert. Homosexualität, vor Jahren Stein des Anstoßes von außerordentlicher Größe, wird heute nur noch von mentalen Hinterwäldlern als Perversion betrachtet. Die Grenzen der Definition sind gesellschaftlich also fließend. Im Horrorgenre jedoch ist der Perverse recht schnell zu identifizieren, da er in der Regel über Leichen geht und Dinge tut, die hinter der Toleranzgrenze vernunftbegabter Menschen liegen sollten. Sei dies nun → *Kannibalismus* oder die Häutung von Frauen zum Zwecke des Nähens eines Kleidungsstückes (beides in → *»Das Schweigen der Lämmer«*). Der Perverse jedenfalls ist ein fester Bestandteil des Horrorgenres, da er → *abnorm* und somit für die Rolle des Antagonisten prädestiniert ist, was ihn selten zum genuinen Sympathieträger macht. Fortgeschrittene, koordinierte Perversion zeigt sich etwa im Rahmen der → *Folter*, Filmen wie → *»Gesichter des Todes«* oder in → *Snuff*-Filmen.

Phänomen

[von griech. phainomenon / »das sich in der Erscheinung Abbildende«]

Manifestation ungewöhnlicher, vornehmlich paranormaler Ereignisse, die letztendlich nicht im Bereich der Wunder anzusiedeln, sondern lediglich noch nicht wissenschaftlich geklärt sind. Spuk ist ebenso dazuzurechnen wie etwa Engel- oder Geistererscheinungen, mit denen sich etwa die → *Parapsychologie* beschäftigt.

Phantasie

[von griech phantasma; Erscheinung.]

Fähigkeit, vorhandene Bewußtseins- und Erlebnisinhalte derart umzugestalten oder zu kombinieren, daß neuartige Vorstellungen entstehen, deren zentrales Merkmal ist, daß sie nicht wirklich erlebt sind.

Üblicherweise wird in Horrorgeschichten und Filmen einzelnen Zeugen übernatürlicher Vorkommnisse eine rege Phantasie, wenn nicht gar → *Wahnsinn* unterstellt. Im weiteren Verlauf solcher Geschehnisse gibt es zwei Möglichkeiten: die übernatürlichen Vorkommnisse kosten eine nicht unbeträchtliche Anzahl von Menschen das Leben und der einstmalige Zeuge ist geläutert. Oder (und dies ist die subtilere Variante): die übernatürlichen Vorkommnisse finden vergleichsweise zweideutig statt und erwähnter Zeuge erfährt statt einer Läuterung eine Zwangseinweisung o.ä.

Abgesehen davon ist Phantasie auch bei der Rezeption von Horrorerzeugnissen – gleich welcher Natur – vonnöten. Der anspruchsvollere Schrecken beispielsweise bedient sich der Assoziation und vergleichsweise phantastisch-orientierter psychischer Fähigkeiten des Konsumenten. Dabei kann das Ausmalen der Konsequenzen der Existenz verschiedener älterer Götter mit zweifelhaften Motiven mitunter schrecklicher sein als eine rituelle Entarmung oder Entbeinung.

Unerläßlich ist Phantasie jedenfalls bei der Interpretation von Werken von → *David Lynch.*

Im Endeffekt ist die Phantasie so individuell wie ein Fingerabdruck, und jeder bessere Schaffende des Horrorgenres gibt durch Umsetzung seiner Phantasien tiefe Einblicke in eine Persönlichkeit, der ein guter Therapeut gewiß jede schöpferische Kraft zu nehmen vermöchte.

Phantastische Literatur

Die Phantastische Literatur ist literaturgeschichtlich nicht exakt definiert, sind ihre Grenzen zu Science-Fiction → *Horror* oder → *Romantik* doch fließend. In all ihren Erscheinungsformen jedoch kennzeichnet die Phantastische Literatur – obwohl ihre Inhalte grundsätzlich einer eigenen Logik (nicht selten mit der Wissenschaft als tragendes Motiv) verpflichtet sind – das Bewußtsein von der Unzulänglichkeit der menschlichen Ratio, deren Grenzen innerhalb der Geschichten schnell erreicht und überschritten werden. Der vordergründige Schrecken jedoch ist in seltensten Fällen Gegenstand des Genres, dem unter anderem auch die → *Gothic tale* und die → *conte cruel* zuzurechnen sind.

Die Entstehung der Phantastischen Literatur ist – abgesehen von einigen Ausnahmen wie → *Edgar Allan Poe* oder → *H.P. Lovecraft* – dabei ein überwiegend europäisches Phänomen, dessen Rezeptionsgeschichte vor allem imHinblick auf die großen Kriege Europas, deren Ende jeweils einen Aufschwung des Genres bedeuteten, bemerkenswert ist.

Die Geschichte der Phantastischen Literatur beschreibt am besten nachwievor H.P.Lovecrafts *»Supernatural Horror in Literature«* (deutsch: *»Die Literatur der Angst«).*

Neben der deutschen Romantik (→ *E.T.A. Hoffmann*) waren es vor allem die frühen Autoren englischsprachiger Phantastik (z.B. → *Samuel Taylor Coleridge* mit der Ballade → *»Christabel«).* Bedeutende Werke der Phantastischen Literatur sind → *»Frankenstein«,* → *»Der Horla«,* → *»Die Elixiere des Teufels«,* → *»Der Untergang des Hauses Usher«.* An einflußreichen Autoren seien an dieser Stelle mit → E.*T.A. Hoffmann,* → *E.A. Poe* und → *H.P. Lovecraft* lediglich eine Auswahl genannt, auf die mit → *Weird Tales, der* → *Galerie der Phantasten*, der → *Phantastischen Bibliothek*, der → *Bibliothek des Hauses Usher* und der → *Bibliothek von Babel* auch einige der wichtigsten phantastischen Foren des Jahrhunderts Nennung finden.

Den Abschluß dieses Eintrages bildet ein Verweis auf den phantastischen Nachwuchs und ambitionierte Kleinverlage wie etwa die → *Edition Metzengerstein* oder → *Goblin Press.*

Phantastische Malerei

Die Abbildung des Phantastischen durch den Pinsel ist eine Kunstform, die vor allem den Surrealisten, wie etwa Salvatore Dali, zuzurechnen ist, obwohl bereits die spätmittelalterliche, religiös orientierte Kunst zahlreiche phantastische Elemente enthält, wie etwa die Werke eines → *Hieronymus Bosch* (→ *»Der Garten der Lüste«)* oder → *Pieter Brueghel* beweisen. Als zeitgenössische Vetreter der phantastischen Malerei seien an dieser Stelle → *H.R. Giger* und → *Zdzislaw Bekzinski* angeführt. Die Bilder, die mitunter jeden Sinn für Logik und Ästhetik über den Haufen werfen, haben nicht selten irrationale Ängste zum Gegenstand.

Phantastische Bibliothek

Der Beitrag des Suhrkamp Verlages zum Bereich der → *Phantastischen Literatur* ist in seiner Bandbreite der umfassendste der deutschen Literaturgeschichte, in dessen Rahmen seit 1976 zahlreiche Klassiker des Genres, wie etwa → *H.P. Lovecraft*, → *Sheridan LeFanu* oder → *Algernon Blackwood* erscheinen.

»Das Phantom der Oper«

(»Le Fantome de l'Opéra«, 1910)

In der Pariser Oper geschehen seltsame Dinge. Ein Unbekannter, der auf seltsame Weise die Kontrolle über das Gebäude zu haben scheint und alles weiß, was darin vorgeht, fordert, daß eine Zweitbesetzung namens Christine den Solopart eines Abends übernehmen soll. Der Unbekannte versteht seinen Forderungen auf brutale Art Nachdruck zu verleihen. Bald gibt es Tote in der Pariser Oper und wenig später befindet Christine sich in der Gewalt des Phantoms ...

Die Geschichte von Gaston Leroux sollte nicht bloß den dritten Archetypus des Horrorgenres neben → *»Dracula«* und → *»Frankenstein«*, sondern auch ein weiteres der meistverfilmten Filmthemen begründen. Das → *Musical* zur Geschichte ist das erfolgreichste aller Zeiten, und selbst die Parodien auf das Thema (z.B. *»Das Phantom im Paradies«*, 1974) glänzen in einem ganz besonderen Licht.

- *»Das Phantom der Oper« (»The Phantom of the Opera«), USA 1925 R: Rupert Julian D: Lon Chaney, Mary Philbin*

Dieser frühe Film der → *Universal Studios*, die Rolle als Phantom und vor allem dessen einzigartige Maske, begründete die unvergleichliche Karriere des → *Lon Chaney*.

- *»Das Phantom der Oper« (»The Phantom of the Opera«), USA 1943 R: Arthur Lubin D: Claude Rains, Nelson Eddy*
- *»Das Phantom der Oper« (»The Phantom of the Opera«), GB 1962 R: → Terence Fisher D: Herbert Lohm, Michael Gough*

Der phantomische Ansatz der → *Hammer Studios* sollte sich an den Kinokassen als Flop erweisen.

- *»Das Phantom der Oper« (»Fantasma dell«Opera«), I 1998 R: → Dario Argento D: Julian Sands, Asia Argento*

»Phase IV«

(»Phase IV«)

USA 1973 R: Saul Bass D: Nigel Davenport, Michael Murphy

Irgendwo in einer amerikanischen Wüste führen einige → *Wissenschaftler* → *Experimente* in einem abgelegenen Laboratorium durch. Um der dortigen Ameisenplage Herr zu werden, versprüht man Insektengift, gegen das die Ameisen jedoch resistent werden. Ein weiterer toxischer Versuch verfehlt gleichfalls das angestrebte Ergebnis. Das sich entwickelnde Duell zwischen Mensch und Ameisenkollektiv gipfelt alsbald sogar in wechselseitiger Kommunikation ...

»Phase IV« ist neben → *»Wolfen«* und → *»Die Vögel«* wohl der intelligenteste → *Tier-Horror*-Streifen, geht es darin doch nicht um eine Unmenge sich unkontrolliert vermehrender Insekten oder riesige mutierte Atomunfall- oder Urzeitameisen, die von Kleinstadt zu Kleinstadt ziehen, um halb entwickelten Charakteren bei deren Ableben behilflich zu sein, die Bedrohung spielt sich im Mikrokosmos der Forschungsstation ab, quasi ein Kammerstück mit Ameisen. Die Darstellung der Ameisen, ihrer Bauten und die allmähliche Verdeutlichung ihrer Handlungsweisen sind großartig in Szene gesetzt, die Kommunikation zwischen den Forschern und Ameisen wirkt verstörend real und zu dieser intelligenten Handlung bekommt der Zuschauer auch noch einige ansprechende Schockeffekte geboten. Wie die Ameisen jedenfalls einen ausgehöhlten menschlichen → *Kadaver* durch ein Loch in der Handfläche verlassen, ist nichts für schwache Nerven.

Pinhead

Anführer und Sprecher der bizarren Gemeinschaft der → *Cenobiten* ist Pinhead, dargestellt von Doug Bradley, der ehemalige britische Soldat Elliot Spencer, der durch seine eigene Neugier und die Macht einer Puzzlebox in die Mysterien des Schmerzes eingeführt und zum ersten Repräsentanten einer anderen Welt gemacht wurde. Sein Name entstammt dabei den äußeren Umständen seiner Erscheinung, ist sein Kopf doch von eingeschlagenen Nägeln übersät.

Als heimlicher Star der → »*Hellraiser*«-Reihe entwickelt der Pinhead sich zu einer Kultfigur ohnegleichen, mit eigenen Comicserien und einer beeindruckenden → *Merchandise*-Palette (Obwohl die Pinheadmaske nicht wirklich akzeptabel ist). Pinhead selbst mag es übrigens gar nicht, wenn er so bezeichnet wird, und auch

Pinhead – großartiger Charakter mit eigenwilliger Frisur

sein geistiger Vater → *Clive Barker* hatte diesen Namen zunächst eigentlich nicht im Sinn ...

Placy, Collin de

(eigtl. Jaques Albin Simón Collin)
*(*1793 Arcis, † ?)*
Der eigentlich gelernter Buchdrucker war, erkor sich das Schreiben zu einer derartigen Leidenschaft, daß den Literaturhistorikern heute mehr als ein Dutzend seiner Pseudonyme bekannt sind. Trotz der erstaunlichen Vielzahl seiner Werke ist das → *»Dictionaire Infernal«* (1818) wohl das bekannteste.

Poe, Edgar Allan

*(eigentlich nur Edgar; *1809 Massachussetts, † 1849 Baltimore)*
Der populärste amerikanische Autor der → *Phantastischen Literatur* hat wohl den nachhaltig größten Einfluß auf Autoren und Filmemacher des Genres ausgeübt, wie etwa die über sechzig Verfilmungen seiner Werke, in deren Rahmen sich vor allem der Regisseur → *Roger Corman* einen Namen machte, zeigen. Poe selbst war dabei beispielsweise von der deutschen → *Romantik*, speziell → *E.T.A. Hoffmann* inspiriert. Sein kurzes Leben war dabei von → *Alkohol* und → *Drogen*-Exzessen geprägt, die letztenendes auch bei seinem Tod eine Rolle spielten. Eine großartige Geschichte über Poe und sein Werk ist William T. Vollmanns *»Das Grab der verlorenen Geschichten«* (in: *»The New Gothic«*, Fischer).

Poltergeist

Mit diesem Begriff werden meist ortsgebundene → *Spuk*-Phänomene bezeichnet, die sich vor allem durch Krach und Bewegung auszeichnen. In ihrem Rahmen

Edgar Allan Poe – Typischer Titel eines Buches vom Genie des Verfalls

manifestieren sich zunächst Geräusche, später setzen sich mitunter Einrichtungsgegenstände in Bewegung und können sich im ungünstigsten Fall sogar gegen Menschen richten.

Der Poltergeist ist hierbei ein klassisches Motiv des Genres, das neben dem gleichnamigen Film auch im Motiv des → *Haunted House* von Bedeutung ist.

»Poltergeist«

USA 1982 R: Tobe Hooper D: Craig Wasson, Jobeth Williams

Das amerikanische Durchschnittshaus einer amerikanischen Durchschnittsfamilie in einer amerikanischen Durchschnittskleinstadt erweist sich als weniger durchschnittlich als erwartet. Die Ursache dafür ist der alte Indianerfriedhof, auf dem das Gebäude erbaut ist und von dem Kräfte ausgehen, die sich in der jüngsten Tochter der Familie fokussieren. Mit Hilfe einer Parapsychgologin versucht die Familie das Phänomen, das sich alsbald bis in eine andere Dimension ausweitet (die man trefflich mit Tennisbällen sondieren kann), in den Griff zu bekommen.

Intelligenter und vergleichsweise unblutiger Horror, dessen interessantestes Moment wohl der pseudowissenschaftlich-parapsychologische Hintergrund ist, der hier so ansprechend wie selten zuvor ausgewälzt wird, ohne die Aufmerksamkeit des Betrachter zu sehr von den Geschehnissen des Filmes abzulenken.

Unter dem Indianerfriedhof lag übrigens bald noch eine Höhle voll toter religiöser Fanatiker, die eine Fortsetzung gewährleisten sollten:

- *»Poltergeist II – Die andere Seite« (»Poltergeist II«), USA 1985 R: Brian Gibson D: Craig Wasson, Jobeth Williams*
- *»Die dunkle Seite des Bösen – Poltergeist III« (»Poltergeist III«), USA 1988 R: Gary Sherman D: Tom Skerrit; Nancy Allen*

Polyphem

→ *Zyklop und Sohn des Poseidon.*

»Predator«

USA 1987 R: John McTiernan D: Arnold Schwarzenegger, Carl Weathers

Ein amerikanisches Sonderkorps sieht sich im mittelamerikanischen Dschungel plötzlich mit einer unbekannten Macht konfrontiert, die seine Männer nach und nach dezimiert. Bald stellt sich heraus, daß hier ein Außerirdischer in Tarnvorrichtung unterwegs ist, der die toten Soldaten als Trophäen mit nach Hause nehmen will ...

Ähnlich wie → *»Alien«* eine der besseren SciFi-Horrorfusionen, die heftige Effekte und einen blutigen → *Bodycount* mit einer durchgängig spannenden (wenn auch dünnen) Geschichte verbinden.

• *»Predator 2«, USA 1990 R: Stephen Hopkins D: Danny Glover, Gary Busey*

Der außerirdische Jäger goes Großstadt, wo er ein würdiges → *Sequel* schafft.

Prequel

Infolge eines Originalfilmes gedrehter Film, der zu einem Zeitpunkt vor dem eigentlichen Film spielt und seine Handlung mitbegründet. Der populärste Fall in diesem Kontext dürfte »Star Wars« (Teil 1) sein, im Horrorgenre ist mir lediglich → *»From Dusk till Dawn«* bekannt. Wesentlich beliebter ist bei Produzenten das → *Sequel.*

Price, Vincent (Leonard)

(1911 St. Louis, †1993 Los Angeles)*

Neben → *Boris Karloff*, → *Christopher Lee* und → *Bela Lugosi* einer der großen bedeutenden Mimen des Horrorfilms, der über hundert Filme gedreht und die Stimmen zahlreicher Schurken in Trickfilmen übernommen hat. Bemerkenswert auch Prices Sprechersequenz in Michael Jacksons → *»Thriller« (*1983). Prices Aussehen, sein hageres langes Gesicht, meist markant bärtig, und sein pathetisch distinguierter Stil, manchmal hart an der Grenze zum Overacting, machten ihn zum Inbegriff des englischen Adeligen und gebildeten Abartigen (bestes Beispiel hier wohl → *»Theater des Grauens«*), und manchen Film bewahrt einzig sein Auftritt vor der Drittklassigkeit. Obwohl seit den späteren 30ern im Schauspielgeschäft, kam der große Durchbruch für Price mit den → *Edgar Allen Poe*-Verfilmungen → *Roger Cormans* der 60er Jahre. Ein großartiger dieser Filme ist → *»Der Rabe – Duell der Zauberer«* (1963). Prices letzter Film war →

Vincent Price – Der unanfechtbare King of Grand Guignol

Tim Burtons poetisches Horrormärchen → »*Edward mit den Scherenhänden*«. Vincent Price starb 1993 an Lungenkrebs.

Priester

Der Priester ist ein vortrefflicher Protagonist des Horrorgenres. Sowohl sein Glaube, als auch die daraus entstehenden Konflikte bieten den Nährboden famoser Geschichten und Filme (vgl. → »*God's Army*«), doch auch ohne seinen zentralen inneren Konflikt hat der P. genügend Möglichkeiten, sich im Horrorgenre zu etablieren, wohnt ihm doch die gottgegebene Gegnerschaft gegenüber dem Bösen inne, die er medienübergreifend auslebt (vgl. → »*Der Exorzist*« / → »*Omen III*« → »666«).

»The Prophecy«

→ »*God's Army*«

Prophezeiung

Zukunftsvorhersage meist relativ unklarer Art, dem → *Wahrsagen* nicht unähnlich und nicht selten von einem → *Orakel* ausgesprochen. Dabei ist die Gewichtigkeit einer Prophezeiung ungleich größer als die einer gewöhnlichen Wahrsagung, beinhaltet sie doch nicht bloß kausale Zusammenhänge (wenn a passiert, wird b passieren, ohne a gibt es c, und wenn ihr die Wahl hättet, würdet ihr b nehmen, also bemüht euch, daß a auch eintritt), sondern betrifft meist auch die Zukunft der Welt, der Menschheit oder vergleichbares.

»Psycho«

USA 1960 R: Alfred Hitchcock D: Anthony Perkins, Janet Leigh

»Bate's Motel« läuft schlecht und aufgrund eines neuen Highways verirren sich nur noch wenige Gäste dorthin. Dem Inhaber Norman Bates gelingt es mit Mühen, sich und seine alte Mutter über Wasser zu halten. Eines Tages jedoch mietet sich die attraktive Marion Crane im Motel ein und stört das vermeintliche Familienleben, denn von nun an ist Norman genötigt, sich mit seiner Mutter »auseinanderzusetzen« ...

Die Geschichte basiert auf dem gleichnamigen Roman von → *Robert Bloch* (1959) und auf den Untaten des Massenmörders → *Ed Gein*, wobei die Zusammenführung dieser Aspekte durch einen Regisseur wie → *Alfred Hitchcock* dem Film zur Genialität gereicht. P. ist ein früher und zugleich brillanter Vertreter eines neuartigen human-horror, der in der Gewißheit um die Abgründe des Menschen keiner Monster mehr bedarf, um genuinen Schrecken zu verbreiten. Sowohl der Mord unter der Dusche (mitsamt unvergeßlichem Geigencrescendo), als auch das Auffinden von Normans mumifizierter Mutter sind Szenen, die Filmgeschichte schrieben und einem neuen, der Realität ungleich näheren Horror die Türen öffneten ...

Neben drei Fortsetzungen folgte 1999 ein Frame by Frame Remake dieses Klassikers.

• *»Psycho II«, USA 1981 R: Richard Franklin D: Anthony Perkins, Meg Tilly*

Norman kommt aus der Anstalt, um sich friedlich in sein Motel zurückzuziehen. Das dort erneut gemordet wird, ist so selbstverständlich wie die Tatsache, daß dieser Stoff fortgesetzt wurde. Aber die Pointe inmitten einiger Verwirrspiele kann sich tatsächlich sehen lassen ...

• *»Psycho III«, USA 1986 R: Anthony Perkins D: Anthony Perkins, Diana Scarwid*

Norman Bates führt persönlich Regie und schafft das Unmögliche: eine sehenswerte zweite Fortsetzung zu liefern.

• *»Psycho IV« (Psycho IV – The Beginning«), USA 1990 R: Mick Garris D: Anthony Perkins, Henry Thomas*

• *»Psycho«, USA 1998 R: Gus van Sant D: Vince Vaughn, Anne Heche*

Originalgetreues Frame by Frame → *Remake* des Klassikers von 1960.

Pulp

Stilrichtung des → *Groschenromans* und des → *Penny Dreadful*, die vornehmlich vergleichsweise niedere Instinkte anspricht und am ehesten wohl mit Sex und Crime zu dechiffrieren ist. Die Bezeichnung Pulp ist dabei jedoch eine eher moderne.

Puppen

Die Rolle von Puppen innerhalb des Horrorgenres ist meistens eine ihrer üblichen Bestimmung entgegengesetzte. Während sie im tatsächlichen Leben lediglich niedlich, kuschelig oder ähnliches sind, wirkt sich ihre Anwesenheit in Horrorfilmen meist tödlich aus, was Streifen wie *»Dolls«*, → *»Puppetmaster«* oder → *»Chucky – Die Mörderpuppe«* zur genüge beweisen.

»Puppetmaster«

USA 1989 R: David Schmoeller D: Paul Le Mat, Irene Miracle

In den 30er Jahren dieses Jahrhunderts gelingt es einem mittelmäßigen Magier, einigen Holzfiguren Leben einzuhauchen. Viele Jahre später werden dieselben Puppen von einem alten Mann darauf gedrillt, dessen Familie umzubringen. Ebenso wie → *»Chucky – Die Mörderpuppe«*

gibt auch dieser Film in der Tradition von → *Stuart Gordons* → *»Dolls«* Spielzeugen eine beunruhigende Form von Leben, die vornehmlich vom unschönen Ableben verschiedener Menschen begleitet wird, das vom Zerschneiden bis zu Hirnbohrungen und Erschießungen reicht. Werden die Puppen hier noch zu ihrer Bösartigkeit getrieben, wird ihre eigene Niedertracht doch spätestens im zweiten Teil (1990) offenbar. Diesem zweiten Teil, der neben einer neuen Puppe, einen interessanten Showdown und eine recht schräge Pointe zu bieten hat, folgten allerdings noch vier weitere, nicht wirklich erwähnenswerte Fortsetzungen.

- *»Puppetmaster II«, USA 1990 R: David Allen D: Elizabeth Maclellan, Gregory Webb*
- *»Puppetmaster III – Toulons Rache«, USA 1991 R: David DeCoteau D: Guy Rolfe, Richard Lynch*
- *»Puppetmaster IV«, USA 1993 R: Jeff Burr D: Gordon Currie, Chandra West*
- *»Puppemaster V«, USA 1994 R: Jeff Burr D: Gordon Currie, Chandra West*
- *»Puppetmaster VI – Curse of the puppetmaster«, USA 1998 R: Victoria Sloan D: George Peck, Emily Harrison*

Die von der Produktionsfirma gegründete Firma Full-Moon-Toys hat sich inzwischen der charismatischsten Darsteller der Serie, der Puppen nämlich, angenommen und bringt sie nunmehr allesamt, Sixshooter, Leechwoman, Blowtorch, Blade, Tunneler, The Totem und wie sie alle heißen, tatsächlich als »lebensgroße« Spielfiguren auf den Markt ...

»Dolls« (1986) einer der früheren Filme voll mordender Puppen

Purgatorium

Das Purgatorium ist die Vorhölle, gleichbedeutend mit der → *Gehenna*, der Feuerhölle, in der die fast Verdammten auf den Einlaß in die vollständige → *Verdammnis* harren.

Pyramide

Monumentale Bauwerke, haupsächlich in Ägypten (Gizeh) und in Mexiko zu finden. Ursprünglich Grabmal ägyptischer Könige, bzw. Opferstätte wurde die Pyramide im Verlauf des sich entwickelnden Horrorgenres auch als stimmungsvoller Austragungsort schauriger Geschichten, fürchterlicher Verfluchungen und anderer schlimmer Dinge entdeckt, weil ja der König gar nicht tot sein muß und seine Grabstätte ja auch verflucht sein kann und man außerdem noch ein paar mächtig geheime Dinge (ein Papyrus mit der Formel für ewiges Leben wäre orignell) in der Pyramide oder dem ein oder anderen Geheimgang darin verstecken kann (→ *Mumie*).

Doch von ihrer Rolle innerhalb des Horrorgenres abgesehen, ist die ägyptische Pyramide ähnlich geheimnisumwittert wie etwa Stonehenge, die Bauten sind präzise ausgerichtet, ihre Erbauung muß teilweise hundert Jahre gedauert haben, die Steine wurden über Kilometer geschleppt und innerhalb der Pyramiden gibt es tatsächlich noch so manchen unerforschten Gang ...

Als die letzte wirklich originelle Geschichte im Inneren einer Pyramide – abgesehen davon, daß die → *Vampire* von → *Anne Rice* sich ja ursprünglich auch dort herumtreiben – empfand der Autor übrigens »*365 Grad*« von Jörg Kleudgen, erschienen bei → *Goblin Press*.

R

Rabe

Der gemeine Rabe ist das wohl populärste Mitglied der Familie der Corviden (Rabenvögel). Der große schwarzgefiederte Vogel wird im Volksglauben als Unglücksbote und Vorzeichen eines nahenden Todes betrachtet und ist innerhalb des Genres nicht nur stimmungsvoll düstere Dekoration des Himmels, sondern auch Namensgeber für vielerlei Geschichten.

»Der Rabe«

(»The Raven«)

Dem Erzähler des Gedichtes erscheint ein Rabe, der ein einziges Wort von sich gibt: nevermore (nimmermehr). Zunächst irritiert von dem Besucher, der sich auf seinem Türrahmen niedergelassen hat, betrachtet er ihn bald schon als Boten aus dem Totenreich, der eine Botschaft der verstorbenen Geliebten bringt. Doch einzig das eine Wort dringt aus dem Schnabel des schwarzgefiederten Gastes, die Gedanken des Erzählers überschlagen sich, taumeln zwischen Wahnsinn, Tod und Sentimentalität und bald erkennt er in dem Raben einen Dämon, seinen Fluch, der nimmermehr von seiner Tür weichen wird ...

Dieses Gedicht → Edgar Allan Poes, ursprünglich ein formales Experiment, ist wohl das bekannteste der → *Phantastischen Literatur*.
Die davon inspirierten Filme jedoch sind, wenn sie überhaupt so zu nennen sind, recht freie Adaptionen.

»Der Rabe – Das Duell der Zauberer«

(»The Raven«)

USA 1963 R: Roger Corman D: Vincent Price, Boris Karloff

Dr. Erasmus Craven erhält Besuch von einem Raben, der ihm, kaum in einen erfolglosen Zauberer zurückverwandelt, von seiner vermeintlich verstorbenen Frau Lenore zu berichten weiß, die sich höchst lebendig in den Fängen seines Erzrivalen Dr. Scarabus befindet. Sie zu befreien ist allerdings nicht nur problematisch, sondern auch unnötig, hat sie sich doch mit Scarabus, dem vermeintlich besseren Magier arrangiert. Einzig ein Duell in Sachen Magie kann zeigen, wer wirklich der Bessere ist ...

Der Film ist eine wirklich brillante Genrekommödie, die mit → *Okkultismus*, → *Magie* und allzu Menschlichem locker und unbefangen spielt und einen ebenso großartigen wie originellen Showdown zu bieten hat.

Erwähnenswert neben der großartigen Hauptbesetzung (→ *Vincent Price*, → *Boris Karloff* und Peter Lorre) ist auch der junge Jack Nicholson, den wir hier in einer jugendlich übermütigen Rolle bewundern dürfen.

»Der Rabe«

(»The Raven«)

USA 1935 R: Louis Friedlander D: Bela Lugosi, Boris Karloff

Dr. Vollin, ein Chirurg mit einer überdimensionierten Obsession für Edgar Allan Poe, der sogar dessen Folterinstrumentarien Grube und Pendel nachgebaut hat, erträgt die Zurückweisung der von ihm geliebten Tänzerin nur schwer und befleißigt sich eines verunstalteten Mörders, um sich mittels seiner poesken Folterwerkzeuge an der Angebeteten respektive ihrem störrischen Vater zu rächen. Dieser Film ist neben → *»Die schwarze Katze«* der zweite Film der → *Universal Studios*, in dem sich → *Boris Karlof* und → *Bela Lugosi*, deren zeitlebens durch Konkurrenzdenken gespanntes Verhältnis auch in diesem Film nahezu sichtbar wird, gegenüberstehen. Der Film selbst ist am ehesten als Reminiszenz an → *Edgar Allan Poe* auf verschiedenen Ebenen zu verstehen und allein der Rabe, zwischenzeitig als

»Der Rabe – Das Duell der Zauberer« Humorvolles Stelldichein großer Magier und Mimen.

Poes großartiges Gedicht interpretiert, obwohl lediglich als Schatten zu sehen, ist von außerordentlicher Anbetungswürdigkeit.

Raimi, Sam M.

*(*1959)*

Amerikanischer Regisseur, dessen Faible für den Film bereits bei 8 mm Experimenten in seiner Jugend sichtbar wurde. Sein Durchbruch gelang Raimi 1983 beim Filmfestival in Cannes mit dem Film »The Evil Dead« (→ *»Tanz der Teufel«)*. 1987 inszenierte er mit »Evil Dead II« eine Fortsetzung des Stoffes, um sich 1990 mit »Darkman« auch beim → *Mainstream*-Publikum einen Namen zu machen. 1993 folgte dann mit »Army of Darkness« eine weitere Evil Dead Fortsetzung, welche die Freunde des Mainstreams auf skurrile Art mit den hartgesottenen Evil Dead-Fans versöhnte.

Neben einigen Rollen in verschiedenen Streifen ist auch Raimis prägende Produzentenrolle bei der amerikanischen Horrorserie → *»American Gothic«* erwähnenswert.

Rais, Gilles de

Marschall von Frankreich, Verschwender, Narzist und Weggefährte Jean D'arques, brachte zahlreiche Knaben um, die er zuvor zum Beischlaf genötigt hatte. Desweiteren mordete er auch im Namen des Teufels und im Rahmen satanischer Messen. Den Teufel sah de Rais selber nie, doch die zwielichtigen Gestalten, die er aushielt, berichteten ihm von seinen Erscheinungen. Es dauerte lange, bis das Verschwinden der Jungen in den umliegenden Dörfern mit de Rais in Verbindung gebracht wurde. Auf die Anzeige hin, fand man in den Mauern seiner Festung die sterblichen Überreste von fünfzig seiner Opfer.

Während seiner Verhandlung gestand de Rais mehr als120 Morde, wobei ihm allerdings auch wesentlich mehr zugetraut wurden. Während seine Gehilfen lediglich verbrannt wurden, hatte de Rais das zweifelhafte Vergnügen, simultan verbrannt und erhängt zu werden.

Das interessanteste Buch über das Leben des Rassisten, Perversen, Abenteurers, Suchenden und Volkshelden bietet das Buch *»Von Ritter, Tod und Teufel«* (dtv).

Rasenmäher

Ursprünglich zum Stutzen wuchernden Grases konzipiert, entpuppt sich der Rasenmäher im Nahkampf als einzige mögliche Steigerung zur klassischen → *Kettensäge*, was besonders anschaulich in → *»Braindead«*

verdeutlicht wird. Im allgemeinen vernachlässigt aber selbst das Horrorgenre die Erwähnung der Qualität des Rasenmähers als → Waffe sträflich.

Ratte

Nagetier und größte lebende Mäuseart. Das Säugetier ist nicht nur Feind der Hausfau und ein treuer Begleiter von Seuchen und Epidemien, sondern gilt auch als ein beliebter → *Spiritus Familiaris* der → *Hexe*. Mitunter verbergen sich die abfallfressenden Nager zu tausenden in Höhlen, Kanalisation und Katakomben. Ob auch allgemein gern als standardisierte Schrecknisse eingesetzt, gibt es Filme wie etwa *»Willard«* oder *»Ben«*, in denen Ratten – groß und klein – mitunter sogar die Hauptrollen spielen.

»Re-Animator – Der Tod ist erst der Anfang«

(»Re-Animator, The«)

USA 1985 R: Stuart Gordon D: Jeffrey Combs, Bruce Abbott

Der übermotivierte Medizinstudent Herbert West vertritt die Ansicht, daß der Tod von Individuen nicht endgültig ist. Das von ihm entwickelte Serum muß allerdings noch weiter getestet werden, neben einer toten Katze wird alsbald auch der unsympathische Dr. Hill nach seinem Tod einer Behandlung unterzogen. Wests größtes Problem scheint dabei das Konfliktpotential der Untoten, die er schafft ...

Dieser Film ist der bedeutendste in der Karriere von → *Stuart Gordon* und ist nachwievor Maßstab für Filme mit Ressurection-Thematik. Dabei basiert der großartige Film, in dem sich → *Splatter-Effekte*, ansprechende Handlung und Humor tatsächlich die Waage halten, auf einer Geschichte von → *H.P. Lovecraft*

»Bride of Re-Animator« – Der zweite Teil, etwas frankensteiniger.

(*»Herbert West – Re-Animator«*, 1922) und ist dabei eine der besseren Verfilmungen seiner Stoffe.

• *»Bride of Re-Animator«, USA 1989 R: Brian Yuzna D: Jeffrey Combs, Bruce Abbott*

Der zweite Teil des Klassikers (großartige Musik übrigens) kommt mit verstorbenen Geliebten und zusammengestückelten Körpern, die bei Erwachen entsprechend entsetzt sind, ungleich frankensteiniger daher.

Regisseure

Sie sind die prägenden Charaktere im Hintergrund eines jeden Filmes. Welche Vorlage und welches Drehbuch er auch immer benutzt, ein guter Regisseur verleiht einem Film seinen eigenen Stempel. Auch im Bereich des Horrorfilmes gibt es zahlreiche Regisseure, deren Stärken mitunter Innovation, Konsequenz oder bloß Exzentrik sind. Genannt seien an dieser Stelle aus der schwarzweißen Ära der → *Universal Studios* Karl Freund und → *Todd Browning*, das spätere Zugpferd der → *Hammer Studios* → *Terence Fisher*, der einzigartige → *Roger Corman* und aus den Wirren der Neuzeit → *Wes Craven* und → *John Carpenter*. Als populäre Ausnahmeregisseure seien → *David Lynch* und → *David Cronenberg*, als deftigere → *Peter Jackson*, sowie → *Sam Raimi* angeführt.

Reliquie

[lat. Überbleibsel]

Gegenstände religiöser Verehrung, die in direkten Kontakt mit Heiligen gekommen sind. Die Art der Reliquie kann hierbei vielgestalt sein, ein Splitter vom Kreuze Jesu oder vom Finger bis zum Kopf eines Heiligen respektive Dämons reichen. Zumeist sagt man den Reliquien hierbei besondere Kräfte nach oder ist der Meinung, daß sie Wunder wirken, Dämonen bekämpfen oder anderweitig Bemerkenswertes vermögen. Wenn man übrigens alle im Lauf der Jahrhunderte aufgetauchten vermeintlichen Splitter vom Kreuze Jesu zusammenfügte, bekäme man aller Wahrscheinlichkeit nach mindestens zehn Kreuze. Wenn das mal kein Wunder ist ...

Remake

Im Gegensatz zum → *Ripp Off* oder → *Spin Off*, die nur Teile eines Filmes aufgreifen, bezeichnet Remake die komplette Neuverfilmung eines meist entsprechend erfolgreichen Filmes unter Verwendung der gleichen oder zumindest in den größten Teilen wiedererkennbaren

Handlung. Berühmte Remakes sind etwa von Filmen wie → *»Die Fliege«*, → *»Frankenstein«*, → *»Dracula«* entstanden. Ein Frame by Frame Remake (das heißt eine exakte Bild für Bild-Neuverfilmung) entstand von → *»Psycho«*, und ein furioses, wenn auch nicht wirkliches Remake entstand unter der Regie von Roland Emmerich von → *»Godzilla«*. In den seltensten Fällen sind Remakes besser als das Original, in der Regel bedienen sich die Produzenten innerhalb eines Remakes lediglich einer weiterentwickelten Technick.

»Resident Evil«

(1997 Virgin / Capcom)

Eines der stimmungsvollsten Horror-Computerspiele. In der Umgebung des Raccon Forest häufen sich seltsame Vorfälle, Menschen verschwinden, hundeähnliche Kreaturen werden gesichtet und eine Leiche wird gefunden. Nachdem das Bravo Team der S.T.A.R.S. eine Villa observiert, stürzt der Hubschrauber ab. Der Spieler schlüpft in die Rolle von Chris Redfield vom Alpha Team, um mit ihm die Überlebenden des Bravo Teams zu bergen und die Situation unter Kontrolle zu bringen.

Der unkontrollierte Virus, der innerhalb des Gebäudes annähernd alle menschlichen Wesen in → *Zombies* und nicht menschliches in noch Schlimmeres verwandelt hat, gestaltet diese Aufgabe jedoch nicht unproblematisch ...

Mit dem Spiel kann man sich sowohl auf dem PC als auch der Playstation vergnügen. Ein großer Bildschirm zu fortgeschrittener Stunde bietet bei so wenig Licht wie möglich maximales Spielvergnügen.

• *»Resident Evil 2« (1998 Virgin / Capcom)*

Obwohl doch die verruchten → *Experimente* der Umbrella Vereinigung samt ihrer Spuren eigentlich ein für allemal getilgt sein sollten, schaffen es die unfreundlichen Untoten dieses Mal bis nach Racoon City. Durch Stadt-, Polizeirevier und Kanalisation geht dieses Mal die Zombiehatz, um wieder einmal in höchsten geheimen Forschungseinrichtungen zu enden. Mit den Problemen werden übrigens auch die Monster größer ... Auch vor diesem Spiel machte die wunderbare Welt des → *Merchandise* nicht halt, nicht nur daß inzwischen T-Shirts mit dem Emblem der S.T.A.R.S. des Racoon Police Dept. käuflich zu erwerben sind und zudem auch eine eigene Comicserie erscheint, außerdem gibt es zu beiden Teilen des Spiels je ein schmuckes Set Plastikfiguren, von denen jede über eine Fähigkeit aus dem Rahmen verfügt. Die einen können schießen, die anderen ihre Gliedmaßen verlieren.

Rettung
Beendigung einer potentiell bedrohlichen Situation, welche die Rolle des Opfers in der Regel beendet. Gerettet wird meist vor Tod, Verdammnis und Folter, wobei Rettung und Rettung immer zweierlei und der Retter mitunter schlimmer als der Peiniger ist.

Revenant
[frz. »Wiederkehrender«]
Auch Wiedergänger genannt. Der Begriff bezeichnet letztenendes nichts anderes als → *Untote*, wirkt aber nicht nur ungleich gebildeter, sondern auch facettierter, da Revenant beinahe so klingt, als ob der bezeichnete Untote Abitur hätte.

Ripp Off
[engl. »Herausriß«]
Mit diesem Begriff bezeichnet man Filme, deren zentrales Element dem eines anderen, meist überaus populären Filmes nachempfunden und zu großen Teilen sogar kopiert wurde. Zwei Horrorthemen, die dem Zuschauer zahllose Ripp Offs bescherten, sind etwa → *»Alien«* und → *»Der weiße Hai«*. Ein verwandtes Phänomen ist das des → *Spin Off*.

Rice, Anne
*(*1941 New Orleans)*
Die sich im Bereich der → *Mainstream* Literatur bewegende amerikanische Schriftstellerin hat sich vor allem mit ihrer Chronik der Vampire einen Namen gemacht, in der sie dem Mythos der → *Vampire* einen kompletten geschichtlichen Überbau schafft, der bis ins alte Ägypten zurückreicht. Von ihren Werken muß namentlich wohl → *»Interview mit einem Vampir«* (1976) genannt werden, dessen Verfilmung zur wachsenden Popularität der Autorin beitrug.

Ritual
Nach vorgeschriebenen Regeln vollführte Handlung mit zumeist religiösem Hintergrund zum Zwecke der → *Beschwörung*, Bannung (→ *Bann*) oder → *Anbetung*. Im Rahmen des Rituales sind → *Opfer* nicht unüblich.

»Die Rocky Horror Picture Show«

(»The Rocky Horror Picture Show«)

USA 1975 R: Jim Sharman D: Tim Currie, Susan Sarandon

Brad und Janets Autopanne führt die beiden Frischvermählten in einer stürmischen Nacht an das Haus der bizarren Transvestiten Frank'n Furter, der, abgesehen davon, daß er mit Rocky Horror einen künstlichen Menschen und Schönling geschaffen hat, ein Außerirdischer ist, mit seinen Bediensteten im Namen des Planeten Transsylvania die Erde erobern will und einen Haufen seltsame Leute in seinem Haus beherbergt ...

Als der Kultklassiker des bizarren Horrormusicals schlechthin weckt die »Rocky Horror Picture Show« bei jeder Wiederaufführung, ob als Film oder ursprüngliches Bühnenmusical, wahre Begeisterungsstürme unter den Fans, die sich entweder als Protagonisten verkleiden oder mit Reis werfen, aber in jedem Falle bei dem populären Hüftreißer »It's just a Jump to the Left«, der selbst gewöhnliche Diskotheken in Teufelsküchen verwandelt, in Bewegung geraten.

Rollenspiel

Moderne Freizeitbeschäftigung außergewöhnlicher Natur, in deren Rahmen der Spieler in die Rolle anderer Menschen schlüpft. Das ursprünglich aus dem Fantasybereich stammende Prinzip hat auch einige populäre Horrorableger zu bieten, wie etwa »Call of Cthulhu«, in dem Spieler, den → *Wahnsinn* (im Spiel zumindest) im Nacken, die Welten des → *H.P. Lovecraft* erkunden, »Vampire – Die Maskerade«, in der sie die Rolle eines Vampirs aus einem der verschiedenen Clans übernehmen, oder »Rage«, das auf Werwolftum ausgelegt ist. Es gibt zu den Spielen, die ursprünglich am Tisch und unter Zuhilfenahme von → *Phantasie* und Würfeln

Rollenspiel – Wollten Sie nicht auch schon mal Vampir spielen?

bestritten werden, auch sogenannte Liverollenspiel-Varianten, in denen die Charaktere tatsächlich im Rahmen eines interaktiven Schauspiels aufeinandertreffen.

Romantik

Weltanschauung, die zum Phantastischen und Emotionalen neigt, außerdem Epoche der wechselseitigen Beeinflussung von Kunst und Literatur unter den genannten Vorzeichen und mit einem Hang zum Übersinnlichen, die zu Beginn des 19. Jahrhunderts die Epoche der Aufklärung ablöste. Den weltweiten Höhepunkt erlebte die Romantik in → *Deutschland*, ihre bekanntesten Autoren sind → *E.T.A. Hoffmann*, Novalis und Joseph von Eichendorff.

Romero, George A. (Andrew)

(1940, New York)*

Der Regisseur und Produzent, der Theater, Kunst und Design studierte, darf getrost als Erfinder des neuen → *Zombie*-Filmes und somit prägende Kraft des modernen Horrors betrachtet werden. 1968 erregte Romero nach einigen 8mm-Kurzfilmen, mit seinem ersten großen Film → *»Night of the Living Dead«* (→ *»Nacht der lebenden Toten«)* die Gemüter durch die explizite Darstellung von Gewalt und durch gesellschaftskritische Ansätze. Mit diesem Film setzte Romero innerhalb des Horrorfilmgenres neue Maßstäbe.

Neben einigen weiteren low-budget-Streifen gelangen dem überaus liberalen Romero mit »Dawn of the Dead« und »Day of the Dead« (→ *»Zombie«)* zwei großartige → *Sequel* seines Zombistoffes, die seinen Ruf weiter festigten. Doch Romero bewegt sich lediglich auf der Zombieschiene, neben einem bemerkenswerten Vampirfilm (*»Martin«*, 1978) und einer Adaption des → Stephen King Buches »The Dark Half« (*»Stark«*, 1993) bannte Romero noch manch bemerkenswerten Film auf Zelluloid. Romeros Name jedenfalls steht grundsätzlich für eine originelle Art von Horror, ob es um »Monkey Shines« (*»Der Affe im Menschen«*, 1988) oder »Creepshow« (→ *»Creepshow – die unheimlich verrückte Geisterstunde«*, 1982) geht.

In besonderen Fällen, wie etwa in → *»Das Schweigen der Lämmer«* verdingt Romero sich auch als Schauspieler (allerdings nur, weil das ganze in Pittsburgh gedreht wurde), sein größter Verdienst aber bleibt die Geburt des modernen fleischfressenden Zombies, der uns alle überdauern wird.

»Rosemaries Baby«

USA 1968 R: Roman Polanski D: Mia Farrow, John Cassavates

Als Rosemarie und Guy Woodhouse eine neue Wohnung beziehen, werden sie von ihren neuen Nachbarn überaus freundlich aufgenommen. Die schwangere Rosemarie leidet in der neuen Wohnung unter Alpträumen, und als sie eines Nachts im Traum von einem gehörnten Ungeheuer geschändet wird und seltsame Geschehnisse in ihrer Umgebung sich häufen, wittert sie eine satanistische Verschwörung, die ihr Mann ihr jedoch wieder ausreden kann.

Kurz nachdem ihr Kind angeblich tot geboren wurde, betritt sie die Wohnung ihrer Nachbarn und findet dort die skurrile satanische Gemeinschaft, allen voran ihr eigener Mann, in Anbetung des Kindes versunken, dessen Augen alles andere als normal scheinen ...

Der Film ist einer der wenigen und auch der ersten, denen es gelingt ernsthaft und glaubwürdig mit dem Thema des → *Satanismus* und des → *Antichrist* umzugehen und in denen gewisse Rituale nicht wie alberner Kasperquatsch anmuten, weil das ganze nahtlos in die alltäglich, dem Betrachter bekannte Welt gefügt wird.

Die literarische Vorlage zu dem Film stammt von Ira Levin, der 1999 auch den Fortsetzungsroman der Geschichte schrieb.

Ruine

Überreste eines einstmals vollständigen Gebäudes, deren Aussehen sich nach der einstigen Funktion des Gebäudes richtet. Das bedeutet unweigerlich, daß die Ruinen von Kirchen, Kathedralen, Burgen, Schlössern und alten Fabriken stimmungsvoller sind als die von Einfamilienhäusern. Die Ruine jedenfalls – abgesehen vielleicht von der des erwähnten Einfamilienhauses – ist ein weiterer unerläßlicher atmosphärischer Bestandteil beinahe aller Sparten des Genres, vor allem aber des → *Gothic Horror*, wobei davon ausgegangen werden kann, daß die wenigsten sich in Ruinen verbergenden Geheimnisse ungefährlicher Natur sind. Die Intensität der von der Ruine ausgehenden Atmosphäre läßt sich übrigens durch Einsatz von → *Nebel*, → *Spinnweben*, → *Vollmond* und dem ein oder anderen Geheimgang noch steigern.

Runen

[von altnord. Runa »Geheimnis«]

Magische Glyphen, deren Gesamtheit verschiedene Alphabete bildet, deren populärstes nach seinen ersten sechs Buchstaben FUTHARK genannt wird. Die Runenalphabete wurden weniger zum Schreiben als vielmehr für magische Zwecke benutzt. Innerhalb des Horrorgenres können erfahrungsgemäß alle geheimnisvollen Schriftzeichen als Runen bezeichnet werden, und da ihre Benennung in der Regel durch vermeintlich kompetentes Fachpersonal erfolgt, staunt der Laie und denkt sich: »Aha, Runen!«

Russel, Ken
*(*1927 Portswood)*
Britischer Regieexzentriker, der immer wieder die zentralen Themen Kunst und Sexualität in beunruhigende Filme zu fassen versteht. Seine außerordentliche Flexibilität und Sicherheit in verschiedenen Sparten des Genres zeigen allein schon seine wenigen in diesem Buch aufgeführten Filme (Russels Filmographie umfaßt über 40, von denen der größte Teil tatsächlich dem Horrorgenre zuzurechnen ist): → *»Gothic«*, → *»Der Biß der Schlangenfrau«* und → *»Die Teufel«*, die allesamt verschieden und doch ohne Ausnahme auf Russelsche Art verstörend sind.

S

Sade, Marquis de

*(Donatien Alphonse Francois;*1740, †1814)*
Der Namensgeber des → *Sadismus* verbrachte die meiste Zeit seines schriftstellerischen Schaffens hinter Gefängnismauern. Unter seinen Werken sind besonders die mehrfach verfilmten *»Justine«* und *»Die 120 Tage von Sodom«* bemerkenswert, die bezüglich des Maßes an Folterungen und verschiedenster Sexualpraktiken von Päderastie bis Sodomie repräsentativ für de Sades schriftstellerisches Werk sind. Die begnadete abartige Phantasie de Sades ist hierbei umso bemerkenswerter, als daß es seine Verleger waren, die außerordentlich explizit pornographische Literatur von ihm verlangten. Von seinen vermeintlich skandalösen Werken und seiner Patenschaft des → *Sadismus* abgesehen, sind allerdings auch die philosophischen Betrachtungen des Marquis lesenswert, in denen er sich auf die ihm eigene Art mit Schrecken und Sexualität auseinandersetzt.

De Sade kultiviert in seinen Werken einen obsessiv sexuellen Schrecken, der das Bewußte und Unbewußte mit sexuellen Attitüden verknüpft und der innerhalb des dem Menschen Möglichen das dem Menschen Begreifliche mitunter übersteigt ...

Sadismus

(nach → Marquis de Sade)
Sexuelle Eigenart, in deren Rahmen Erregung durch Quälen des Partners erreicht wird. Gegenpol des Sadismus ist der → *Masochismus.*

Innerhalb des Genres ist sadistisches Potential meist mit der → *Folter* verknüpft und dekadenten Neureichen (→ *»Graf Zaroff – Genie des Bösen«)*, Folterknechten (→ *»Tower of London«)* oder Wahnsinnigen zu eigen, die ihre Opfer mit der entsprechenden Inbrunst meist bis zum Tode quälen. Eine erwähnenswerte Persönlichkeit dürfte in diesem Kontext auch → *Thomas de Torquemada* sein.

Sagawa, Isei

Der Sohn eines wohlhabenden japanischen Industriellen lud unter einem Vorwand eine Kommilitonin zu sich nach Hause ein, wo er sie erschoß, ihren Leichnam schändete und begann, sie in rohem Zustand zu verspeisen. In seinem autobiographischen Kannibalenbestseller »In the Fog« berichtet er, daß das Ganze wie roher Thunfisch geschmeckt habe. Sagawa saß daraufhin in einer Pariser Heilanstalt für kriminelle Geisteskranke 15 Monate ein, wonach sein einflußreicher Vater ihn frei bekam. Inzwischen brachte Sagawa es auf die Gourmetseiten verschiedener Magazine und inspirierte außerdem den Rolling-Stones-Song »Too much blood«.

Samhain

Keltisches Fest zum Ende des Sommers, Ursprung des amerikanischen → *Halloween.*

Sarg

[von griech. → Sarkophag], Füllung des → Grabes

»Sandmann«

Morpheus, der griechische Gott der Träume, ist der »Sandmann«, Beherrscher der Träume und aller Welten jenseits des Bewußtseins. Im ersten Band der Serie vom Schwarzmagier Roderick Burgess zu Beginn des Jahrhunderts nach einer → *Beschwörung* gefangengesetzt, reißt nach seinem Entkommen die Macht über die Träume wieder an sich. Nach und nach lernt der Leser all jene Geschichten, die seit Anbeginn der Zeit mit dem Traumkönig verbunden sind, kennen.

Comicserie von → *Neil Gaiman* (→ *Vertigo*) (deutsch ehapa / feest

»Sandman« – Horror, Mythologie und Märchen im anspruchsvollen Gewand des Traumfürsten

USA) in der sich Traum- und Horrormotive mit solchen aus der → *Mythologie* zu einer Form der Erzählung verbinden, daß Gaiman dafür 1991 als wohl einziger Autor des Comicmediums den → *H.P. Lovecraft* Award bekam. Der »Sandman« ist ein Phänomen und genießt in verschiedenen Kreisen nicht nur Kultstatus, sondern hat auch brillante Vorworte von Berühmtheiten wie → *Stephen King*, Harlan Ellison oder Tori Amos vorzuweisen.

Satan

[von lat. Satanas »Widersacher«], Synonym für → Teufel

»Satanas – Das Schloß der blutigen Bestie«

(»The Masque of the Red Death«)
USA/GB 1964 R: Roger Corman D: Vincent Price, Hazel Court
Abgesehen davon, daß er ein weiteres abschreckendes Beispiel für die deutsche Mentalität im Umgang mit englischen → *Titeln* ist, ist »Satanas – Das Schloß der blutigen Bestie« ein weiterer Film aus einer Reihe von freien → *Edgar Allan Poe*-Adaptionen des Regisseurs → *Roger Corman* und basiert auf der Geschichte → *»Die Maske des roten Todes«*. → Vincent Price brilliert als Fürst Prospero und die Kameraführung obliegt mit Nicholas Roeg niemand geringerem als dem Regisseur von → *»Wenn die Gondeln Trauer tragen«*.

Es gibt ein Lied von Eric Burdon (»The Black Plague«), welche Poes Geschichte »Die Maske des roten Todes« kongenial adaptiert.

Satanismus

Künstliche Religion mit dem zentralen Aspekt der → *Anbetung* des → *Teufels*. Die Ernsthaftigkeit von Satanisten variiert außerordentlich, so wird etwa → *Aleister Crowley* oftmals mit dem Vorwurf des ausgeübten Satanismus konfrontiert, und einer der populärsten, unlängst verstorbenen Satanisten ist Anton La Vey, der Gründer der Church of Satan. Im Genre jedenfalls finden die schrecklichen und verwerflichen Riten von Satanisten, Möchtegernsatanisten und Hobbysatanisten jedenfalls so häufig Verwendung, daß die verwirrte öffentliche Meinung oft genug den Teufel selbst darin umherschleichen und → *Gothic*-Bewegung, Horrorfilme und → *Rollenspiel* mit dem Zeichen des Bösen behaftet sieht.

Savini, Tom

*(*1948)*

Aktuelle Galionsfigur der Spezialeffektarmada. Im Gegensatz zum computergestützten Effektreigen dieser Tage bleibt Savini dem realistischen Make-up-Effekt treu, das mit Erfolg. Läßt Savini doch seit 1972 bluten, verstümmeln, von → *»Zombie«* über → *»Freitag der 13.«* bishin zum → *»Kettensägenmassaker«*, was immer man ihn ließ, in begnadet realistischer Weise. Damit nicht genug, gab er sich in diesen Filmen mitunter auch als Schauspieler die Ehre, wobei seine Darstellung des Charakters »Sexmachine« in → *»From Dusk till Dawn«* ein unbestreitbares Goldstück seiner schauspielerischen Karriere ist.

Trotz all des Schreckens ist auch Savini eine sympathische Gestalt, und wenn man Bilder von ihm betrachtet, kann man den Schalk in seinen Augen nicht leugnen.

Schatten

Durch Auftreffen von Sonnenlicht entstehendes konturenhaft dunkles Abbild eines Objektes.

Sowohl in der älteren → *Phantastischen Literatur* als auch im Volksglauben bedeutet der Verlust des eigenen Schattens auch den der Seele. Desweiteren ist der furchterregende Schatten eines schauderlichen Etwas an einer Wand zum einen wesentlich subtiler und spart zum zweiten Kosten für unnötige Spezialeffekte. Huschende Schatten, diffus, mitunter ins Riesenhafte wachsend oder ein eigenes Leben entwickelnd, in jedem Fall beunruhigend, sind ein weiterer unerläßlicher Bestandteil des Horror-Genre-Ambientes, dessen sich der Horrorfilm besonders in seiner Frühzeit bediente.

Die wohl bekannteste phantastische Erzählung über den Schatten ist ein großartiges Märchen der deutschen → *Romantik* »Peter Schlehmihls wundersame Geschichte« (Insel) von Adelbert von Chamisso, das auch »Der Student von Prag« inspirierte, dem außerdem → *Poes* »William Wilson« zugrunde lag. Das Skript stammte von → *Hans Heinz Ewers* und der Film wurde zunächst 1913 unter der Regie von Paul Wegener gedreht, erfuhr 1926 ein Remake durch Henrik Galeen und 1935 eines durch Arthur Robinson.

»Schatten über Innsmouth«

(»shadows over Innsmouth«, 1936)

Die einzige längere von → *H.P. Lovecraft* zu Lebzeiten veröffentlichte Erzählung.

Schauspieler

Den wesentlichen Anteil an der Wirkung des Horrorfilms haben seine Mimen. Obwohl in der näheren Vergangenheit Spezialeffekte (→ *FX*) und Make-up beinahe wichtiger als die Schauspieler werden, sind es doch noch immer die charismatischen Darsteller, die im Gedächtnis bleiben. Hier nun einige bedeutende Schauspieler des Genres: Die alten Recken der → *Universal*-Zeiten → *Lon Chaney*, → *Bela Lugosi*, → *Boris Karloff* und → *Fay Wray*, der begnadete → *Vincent Price*, → *Barbara Steele* und die beiden Ikonen der → *Hammer Studios* → *Christopher Lee* und → *Peter Chushing*.

Schicksal

Idee der Vorherbestimmtheit individueller und kollektiver Existenzen und Begriff zur unbefriedigenden Erklärung schwer verständlicher Geschehnisse in Film, Literatur und Wirklichkeit.

Schizophrenie

(früher Spaltungsirresein)

Seit 1911 etablierter Begriff zur Bezeichnung verschiedener von Assoziations- und Affektstörungen begleiteter Psychosen, der sowohl in der Psychoanalyse, der Psychologie als auch der → *Parapsychologie* eine Rolle spielt. Schizophrenie wird in der Regel mit dem Phänomen der → *Persönlichkeitsspaltung* verwechselt. Sowohl um die psychologische, psychoanalytische als auch die parapsychologische Definition des Begriffes schert das Horrorgenre sich jedenfalls selten.

Schlaf

Ruhender Zustand abseits des Bewußtseins. Von der Natur ursprünglich zur Regenerierung der Kräfte vorgesehen, kann der Schlaf – vor allem im Horrorgenre – stattdessen aber auch das Gegenteil, wenn nicht sogar den Tod bedeuten. (*»Die Dämonischen«*, → *Alptraum*, → *»Nightmare – Mörderische Träume«*)

»Die Schlange im Regenbogen«

(»The Serpent and the Rainbow«)

USA 1988 R: Wes Craven D: Cathy Tyson, Bill Pullman

Ursprünglich im Auftrag eines Pharmakonzerns auf Haiti auf der Suche nach der klassischen → *Zombies* schaffenden Droge des → *Voodoo*-Kultes, gerät ein Wissenschaftler in den Sog der Mysterien der Südseereligion und die politischen Turbulenzen der Revolution. In diesem haitianischen Verwirrspiel wird er bald selbst zum Opfer und muß zwischen → *Aberglauben* und → *Wissenschaft* unterscheiden lernen.

Dieser Film ist wohl der einzige Kinofilm, der sich ernsthaft und adäquat mit dem Voodoothema auseinandersetzt und dabei dennoch mehr hält, als manch ein anderer Film großpurig verspricht.

Schleim

Ähnlich wie → *Blut* ein scheinbar unerläßlicher Bestandteil des Horrorgenres, mit dem → *Außerirdische*, Geister und → *Dämonen* nicht selten Häuser, Protagonisten und vielerlei mehr bedecken, wenn den Regisseuren nichts besseres einfällt. Manchmal lösen sich besiegte übersinnliche Kreaturen auch in Schleim auf. Daß Schleim auch stimmungsvoll eingesetzt werden kann, beweisen Filme wie → *»Alien«* und → *»Hellraiser«*, und beinahe wie eine Parodie auf die übermäßige Verwendung von Schleim wirkt mitunter der Film → *»Ghostbusters«*. Die ultimative Personifizierung und Manifestation des Schleims ist jedoch unzweifelhaft → *»Der Blob«*.

Schloß

Ein weiterer klassischer Ort des Schreckens. Als Heimstatt der → *Vampire*, von sadistischen Adeligen, verrückten Wissenschaftlern, Überbau von → *Folterkammern* oder auch diffuses Zentrum der Furcht (→ *»Das Schloß«*), macht das Schloß seit altersher eine begnadete Figur. Sein Einsatz von Film bis Literatur geschieht unter den denkbar günstigsten Vorzeichen, ist sein atmosphärischer Wert von der Ruine bis zum Neubau immens. Das Ganze ist mit Accessoires von → *Spinnweben* bis Gemälde anzufüllen, mit beeindruckenden Mauern zu umgeben und wahlweise mit Geheimgängen zu versehen. Das Schloß als solches, insbesondere was immer darin vor sich geht, darf in der Regel als geheimnisvoll betrachtet werden. Günstigere Variante des Schlosses ist die Villa, die oben beschriebenes in kleinerem Maßstab bietet.

»Das Schloß«

(1926)

In einem Dorf ankommend gibt sich der Protagonist, auf seine Aufenthaltserlaubnis angesprochen, als Landvermesser aus. Für seine vermeintliche Arbeit werden ihm einen Tag später vom Schloß, der mysteriösen Kontrollinstanz der Gegend, zwei Schergen zugeteilt. Basierend auf der Lüge des Grundes seiner Anwesenheit entwickelt sich das Leben des Protagonisten und seine zwischenmenschlichen Beziehungen innerhalb des Dorfes unter der stetigen Kontrolle durch das Schloß, mit dem er jedoch, so sehr er sich auch bemüht, keinen Kontakt aufnehmen kann. Die Erzählung → *Franz Kafkas* behandelt einmal mehr die für den Autor so typischen Motive von Ohnmacht und → *Angst* und fand eine kongenial partielle Umsetzung in dem stimmungsvollen Film »Kafka«.

»Schloß des Schreckens«
(»The Innocents«), USA 1961 R: Jack Clayton D: Deborah Kerr
Als die Gouvernante zweier Halbwüchsiger bemerkt, daß innerhalb des Hauses etwas nicht mit rechten Dingen vorgeht, hat sich das Übersinnliche bereits an ihre Schützlinge herangemacht, deren phantasievolle Geschichten der Guten plötzlich in einem ganz anderen Licht erscheinen.

»Schloß des Schreckens« ist abgesehen von einer weiteren Bearbeitung der → *Haunted House*-Thematik die filmische Umsetzung einer Geschichte von Henry James (»The Turn of the Screw«, 1898).

»Schloß von Otranto«
(»The Castle Otranto«, 1764)
Manfred, der Herr des Hauses Ortranto, bekommt eine → *Prophezeiung* ausgesprochen, die das Ende seiner Herrschaft betrifft. Trotz seiner Versuche, das Eintreten der betreffenden Umstände zu verhindern, entwickelt sich eine Geschichte um grausame Adelige, verschollene Söhne, Intrigen und Mord und ins riesenhafte gewachsene Rüstungsteile eines Standbildes.

Diese Geschichte von Horace Walpole ist die Mutter der → *Gothic Novel*, deren Inspiration der Autor nachts im Schlaf hatte.

Schlucht
Tiefes Loch, das entweder einen → *Abgrund* mit einem anderen verbindet oder zwischen umlaufenden Gebirgseinfassungen anzutreffen ist. Befindet sich auch unter einer Brücke, die zwei Abgründe miteinander verbindet und bekommt bei Zerstörung der Brücke eine ganz andere Wertigkeit. Ähnlich wie etwa im → *Sumpf* werden in Schluchten vor allem, wenn diese das Attribut »unzugänglich« aufweisen) vorzugsweise Leichen entsorgt.

»Das Schreckenskabinett des Dr. Phibes«

(»The Abominable Dr. Phibes«)

GB 1971 R: Robert Fuest D: Vincent Price, Joseph Cotten

Dr. Anton Phibes, seit einem Autounfall entstellt, ist ein seltsames Genie. Er spielt begnadet Orgel und leidet unter dem Tod seiner Frau, dessen Verantwortung er den zuständigen Ärzten gibt. Sein bizarrer Genius sinnt auf Rache, die jeden einzelnen Arzt in Form einer alttestamentarischen Plage ereilt ...

Die Handlung des Filmes, in den 20er Jahren angesiedelt, bewegt sich zwischen Horror und Surrealismus und macht den Film zu einem wirklichen Meilenstein und Dr. Phibes zu einem begnadeten Wahnsinnigen. Und tatsächlich ist es die → *Bibel*, die diesen grandiosen Film, wie später auch → »*Seven*« inspiriert. Dabei werden die makabren biblischen Morde, ob nun Heuschrecken im Hotelzimmer wüten oder mechanische Froschmasken den unvorhergesehenen Höhepunkt eines Maskenballes bilden, von Phibes liebevoll zelebriert und erinnern in dieser Weise an das spätere → »*Theater des Grauens*«. Hier wie da macht → *Vincent Price* seinem Titel als »König des Grand Guignol« alle Ehre, wobei dieser Film übrigens Prices 100. war. Eine weitere Stärke des außergewöhnlichen Filmes ist der britische Humor, der auch für einen weiteren Teil gereichen sollte.

- *»Die Rückkehr des Dr. Phibes« (»Dr. Phibes Rises Again«; USA 1972) R: Robert Fuest D: Vincent Price, → Peter Cushing*

Da gute Helden nicht so leicht sterben, kehrt auch der gute Phibes zurück, um seiner Frau ein ominöses ägyptisches Lebenselixier zu verabreichen. Dies aber muß erst gefunden werden, und das Interesse an der Suppe darf Phibes mit einem Forscherteam teilen, dessen Größe sich zu seinem Vorteil verändert. Dabei bedient sich Phibes der ägyptischen Mythologie, die verglichen mit den biblischen Plagen nicht minder effektive Morde gestattet ...

Schrumpfkopf

[indian. Tsantsa]

Von verschiedenen Eingeborenenvölkern Südamerikas hergestellte Trophäe aus dem Kopf ihrer Gegner, der nach Entfernen des Schädels durch Einkochen geschrumpft wurde, worauf Gesichtszüge nachmodelliert und Mund- und Augen- und Halsöffnung vernäht wurden. Für Krieger besagter Stämme ist der Schrumpfkopf ein Statussymbol, das mit gesellschaftlicher Macht und Kraft gleichzusetzen ist.

Im Verlauf des ausgehenden 19. und des 20. Jahrhunderts fanden

Schrumpfköpfe, vor allem durch Seeleute, vermehrt auch ihren Weg nach Europa, wo sie als Kuriosa zu hohen Preisen gehandelt wurden.

Inzwischen bieten verschiedende englische und amerikanische Firmen auch künstliche Schrumpfköpfe von außerordentlicher Qualität an. Während die Latexvariante mit 25,- DM zu erwerben ist, muß man für ein ungleich aufwendiges und handgearbeitetes (wohlgemerkt nicht echtes) Modell doch schon 200,- DM investieren ...

Schwarze Katze

Im Rahmen des → *Aberglaubens* ist die schwarze Katze ein böses → *Omen* und bedeutet Unglück. Als Symbol für eben dieses ist sie aufgrund der allgemeinen Kenntnis ihrer erwähnten Bedeutung auch innerhalb des Genres trefflich als Unglücksbote einzusetzen.

»Die Schwarze Katze« (»The Black Cat«)

USA 1934 R: Edgar G. Ulmer D: Boris Karloff, Bela Lugosi

Ein Ehepaar nebst dem befeundeten Psychiater Vitus Werdegast sucht Unterschlupf im österreichischen Domizil des Architekten Hjalmar Poelzig, der Schuld ist am Tode zahlreicher Soldaten, die während des ersten Weltkrieges in dem Gebäude umkamen, auf dessen Grundfesten Poelzigs jetziges Haus gebaut ist. Auch der Psychiater ist ein ehemaliges Opfer Poelzigs und kommt, sich zu rächen. Doch als der Architekt sich als Satanist mit Menschenopferplänen und Verführer von Werdegasts ehemaliger Frau herausstellt, komplizieren sich die Dinge und ein Schachspiel um das Leben seiner Begleiter ist noch das einfachste, was Werdegast erlebt.

Der Film ist nicht wirklich von → *Edgar Allan Poe* inspiriert, sondern vielmehr von der Biographie des → *Aleister Crowley*. Davon abgesehen ist er der beste, den die beiden Horrorikonen → *Boris Karloff* und → *Bela Lugosi* miteinander drehten. Er strotzt vor grandiosen Dialogen und außerdem beachte man den urösterreichischen Namen Hjalmar Poelzig ...

»Das Schweigen der Lämmer«

(»The Silence of the Lambs«)

USA 1991 R: Jonathan Demme D: Anthony Hopkins, Jodie Foster

Die FBI-Anwärterin Starling wird von ihrem Vorgesetzten unter einem Vorwand mit dem intellektuellen Kannibalen → *Hannibal Lecter* konfrontiert, der im Sicherheitstrakt einer Heilanstalt sitzt. Dieser soll das FBI auf die Spur des Serienkillers »Buffalo Bill« bringen, der seine Opfer zu häuten pflegt und nunmehr die Tochter einer Senatorin entführt hat. Starling, zunächst von ihren Vorgesetzten benutzt, wird zur zentralen Figur der Geschichte und zur einzigen, der Lecter vertraut.

→ *Mainstream*-Umsetzung des Kannibalen- (→ *Kannibalismus*) und Psychopathenthemas, basierend auf dem gleichnamigen Roman von Thomas Harris (der 1986 bereits den Streifen »*Manhunter*« inspirierte), das ansprechende Psychogramm eines Menschenfressers zeichnet. Eine bemerkenswerte Produktion, die verschiedene Elemente des Horror-, Action- und Thrillergenres geschickt miteinander mischt und nicht nur ein Publikumserfolg wurde, sondern Anthony Hopkins für seine Darstellung des gebildeten Antropophagen Hannibal Lecter einen Oscar bescherte. Jodie Foster bekam ebenfalls einen, der Film als solches noch drei weitere und Lecters Schlußsatz ist eine wahrhaft bekömmliche Leckerei ...

(Wenige Monate nach Erscheinen des Filmes verdrängte allerdings ein tatsächlicher Kannibale, → *Jeffrey Dahmer,* Lector aus den Schlagzeilen.)

»Das Schweigen der Lämmer« – geschmacklich vorbildlicher Mainstreamkannibalismus

Von einer Fortsetzung hörte man bereits mehrfach, am 8. Juni erscheint zumindest in Amerika Thomas Harris' neuer Roman um den geistreichen Menschenfresser. Aber einer filmischen Fortsetzung steht verschiedenes im Weg: Zum einen will Anthony Hopkins Lecter nicht noch einmal spielen, zum anderen liegen die Rechte der Fortsetzungen und einzelnen Figuren bei verschiedenen Firmen. Nichts was eine Fortsetzung begünstigen würde, aber das Drehbuch steht und die Verhandlungen im Land der unbegrenzten Fortsetzungen laufen ...

»Scream – Schrei!«

(»Scream«), USA 1996 R: Wes Craven D: David Arquette, Neve Campbell
Ein Psychopath in einer schwarzen Kutte und mit grotesker Totenkopfmaske sucht das kalifornische Städtchen Woodsborrough heim, wo er in liebevoller Handarbeit einige Teenager umbringt, bis er sich Sydney Prescott als Opfer auserwählt, deren Ermordung nicht ganz so reibungslos von statten gehen soll. Zumindest sterben noch einige Teenager, der Zuschauer lernt einiges über die Grundbegriffe des Horrors und bekommt eine wirkliche originell umgesetzte Pointe und einen vielschichtigen Reihenhausshowdown geboten.

→ *Wes Craven* schafft nach einiger Zeit wieder etwas Bemerkenswertes und zunächst unmöglich Scheinendes: originellen und blutigen Mainstream-Horror, mit der unvergleichlichen Neigung, sich selbst zu parodieren. Die Geschichte wird mit einer auf das Genre gemünzten Selbstironie erzählt, in der kein gängiges Horrorvorbild und -klischee verschont wird. Diese Qualitäten werden von Freunden des genuinen Horrors allerdings kritisiert, wobei der außerordentliche Erfolg des Filmes zumindest für das Funktionieren des Konzeptes spricht, das ein Jahr später mit »Scream 2« eine weniger rühmliche, obgleich auch erfolgreiche Fortsetzung erleben sollte, die beweist, daß es nicht wirklich möglich ist, eine Parodie zu parodieren.

Abgesehen von der Filmindustrie verdiente noch manch anderer an dem Sream-Enthusiasmus. Die wirklich saublöde Plastikmaske (im Verkauf befanden sich auch im Dunkeln leuchtende) mitsamt dem nicht wirklich originellen Kostüm ist seit dem Film ein → *Halloween*-Verkaufsschlager, dem auch hierzulande in immensem Maße zugesprochen wurde.

• *»Scream 2«, USA 1997 R: Wes Craven D: Nave Campbell, David Arquette*
Das Land der unbegrenzten Fortsetzungen ...

Der Ansatz, die Geschehnisse in Woodsborrough in einem pseudorealen erfolgreichen Kinofilm (*»Stab«)* Revue passieren zu lassen, ist ein überaus origineller und augenzwinkernder Ansatz. Dieser Film-im-Film Aspekt ist allerdings das bemerkenswerteste an diesem Film, der desweiteren eben doch nicht mehr als eine Fortsetzung ist und vor allem in seiner Auflösung zu wünschen übrig läßt.

Ein dritter Teil jedenfalls ist, ob darauf auch gewiß verzichtet werden könnte, bereits in Planung. Das ewige Opfer Neve Campbell jedoch wird voraussichtlich – auf ihren eigenen Wunsch hin – nicht mehr dabei sein.

Scream Queen

[engl. »Schreikönigin«]

Mit diesem Ausdruck bezeichnet man überwiegend amerikanische Schauspielerinnen, deren Verdienst neben ihrem superben Aussehen und dem Tragen spärlicher Bekleidung darin besteht, bei der Konfrontation mit akkuten oftmals lebensbedrohlichen Problemen und Kreaturen sich übermäßig laut zu artikulieren, sprich zu schreien.

Eine frühe Thronbesteigung ist etwa durch → *Fay Wray* in → *»King Kong und die weiße Frau«* zu verzeichnen, legendär ist etwa auch die Krönung von Jamie Lee Curtis in → *»Halloween«*. Eine Zeitschrift mit Namen *»Scream Queens«*, die sich mit den attraktiven Schreihälsen auseinandersetzt und sie standesgemäß abbildet, gibt es ebenfalls.

Séance

[frz. Sitzung]

Bezeichnet vor allem spiritistische Sitzungen, deren Ziel es ist, übersinnliche Manifestationen zu erleben oder Kontakt zu Verstorbenen herzustellen. In der Regel ist bei einer solchen Séance mindestens ein → *Medium* anwesend, das meist auch die Regeln und Grundbedingungen der Zusammenkunft festlegt.

Während der → *Romantik* und der Jahrhundertwende waren Séancen vornehmlich der Oberschicht vorbehaltene Ereignisse, im kleinen Kreise abgehalten. In dieser Zeit fanden Séancen auch ernsthaften Eingang in die Literatur. Im Verlauf des 20. Jahrhunderts allerdings schwand der glamouröse Chic des Übersinnlichen, und das Abhalten von Séancen fiel nunmehr in den Zuständigkeitsbereich neugieriger → *Teenager*. Auch hierzulande herrscht die übersinnliche Faszination, vor allem das → *Gläserrücken* erfreut sich bei Jugendlichen immenser Beliebtheit. Das amerikanische Kino jedenfalls trägt diesem Umstand in mittelmäßigen Filmen wie »Witchboard« (USA 1996) und entsprechenden Fortsetzungen Rechnung.

666

Erstmals in der → *Bibel* (Offb. 13, 17 / 18) auftauchend, bezeichnet diese Zahl nach eingehender Interpretation nunmehr nach einhelliger Meinung den → *Antichrist*. Sowohl Nero als auch der Papst sind über diese Nummer bereits als Antichrist interpretiert worden, aber Damien Thorne, der die Zahl im zweiten Teil von → *»Das Omen«* auf seine Kopfhaut tätowiert entdeckt, ist es wohl eher.

»Seduction of the Innocent«

(1954)

Das Buch von Dr. Fredric Wertham war ein Dolchstoß für den Horror der 50er Jahre, brachte es doch erstmals die Produkte des Horrorgenres mit gesellschaftlichen Mißständen und vor allem der negativen Entwicklung der Jugend in Verbindung. Nach öffentlicher Diskussion und zahlreichen Prozessen, die vor allem das Ende der → *E.C.* Serie → *»Tales from the Crypt«* bedeuten sollten, war Dr. Wertham zum Liebling der Schwiegermütter geworden und sogar Worte wie → *»Horror«* oder → *»Terror«* durften infolge der gesellschaftlichen Kontroverse vorübergehend nicht auf Titelblättern abgedruckt werden ...

Sekte

[von lat. secta »Richtlinie«]

Vor meist religiösem Hintergrund existente Gemeinschaft von Minderheiten, die öffentlich nicht hoch angesehen sind. Die Gefährlichkeit von Sekten liegt in ihrem unkontrollierbaren Agieren: So ist zum Beispiel kollektiver → *Selbstmord* seit mehreren tausend Jahren bei Sektierern gang und gäbe, und, wie an den Ereignissen um Reverend → *Jim Jones* oder am Waco-Massaker (→ *David Koresh*) ersichtlich wird, noch immer eine Option. Abgesehen davon rücken vor allem sogenannte »Satanssekten« (→ *Satanismus*), die ihren Mitgliedern sexuelle Perversionen, Kindestötungen, → *Grabschändungen* und ähnliches abverlangen, mit beharrlicher Regelmäßigkeit in den Blickpunkt der Öffentlichkeit. Oft genug sind Berichterstattungen manipuliert, interviewte Aussteiger und Sektenmitglieder gekauft, um das Ganze reißerisch genug zu gestalten. Dubiose religiöse Gemeinschaften jedenfalls sind seit eh und je ein beliebtes und vielschichtig angehbares Sujet des Horrorgenres, ob es sich um Anhänger des Kultes vergessener Götter, des → *Teufels*, anderer → *Dämonen* oder von Weiß-der-Draht-was-auch-immer handelt. In diesem Rahmen ist die Wiedergeburt oder → Beschwörung von was auch immer ein oft benutztes Element. Als Beispiel für die bemerkenswerte Umsetzung verschiedener Sektiereransätze seien hier → *»The Sect«* und → *»Rosemaries Baby«* genannt. Nicht zu vergessen ist natürlich die historische Tatsache, daß auch das Christentum seine Karriere als Sekte begann.

Selbstmord

[auch Freitod oder Suizid]
Eigenmächtige Verkürzung der vorgesehenen Lebensspanne seitens des für betreffende Lebensspanne vorgesehenen Objektes. Das verstörende Selbstmordmotiv wird innerhalb des Genres in verschiedenen Situationen angewandt, Protagonisten verüben Selbstmord, wenn sie mit einer Schuld nicht mehr leben können, ein Geheimnis mit ins Grab nehmen, sich der Justiz entziehen wollen oder aber von zwielichtigen Mächten dazu gezwungen werden. Nicht selten stoßen bald darauf jene, die sich mit betreffendem Selbstmord befassen, auf schreckliche Geheimnisse u.ä ...

Sensenmann

Einer der zahlreichen Personifizierungen des → *Todes*, der in diesem Fall als Gerippe in einer dunklen Kutte dargestellt wird, das eine Sense über der Schulter und mitunter ein → *Stundenglas* am Gürtel trägt. Eine Begegnung mit dem Sensenmann ist, wenn auch vergleichsweise unvermeidlich, weniger anstrebsam.

Sequel

Das Sequel ist die logische Fortsetzung eines bestimmten Stoffes und dabei eine Art kommerzieller Fluch, der beinahe von Anfang an auf dem filmischen Zweig des Horrorgenres lastete. Wie viele Söhne von irgendwelchen Monstern die Enkel anderer Monster malträtierten, während Außerirdische – in undurchsichtigen Familienverhältnissen zu bereits dagewesenen anderen Außerirdischen stehend – die Rückkehr verschiedener Rieseninsekten verhinderten, die ein weiteres Mal zurückzuschlagen beabsichtigen, ist zahlenmäßig nur schwer auszudrücken. Wesentlich seltener ist eine andere Art der Fortsetzung, das → *Prequel*. → *»Freitag der 13.«* → *»Nightmare – Mörderische Träume«*, → *»Halloween – Die Nacht des Grauens«* oder → *»Godzilla«* jedenfalls sind die wohl bekanntesten Beispiele sequelinfizierter Horrorthemen (Obwohl nicht wirklich wichtig, sollte auch → *»Amityville Horror«*, unverdient mit sechserlei Fortsetzung gesegnet, genannt werden). Was aber wann auch immer und wie auch immer von wem auch immer fortgesetzt wurde, eines ist gewiß: der Schurke ist nicht wirklich tot, es ist nicht davon auszugehen, daß alle Eier des Ungetüms zerstört sind, von den Untoten wurden nur scheinbar alle vernichtet, und wenn irgendwo auch nur ein Popel des ausgetriebenen Dämons klebt, kommt er morgen mit seinen Brüdern zurück.

Serie

Ein gutes Motiv, ein guter Charakter oder eine gute Story taugt innerhalb des Genres mitunter zur Fortsetzung. Zumindest wird es so seitens der daran Verdienenden so empfunden. Dabei ist das Phänomen der Serie eines, das erst im Lauf des 20. Jahrhunderts mit all seinen multimedialen Facetten richtig zum Tragen gekommen ist. Das moderne Horrorgenre wurde nachhaltig durch auf besonderen Charakteren basierenden Kinofilmen in Serie (→ *»Nightmare«*, → *»Freitag der 13.«*, → *»Halloween – Die Nacht des Grauens«)*, Romanserien (→ *»John Sinclair«*, → *»Larry Brent«*, → *»Macabros«)*, zahlreichen Comicserien (→ »Tales from the Crypt«) und natürlich einer Unzahl von Fernsehserien (→ *»Akte X«*, → *»Twillight Zone«*, → *»Outer Limits«)* geprägt. In den meisten Fällen ist jedoch eine Produktion in Serie insofern ein Problem, daß gleichbleibende oder sich gar steigernde Qualität in den seltensten Fällen gewährleistet werden kann. Das hält allerdings niemanden davon ab, solcherlei zu produzieren. Übersichtlichkeit ist allenfalls im Bereich der Kinofortsetzungen (→ *Sequel*) fragmentarisch gewährleistet, alles andere wird kommerziell derart ausgeschlachtet, daß die Serienspreu vom Serienweizen zu trennen eine Wissenschaft wäre, der man sich mit Leib und Seele verschreiben müßte, nachdem man durch das Beschwören eines Dämon siebter Ordnung Unsterblichkeit erlangt hat.

Serienmörder

Mörder, die sich trotz ihrer Einmaligkeit nicht mit einmaligen Taten zufriedengeben. Abgesehen davon, daß Serienmörder nicht selten ausgesprochene Popularität genießen, sind ihre Taten auch nicht selten Inspiration für Filme des Horrorgenres. So inspirierte etwa → *Ed Gein* die Streifen → *»Psycho«* und → *»Kettensägenmassaker«*, → *Charles Manson* stand für → *»Helter Skelter«* Pate, → *Henry Lee Lucas* für → *»Henry – Portrait of a Serial Killer«* und → *Andrej Chikatilo* für »Citizen X«. Davon ab genießen aber auch fiktive Serienmörder wie etwa → *Hannibal Lecter* aus → *»Das Schweigen der Lämmer«* außerordentliche Berühmtheit.

Sex

Von der Natur ursprünglich zur Fortpflanzung vorgesehene praktische Umsetzung der Triebe, die innerhalb des Horrorgenres eine vergleichsweise untergeordnete, wenn auch nicht unbedeutende Rolle spielt. Ehrbare Protagonisten haben selten Sex und verwerflich perverse Bösewichte, die auch noch Freude daran haben, werden in der Regel dafür bestraft.

In der Horrorliteratur ist der Sex (meist zugunsten von Liebe und Begehren) noch weniger vorhanden und sexuelle Attitüden müssen meist tiefenpsychologisch hineininterpretiert werden.

Auch bei Phänomenen der → *Besessenheit* spielt Sex eine Rolle.

Die Bedeutung von Sex (vor allem für Teenager) in amerikanischen Horrorfilmen wird in → *»Scream«* sehr treffend erläutert: Wenn Du Sex hast, lebst Du nicht mehr lange. Diese Position ist allerdings vornehmlich auf die amerikanische Bigotterie zurückzuführen, obwohl auch britische Titel wie »Dracula jagt Minimädchen« und zahllose männermordende Vamps auf die Gefahr einer sexuell freizügigen Haltung hindeuten. Die Filme der 70er Jahre wirbelten Blut und Bikinis allerorten heftigst durcheinander, was zur Folge hatte, das weder das eine noch das andere zufriedenstellend dargestellt wurde.

Die Neuzeit eröffnet allerdings einen anderen Blick auf das Thema, Darstellungen aus dem → *S/M* und → *Fetisch*-Bereich finden immer mehr Eingang vor allem in den filmischen Horror und selbst Randerscheinungen wie → *Nekrophilie* werden ernsthaft behandelt.

Abgesehen davon ist Sex nicht wirklich schrecklich.

»Shining«

USA 1980 R: Stanley Kubrick D: Jack Nicholson, Shelley Duvall

Als der Schriftsteller Jack Torrance im abgelegenen Overlook Hotel die Stellung des Hausmeisters übernimmt, ahnt er nicht, daß diese Beschäftigung der entscheidende Wendepunkt des Lebens seiner kleinen Familie ist. Während Schneestürme die Familie in dem Gebäude festsetzen, erkunden Torrance, seine Frau und sein kleiner Sohn Danni das Hotel, jeder auf seine Art. Dabei besitzt Danni das zweite Gesicht, das Shining, und beginnt als erster die Bösartigkeit zu verstehen, die sich in den Mauern des Hotels verbirgt, ganz allmählich Besitz von seinem Vater ergreift und diesen in den Wahnsinn treibt.

Verfilmung eines gleichnamigen Romans von → *Stephen King*, welche die Bedrohung innerhalb des riesigen Gebäudes auch für den Zuschauer spürbar macht, seien es die Dreiradfahrten des Kindes durch endlose Korridore oder der Widerhall der Schreibmaschine in der großen Halle, alles ist riesig, unüberschaubar, und Nähe etabliert sich in diesem Film einzig als Bedrohung, in dem Jack Nicholson in der Rolle des in der Abgeschiedenheit allmählich wahnsinnig werdenden Familienvaters brilliert.

Shocker, Dan
Pseudonym

»Sieben«
USA 1995 R: David Fincher D: Brad Pitt, Morgan Freemann
In Los Angeles treibt ein psychopathischer Serienmörder sein Unwesen. Schon bald wird durch die von ihm am Tatort zurückgelassenen Hinweise deutlich, daß er jedes seiner Opfer für eine der sieben Todsünden hinrichtet, und das bedeutet, daß noch einige Morde bevorstehen. Ein fast pensionierter Detective macht sich mit seinem potentiellen Nachfolger daran, diese zu verhindern, wobei beide auf immer grausamere Morde stoßen. Bis der Täter sich letztenendes nach dem fünften Opfer stellt ...

Neben → *»Das siebte Zeichen«* einer der wenigen intelligenten Filme der Neuzeit, deren Inhalt sich direkt auf die Bibel, hier eben die sieben Todsünden bezieht und dabei ein ähnlich brillant inszeniertes Gleichgewicht zwischen → *Mainstream* und kompromißlosem Schrecken zeichnet wie etwa → *»Das Schweigen der Lämmer«*. Die Morde geschehen dabei in einer apokalytpischen Atmosphäre und bilden jeder für sich derart alptraumhafte Bilder, daß ihre Torturen dem Höllenflügel des Gemäldes → *»Der Garten der Lüste«* alle Ehre gemacht hätten.

Ein ansprechend gezeichneter Täter rundet das Ganze ab. Finale des Filmes ist der Mord an der Frau des jüngeren Ermittlers (gespielt von Brad Pitt) und dessen anschließender Rache durch Hinrichtung des Mörders.

Sinclair, John
→ *»John Sinclair«*

Skelett
Knochenverbund und langsam verwesender Überrest vor längerer Zeit verstorbener Kreaturen. Auch das Skelett als solches ist stimmungsvolle Bereicherung der Sphären des Schreckens. Oft und reichlich eingesetzt signalisiert es, ob an der Wand eines Verlieses, am Boden unerforsch-

ter Höhlen oder in provisorischen Gräbern, deutlich und unmißverständlich die Vergänglichkeit der Dinge und Bedrohlichkeit der Situation. Mitunter wird jedoch auch das Skelett selbst, eigentlich gänzlich und vollkommen tot und bewegungsunfähig, zur Bedrohung, wie etwa in dem Hollywoodklassiker »Jason und die Argonauten«, in dem → *Ray Harryhausen* erstmalig ein halbes Dutzend Skelette wiederbelebt, um sie die Freunde des Protagonisten massakrieren zu lassen oder *»Army of Darkness«* (→ *»Tanz der Teufel«)*, wo eine ganze Armee der Knochenmänner vom Grab weg rekrutiert wird. In → *»Das Omen«* überrascht das Auffinden des Skelettes von Damiens Mutter vor allem dadurch, daß es das eines Wolfes ist ...

Skulptur
Künstliches künstlerisches Abbild von irgend etwas oder irgend jemandem. Im Horrorgenre ist eine Skulptur selten bloß eine Skulptur. Sei es in → *»Das Geheimnis des Wachsfigurenkabinetts«* oder dessen späterem Remake → *»Das Kabinett des Professor Bondi«*, detaillierte Wachsskulpturen beinhalten nicht selten einen menschlichen Körper, wie auch manch steinern anmutende Skulptur sich einstmals einer gewissen Lebendigkeit erfreute oder aber plötzlich zu eben dieser erwachte.

Snuff
Zweifelhafte Variante des Schreckens, deren zentrales Merkmal die tatsächliche Ermordung von Menschen ist. Snuffmovies sind dementsprechend illegal und werden zwei Etagen unter den Ladentischen zu Preisen gehandelt, die nur Leute bezahlen können, die es sich leisten können, richtig abartig zu sein. Obwohl das Thema realer Tötungen (→ *»Gesichter des Todes«*) eine provokant abartige Variante des Genres ist, kann eine kritische Auseinandersetzung mit dem Thema Snuff zu bemerkenswerten Filmen führen. (*»Mann beißt Hund«,* B 1992, *»Berlin Snuff«*, D 1995)

Somnambulismus
Auch Somnambulie, früher Noktambulismus; [von lat. somnus »Schlaf« & ambulare »umhergehen«], Bezeichnung für Schlaf- resp. Nachtwandeln und Handlungen, die der Betreffende im Schlaf vollführt und derer er sich im Wachzustand nicht mehr erinnern kann. Somnambulismus kann spontan sein und den Menschen im Schlaf überkommen oder etwa durch Hypnose provoziert werden. Vor der Neuzeit oftmals fälschlich

als Variante des → *Wahnsinns* betrachtet. Das Horrorgenre bedient sich des Somnambulismus und ähnlicher Zustände heutzutage meist, um Protagonisten zu willenlosen Werkzeugen zu machen oder sie unter einer Art → *Bann* zu lähmen. Doch in der Literatur der → *Romantik* war das Motiv des Somnambulismus, unerforscht und mit dem Anflug des Geheimnisvollen und Unheimlichen behaftet, ein ungleich gängigeres als heute.

Sonnenaufgang
Naturschauspiel, das auf diesem Planeten zwangsläufig am Ende einer Nacht und am Anfang eines Tages steht. Für die meisten auf dieser Welt ansässigen Kreaturen nicht wirklich schädlich, ist der Sonnenaufgang und das dementsprechende Sonnenlicht für den klassischen Vampir (→ *Vampire*) tödlich. Dieser nämlich zerfällt im Angesicht des erwähnten Naturschauspiels zu → *Staub*. Wohlgemerkt ist dies die Auswirkung des Sonnenlichtes auf *klassische* Vampire, denn auch diese Unterart der Untoten scheint in Film, Literatur und Wirklichkeit verschiedene Wege gefunden zu haben, sich gegen das Sonnenlicht zu schützen und beliebte Staubwerdungsszenen einfach ausfallen zu lassen.

Sonnenlicht
Dem gewöhnlichen Sterblichen Erhellung seines tristen Tagewerkes, wird das Sonnenlicht in den Reihen der → *Monster*, → *Untoten* und Psychopathen ungern gesehen und selten goutiert. Meist ist diese Haltung eine subjektive, doch hat Sonnenlicht bei einzelnen Vertretern des Übersinnlichen nachweislich gesundheitsschädliche Auswirkungen. (→ *Vampire*)

Spanien
Eines der südlichen Länder Europas und eines der wenigen mit einer erwähnenswerten eigenen Horrorfilmkultur. Obwohl der spanische Horrorfilm dem italienischen in verschiedener Hinsicht, vor allem in Hinblick auf unverblümte Darstellung verschiedenster Grausamkeiten, ähnelt, sind die beiden nicht identisch. Den spanischen Horrorfilm, vor allem den am Fließband produzierten der 70er Jahre, kennzeichnet eine meist schluderige Umsetzung und eine meist kategorische Zugehörigkeit in die Sparte der → *B-Movies*. Spaniens spezifischer Verdienst um den Horrofilm wird überwiegend durch verwesende Templer (→ *»Die Nacht der reitenden Leichen«*), lesbische Vampire (→ *»Vampyros Lesbos«*) und einige Werwolfadaptionen mit → *Paul Naschy* ausgedrückt,

die jedoch ihre Erfolge lediglich in Europa feierten. Der Ordnung halber sei auf den spanischen Regisseur → *Jess Franco* hingewiesen.

»Spawn«

Das erfolgreichste Comic der Welt (image) von Todd McFarlane (→ *McFarlane Toys*), der gleichnamige Kino- und ebenso gleichnamige Animationsfilm (1997) seien hier in einem Absatz erwähnt, da allenfalls der Grundplot der beiden genuin dem Horrorgenre entstammt. Es geht nämlich um den einstmaligen farbigen Agenten Simmons, der nach seinem gewaltsamen Tod vom → *Teufel* selbst ersucht wird, Anführer seiner Heerscharen auf Erden zu werden. Bei seiner Rückkehr jedoch überlegt Simmons es sich anders und entwickelt sich zu einem Superhelden jenseits von Gut und Böse.

Ein Superheld der Moderne mit übersinnlichen Anklängen in Kostüm und Gegnerschaft. Der Inhalt des Ganzen ist allerdings für das Genre nicht wirklich erwähnenswert.

Spielzeug

Seit den 60er Jahren ist der Begriff des Spielzeugs mit dem des Horrorgenres verbunden, was vor allem der Verdienst der Firma → *Aurora* ist, die seinerzeit → *Modelle* und die ersten Actionfiguren fertigte, deren Herstellung inzwischen beispielsweise von der Firma → *McFarlane* Toys annähernd perfektioniert wurde.

Spin Off

[engl. Herausdrehung]

In diesem Begriff werden Serien oder Filme bezeichnet, die auf einem Originalcharakter aus einem Film basieren. Ein Beispiel ist etwa der Charakter Angel aus der Fernsehserie → *»Buffy – Der Vampirkiller«*, der inzwischen seine eigene Serie bekommen hat.

Spinne

[von althd. spinna »spinnen«]

Untergruppe innerhalb der Insekten, ein felliger Körper mit acht Beinen, von dem mehr als 25.000 bekannte Arten existieren und dessen Größe innerhalb des Genres über die gewöhnlichen Verhältnisse hinaus variiert. Mit Hilfe von Drüsen weben die meisten Spinnen Netze, in deren klebrigen Fäden sich ihre Opfer (von der Natur sind ursprünglich Fliegen vorgesehen) verfangen, um als Spinnenspeise zu dienen. Einige Spinnen töten ihre Opfer auch durch Gift und wieder andere verstecken sich in Erdhöhlen, um ihnen dort aufzulauern. Ist die Spinne ohnehin kein sonderlich beliebtes Tier, wird sie durch allzu zahlreiches Auftreten oder imposante Größe noch unbeliebter. Erwähnenswerte unbeliebte Vertreter der Art begegnet man etwa unter → »*Tarantula*« und → »*Arachnophobia*«.

Spinnweben

Unerläßliches atmosphärisches Zierat von Horror-Szenen in Literatur und Film. Deutet ähnlich wie auch → *Staub* darauf hin, daß der damit geschmückte Raum sehr lange nicht betreten wurde. Durch umsichtigen Einsatz von Wind können Spinnweben der Atmosphäre zugunsten in sachte Schwingungen versetzt werden.

Folterkeller, Schlösser (→ *Schloß*), und → *Ruinen* sind – ebenso wie Studentenwohnungen – ohne Spinnweben nicht wirklich vorstellbar, und so stolpern seit nunmehr über hundert Jahren unbedarfte Protagonisten im Halbdunkel angewidert durch unbemerkte Spinnweben.

Splatter

Der Splatterfilm ist ein Horrorsubgenre, daß sich vor allem durch außerordentliche Explizität auszeichnet. Das bedeutet, daß Verstümmelungs, Mord- und andere Szenen nicht wie im klassischen Horrorfilm nur angedeutet und ausgeblendet, sondern tatsächlich gezeigt werden, was den Blut- und Gewaltgehalt dieser Art von Filmen nicht bloß vergrößert, sondern mitunter sogar zum Selbstzweck werden läßt. Ob Verwesung, Verwandlung oder nackte Gewalt, da der Splatterfilm im Gegensatz zu allen anderen Genres rückhaltlos alles darzustellen wagt, macht ihn dies – im besten Falle – zu einer eigenen Kunstform. Die sinnentleerte Anhäufung von Gewalt ist meist jedoch eher der Fall.

Der historische Ursprung des Genres ist das französische → *Grand Guignol*-Theater. In diesem Jahrhundert wurde es von Ausnahmeregisseuren wie etwa → *Hershell Gordon Lewis* allmählich kultiviert, um zu Beginn der 80er Jahre mit Filmen wie → »*Freitag der 13.*« endgültig Einzug ins große Kino zu finden. Passagen expliziter Gewalt jedenfalls sind nunmehr gang und gäbe, wobei hoch budgedierte Filme nur selten ein genuines Splatterprädikat erhalten. Löblich sei hier darauf hingewiesen auf → »*Braindead*«. Der reine Splatterfilm aber ist nach wie vor ein Thema, an dem sich die Gemüter scheiden und das immer noch regelmäßig zu Kontroversen führt, wie bereits ein früher Vorläufer des Genres → »*Ein andalusischer Hund*« zeigt.

Spuk
Sammelbegriff für übersinnliche Erscheinungen, die sich gewöhnlichen Erklärungsmustern entziehen. Der Spuk ist unter anderem Forschungsgegenstand der → *Parapsychologie.* Ein bekanntes Spuk-Phänomen ist etwa der → *Poltergeist.*

Stalk'n Slash
[engl. »Rumschleichen und Schlitzen«]
Ähnlich wie etwa der → *Maniac on the Loose* ein stetig variiertes Schema des modernen Horrorfilms, dessen Übersetzung den Inhalt ausreichend beschreibt: ein Bösewicht/Monster oder Wahnsinniger schleicht durch die Gegend und bringt um, was ihm in die Quere kommt. Der Stalk'n Slash-Klassiker ist → *»Freitag der 13«.*

Staub
Abgesehen davon, daß durch Herumliegen von Staub deutlich gemacht wird, wie lange niemand die → *Gruft,* den → *Keller,* die → *Höhle* oder den → *Dachboden* betreten hat, weil der entsprechende Ort böse, verflucht, verhext oder was auch immer ist, ist Staub im Horrorgenre ein unmißverständliches Synonym für das Geheimnisvolle. Von alten Büchern muß der Staub ebenso wie von Schatullen, Statuetten und Sarkophagen entfernt werden, um etwas herauszufinden, was meist mehr als bloß einer Person das Leben kosten wird.

Desweiteren ist Staub ein Symbol für Vergänglichkeit, insbesondere für die von → *Vampiren,* deren Kontakt mit Sonnenlicht in klassischen Geschichten die Anhäufung von Staub zur Folge hat, was den Vampir absonderlicherweise mit der Raumpflegezunft in Verbindung bringt.

Steele, Barbara
Neben → *Fay Wray* eine der wenigen weiblichen früh zu Weltruhm gelangten Horrordarstellerinnen, die ihre größte Popularität innerhalb des Genres in den 60er Jahren genoß, als sie in Filmen wie → *»Die Grube und das Pendel«,* »Die Stunde wenn Dracula kommt« oder »Nightmare Castle« zu sehen war. In den 80er Jahren wiederentdeckt, spielte sie einige Horrorrollen (»Piranha«, »They came from within«).

Strafe
Gern und vielschichtig gebrauchtes Motiv in Horrorfilm und -literatur. Obwohl auch dort Bestrafungen bezüglich konkreter Regelverletzungen wie etwa Gotteslästerung, Hexerei, Überheblichkeit oder

Moderation drittklassiger Talkshows üblich sind, kann innerhalb des Horrorgenres im Endeffekt zugunsten der Atmosphäre doch so ziemlich jeder für annähernd alles bestraft werden. Die Art der Strafe erstreckt sich von → *Bann* über → *Fluch* bis zum → *Tod*, manchmal auch auf etwas Originelleres. In → *Stephen Kings* »Thinner« beispielsweise ist die Strafe stetige Gewichtsabnahme, in → *»Das siebte Zeichen«* ist es ewiges Leben, → *»In der Strafkolonie«* eine → *Maschine* und manch ein Horrorfilm ist es auch.

Streckbank

Eines der zahlreichen im Rahmen der Mechanisierung der → *Folter* entwickelten Instrumente. Der zu Folternde wird hierbei mit Armen und Beinen an einem Kopf- und einem Fußteil fixiert, wobei eines dieser beiden Elemente die flexible horizontale Verlängerung des Abstandes zu seinem Gegenstück und des zu Folternden ermöglicht. Das ist nicht schön, aber gänzlich im Sinne des Erfinders.

Eine diesbezügliche Anekdote von außerordentlicher Seltsamkeit entstammt der griechischen → *Mythologie*, die »Prokrustes-Methode«.

Sturm

Auch der Sturm ist eine der stetig wiederkehrenden und dennoch stimmungsvollen Elemente des Genres. In der Regel wird er entweder eingesetzt, um zu signalisieren, daß sein Toben Schlimmes verheißt (*»Hört ihr den Sturm? Das bedeutet nichts Gutes ...«)* oder aber um eine Gruppe von Protagonisten an Orten wie einsamen Inseln, Waldhütten oder Schloßruinen festzusetzen, wo sie sich handfesten Problemen mannigfaltiger Art ausgeliefert finden (*»Schlimme Sache das. Wir können erst wieder weg, wenn der Sturm sich gelegt hat.«)*. Wenn der Sturm, die brachiale Gewalt der Natur symbolisierend, vor verbarrikadierten Fenstern rauscht, dann sticht er beinahe noch → *Nebel* und → *Spinnweben* aus ... Der Katastrophenfilm bedient sich übrigens (wie etwa in *»Twister«)* des Sturmes mitunter als Hauptdarsteller.

Succubus

[lat »Untenlieger«]

Der Begriff bezeichnet das weibliche Pendant zum → *Incubus*, einen weiblichen Lustbarkeitsgeist, der nicht nur die Phantasien der Männer weckt, sondern ihnen im Namen der Dämonenwelt auch noch ihren Samen stiehlt.

Sumpf

Ein weiterer beliebter Tummelplatz des Schreckens. Das Horrorgenre versteht im schwer zugänglichen Sumpf nicht bloß Monstren verschiedenster Coleur anzusiedeln (→ »*Das Ding aus dem Sumpf*« ist nur eines davon), sondern darin auch Leichen zu versenken. Am Rand des Sumpfes leben gerne Wahnsinnige in windschiefen Hütten und unheimliche und unappetitliche Ausdünstungen, seltsame Geräusche und natürlich der über dem Sumpf liegende → *Nebel* machen auch ihn zu einem klassischen Ausflugsziel des Grauens in Buch und Film.

Sünde

Verfehlung im Hinblick auf die Parameter innerhalb eines religiöses Weltbildes. Ein weit auslegbarer Begriff, dessen Aussprechen nicht selten mit erhobenem Zeigefinger erfolgt. Begehen einer Sünde ist nicht selten die Ursache für spätere → *Strafe* gewesen, deren Vollstreckung Instanzen wie etwa die → *Inquisition* übernahmen und dabei soweit über das Ziel hinausschossen, daß sie sich nicht unwesentlich versündigten. Die Ansichten über die Sünde im allgemeinen wie speziellen sind allerdings in jeder Religion und Kultur verschieden, was die Erstellung eines global gültigen Sündenregisters an dieser Stelle vergleichsweise unmöglich macht. Verzehr von Schweinefleisch oder das Aussprechen verschiedener Worte ist mitunter jedenfalls ebenso Sünde, wie Diebstahl oder verschiedene Sexualpraktiken (→ *Sex*) ...

T

Tal

In der Regel zwischen Bergen befindliche Tiefe, die im Gegensatz zur → *Schlucht* bewohnbar und begehbar ist. Da aber Täler in der Regel ein wenig abseits liegen und schwerlich zu erreichen sind, sind es hervorragende Orte zur Ansiedlung von ungewöhnlichen, urzeitlichen Kulturen, die unentdeckt seit hunderten von Jahren obskuren Riten frönen. Seltsame kannibalisch veranlagte Dorfbewohner u. ä. lassen sich problemlos ansiedeln und geben im »Tal der Verdammten / Untoten / reitenden Leichen oder schmutzigen Socken« auch noch einen blendenden Titel ab ...

»Tales from the Crypt«

(1950-1954)

Mit *»Tales from the Crypt«* hob → *EC* 1950 (neben den Serien »The Vault of Horror« & »The Haunt of Fear«) die wohl einflußreichste amerikanische → *Comic*-Serie des Genres aus der Taufe. Jede Ausgabe enthielt verschiedene Geschichten, zu deren Beginn einer von drei charismatischen Impressarios (→ *Crypt Keeper*, Vault Keeper oder Old Witch) einige einleitende Worte verlor. Die einzelnen Geschichten, ob auch meist am Rand der herrschenden Moral und mehr als nur eine kontroverse Diskussion in der Öffentlichkeit auslösend, beinhalteten jedoch im Regelfall zumeist eine Art Happy End, das die Bösen bestrafte, Missetaten läuterte und die beteiligten im Rahmen des Möglichen wieder froh werden ließ.

(→ *»Seduction of the Innocent«)* Filmische Umsetzungen verschiedener Geschichten folgten 1972 und 1973, doch das wirkliche Comeback bewirkte erst:

• *»Tales from the Crypt«*

Im Rahmen der amerikanischen Fernsehserie (1989-1995) wurden nicht nur die ansprechendsten der alten Geschichten übernommen, sondern auch zwei Filme mit Spielfilmlänge produziert: *»Demon Knight«* (1995) und *»Bordello of Blood«* (1996).

Talisman

(von griech. télésma »geweihter Gegenstand«)

Im Gegensatz zum → *Amulett*, das Schutz verleiht, soll der Talisman Glück bringen. Für viele Leuten gehört der Talisman, obwohl er bereits manchen Horrorprotagonisten das erhoffte Glück brachte, ebenfalls in den Bereich des → *Aberglaubens*.

»Tanz der Teufel«

(»The Evil Dead«)

USA 1982 R: Sam Raimi D: Bruce Campbell, Ellen Sandweiss

Die einsame Waldhütte, in der eine Gruppe motiviert gut gelaunter Teenager ihre Ferien zu verbringen wünscht, enthält mehr als wohlige Freizeitfreuden. Ein dort zuvor ansässiger Archäologe beschäftigte sich nämlich eben dort mit dem Buch der Toten, respektive → *Necronomicon*. Durch Abspielen seiner akustischen Aufzeichnungen beschwört die Gruppe das Böse im Wald herauf und fortan ist nichts mehr wie es war, Tote sind nicht mehr tot, Urlaub nicht mehr Urlaub, der Keller nicht mehr unbewohnt und die Brücke nicht mehr ganz. Das bedeutet,

daß ein Entkommen unmöglich wird und die sich allmählich dezimierende Gruppe sich mit einer wachsenden Anzahl besessener Untoter aueinandersetzen muß ...

Der Erstling des Regisseurs → *Sam Raimi*, der übrigens mit vergleichsweise niedrigem Budget und von engagierten Laien gedreht wurde, ist ein weiterer Kultklassiker des heftigeren Horrorkinos, nicht nur, daß ein bizarres Gleichgewicht zwischen dargestellter Gewalt, künstlerischem Anspruch (ungewöhnlicher Kameraeinsatz und raimieske Bildkompositionen) und Humor entsteht, mit → *Ash*, dem gebeutelten Überlebenden einer einstmals fröhlichen Gruppe von Jugendlichen mit erbleichter Haarsträhne, entwickelt Raimi auch einen weiteren Sympathieträger des modernen Horrorkinos, dessen Charakter in den folgenden Teilen noch weit interessanter werden sollte.

Jahrelange Streitigkeiten vor Gericht ließen diesen Film nach seiner Beschlagnahme im Jahre 1985 (→ *Paragraph 131*) im Endeffekt jedoch nur in einer geschnittenen Fassung zurück auf deutsche Videoschirme kommen.

• *»Tanz der Teufel II – jetzt wird noch mehr getanzt« (»The Evil Dead II«), USA 1987 R: Sam Raimi D: Bruce Campbell, Sarah Berry*

Die Hütte steht noch immer, das Buch gibt es auch noch und wer denkt, daß das Böse weg ist, täuscht sich gewaltig ...

Links: »Tales from the Crypt« – ein charmanter Gastgeber gibt seit nunmehr 45 Jahren Unheimliches zum Besten
Rechts: »Tanz der Teufel« – nach Jahren des Rechtsstreits nur geschnitten verträglich

Der Film ist weniger ein → *Sequel* des ersten Teils, als vielmehr ein → *Remake* mit höherem Budget und dementsprechend besseren → *FX* und mit einem etwas breiteren Publikum verpflichteten Ansatz, der ungleich weniger explizite Gewalt enthält. So wird der Film zu einer brillant → *grotesk* gewalttätigen Parodie seiner selbst und zu einem Meilenstein des schwarzen Humors.

Ein großartiger → *Ash* wird noch heftiger gebeutelt, muß sich, als sie sich gegen ihn wendet, sogar seine eigene → *Hand* (tatsächlich wirkt die Hand wie das eiskalte Händchen → *»Addams Family«*, auf LSD und läuft Ash in diesem Film fast den Rang ab) amputieren, die er gegen eine höchst funktionale → *Kettensäge* ersetzt und somit seinen Status als bemerkenswerte Figur des Genres unbedingt rechtfertigt.

Das höchst seltsame Ende des Filmes, in dem Ash mitsamt allem (?) vom Buch beschworenen Bösen durch einen Zeitstrudel ins Mittelalter verschwindet, legt den Grundstein einer weiteren großartigen, wenn auch nochmals anders gearteten Fortsetzung.

• *Die Armee der Finsternis (Army of Darkness / Evil Dead III), USA 1993*
R: Sam Raimi D: Bruce Campbell, Embeth Davidtz
Spaß!

Dieses logische → *Sequel* zu → *Tanz der Teufel II*, ist der Geschichte entsprechend im Mittelalter angesiedelt, wo → *Ash* sich nicht weniger als in abgelegenen Hütten in den Wäldern der Neuzeit vergnügt. Um ihm nämlich den Weg in die Zukunft zu ebnen, muß Ash dem Hofmagier das → *Necronomicon* besorgen, ohne dabei jedoch in der Lage zu sein, sich einfachste Zauberformeln zu merken. Von dem Buch jedenfalls gibt es drei, eins davon kann beißen und das Aufsagen einer fehlerhaft eingeprägten Zauberformel war für den Zuschauer selten so unterhaltsam. Bei weitem nicht so blutig wie der Vorgänger oder gar der vorangegangene Vorgänger, ist »Armee der Finsternis« (ob auch überaus böse) wohl der dem → *Mainstream* naheste Teil der drei, höchst komisch, budgetmäßig und tricktechnisch noch ausgereifter, und Bruce Campbell darf sich – diesmal sogar in verschiedenen Varianten – wieder einmal selbst verprügeln.

Das ursprüngliche tragisch nihilistische Ende, das Ash ein wenig zu sehr zeitreisen und in einer komplett zerstörten Welt aufwachen läßt, wurde im Rahmen umfassender Vermarktung zugunsten des Zuschauergemütes ähnlich wie das Ende von → *»Der kleine Horrorladen«* happy endlich umgestaltet. Obwohl Supermarktangestellter und letzter Überlebender der Endzeit sich wahrscheinlich nicht allzu viel nimmt ...

»Tanz der Vampire«

(»Dance of the Vampires«)

USA 1967 R: Roman Polanski D: Roman Polanski, Jack MackGowran

Der sinistre Fürst der → *Vampire* zieht durch eine weitere Untat die Aufmerksamkeit zweier Vampirjäger, Professor Abronsius und seines Gehilfen Alfred, auf sich. Die beiden verfolgen die Spur bis zum Schloß des Grafen, wo eine illustre Gesellschaft von Vampiren sich in einer vergnüglichen Festivität ergeht. Und plötzlich sehen sich die beiden furchtlosen Vampirjäger inmitten eines Haufens blutrünstiger Vampire mit höchst seltsamen Attributen.

Ähnlich wie etwa → *»Der Rabe – Das Duell der Zauberer«* ist »Tanz der Vampire« eine der wenigen großartigen klassischen Horrorkomödien deren Spiel mit Klischees und liebevolle Parodierung (hier des → *Gothic Horror*) brilliert.

»Tanz der verlorenen Seelen«

(»Carnival of Souls«) s/w

USA 1962 R: Harvey Harvey D: Candace Hilligoss, Francess Fiest

Eine junge Kirchenorganistin überlebt einen schlimmen Autounfall und sieht sich in dessen Folge von einem seltsamen Unbekannten verfolgt. Außerdem ist nach dem Unfall auch ihr Verhältnis zu ihren Mitmenschen etwas gestört, die sich ihr gegenüber recht seltsam zu verhalten scheinen. Zudem ist da auch noch ein alter Pavillon am See, der eine sonderbare Anziehungskraft auf sie ausübt und wo sie Leute trifft, die beinahe Geister zu sein scheinen. Ganz allmählich beginnt die junge Frau an ihrem Geisteszustand zu zweifeln ...

Als von einem Amateurregisseur gedrehter Low-budget-Streifen beinhaltet der überaus ruhige Film neben großartigen Ideen ein grandios Pointe, die ihn in seiner Art nicht nur überaus einmalig macht, sondern auch auf spätere Genrebeiträge prägend wirkte.

Tarot

[von ital. tarocchi »Karten«]

Kartenblatt aus zwei verschiedenen Gruppen (große, 22, und kleine, 56, Arkana) zur vornehmlich im Bereich der → *Esoterik* angewandten Art der → *Prophezeiung*. Ursprünglich eine ernstzunehmende Form transzendenter Meditation, mit der sich unter anderem auch → *Aleister Crowley* beschäftigte und die laut verschiedenen – nicht sicheren – Quellen angeblich gar auf die griechische Antike zurückgeht, wird das Tarot innerhalb des Genres wenig ernstzunehmend eingesetzt.

Wenn es zum Einsatz kommt ist davon auszugehen, daß die gezogene Karte der → *Teufel* oder der → *Tod* ist, weil diese beiden Karten der fatalistischen Grundstimmung des Schreckens am ehesten entegegenkommen.

Teenager

Bezeichnung für unbedarfte und meist vergnügungssüchtige Minderjährige, die vor allem im amerikanischen Film der Neuzeit vereinzelt zu Protagonisten und gehäuft zu Opfern werden.

Telephatie

[griech. Kunstwort für »Fernerfahrung«]

Übermittlung von Gedanken und Gefühlen abseits der für üblich gebräuchlichen Sinne. Das Genre befleißigt sich dieses Phänomens der → *Parapsychologie* vornehmlich zum Zwecke der Kontrolle eines Charakters durch einen anderen. So wird etwa die Protagonistin in → *»Die Braut des Satans«* von Pater Michael telephatisch beeinflußt oder die bedauernswerte vampirisierte Prostituierte in → *»Vampire«* von Obervampir Valek auf telepathischem Wege kontrolliert.

Tempel

[von lat. Templum]

Ort, an dem überirdischen Wesenheiten gehuldigt wird. Hierzu findet sich in der Regel eine Gruppe Gläubiger (nein, nicht die) innerhalb des Tempels zusammen. Neben standardisierter Anbetung erfolgt innerhalb der Tempelmauern mitunter das Darbringen von → *Opfern* oder die ein oder andere → *Beschwörung.*

Terror

[lat. »Schrecken«]

Die ursprüngliche Bedeutung des Wortes verrät hier alles Wissenswerte, »Terror« ist Schrecken und »terrorisieren« nichts anderes als Schrecken verbreiten. Inzwischen wird Terror gesellschaftlich vornehmlich im Zusammenhang mit Terrorismus und den entsprechenden politischen Motiven gesehen. Der Ursprung hierfür liegt in den Auswüchsen der französischen Revolution, in deren Nachwehen sich Politik und blutiger Schrecken derart vereinten, daß per Guillotine beinahe wahllos enthauptet wurde. Am Rande der einstigen Ideale wurde denunziert, gefoltert und gemordet. Im Nachhinein erhielten diese Geschehnisse die Bezeichnung »la terreur«.

»Tetsuo – The Iron Man«

s/w, JAP 1990 R: Shinya Tsukamoto D: Tomoroh Taguchi, Kei Fujiwara

Ein Mann, der sich sein Bein aufschneidet und sich einen Metallstift ins Fleisch schiebt.

Von da an ist sein Leben kaum mehr wie es war, er wird von seltsamen Gestalten verfolgt und eine unaufhaltsame Metamorphose setzt ein, die ihn mehr und mehr metallen werden läßt.

Seine Freundin, die Zeuge der allmählichen Verwandlung wird, meint dennoch, bei ihm bleiben zu können. Eine Überzeugung, die sich im Verlauf eines tödlichen Geschlechtsaktes als falsch herausstellt. Kaum daß seine Freundin tot ist, beschleunigt sich Tetsuos Verwandlung und mit ihr die alptraumhaften Szenen, alles gipfelt in einem finalen Showdown in einer riesigen Lagerhalle, wo sich Tetsuo seinem alter ego (o.ä.) im Kampf stellen muß.

Der Film liefert den Beweis für die Existenz des innovativen japanischen Horrorkinos, das jenseits von → *Godzilla* und → *Japan Shock* Video existiert. Ich habe nie zuvor einen Film wie »Tetsuo« gesehen. Er zeigt die Schwere von Bildern (gerne und zurecht wird an dieser Stelle → *David Lynchs* → *»Eraserhead«* als alptraumhaftes Bildäquivalent angeführt – auch hier sind es die Bilder, die den Film ausmachen). Er ist einer der wenigen, in denen die Geschwindigkeit – man rauscht beinahe durch den Film – wirklich wichtig ist (bei anderen Filmen sind Höchstgeschwindigkeitsaufnahmen entweder Kunst oder Reminiszenz an die MTV-Generation). Aufgrund dieser Geschwindigkeit ist »Tetsuo« auch lediglich eine Stunde lang, was für den Geisteszustand des Betrachters allerdings eher von Vorteil ist.

• *»Tetsuo 2 – The Body Hammer«, JAP 1991 R: Shinya Tsukamoto D: Tomoroh Taguchi, Nobu Kanaoka*

Jetzt auch in Farbe! Bizarr, verwirrend und bemerkenswert genug, beinhaltet »Tetsuo 2« trotz eines ähnlichen Ansatzes eine ganz andere Geschichte, an die sich Tsukamoto auch formal anders annähert. Da dies mitunter wie ein Zugeständnis an den von Teil 1 überforderten Zuschauer wirkt, kann an dieser Stelle auch der innovative Aspekt des Filmes, der übrigens 1995 gemäß → *Paragraph 131* ebenfalls beschlagnahmt wurde, ebenfalls nicht allzu sehr hervorgehoben werden.

Teufel

Das Wort geht auf griech. diábolos zurück, das aus dem Verb dia-bállein »durcheinanderwerfen, entzweien, verleumden, verfeinden« entsteht und nach einer Odyssee durch Kirchenlatein (diabolus) und mehrere Sprachen die Bezeichnung für die Personifikation des → *Bösen* begründet. Der Teufel bildet in der Neuzeit den Gegenpol Gottes, ist dabei allerdings kaum wirklich gleichberechtigt, sondern ein aus dem Himmel verstoßener Engel. Was immer er sonst ist, er ist ein stets und für alles geeigneter Sündenbock, der sich im → *»Hexenhammer«* aus acht verschiedenen Aspekten zusammensetzt.

Das Horrorgenre bietet die verschiedensten Teufelsgestalten, die nicht notwendigerweise die oberste böse Autorität darstellen, aber alle nur das eine Ziel habe, den Menschen zu verderben, zu verführen und seine Seele der → *Hölle* zu überantworten.

Ein peinlicher computeranimierter Vertreter der Hölle ist in → *»Spawn«* zu bewundern, der literarischste ist wohl → *Mephisto* in Goethes → *Faust*, charismatisch geheimnisvoll ist Robert De Niro Louis Cypher in → *»Angel Heart«* und originell seine Personifizierung als alter Mann »In einer kleinen Stadt« oder seine Rolle in → *»God's Army«*.

Regierungssitz des Teufels (in England auch liebevoll als »Old Nick« bezeichnet) jedenfalls ist die → *Hölle*, und wirkliche Freunde findet er eigentlich nur in Zusammenhang mit → *Satanismus* und → *Heavy Metal*. Dabei ist die Rolle des Teufels als zweiter Aspekt eines dualistischen Weltbildes in der Waagschale des Bösen eine vergleichsweise undankbare und eine nicht wirklich gerechte. Die Geschichte des gehörnten Gottes, als Gott der Fruchtbarkeit und des Waldes nämlich, ist um einiges älter als seine »böse« Karriere. Aber ein derart heidnisches Lustprinzip eignete sich für die sich etablierende Kirche trefflich, das »Böse« in sie hineinzuprojizieren. Zum näheren Kennenlernen des Teufels und seiner verschiedenen Facetten empfiehlt sich eine Geschichtensammlung aus dem Insel Verlag »Zum Teufel – diabolische Geschichten, aufgespießt von Franz Rottensteiner«.

Teufel – Eine wunderbare Anthologie gewährt Einblick in das Wirken des Höllischen

»The Texas Chainsaw Massacre«

→ *»Kettensägenmassaker«*

»Theater des Grauens«

(»Theatre of Blood«)

GB 1973 R: Douglas Hickox D: Vincent Price, Diana Rigg

Der vermeintlich verstorbene Shakespearemime Edward Lionheart taucht aus der Versunkenheit auf, um Rache an jenen acht Kritikern zu nehmen, die ihm vor Jahren entgegen seiner Erwartungen die Auszeichnung des Shakespearedarstellers des Jahres verweigerten, worauf er den Preis an sich riß und aus dem Fenster sprang. Seine Rache ist fürchterlich und überaus poetisch, orientiert sie sich doch an den Todesfällen der Shakespearestücke, in denen Lionhearts Kritiker sein Mitwirken zu Lebzeiten verrissen. Bei diesem Feldzug gegen die Ignoranz sind ihm eine Gruppe Obdachloser und seine ihm ergebene Tochter Edwina (gespielt von (seufz) Diana Rigg, Emma Peel).

Der Film, der → *Vincent Price* förmlich auf den Leib geschrieben wurde, ist ein bemerkenswertes Schaustück britischen Humors, dessen tiefschwarzes Wesen einzig von den blutroten Schlieren ungeschönter Mordsequenzen beeinflußt wird, die auf eine derart einzigartige Art mit Handlung, Protagonisten und Setting korrespondieren, daß diese Mischung außerordentlich erfrischend, → *grotesk* und ein Muß für Freunde des englischen Humors, geistreichen Splatterfilmes und Shakespearezitate ist.

»Thriller«

Das 14-minütige Video zum gleichnamigen Song von Popgröße Michael Jackson, dessen Kosten sich seinerzeit auf etwa 1 Million $ beliefen, ist eine Ausnahmeerscheinung des Horror- wie Musikgenres und hat neben zahlreichen von → *Rick Baker* gestalteten Untoten auch den göttlichen → *Vincent Price* mit einer großartigen Rapsequenz aus dem Off zu bieten.

Tiefsee

Ein vergleichweise neuer Ort für die Ansiedlung des Grauens. Versunkene Städte mitsamt jedwedem erdenklichen Inhalt sind dort ebenso zu finden wie außerirdische Intelligenzen und längst vergessene Rassen mit ausgeprägtem Expansionsdenken. Die Horrorfilmbranche hat die Tiefseeregion allerdings erst in den 80ern und 90ern mit Filmen wie → *»Abyss«* oder *»Sphere«* entdeckt, obgleich die Tiefsee literarisch gesehen längst in der Hand ungleich mächtigerer Kreaturen ist, schläft doch in der versunkenen Stadt R'lye seit → *H.P. Lovecraft*-Gedenken der große → *Cthulhu* ...

Das große Tier

(To Mega Therion)

Gleichbedeutend mit → *Teufel*, überdies selbst verliehener Titel von → *Aleister Crowley.*

Tier-Horror

Tiere sind eine schier unerschöpfliche Quelle für die Phantasie Horrorschaffender. Tier-Horror-Motive kommen vornehmlich im Filmgenre zur Geltung, wobei Ameisen und Bienen sich ebenso wie Haie, Krokodile und → *Ratten*, Dinosaurier, → *Spinnen* und → *Fledermäuse* eignen, um eine eindringliche Bedrohung darzustellen und zahlreiche Menschen ums Leben zu bringen. Grundlage des Rezeptes sind hierbei viele kleinere (→ *»Phase IV*, → *»Die Vögel«)*, wenige große (→ *»Formicula«*, → *»Wolfen«)* oder ein ganz großes Tier (→ *»Godzilla«*, → *»Tarantula«*, → *»Der weiße Hai«*, → *»King-Kong«*), deren Handlungen sich gegen das gesundheitliche Wohl der Menschheit richten.

Titel

Der Titel eines Filmes oder einer Geschichte dient weitestgehend zur Identifikation des Inhaltes, gerade im filmischen Bereich ist der T. bereits für sich genommen schrecklich genug. Gerade deutsche Übersetzungen oder Untertitel sind der wortgewordene Schrecken. Eines der großartigen Beispiele ist → *»Satanas – Schloß der blutigen Bestie«*, der Originaltitel ist »Masque of the red Death« (nach der gleichnamigen Geschichte von → *Edgar Allan Poe*). Der deutsche Titel hat soviel mit dem Originaltitel zu tun, wie ein Meerschwein mit Atomphysik, der Urheber dürfte sich allerdings noch auf freiem Fuß befinden. Deutsche Untertitelschaffende – der Autor hält das Ganze für eine Arbeitsbeschaffungsmaßnahme – fühlen sich auf bizarre Weise irgend einer Form von unangemessener Originalität verpflichtet und versehen für sich sprechende Titel wie etwa → *»Braindead«* mit klingenden Untertiteln wie »Der Zombierasenmähermann« oder erweitern Serien wie → *»American Gothic«* mit »Prinz der Finsternis« ...

Übrigens sind diese Untertitelverbrecher nicht nur im Horrorfilm-Genre anzutreffen sondern treiben ihr Unwesen in jeder Sparte des Filmgeschäftes.

Tod

[griech. thanatos, lat. mors]
Erlöschen der Lebenszeichen eines Organismus und vielfach verwendbares Motiv. Der natürliche Tod, wie der unnatürliche sind unabdingbare Elemente des Horrorgenres, deren Bedeutung vor allem der dem Menschen innewohnenden → *Angst* vor dem einen wie dem anderen zugrundeliegt. Das Genre gestaltet den Tod für gewöhnlich vergleichsweise effektvoll und spart dabei nicht mit → *Blut*, Pathos, Schockeffekten und Gewalt, um der Angst des Konsumenten ihre unzweifelhafte Existenzberechtigung zu verleihen. In der Regel ist der Tod als endgültig zu betrachten, diese Endgültigkeit jedoch wird im Horrorgenre durch verschiedene Phänomene relativiert. So sind etwa zum einen → *Untote* im allgemeinen nur schwer mit dem Tod zu konfrontieren, → *Vampire* vergleichsweise unsterblich und → *Dämonen* mitunter ohnehin jenseits von Tod und Leben, derweil auch das Phänomen der Wiedergeburt die Sicht auf die Endgültigkeit des Todes nachhaltig verändert. Außerdem ist ein zumeist religiös motivierter Gedanke der an ein Weiterleben nach dem Tod.

So kann annähernd jede Facette des Horrorgenres mit Blick auf den Tod betrachtet werden, wobei hier zwei Filme, großartige Vexierspiele mit dem Thema, Erwähnung finden sollen: *»Carnival of Souls«* (→ *»Tanz der verlorenen Seelen«)* und → *»Jakobs Ladder«*.

In vielen Kulturen wird der Tod mitsamt seinem Umfeld personifiziert. Sei es als hagerer Knochenmann mit Sense über der Schulter (→ *Sensenmann*), unübertroffen seine Darstellung als einzig in Großbuchstaben sprechende Entität bei Terry Pratchett), oder als bleicher Fährmann Charon, der die Toten über den Totenfluß Styx übersetzt.

Torquemada, Thomas de

(1420 Valldolid, † 1498 Avila Spanien),
Als Generalinquisitor und zentrale Figur der spanischen → *Inquisition* (die bis heute als unerbittlichste Form der Inquisition gilt), sagt man Torquemada eine außerordentliche und übereifrige Grausamkeit nach. Als eine weitere historische Figur des Schreckens ging sein persönliches Engagement so weit, daß er zahlreiche Bücher über die korrekte Folter verfaßte, unter seiner Führung mehr als 4000 Menschen verbrannt wurden und er noch zu Lebzeiten als »da Vinci der Folter« bekannt wurde.

»Der Totmacher«

D 1995 R: Romuald Karmakar D: Götz George, Jürgen Hentsch

Dieser Film zeigt nichts anderes als das Verhör eines Mannes: → *Fritz Haarmann*. 1924 erschütterte sein Fall die Welt. Im Nachkriegsdeutschland lockte Haarmann mindestens 24 junge Männer in seine Wohnung, wo er sie umbrachte und zerstückelte. Obwohl dieser Film seine Taten lediglich in der Retrospektive und durch verbale Aussagen beleuchtet, ist das Gefühl, das dieses fast zweistündige Kammerstück, das überdies ab 12 Jahren freigegeben ist, hervorruft, sehr beklemmend.

Der preisgekrönte Film (silberner Löwe von Venedig 1995 für den Hauptdarsteller) beruht auf den tatsächlichen Protokollen der Verhöre Haarmaans, die während der sechswöchigen Untersuchungen nach seiner Festnahme im Jahre 1924 erstellt wurden.

Tötung

Ähnlich dem → *Mord* ist die Tötung – wenn auch anders motiviert – eine den → *Tod* auf nicht naturgemäße Art herbeiführende Handlung, was sie wiederum zu einem unabdingbaren Bestandteil des Genres macht.

»Tower of London«

→ *»Der Henker von London«*

»The Toxic Avenger« – das mutierte Aushängeschild der Troma Studios

»The Toxic Avenger«

USA 1985 R: Michael Herz, Samuel Weil D: Mitchell Cohen, Andree Miranda

Der ewige Verlierer von Tromaville, Melvin, stürzt nach Handgreiflichkeiten mit übermütigen jugendlichen Draufgängern in ein Faß mit Atommüll und mutiert danach zum Toxic Avenger, einem ungewöhnlichen Streiter für Recht und Ordnung, dessen Methoden zwar jenseits von Gut und Böse und alles andere als sensibel, dafür aber effektiv sind. Dennoch ist Platz für Romantik. Der Toxic Avenger ist das → *Splatter*-Aushängeschild der → *Troma Studios*. Der Erfolg des rüden und absurden Superhelden (ganz allerliebst das Balettröckchen) ist ein ungewöhnliches Phänomen und doch einmal mehr lediglich das Motiv des ausgestoßenen Einzelgängers (→ *abnorm*) mit dem eigentlich gar nicht so schlechten Wesen, der in einer Selbsthilfegruppe mit Glöckner und Phantom seine Probleme sicher in den Griff kriegen könnte, was aber gewiß nicht halb so unterhaltsam wäre.

- *»The Toxic Avenger – Part II«, USA 1989 R: Loyd Kaufman, Michael Herz D: Ron Fazio, Rick Collins*
- *»The Toxic Avenger – Part III«, USA 1989 R: Loyd Kaufman, Michael Herz D: Ron Fazio, Phoebe Legere*

Triebtäter

Person, die dem stetigen Drang unterliegt, etwas bestimmtes zu tun, das – was immer es auch ist – grundsätzlich jenseits der Legalität liegt. → *Mord* und Sexualvergehen kommen in diesem Zusammenhang am häufigsten vor, doch auch → *Kannibalismus* und → *Sadismus* sind denkbar. Der Triebtäter ist, dem → Wahnsinn nicht allzu fern, der prägende Charakter des → *Maniac on the Loose*-Schemas und als verdammenswertes Geschöpf, das gegen seinen freien Willen den Drang Böses zu tun verspürt, auch aus dem Rest des Genres nicht wegzudenken. Nicht selten ist der Triebtäter gleichbedeutend mit dem → *Serienmörder*.

Troll

[altnordisch »Unhold«]

Ursprünglich tumb bösartig dämonische Wesen der skandinavischen Sagenwelt, die sich bei Sonnenlicht in Stein verwandeln. Sowohl das Horror- als auch das Fantasygenre haben sich der Trolle allerdings angenommen und inzwischen vielerlei daraus gemacht, das meist weder skandinavisch ist, noch sich in Stein verwandelt. Aber als übernatürlich unheimliche Kreatur ist der Einsatz des Trolles durchaus legitim, obwohl vor Filmen dieses Titels (*»Troll«*, USA 1985) gewarnt werden muß.

Troma Studios

Die am längsten unabhängig bestehende Filmproduktion der USA, die sich gänzlich dem schlechten Geschmack, dem Unappetitlichen und dem → *Splatter*-Genre verschrieben hat. Dabei sind die TROMA releases allerdings so liebevoll unbedarft, daß sie zumindest dem Autor mitunter eine ganz absonderliche Freude machen. Neben den → *Hammer Studios* ist Troma die einzige Filmproduktion, die in diesem Werk Erwähnung findet, da sie zu ihrem schändlichen Treiben stehen. Der → *»Toxic Avenger«* ist eine der tromatischen Perlen und auch *»Tromeo und Juliet«* eine interessantere Adaption des allgemein bekannten Shakespeare-Stoffes. Surf Nazis, Sgt, Kabuki-Man und ähnliche absonderliche Querschläger sind quasi das Markenzeichen dieses Vereines, der mit Tromaville ein beschauliches Idyll inmitten Amerikas schuf und seit 1974 die Fackel des schlechten Geschmackes hochhält. Zentrale Figur ist dabei der charismatische Sonderling Lloyd Kaufman, der kürzlich ein Buch auf den (amerikanischen) Markt brachte, das von der Kunst des Filmemachens (ich weiß nicht wirklich, was das mit Troma pictures zu tun hat) handelt und für dessen Vorwort er keinen geringeren als → *Roger Corman* gewinnen konnte ...

»The Twilight Zone«

(1959-1965)

Die Mutter aller → Mystery-Serien, deren geistiger Vater der Amerikaner Rod Serling war, der auch die Rolle des Erzählers innerhalb der einzelnen Folgen übernahm. 1983 wurde basierend auf dem Kultstatus der Serie ein gleichnamiger Kinofilm mit → *Remakes* der erfolgreichsten Geschichten der Serie gedreht. Neue Folgen entstanden schließlich von 1985-1988.

Tzepes, Vlad (III)

(ca. 1431-1476)

Wojwodenfürst aus dem Balkan des 15. Jahrhunderts, der sich durch grausame Pfählung seiner Opfer auch den Beinahmen »Vlad der Pfähler« einhandelte, historisches Vorbild des Grafen → *Dracula.* Tzepes, der aufgrund der Zugehörigkeit seines Vaters zum Drachenorden auch Dracul (kleiner Drache) genannt wurde. Von 1456-1462 war er Herrscher über die Walachei, wurde daraufhin abgesetzt, um 1476 wieder eingesetzt und kurz darauf von den Türken gefangen und enthauptet zu werden. Obwohl die Recherchen Stokers im Bezug auf Tzepes nicht allzu genau waren, ist der Wojwodenfürst ohne Frage die erste Inspirationsquelle für die Draculafigur, und dieser Umstand läßt bis heute die rumänische Tourismusbranche florieren.

U

Übersinnlich

Eigenschaft oder Fähigkeit von Dingen oder Personen, deren Erklärung und mitunter auch Wahrnehmung sich der Wissenschaft und den gewöhnlichen Sinnen des Menschen entzieht. Das Übersinnliche ist Forschungsgegenstand der → *Parapsychologie.*

Innerhalb des Genres begegnet das Übersinnliche dem Betrachter mit einer gewissen Regelmäßigkeit, was vornehmlich daran liegen mag, daß zahlreiche Protagonisten und ihre Untaten bei Weglassung des Aspektes an Schrecklichkeit verlören.

Unbekannt

Ähnlich wie das Übersinnliche ist auch das Unbekannte unerläßlicher Bestandteil des Horrorgenres. Unbekannt ist meist der Inhalt einer Höhle oder → *Pyramide*, die Herkunft des → *Monsters* oder die Zukunft des Protagonisten. Der Versuch, dem Unbekannten die Unbekanntheit zu nehmen, um es begreiflich oder kontrollierbar zu machen, führt im Regelfall nicht nur innerhalb des Genres zu Problemen.

Ungeheuer

Synonym für → Monster

Ungetüm

Synonym für → Ungeheuer

»Der Untergang des Hauses Usher«

(»The Fall of the House of Usher« 1839)

Der Protagonist besucht seinen Jugendfreund Roderick Usher auf dessen Anwesen, muß aber feststellen, wie sehr sein Kamerad sich verändert hat. Kurz nach seiner Ankunft verstirbt scheinbar Rodericks Schwester Madeline. Das Unwohlsein des Protagonisten aber erreicht seinen Höhepunkt erst, als die vermeintlich Verstorbene wieder aufersteht und ihren Bruder mitsamt dem Haus und der Zukunft des Usher Geschlechtes mit in den Tod reißt.

→ *Edgar Allan Poes* großartige Allegorie des Verfalls, wohl die bekannteste Geschichte aus der Feder des Amerikaners, erlebte zahlreiche filmische Umsetzungen:

- *»Die Verfluchten« (»The Fall of the House of Usher«), USA 1979 R: James L. Conway D: Martin Landau, Robert Hayes*
- *»Die Verfluchten« (»House of Usher«), USA 1960 R: Roger Corman D: Vincent Price, Myrna Fahey*

  Die erste Verfilmung von → *Roger Corman* in seiner langen Reihe von freien → *Edgar Allan Poe*-Adaptionen, in der ein großartiger → Vincent Price sich blendend in Szene zu setzen versteht.
- *»La Chute de la Misaion Usher«, FR 1928 R: Scott Pembroke D: Margaret Gance, Jean Debucourt*

Untote

Mit dem Begriff bezeichnet man urpsrünglich verstorbene Inidividuen, deren → *Tod* sich jedoch als nicht endgültiger und durchaus umkehrbarer Zustand spätestens in dem Moment herausstellt, wenn betreffende Individuen als → *Zombies* oder → *Vampire* in die Welt der Lebenden zurückkehren, was zwar in der Realität selten, innerhalb des Horrorgenres dafür um so häufiger geschieht.

Unheimlich

Unheimlich ist oftmals ein Charakteristikum von Situationen, Gestalten oder Gebäuden, dessen Verquickung mit Adjektiven → *unbekannt* oder → *übersinnlich* innerhalb des Genres unbestreitbar ist. Begegnung mit dem Unheimlichen evoziert dabei in der Regel → *Angst*, die sich im günstigsten Fall vom Protagonisten auf den Leser resp. Betrachter überträgt.

Nehmen sie einen nächtlichen Spaziergang über einen nebligen Friedhof unter Berücksichtigung eines unbekannten 2,30 m großen Verfolgers, während sich verschiedene Gräber scheinbar und allmählich öffnen und irrwitziges Orgelspiel aus einer nahegelegenen Ruine dringt, und sie haben eine Ahnung von der Bedeutung des Wortes »unheimlich«.

Universal Studios

Geburtsstätte des modernen Horrorkinos. Nach dem überraschenden Erfolg, den die Produktion 1931 mit → *»Frankenstein«* verbuchen konnte, folgte neben → *»Dracula«* auch bald → *»Die Mumie«*. Einige Jahre später hatten die Universal Studios annähernd jedes klassische Horrorthema erfolgreich umgesetzt und mit → *Lon Chaney*, → *Boris Karloff* und → *Bela Lugosi* nicht nur die ersten großen Schauspieler des Horrorgenres etabliert, sondern auch die Türen für die Zukunft des gesamten Horrorfilmgenres geöffnet.

»Der Unsichtbare«

(»The Invisible Man«, 1895)

Der Wissenschaftler Griffin entdeckt eine Möglichkeit, sich durch Manipulation der Brechung des Lichtes unsichtbar zu machen. Die anfängliche Faszination und der Wunsch, diese Entdeckung zum Wohl der Menschheit einzusetzen, kehrt sich bald ins Gegenteil und Griffin stellt die Unsichtbarkeit in den Dienst seines eigenen Egoismus, ein Ansatz, der von vornherein zum Scheitern verurteilt ist.

Die mehrfach verfilmte und sogar einmal von der Popgruppe Queen interpretierte Geschichte *(»The Invisible Man«)* von H.G.Wells behandelt, ähnlich wie → *»Die Fliege«* oder → *»Dr. Jekyll und Mr. Hyde«* einmal mehr das Motiv des → *Mad Scientist*, dem im völligen Glauben an die Wissenschaft (→ *Wissenschaftler*) in einem → *Experiment* das Unmögliche gelingt.

V

Vampire

Unter Vampiren versteht man ursprünglich im rumänisch / slawischen Volksglauben Tote, die des Nachts aus ihren Gräbern steigen, um den Lebenden das → *Blut* auszusaugen. Darüber hinaus verfügen Vampire nicht nur über die Fähigkeit, ihre Opfer durch das Aussaugen zu Ermorden, sondern können sie ebenso in ihresgleichen verwandeln. Die Variablen innerhalb des Genres sind aufgrund der Popularität des Vampirthemas vergleichsweise unübersichtlich, und was ein Vampir aus welchem Grund tut und vermag, differiert mitunter erheblich, Verwandlung in → *Fledermäuse* oder → *Nebel* ist ebenso möglich wie etwa die Fähigkeit zur → *Telepathie*. Abgesehen vielleicht vom → *Teufel* selbst ist der Vampir wohl bekanntester Vertreter des Übersinnlichen und das populärste Thema des Genres. Exemplarisch hierfür ist etwa → *»Dracula«* oder → *»Interview mit einem Vampir«*. Moderne Umsetzungen des Themas in der MTV-Ästhetik der 90er sind → *»Blade«*, → *»From Dusk till Dawn«* und → *»Vampire«*.

Vampira

(eigtl. Maila Nurmi)

Vampirisch gestylte Hostess des amerikanischen Horrorfernsehens der 50er Jahre. Abgesehen von dieser Rolle war Maila Nurmi auch unter ihrem eigentlichen Namen als Schauspielerin tätig. Als der Erfolg ihrer Horrorshows abgeebbt war, hielt sie nicht zuletzt der von ihr geprägte Vampiracharakter über Wasser. In diesem Hinblick ist *»Plan 9 aus dem Weltall«* ein gutes Beispiel, in dem sie unter der Regie von Ed Wood schauspielerischen Unmut demonstrieren sollte.

Der Vampira-Charakter ist eine Mischung aus Morticia Addams, Lilly Munster und dem klassischen Bild des Vampirs, ein dekadenter zynischer Charakter, den viele über die Jahre zu kopieren versuchten, was jedoch niemandem recht gelang. Die einzige Steigerung zu Vampira könnte – und dieses Wort wird bewußt verwand – → *Elvira* sein. Inzwischen bringt der Bastei-Verlag unter dem Titel »*Vampira*« eine Horror-Romanserie heraus, deren Protagonistin – glaube ich – einmal mehr Lillith heißt ...

»Vampire«

(»Vampires«)

USA 1999 R: John Carpenter D: James Woods, Maximilian Schell

Im Auftrag des Vatikans jagen Jack Crow und seine Mannschaft Vampire. Nicht allzu lange allerdings, werden sie doch von Valek, dem Ersten der Meister, fachgerecht zerlegt. Eine bedauernswerte Prostituierte bleibt ebenso übrig wie Crow und sein bester Freund, und gemeinsam versuchen sie Valek das Handwerk zu legen, nicht ohne dabei jedoch von einem schusseligen Priester begleitet und von einem Bischof verraten zu werden.

Basierend auf einer Geschichte von William Steakley ist dieser Film einer der modernen überblutigen Vampirstreifen in der Tradition von → *»From Dusk till Dawn«*. Und obwohl sich verschiedene Fans von → *John Carpenter* im Angesicht des Filmes vor Freude überschlagen, fehlt ihm das, was man gute Handlung nennt, und außerdem sind die Vampirjäger eine Gurkentruppe.

Mein Intellekt jedenfalls fühlte sich im Angesicht von Vampiren, die per Seilwinde ans Tageslicht gezerrt werden, ein wenig beleidigt. Obwohl die Anfangssequenz gar nicht mal schlecht ist.

Was immer er allerdings sonst zu bieten hat, einiges an → *Blut* ist es fraglos ...

»Vampirella«

1969 entwickelte Forrest J. Ackerman für Warren Comics die Figur des außerirdischen Vampirs verführerischer Art, der inzwischen zu einer Ikone des Horrorcomics geworden ist. Die Protagonistin, übrigens von der damaligen »Barbarella«-Serie inspiriert, stammt vom Planeten Draculon, der inzwischen untergegangen ist. Doch trotz der außerirdischen Herkunft vereint Vampirella, die sich recht früh schon den respektlosen aber liebevollen Spitznamen »Vampi« fing, in sich auch die Merkmale des klassischen Vampirs.

Ihre ungebrochene Popularität lassen zahllose im Lauf der Jahre erschienene Modellbausätze und Figurensets (z.B. von → *Aurora* 1971), sowie Lookalike Contests und 1997 eine gleichnamige Verfilmung durch → *Roger Corman* (Talisa Soto in der Titelrolle) erahnen.

Seit 1992 erscheint die Serie mit verändertem Hintergrund in Farbe, nunmehr bei Harris Comics, und ist auch in Deutsch (Splitter Verlag) erhältlich. Auch Vampirella widmete die Serie *»Femme Fatales«* eine eigene Ausgabe.

»Vampyr«

s/w, D 1931 R: Carl Theodor Dreyer D:Julian West, Maurice Schutz

Der Tourist Allan Gray stellt fest, daß in der Umgebung eines alten Schlosses mysteriöse Dinge geschehen. Alles weist darauf hin, daß es sich um die Untaten eines Vampirs handelt, immer deutlicher wird die Rolle einer mysteriösen alten Frau, einer Ausgestoßenen, die eine seltsame Macht über Wölfe und die Bewohner eines nahen Ortes zu haben scheint ...

Der Film, ein absolutes Meisterstück des stimmungsvollen Horrorfilmes, nimmt zum einen viele für Vampirthemen untypische Motive auf, wie lebendige → *Schatten* und Begräbnisphantasien, zeigt zum anderen aber nie konkret den Schrecken selbst. Er liefert keine befriedigenden Erklärungen für die Geschehnisse, baut statt dessen eine derart düstere und dichte Atmosphäre auf, wie sie nur wenige andere Vampirfilme vorzuweisen haben ... Interessant auch der Umstand, daß die amerikanische Version des Filmes tatsächlich geschnitten wurde.

»Vampyros Lesbos – Die Erbin des Dracula«

(»Vampyros Lesbos«), SP/D 1970 R: J. Franco D: S. Korda, Dennis Price

Junge Frau begegnet einer verführerischen Frau aus ihren Träumen, die sich als Vampirin mit sexueller Vorliebe für Frauen herausstellt und zu allem Überfluß auch noch das Erbe des Grafen Dracula angetreten hat. Sich der Wirkung der Erbin zu entziehen ist nicht nur der Protagonistin unmöglich ...

Der Titel sagt alles und bezeichnet ein Meisterstück des Exploitation-Kinos, ein → *B-Movie*, der nicht durch anspruchsvolle Handlung, sondern liebevoll konsequente Schmuddeligkeit in jeder Hinsicht besticht. Selbst der psychedelische Soundtrack hat Kultstatus. Der wohl »beste« Film von → *Jess Franco*.

Verdammnis

Die Verdammnis ist ein Zustand außerordentlicher Schrecklichkeit, mitunter mit dem Attribut »ewig« versehen und ohne Hoffnung auf Erlösung.

Verlies

Mit Verlies bezeichnet man → *Keller*-Räume in Burgen oder Schlössern, die vor allem der Inhaftierung oder → *Folter* verschiedener bedauernswerter Individuen dienen.

Links: »Vampirella« – Dürfen wir auch nach 30 Jahren noch Vampi sagen?

Rechts: »Vampyr« – ein weiteres Beispiel für die Virtuosität früher Vampirfilme

Vernichtung
Beendung eines Zustandes der Existenz. Synonym für Zerstörung, im Falle von Humanoiden oder → *Untoten* gleichbedeutend mit → *Tötung*.

Verotik
Das Comiclabel von → *Glenn Danzig* widmet sich der Herausgabe verschiedener → *Comics* mit außergewöhnlichem Horror- und Gewaltgehalt, wie etwa die Fantasy / Horrorhybriden »*Satanica*« und »*Deathdealer*«. Eine genuine und in ihrer Art wohl einzigartige Horrorserie ist »*Verotika*«, die inzwischen leider eingestellt wurde. Verschiedene Verotiktitel werden in Deutschland bei → *EEE* veröffentlicht.

Verstümmelung
Beendung des Zustandes der Vollständigkeit der im Besitz einer Person befindlichen Gliedmaßen. Während Entarmung, -hauptung und -beinung aufgrund ihrer Scheußlichkeit übliches Element des Horrorgenres, vornehmlich des → *Splatter*-Bereiches sind, wobei die Opfer besagter Aktionen im Endeffekt auch des Lebens beraubt werden, gibt es auch Filme mit dem zentralen Thema der Verstümmelung, deren Opfer nicht zwangsweise dem → *Tod* überantwortet werden: z.B. → »*Orlacs Hände*« und → »*Boxing Helena*«.

Vertigo
Amerikanisches Comiclabel, das unter anderem Titel wie → »*Sandman*« oder »*Swamp Thing*« (→ »*Das Ding aus dem Sumpf*«), »*Hellblazer*« oder »*Preacher*« herausbringt, die allesamt auf eine sehr eigene Art mit dem Horrorgenre verknüpft sind.

Verwandlung
Transformation eines Gegenstandes oder einer Person in etwas anderes. Klassisches Horrormotiv, vor allem vor dem Hintergrund der → *Lykanthropie* oder im Bezug auf → *Vampire*. Aber auch → *Dämonen* und andere übersinnliche Kreaturen belieben sich mitunter aus Gründen der Tarnung zu verwandeln.

**Verotik–
einige der ungewöhnlichen und kontroversen Publikationen**

Verotika

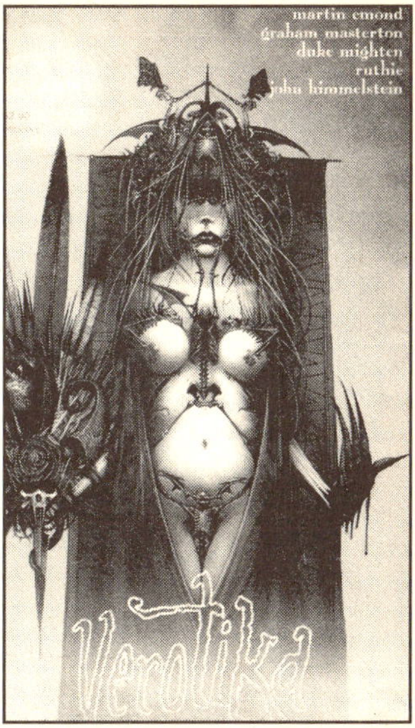
martin emond
graham masterton
duke mighten
ruthie
john himmelstein
Verotika

ROTIKA...HORROR...VIOLENCI
THE STRANGEST, WILDEST RIDE IN ADULT COMICS
YOU HAVE BEEN WARNED

Verotika
$2.95
martin emond
rex miller
stan shaw

»Die Verwandlung«

(1915)

Als Gregor Samsa eines Tages aufwacht, hat er sich in einen riesenhaften Käfer verwandelt. Seine Sorgen um den Verdienst des Lebensunterhaltes sind, wie sich herausstellt, noch das geringste Problem. Vor allem nämlich sind es seine Mitmenschen, besonders seine Familie, die sein neues Wesen abstößt. Die Sterne stehen nicht günstig für den Käfer Samsa. Zentrales Element der Geschichte → *Franz Kafkas*, welche die unkontrollierte Verwandlung eines Protagonisten in ein Insekt zum Inhalt hat, ist wie in so vielen anderen Werken von ihm die Ohnmacht, mit der sein Protagonist der Situation und den Menschen gegenübersteht.

Verwesung

Unappetitlicher Zustand der Zersetzung, in den jede → *Leiche* über kurz oder lang verfällt. Tatsächlich befinden sich auch einige → *Untote* wie etwa → *Zombies* oftmals in einem fortgeschrittenen Zustand der Verwesung. Das ist nicht schön aber schrecklich und aus eben diesem Grunde auch horrortauglich. Eine gewöhnliche in besagtem Zustand befindliche Tote ist etwa die Mutter von → *Norman Bates* in → *»Psycho«*.

Videodrom

Berliner Videothek im Bezirk Kreuzberg, deren namentliche Parallele zu Cronenbergs Film durchaus beabsichtigt, aber durch Weglassung eines Buchstaben, gemildert ist. Der Ruf der Videothek ist annähernd legendär und sie gilt deutschlandweit als beste Adresse für Horrorvideos. Vor allem auch alte s/w Filme, besondere → *Splatter*-Streifen, niemals auf Deutsch erschienene Serien und ähnliches sind dort ebenso wie Neuerscheinungen erhältlich. Obwohl einstmals mit dem Schwerpunkt des Horrorvideos eröffnet, hat sich die Konzeption des Ladens inzwischen etwas geändert. Nachwievor aber ist Videodrom die erste Adresse für den Horrorfilmfreund mit besonderem Geschmack.

»Videodrome«

KAN 1981 R: David Cronenberg D: James Woods, Deborah Harry (Blondie)

Der Chef eines Fernsehpiratensenders mit → *S/M*- respektive → *Folter*-Schwerpunkt fängt eines Tages Teile eines bizarren → *Snuff*-Fernsehprogrammes namens »Videodrome« auf. Den Ursprung der Signale zurückverfolgend kommt er in Kontakt mit der Psychologin Nicki

Brand, die ebenso wie er in die seltsame Welt des »Videodrome« gerissen wird, wo die Grenze zwischen Leben und Tod, Wirklichkeit und Vision verschwimmt und die vollkommene Aufklärung vollkommene Verwirrung bedeutet.

Es lebe das neue Fleisch!

Abgesehen von der surrealen, für → *David Cronenberg* typischen Storyline ist auch die Arbeit von → *FX* Mann → *Rick Baker* zu erwähnen, die hier verstörend visionäre Formen annimmt, daß der Betrachter beinahe die Lust am Fernsehen verliert.

Villiers de L'Isle Adam, Comte de

*(Jean Marie Mathias Philippe-Auguste;*1838 Brieuc, † 1889 Paris)*

Der Autor der bekannten »Conte Cruels« (1883) und ihrer Fortsetzung ist einer der klassischen französischen Vetreter der dekadenten, von subtiler Erotik durchsetzten Phantastik. Beeinflußt vor allem von Autoren wie → E.A. Poe übte der Comte großen Einfluß auf die deutsche Phantastik der Jahrhundertwende aus.

Vision

[von lat. videre »sehen«]

Mit Vision bezeichnet man die vermeintliche Wahrnehmung von Erscheinungen, denen von seiten des Visionärs nicht selten und mitunter sogar zurecht tiefere Bedeutung beigemessen wird. Innerhalb des Horrorgenres haben Visionen oftmals den Charakter der → *Vorahnung*, wobei durch den Protagonisten bevorzugt der eigene oder der Tod nahestehender Person per Vision vorgeahnt wird.

»Die Vögel«

(»The Birds«)

USA 1963 R: Alfred Hitchcock D: Rod Taylor, Tippi Hedren

Eine junge Frau folgt ihrem favorisierten Mann in einen kleines verschlafenes Fischerdorf an der amerikanischen Westküste, wo ganz allmählich ein seltsamer Vogelamoklauf beginnt, der gezielter und hartnäckiger wird und von dem niemand im Dorf verschont bleibt ...

Dieses frühe großartige und beinahe legendäre Beispiel für → *Tier-Horror* im Film basiert auf einer gleichnamigen Kurzgeschichte von Daphne Du Maurier und zeichnet sich vor allem durch den unkonventionellen Umstand aus, daß die Angriffe der verrücktspielenden Vögel nicht erklärt werden. Am nächsten Morgen sind sie schlichtweg vorüber ... Hauptdarstellerin Tippi Hedren jedenfalls hatte noch länger an dem Film zu knappsen, schließlich hatte Regisseur Hitchcock tatsächlich die Vögel auf sie gehetzt ...

Voodoo

Auch Vodu, Voudou oder Wudu; auf westafrikanische Kultformen zurückgehende und mit christlichem Gedankengut und Brauchtum verbundene Riten dunkelhäutiger westindischer Volksgruppen. Opfer, Tanz und Gesang spielen dabei eine tragende Rolle. → *Magie* ist ebenfalls Bestandteil dieser Riten, die überwiegend durch das Element der → *Besessenheit* charakterisiert sind, das auch Ursprung der ekstatischen Tanz- und Sangesaspekte ist. Der Terminus Voodoo geht auf das Wort vodun zurück, das eine bestimmte Klasse von Gottheiten bezeichnet. Höchste Gottheit des Voodookultes ist → *Damballa*.

Ein anspruchsvoller Film mit ernsthaftem Voodoohintergrund ist → *»Die Schlange im Regenbogen«*.

Vorahnung

Irrationale Ahnung von in der Zukunft geschehenden Dingen, welche die theoretische Möglichkeit enthält, ihren Ablauf zu verändern. Im Regelfall wird Vorahnungen von Außenstehenden jedoch kein Glauben geschenkt.

Das Aussprechen von Vorahnungen hat gewisse Ähnlichkeiten mit dem → *Wahrsagen*.

Vorhees, Jason

Ursprünglich im Crystal Lake ertrunken, kehrt Jason wieder, um eine Serie von Morden fortzuführen, die er seinerzeit begonnen hat. Daß er hierbei verbrennt, sein Kopf von einer Schiffsschraube zerfetzt wird und er auch noch zur Hölle fährt, schert ihn dabei gar nicht, und er weitet seine Mordserie ganz allmählich aus. Dabei trägt er eine Hockeymaske und befleißigt sich jedweder Gerätschaft, die ihm in die Hände kommt und entfernt zum Umbringen von Leuten geeignet ist.

Der Protagonist aus → *»Freitag der 13.«*, der ohne seine Hockeymaske von Anfang an kein schöner Anblick war, ist ein ähnlich rüder Geselle wie seine Kollegen → *Michael Myers*, → *Freddy Krueger* oder → *Leatherface*, dabei ist er jedoch der erste, dessen Grausamkeit offene und blutige Darstellung findet. Es ist erstaunlich, wie gut sich alberne Hockeymasken an → *Halloween* verkaufen, nur weil ein psychopathischer Killer sie zu seinem bevorzugten Gesichtsschmuck erkoren hat.

W

Wachsfigur

Die Wachsfigur ist ein älteres Motiv und inzwischen vernachlässigtes Element des Horros. Ihre Parallele zur Rolle der allgemeinen → *Skulptur* kann nicht geleugnet werden. Daß Wachsfiguren in Horrorfilmen selten lediglich Wachsfiguren sind, beweisen Filme wie etwa → »Das Geheimnis des Wachsfigurenkabinetts«.

Waffe

Destruktive Instrumente zur Beschädigung oder → *Tötung* sowohl von menschlichen als auch weniger menschlichen Individuen. Während die Literatur sich zumeist üblicher und klassischer Waffen bedient, beweist vor allem das Filmgenre in der Nutzung von Waffen eine gewisse Kreativität (→ *Kettensäge*, → *Rasenmäher*, → *Beil*, → *Hammer*). Eine bedeutende Untergruppe der Waffen sind → *geweihte Waffen*.

Waffen, geweihte

Instrumente zur Beseitigung respektive → *Tötung*. Eine der weihenden Instanz inhaltlich gegensätzliche Manifestation. Während der Kreuzzüge (→ *Kreuzzug*) zelebrierte die katholische Kirche eindrucksvolle Waffenweihen und begründete so eine Tradition, die selbst im 3. Reich noch weiterleben sollte. Von allen historischen Motiven abgesehen, ist die geweihte → *Waffe* auch innerhalb des Horrorgenres ein überaus brauchbares Element. Am bekanntesten dürfte hierbei die geweihte Silberkugel sein, die bekanntermaßen dem → *Werwolf* den Garaus machen kann, doch auch die Verwendung der sieben geweihten Dolche zur Beseitigung des → *Antichrist* in → *»Das Omen«* (USA 1975) ist überaus eindrucksvoll.

Wahnsinn

Grob vereinfachender Überbegriff verschiedener psychologischer Defekte. Innerhalb des Horrorgenres, ob Film oder Literatur, ist das Dem-Wahnsinn-verfallen der handelnden Charaktere ein beliebtes Motiv und innerhalb des → *Rollenspiels »Call of Cthulhu«* ist es gar ein – über kurz oder lang – unvermeidlicher Nebeneffekt des Kontaktes mit übernatürlichen Wesenheiten.

Auch der → *Mad Scientist* ist in der Regel – zumindest fragmentarisch – dem Wahnsinn verfallen.

Nicht selten wird aber auch, wie etwa in »Hellbound« (→ *»Hellraiser«),* handelnden Figuren Wahnsinn unterstellt, weil niemand ihren phantastischen Äußerungen Glauben schenkt.

In jedem Fall ist die Geistesheilanstalt, spätestens seit → *Lovecrafts* → *Arkham Asylum* ein dankbarer Ort des Horrors der Moderne, wo nicht nur charismatische Charaktere wie → *Freddy Krueger* gezeugt werden, sondern auch recht originell → *»Die Mächte des Wahnsinns«* herrschen.

Aber auch Horrorschaffende, wie etwa → *Guy de Maupassant*, verfielen gegen Ende ihres Lebens dem Wahnsinn.

Wahnsinnige

Dem → *Wahnsinn* anheimgefallene Charaktere, die innerhalb des Genres nicht selten die klassischen → *Monster* ersetzen und statt ihrer zur Ermordung zahlreicher, vergleichsweise unschuldiger Personen herhalten müssen. Wahnsinnige sind die zentralen Personen innerhalb des filmischen → *Maniac on the Loose*-Motives. Klassische Filme mit Wahnsinnigen sind etwa → *»Psycho«* oder *»Zwei Stunden vor Mitternacht«*.

Wahrsagen

Vorhersagen der Zukunft unter Zuhilfenahme von einer Kristallkugel, Vogelinnereien oder was auch immer. Gerne von einem → *Orakel* oder einer alten → *Zigeunerin* vorgenommen. Begriff aus dem Grenzbereich zwischen → *Okkultismus* und → *Esoterik*.

Wald

Ein weiterer Ort, der gerade nachts für eine Nutzung im Rahmen von Horrorgeschichten geradezu prädestiniert ist. Alte Bäume (und nicht bloß alte Eichen wie in → *»Christabel«)* können überaus unheimlich sein. → *Nebel*, der zwischen alten Bäumen wallt, macht das Ganze noch unheimlicher, und wenn noch die ein oder andere → *Ruine* zwischen Nebel und Bäumen drapiert wird – ganz zu schweigen von dem ein oder anderen unheimlichen Häuschen (→ *»Tanz der Teufel«)* – läßt sich das ganze beinahe zu einem Gruselexzeß ausweiten. Darüber hinaus sind Wälder unübersichtlich, bieten Verstecke für Wahnsinnige und Übersinnliches und sind, fernab von Strom und Städten, Namensgeber der → *Backwood*-Kategorie des Horrorfilmes.

Walken, Christopher

*(eigentlich Ronald;*1943 New York)*

Die Rollen des Schauspielers mit der sonderbaren Ausstrahlung – was für Augen – sind sehr verschieden. Seine Paraderolle ist aber die des Erzengels Gabriel in dem grandiosen → *B-Movie* → *»God's Army«*. Doch ob als James Bond Bösewicht, kranker Killer (*»Dead Zone – Das Attentat«)*, ehrgeiziger Wissenschaftler (*»Projekt Brainstorm«)*, begnadeter Opportunist in *»Batman«*, hyperaktiver Kammerjäger in einer brillanten Kasperquatschkommödie wie »Mäusejagd« oder als Synchronstimme in *»Antz«*, macht Walken eine gute Figur. 1978 mit einem Oskar für die beste Nebenrolle als Vietnamveteran Nick in »The Deer Hunter« ausgezeichnet, bleibt Walken, dessen Freude am Horrorfilm nicht bloß in seiner Filmographie ersichtlich ist, am Ende des Tages der ultimative Erzengel Gabriel ...

Neuestes Projekt Walkens ist die Rolle des headless Horseman in → *»The Legend of Sleepy Hollow«*.

Walpurgisnacht

Die Nacht vor dem 1. Mai, Nacht der heiligen Walburga. Gemäß dem Volksglauben treffen sich alljährlich in dieser Nacht die Hexen auf dem → *Blocksberg*, um ein unheiliges Fest zu begehen.

»Die Weiden«

(»The Willows«, 1907)

Die wohl bekannteste Geschichte → *Algernon Blackwoods*, in der eine auf beunruhigende Art erwachte Natur Einfluß auf die handelnden Personen nimmt, die eine beklemmende Bootsfahrt begehen und unter dem geheimnisvollen Einfluß alter Weiden eine Nacht auf einer Insel verbringen.

Weihwasser

Ähnlich wie → *geweihte Waffen* gereicht das Weihwasser ebenfalls zur Bekämpfung übersinnlicher Antagonisten. Sowohl der → *Teufel* als auch die meisten der dem Christentum bekannten → *Dämonen* und → *Vampire* sind erklärte Feinde des Weihwassers, deren Begegnung mit demselben in der Regel für sie unangenehme Effekte nach sich zieht. Ein großangelegter Einsatz von Weihwasser, abgefüllt in Wasserpistolen und Kondomen, ist im Showdown von → *»From Dusk till Dawn«* zu bewundern, ein anderer, ungleich ruhigerer Weihwassernutzungsaspekt wird von Al Pacino in → *»Im Auftrag des Teufels«* begangen, wo er in der Rolle des Teufels kichernd einen Finger ins Weihwasserbecken steckt.

Weird Fiction

Literarischer Kunstbegriff einer bestimmten Richtung der Horrorliteratur, die vor einem vermeintlich wissenschaftlichen Hintergrund entsteht. Von diesem pseudowissenschaftlichen Ausgangspunkt ausgehend, entstehen annähernd realistisch wirkende Geschichten meist ungleich intellektuelleren Ansatzes, die sich von dem klassischen → *Mainstream* Horror in Inhalt und Komplexität deutlich abheben.

»Weird Tales«

Die wohl bekannteste sich mit → *Phantastischer Literatur* befassende → Zeitschrift, die, von 1923 bis 1954 regelmäßig erscheinend, vor allem ambitionierten Autoren wie → *H.P. Lovecraft*, → *Robert Bloch* oder auch → *Ray Bradburry* ein Podium bot. Format, Layout und Auflage erinnerten an die englischen → *Penny Dreadfulls* (Groschenromane). Im Lauf der vergangenen Jahre gab es verschiedene Ansätze, die legendäre Zeitschrift mit ihrer unvergleichlichen Mischung aus → *Pulp* und Brillanz wiederzubeleben, von denen allerdings keiner von wirklichem Erfolg gekrönt gewesen wäre.

»Die Weise des alten Seemanns«

(»The Rime of the Ancient Mariner«, 1798)

Ein weiteres Gedicht von → *Samuel Taylor Colderidge*, dessen Motivik nachhaltigen Einfluß auf die Literatur → Großbritanniens nehmen sollte. Schon sehr früh ist hier in der Literaturgeschichte das Motiv des → *Fluch*(es) der Unsterblichkeit eindringlich dargestellt.

In der Geschichte über Vorhersehung und Verfluchung erzählt ein alter Seefahrer dem Leser die Geschichte einer schicksalsträchtigen Seefahrt, während der er mit seiner Armbrust einen Albatros vom Himmel schoß. Da dieser bei den Seefahrern als Bote des Himmels galt, gaben seine Kameraden dem Seemann bald Schuld für die aufkommende Windstille, sie ächteten ihn, hängten ihm den toten Vogel um den Hals, und als bald darauf der Wind wieder bläst, begegnet ihnen ein Geisterschiff, auf dem der Tod und seine Begleiterin »Leben-im-Tod« walten. Bis auf den alten Seemann fällt die gesamte Mannschaft dem Tod anheim. Der Seemann aber gehört dessen Begleiterin und ist fortan verdammt, umherzuirren und seine Geschichte bis in alle Ewigkeit zu erzählen ...

»Der weiße Hai«

(»Jaws«), USA 1975 R: Steven Spielberg D: Roy Scheider, Robert Shaw

Vor der Küste der amerikanischen Kleinstadt »Amityville« taucht inmitten der Touristensaison ein riesiger weißer Hai auf, der sich an unschuldigen Touristen vergeht. Da die zuständigen Stellen die Vorfälle herunterspielen wollen, bleibt es letztenendes an einem Meeresbiologen und einem Fischer hängen, das Ungetüm unschädlich zu machen.

Dieser lange Zeit erfolgreichste Horrorfilm der Welt, der übrigens für den Soundtrack von John William auch einen Oscar erhielt, entstand nach einer Geschichte von Peter Benchly und schürte die Angst vor menschenfressenden Haien in offenen Gewässern wie kein zweiter Film.

Manch unnötiger → *Ripp Off* bösartiger fischiger Natur, den dieser Film uns bescherte, sei – wenn auch nicht namentlich – an dieser Stelle ebenfalls erwähnt.

- *»Der weiße Hai 2« (»Jaws 2«), USA 1978 R: Jeanot Szwarc D: Roy Scheider, Lorraine Gary*

Unnötiges, wenn auch nicht wirklich schlechtes → *Sequel*, in dem ein neuer Hai die gleiche Insel und Überlebende und Nachkommen des ersten Teils zu seinem persönlichen Fischfutter zu machen gedenkt.

- *»Der weiße Hai 3« (»Jaws 3-D«), USA 1983 R: Joe Alves D: Dennis Quaid, Louis Gossett jr.*

Neu! Jetzt mit noch mehr Hai ...

- *»Der weiße Hai 4 – Die Abrechnung« (»Jaws – The Revenge«), USA 1987 R: Joe Sargeant D: Michael Caine, Lorraine Gary*

Die Bereitschaft zum Verzehr von Haifischfleisch dürfte hernach außerordentlich angestiegen sein, um eine weitere unnütze Fortsetzung der als einzelne Novelle konzipierten Geschichte zu verhindern.

»Wenn die Gondeln Trauer tragen«

(»Don't look now«)

GB 1973 R: Nicolas Roeg D: Donald Sutherland, Julie Christie

Die Familie Baxter begibt sich nach Venedig, wo Mr. Baxter die Restaurierungsarbeiten an einer alten Kapelle übernommen hat, um sich vom tragischen Unfalltod seines Kindes abzulenken. Während der Restaurierung lernt seine Frau zwei skurrile übersinnlich begabte Schwestern kennen, die angeblich mit dem toten Kind Kontakt aufnehmen können und versuchen, die Baxters zu ihrem eigenen Besten davon zu überzeugen, die Stadt zu verlassen. Während Mrs. Baxter aufgrund eines Unfalls ihres zweiten Kindes die Stadt verläßt, verfolgt ihr Mann eine Vision seines Kindes, die ihm im maroden Venedig erschien ...

Die subtile Spannung des Filmes, der ebenso wie → *»Die Vögel«* auf einer Kurzgeschichte von Daphne Du Maurier beruht, ist einzigartig in der Geschichte des Horrorfilms und die Dimension, in der sich rationale und irrationale Elemente zu einer Atmosphäre genuiner Bedrohlichkeit verweben, verleiht dem Film einen Kultstatus jenseits aller erdenklichen Horrorklischees.

Werbung

Die Werbung, vor allem die Fernseh- und Kinosparte begann, um ihre Botschaften zu transportieren, in den späten 80ern verstärkt von gängigen Horrormotiven Gebrauch zu machen. Tatsächlich aber bedient die Werbung sich auch seit ihren Kindertagen des Horrors und seiner Kinder. Ob nun → *Vampire* für Zahnpasta oder Energy Drinks oder → *»Frankenstein«* für Autos wirbt, ob Monstermunch oder Slimeslurps verkauft werden sollen, das → *Monster* als Werbeträger verdient aufgrund seines Bekanntheitsgrades grundsätzlich das Prädikat »volltauglich«.

Werwolf

[althochdeutsch »Mannwolf«]

Im Volksglauben ein Mensch, der sich in Vollmondnächten in einen Wolf verwandelt. Die medizinische

Werwolf – vollmondlastige Erscheinung

Bezeichnung für das Phänomen des Wolfsmenschentums lautet → *Lykantrophie.*

Auch der Werwolf ist dabei ein Finger an der Hand der klassischen Horrormotive und wurde bereits früh seinen filmischen Entsprechungen zugeführt. Als herausragende Filme seien an dieser Stelle *»Der Wolfsmensch«* und → *»American Werewolf«* genannt und als begnadete Werwolfdarsteller seien → *Lon Chaney jr.* und → *Paul Naschy* hervorgehoben.

- *»Bei Vollmond Mord« (»Lycanthropus«) s/w, I 1962 R: Richard Benson D: Barbara Lass, Carl Schell*
- *»Der Fluch von Siniestro« (»Curse of the Werewolf«), GB 1961 R: Terence Fisher D: Oliver Reed, Clifford Evans*

  Der Werwolfansatz der → *Hammer Studios*
- *»Der Wolfsmensch« (»The Wolf Man«) s/w, USA 1941 R: George Waggner D: Lon Chaney jr., Claude Rains*

  Der Protagonist erhält von seiner Geliebten einen Spazierstock mit einem silbernen Wolfskopf als Knauf. Der mysteriöse Stab taucht immer wieder auf, und als der Protagonist nach einem Zigeunerfest von einem Werwolf gebissen wird und danach ein mysteriöses Pentagramm über seinem Herzen entdeckt, ist es eben dieser geheimnisvolle Stab, der sein Ende bedeutet ...

  Diese beste Bearbeitung des Werwolfthemas seitens der → *Universal Studios* zog zahlreiche nicht erwähnenswerte Fortsetzungen nach sich und beinhaltet überdies einen sehr interessanten Umstand: Die kleine Rolle des Werwolfes, der den Protagonisten infiziert, wird von keinem geringeren als → *Bela Lugosi* gespielt ...
- *»The Werewolf of London« s/w, USA 1935 R: Stuart Walker D: Henry Hull, Warner Oland*

  Vergleichsweise unbedeutende erste Bearbeitung des Themas durch die → *Universal Studios.*

White Zombie

Die inzwischen leider nicht mehr existente Gruppe um den alptraumhaften Frontmann Rob Zombie, deren bizarre Horror-Bühnenshows von außerordentlicher Schrecklichkeit war, benannte sich, wie manch andere Band aus dem Bereich des → *Heavy Metal* (hier nur im weitesten Sinne zutreffend), nach einem Horrorfilm; in diesem Fall »*White Zombie*« (1932) mit → *Bela Lugosi.*

Whitman, Charles

Der junge Mann mit den stetigen Kopfschmerzen ergriff im Juli des Jahres 1966 die Initiative und eine Tasche voller Gewehre und Snacks und verbarrikadierte sich auf einem Turm der Universität von Texas, von wo er sich wahllos seine Ziele aussuchte und im Laufe von 90 Minuten 18 Leute umbrachte und dreißig weitere verletzte, bevor er selbst den Schüssen der Polizei zum Opfer fiel.

Whitmans Kopfschmerzen erklärten sich im Nachhinein durch einen bei der Autopsie entdeckten golfballgroßen Tumor, der Druck auf die Aggressionszentren seines Gehirnes ausübte ...

Whitman ist zugegebenermaßen ein weniger bemerkenswerter Killer als etwa → *Henry Lee Lucas*, → *Ed Gein* oder → *Andrej Chikatilo*, doch

White Zombie –
laut und gutes Beispiel für horrorfilminspirierte Bandnamen

allein die Tatsache, daß er einen Film wie → *»Bewegliche Ziele«* inspirierte, macht es kaum möglich, an dieser Stelle auf seine Erwähnung zu verzichten.

Wiedergänger
→ *Revenant*

Wissenschaftler
Der Wissenschaftler arbeitet vornehmlich im rational begreiflichen Bereich der Naturwissenschaft. Innerhalb des Genres bewegt er sich in Grenzbereichen derselben, wo er sich im Rahmen des ein oder anderen → *Experimentes* nicht selten des klassischen Horrormotives des → *Mad Scientist* würdig erweist.

Witchboard
→ *Ouija*

»Wolfen«
USA 1981 R: Michael Wadleigh D: Michael Finney, Diane Venora
New York. Inmitten der Großstadt geschehen mehrere Morde, die scheinbar auf das Konto von Wölfen gehen. Detective Wilsons Nachforschungen führen ihn zunächst zu einem Indianer, der durchscheinen läßt, daß ihm eine Verwandlung in einen mordenden Wolf durchaus zuzutrauen ist. Trotz dieses Spiels mit dem Motiv des Werwolfes sieht Wilson sich bald in stummer Ehrfurcht einem ganzen Rudel von Wölfen gegenüber und muß begreifen, daß die Grenzen seines Lebensraumes nicht allein vom Menschen gezogen werden.

Obwohl beide Filme, abgesehen vom Eindringen des Tieres in die Zivilisation, vollkommen verschieden sind, ist »Wolfen« neben → *»Phase IV«* einer der intelligentesten Filme innerhalb des → *Tier-Horror*-Sujets, was wohl auch auf die reale Eindringlichkeit der Darstellung zurückzuführen ist.

»Der Wolfsmensch«
→ *Werwolf*

Wolpertinger
Phantastisches → *Mischwesen* des süddeutschen Volksglaubens, dem in der Realität eine ähnliche Rolle wie etwa dem → *Yeti* oder dem Ungeheuer von → *Loch Ness* zukommt und über deren Aussehen verschie-

dene, nicht minder phantastische Gerüchte kursieren. Sicher ist einzig, daß der Pelz des Wolpertingers von außerordentlichem Wert ist und er selbst – wie immer er nun aussieht – zur Mitternacht bei Kerzenschein gefangen werden kann.

»Das Wörterbuch des Teufels«

(»The Devil's Dictionnary«, 1906 / 1911)

Um zumindest den Titel in seiner Garstigkeit zu schmälern zunächst als »The Cynics Wordbook« erschienen, vereint das Wörterbuch des Teufels in sich die ungeschminkte Wahrheit eines → *Ambrose Bierce*, der, hier (ähnlich wie bereits → *Collin de Placy*) als Sprachrohr des Teufels agiert und dem geneigten Leser die noneuphemistische Hölle des Diesseits aufzeigt.

Seine Rolle in diesem Kontext verdient das Buch vor allem aufgrund seines vermeintlichen Autors und des respektlosen Humors, der sich jedes gesellschaftlichen Themas rückhaltlos anzunehmen versteht. Wem immer der Sinn nach geistreicher Unterhaltung, nach Lachen mit Bösesein steht, dem sei dies Büchlein anempfohlen.

Wray, Fay

(1907 Alberta)

Die gebürtige Kanadierin wurde vornehmlich durch eine einzige Rolle, nämlich die der Ann Darrow in dem Film → *»King Kong und die weiße Frau«* als erste → *Scream Queen* der Welt berühmt. Fay Wray war die erste weibliche Größe des Horrorfilmes, die auch in verschiedenen anderen Klassikern mitwirkte (→ *»Graf Zaroff – Genie des Bösen«*, → *»Das Geheimnis des Wachsfigurenkabinetts«)*.

Wrightson, Bernie

Ein weiterer bemerkenswerter Künstler des Horrorgenres, der sich nicht nur um das Creaturedesign verschiedener Filme (→ *»Ghostbusters«)* sondern ebenfalls um verschiedene Comicpublikationen verdient gemacht hat (→ *»Das Ding aus dem Sumpf«)*. Sein unbestrittenes Meisterwerk ist die aus 45 großformatigen s/w-Einzelbildern bestehende Illustration von Mary Shelleys → *»Frankenstein«*. Wrightsons brillianter Zeichenstil erfuhr Mitte der 80er infolge eines Handgelenkbruches einen tragischen Einbruch.

Y

Yagher, Kevin

Neben → *Tom Savini* einer der meistbeschäftigten → *Make-up*-Spezialisten der amerikanischen Filmindustrie, der nicht bloß → *Freddy Krueger*, sondern auch → *»Dr. Jekyll und Mr. Hyde«* ein Gesicht verlieh, auch in großen Produktionen wie etwa *»Face Off«* in seiner Kunst zu brillieren versteht und außerdem der Schöper des → *Crypt Keeper* aus der Fernsehserie → *»Tales from the Crypt«* ist.

Yeti

(auch Schneemensch)

Der legendäre Yeti, ein menschenähnliches Geschöpf von beeindruckender Größe und mit zottigem weißem Fell, lebt angeblich im tibetanischen Hochland, wo er des öfteren schon Bergsteigern (unter anderem auch Reinhold Messner) erschreckt haben soll. Seine Ähnlichkeit mit dem amerikanischen → *Bigfoot* oder → *Sasquatch* ist dabei unverkennbar. Die genannten Geschöpfe, deren Existenz trotz vieler interessanter Ansätze niemals wirklich bewiesen werden konnte, sind Forschungsgegenstand des wissenschaftlichen Zweiges der → *Kryptozoologie*. Aber ganz davon abgesehen, läßt der Yeti den Buchstaben »Y« innerhalb dieses Nachschlagewerkes nicht gar so dämlich dastehen.

Z

»Zeichen, das siebte«

(»The Seventh Sign«)

USA 1988 R: Carl Schultz D: Jürgen Prochnow, Demi Moore

Wasser, das zu Blut wird, ein brennender Himmel, tote Fische und Schnee in der Wüste; die biblischen Zeichen für das Herannahen der → *Apokalypse* häufen sich. Und inmitten dieser Zeichen erwartet die junge Abby ein Kind, dem ebenfalls eine Rolle im Untergang der Welt zuteil werden soll. Als Abby und ihr Mann einen seltsamen Untermieter aufnehmen, wird die junge Frau in den Strudel der Ereignisse und eine Welt aus Mythologie und Prophezeiungen gesogen ...

Dieser Film, der ebenso wie etwa → *»Sieben«* oder → *»Das Schreckenskabinett des Dr. Phibes«*, wenn auch auf eine ungleich intellektuellere Art, mit biblischen Motiven spielt, ist eine der wenigen Ausnahmefilme des Genres, denen auch durchgehender Anspruch nachgesagt werden kann. Eine Spiel mit biblischen Mythen, Legenden und die stete Ahnung, daß all diese Dinge auf irgendeine Art wahr sein könnten – all das vor dem Hintergrund der Offenbarung – macht diesen Film zu einem sehr stillen aber geistreichen Unikat, jenseits plakativen Blutvergießens und Schema F.

»Das Zeichen des Vampirs«

→ *»London nach Mitternacht«*

»Die Zeit der Wölfe«

(»The Company of Wolves«)

GB 1984 R: Neil Jordan D: Sarah Patterson, Angela Lansburry

Rosaleen, ein pubertierendes Mädchen von außerordentlicher Sensibilität, zieht sich, je mehr sie zur Frau heranreift, in sich zurück. Ihre Träume beherrscht dabei das Motiv des Werwolfs, der in der Nähe eines idyllischen Bergwerksdorfes sein Unwesen treibt, wo Rosaleens

Traumidentität heranwächst. In diese Rahmenhandlung und die merkwürdigen Traumbilder des Mädchens werden einige Geschichten der englischen Autorin Angela Carter eingebaut, die gemeinsam mit Neil Jordan auch für das Drehbuch dieses Filmes verantwortlich zeichnet. Diese Geschichten behandeln auf verschiedene Weise das Erwachen der weiblichen Sexualität, in einer märchenhaften Welt, in der der Mann die Rolle des Wolfes einnimmt, gegen den die Frau nur bestehen kann, in dem sie selbst zur Wölfin wird.

Der in seiner Art zweifelsohne einmalige Film ist eine Allegorie auf das Erwachen der Frau, bewußt vor dem »Rotkäppchen« Hintergrund konstruiert und begnadet ein Gleichgewicht zwischen Schauergeschichte und Märchen haltend, der mit seinen Verwandlungsszenen auch einige sehenswerte Spezialeffekte zu bieten hat.

Zeitschriften

Verschiedene Zeitschriften bieten regelmäßigen Informationsfluß über neue Filme, Bücher etc. pp., die erscheinenden Titel der sich mit dem Horrorgenre befassenden Zeitschriften sind überaus zahlreich und es gibt keinen Bereich innerhalb des Genres, vom schrecklichen Film (→ *»Cinefantastique«, »Fangoria«, »Samhain«)* bis zur phantastischen Literatur (→ *»Der Orchideengarten«*, → *»Weird Tales«)*, der nicht abgedeckt

Zeitschriften. Die beste Möglichkeit sich gezielt – beispielsweise über Filme – zu informieren

wäre. Zeitschriften tauchen auf und verschwinden – was besonders für die im ambitionierten → *Fandom* herausgegebenen Titel gilt – und nicht selten erscheint lediglich eine Ausgabe. Die zunehmenden Kommerzialisierung des Horrors läßt den Zeitschriftenmarkt beinahe explodieren und straft den interessierten Horrorfreund mit annähernd vollkommener Unüberschaubarkeit, weil jeder Verlag plötzlich etwas über → *Mistery*-Serien und → *Stephen King* zu erzählen hat. Abgesehen davon, daß ich der Hälfte dieser Gazetten nicht weiter traue als einem maskierten schwerbewaffneten Mann mit Brecheisen nachts in meiner Wohnung, ist ihr Informationsgehalt zumeist dürftig, und ihre einzige Ambition ist: Wir geben Dir bunte Bilder und Du uns Dein Geld.

Zensur

Medienübergreifende Überwachung und Unterdrückung von Veröffentlichungen von Seiten des Staates. Im Zuge des Rechtes der freien Meinungsäußerung, Pressefreiheit u.ä. ist die Zensur in freien demokratischen Staaten (in Deutschland laut Artikel 5 Absatz 1 des Grundgesetzes) abgeschafft. Eine Zensur findet nicht statt.

Dennoch besteht auch hierzulande die Möglichkeit, die Verbreitung Sex oder Gewalt beinhaltender Filme oder Bücher etwa durch die FSK, Indizierung oder Beschlagnahme gemäß → *Paragraph 131* einzuschränken. Auch einige klassische Horrorfilme durften aufgrund der herrschenden Zensur in verschiedenen Ländern lange Zeit nur stark gekürzt oder gar nicht aufgeführt werden. So war etwa → *»Freaks«* von → *Todd Brownings* in England bis in die 50er Jahre verboten. Die wohl skurrilste Anekdote bezüglich des Verbotes bestimmter Bücher geht allerdings auf die katholische Kirche zurück. Diese veröffentlichte nämlich mit dem *»index librorum prohibitorum«* eine Liste von Büchern, deren Studium dem katholischen Glauben gemäß verboten sein sollte. Auf diese Weise als überdurchschnittlich interessant gekennzeichnet, besorgte man sich jedoch eben diese Bücher, was das Verbot der Veröffentlichung der Liste zur Folge hatte ...

Zerfall

Allmählich fortschreitender Zustand der Auflösung in proportionalem Verhältnis zur vergehenden Zeit. Im Gegensatz zu etwa → *Verwesung* bezieht sich der Begriff Zerfall hierbei neben Menschen auch auf tote Materie. Innerhalb des Genres ist der Zerfall zumeist Stimmungsmoment, denn was wäre eine → *Ruine* ohne den Aspekt des Zerfalls?

Zumindest keine Ruine ... Eine brillante Allegorie auf das Thema des Zerfalls ist → *»Der Untergang des Hauses Usher«*.

Zigeunerin

Ein weiteres klassisches Motiv der Welt des Schreckens. In der Regel verfügt sie über hellseherische Fähigkeiten und vermag aus einer Hand mehr als andere Leute aus dem Brockhaus herauszulesen. Desweiteren ist die Zigeunerin, wenn sie nicht gerade überdurchschnittlich weiblich und frivol umhertanzend daherkommt (wie etwa Esmeralda in → *»Der Glöckner von Notre Dame«)*, meist alt und runzelig, nicht selten auch blind und ergeht sich gerne in zweideutigen Anspielungen auf vielerlei. Weitere Parallelen zur Darstellung der klassischen → *Hexe* sind hierbei der mögliche Besitz von Glaskugeln und Katzen.

Zombie

Ursprünglich Begriff aus der → *Voodoo*-Religion Haitis. Die dort als Zombies bezeichneten »lebenden Toten« sind ursprünglich nicht identisch mit den Zombies des modernen Horrorfilmes. Bei der ursprünglichen Variante handelt es sich nämlich tatsächlich nicht um wirklich Verstorbene, sondern vielmehr um Personen, die von einem Zauberer (Bokor), mit einem Nervengift in einen todesähnlichen Zustand versetzt, daraufhin für Tod befunden und begraben werden, um bald darauf von besagtem Zauberer ausgegraben und als willenlose Sklaven mißbraucht zu werden. Nichtsdestotrotz hat dieses tatsächliche Phänomen einige Ähnlichkeit mit dem von ihm inspirierten Motiv der lebenden Toten, verbleiben die Vergifteten doch, während ihre Bewegungsabläufe beinahe mechanisch starr anmuten, doch zeitlebens in einem Dämmerzustand, gesegnet mit einem Intelligenzquotienten, der etwa dem eines Weißbrotes entsprechen dürfte. Ein in diesem Kontext erwähnenswerter Film, der mit besagten klassischen Motiven umgeht, ist → *»Die Schlange im Regenbogen« (*»The Serpent and the Rainbow«*)*.

Der filmische Zombie, dem – vor allem dank → *George A. Romero* – an dieser Stelle ebenfalls Ruhm zuteil werden sollte, ist von leicht anderer Art. Er ist ein tatsächlicher Toter, der sich mit dem Totsein nicht recht abfinden kann, aber dennoch vor sich her verwest, während er ein Faible für Menschenfleisch oder auch Gehirn entwickelt.

»Zombie«

(»Dawn of the Dead«)

USA 1978 R: George A. Romero D: David Emge, Tom Savini

Zombies im Kaufhaus, jawohl, denn dort spielt der größte Teil des Filmes, sind eine unschöne Angelegenheit, und sich dort vor ihnen zu verbarrikadieren ist nicht wirklich einfach, zumal sich zu den untoten Menschenfressern in diesem Falle noch lebendige zwielichtige Gestalten gesellen, die nicht weniger über Leichen gehen ... Die Handvoll Protagonisten wird jedenfalls ebenso reduziert wie alles andere, was lebt, und das Ausmaß der hier stattfindenden Zombieinvasion wird allenfalls noch von → *»Zombie II – Das letzte Kapitel«* oder von → *»Zombieworld«* getoppt. Die lang ersehnte Fortsetzung vom Vater der Zombies, → *George A. Romero*, ist ungleich kommerzieller angelegt als → *»Die Nacht der lebenden Toten«* die Mutter des modernen Zombiefilms. Das führt zu einer gewissen Inflationierung des Zombies an sich, zu mehr Gewalt und Schrecken und einer ungleich größeren Zahl sehenswerter Effekte, die uns, wenn auch hierzulande arg geschnitten, kein geringerer als Blutbarde → *Tom Savini* darbietet, der hier zudem als Schauspieler zu sehen ist.

»Zombie II – Das letzte Kapitel«

(»Day of the Dead«)

USA 1985 R: George A. Romero D: Lori Cardille, Terry Alexander

Logische Fortsetzung der Zombiereihe Romeros, in der die Untoten sich noch weiter ausgebreitet haben und inzwischen die letzten Reste der Menschheit belagern. Schauplatz des Filmes ist ein unterirdischer Hochsicherheitstrakt, in dem sich einige Wissenschaftler und Soldaten ohne Aussicht auf Flucht vor den Zombies verbarrikadiert haben. Dabei setzen die Überlebenden einander beinahe mehr zu, als es alsbald die Untoten tun ...

»Zombie II« – Untot groß im Kommen

»Zombieworld«

(1997)

Amerikanische Comicserie von Mike Mignola und Pat McEown aus dem Hause → *Dark Horse*, deren Grundmotiv die Übernahme der zivilisierten Welt durch Untote unter der Leitung des legendären Untoten Azzul Gotha ist, die es fortan für die kleine Protagonistenriege zu bekämpfen gilt. Neben dem wirklich interessanten makrokosmischen Ansatz der Geschichte, → *Zombies*, die nicht bloß ein popeliges Dorf oder eine Großstadt bedrohen, sondern gleich die ganze Welt einsacken, ist der Zeichenstil, eine Art »Tim und Struppi« goes Horror nicht minder bemerkenswert. Eine ausgewogene Mischung aus Mythologie, großartig gezeichneten Zombies und spektakulären Bildern (etwa riesige weiße Maden, die sich um das amerikanische Kapitol winden) tun ein übriges, um eine Geschichte zu kreieren, für die das Comicgenre beinahe geschaffen scheint. Hierzulande wird die Veröffentlichung von *»Zombieworld«* übrigens alsbald von → *EEE* übernommen.

Zyklop

Der Zyklop ist eine menschenfressende und überaus populäre Gestalt der griechischen → *Mythologie*, die aufgrund ihres Bekanntheitsgrades innerhalb des Genres an verschiedenster Stelle Verwendung findet. Der Zyklop hat ein einziges Auge, daß er in der Mitte seiner Stirn trägt, ist überdies mit Riesenwuchs gesegnet und durch seine Auftritte als Menschenfresser in den immer wieder gern verfilmten Irrfahrten des Odysseus (*»Die Odyssee«)* bekannt. Die Animation eines der fruhen Zyklopen des Horrorfilmes besorgte übrigens kein geringerer als → *Ray Harryhausen*.

»Zombieworld« – so etwas wie »Tim und Struppi« goes Horror, untot und dabei noch originell

GELESENE & LESENSWERTE REISELEKTÜRE FÜR DEN WEG DURCH DIE HÖLLE

KUNST:
HR Giger ARh+, Berlin 1991
H.R. Giger's Necronomicon I, Zug 1984
H.R. Giger's Necronomicon II, Zug 1985
Bosch, Amsterdam 1991
Zdzislaw Bekzinski, Prag 1989

LEXIKA:
Lexikon der Symbole, 9. Aufl. München 1992
Lexikon der Götter und Dämonen, 2. erw. Aufl. Stuttgart 1989
Lexikon der Parapsychologie, 1984 München
Lexikon der keltischen Mythologie, 2. Aufl. München 1995
Lexikon des Geheimwissens, München 1993
Lexikon der Phantastischen Literatur, Stuttgart 1998
Lexikon der antiken Mythen und Gestalten, 8. Aufl. München 1990
Lexikon der populären Irrtümer, 12. Aufl. Frankfurt/Main 1997
Lexikon der magischen Künste, München 1991
Dictionnary of the Occult, Hertfordshire 1996
Lexikon des Aberglaubens, Frankfurt/Main 1998
Die Kinder Luzifers – Kleines Lexikon der schwarzen Engel, Berlin 1989
Dämonen, Geister, Dunkle Götter, Bindlach 1993

FILMLITERATUR
Klassiker des Horrorfilms, München 1979
Stars des Horrorfilms, München 1996
The Monster Show – a Cultural Hisotry of Horror, London 1994
Tales from the Crypt, New York 1996
Dark Stars – 10 Regisseure im Gespräch, München 1992
Kannibalen, Duisburg (?) 1998
Raising Hell, Duisburg (?) 1997
The Aurum Film Encyclopedia HORROR, London 1985
Die Angst sitzt neben Dir, Berlin 1998
The Deep Red Horror Handbook, New York 1989
Incredibly Strange Films, London 1986
Der Horror-Film – von Dracula zum Zombie-Schocker, München 1987
Splatter Movies – Breaking the last Taboo of the Screen, Kent 1984
The Monster Show – a Cultural History of Horror, London 1994

WISSENSCHAFTLICHES
Im weitesten Sinne:
Der Mensch und das Böse, 2. Aufl. 1990 Stuttgart
Handbuch Religiöse Gemeinschaften, 3. überarb. erw. Aufl. 1985
Der Hexenhammer, 12. Aufl. München 1996
Alpträume – Die Ursprünge des Schreckens, Köln 1996
Extraordinary Popular Delusions and the Madness of Crowds, Hertfordshire 1995
Geheimkulte, München 1996
Heroine des Grauens, (?)

Ritter Tod und Teufel, München 1990
Tales from the Crypt, New York 1996
Edgar Allan Poe – Elixier der Moderne, München 1988

EMPFEHLENSWERTE PERIODIKA:
Das schwarze Geheimnis
Cinefantastique
Midnight Marquee Monsters
Fangoria
Gore Gothic
Splatting Image
Bizarre

ANTHOLOGIEN (subjektive Auswahl):
Phantastische Träume – Band 100 der phantastischen Bibliothek, Frankfurt am Main 1983
H.P. Lovecrafts Bibliothek des Schreckens, Windeck 1999
The New Gothic – Neue Schauergeschichten, Frankfurt am Main 1995
Das große Buch der erotischen Phantastik, Bergisch Gladbach 1991
Serial Killers, Leipzig 1997
The Sandman Book of Dreams, London 1997
Zum Teufel – Diabolische Geschichten, Frankfurt/Main 1995

KONTAKTE:
House of Horror – Rappstr. 13 – 20146 Hamburg –
fon 040 45037922 / fax 040 45037933
Goblin Press / Medusenblut – Boris Koch – Augsburger Str. 14 – 86853 Langerringen
Blitz Verlag / Edition Metzengerstein – Postfach 1168 – 51556 Windeck
Rainer Engel – Sybelstr. 41 – 10629 Berlin –
fon 030 32704181 / fax 030 32704182
Fabian Fröhlich – Weichselstr. 20 – 10247 Berlin – 030 / 2911701
Menschenblut – Eisenfresser Comix – Postfach 1141 – 36094 Petersberg –
fax 0661/604791

INTERNET:
http://www.houseofhorrors.com/ – (vielschichtiger Überblick über die Welt des Horrors, Literatur/Film etc.)
http://us.imdb.com/
http://drcasey.com/ – (vielschichtiger Überblick über die Welt des Horrors)
http://morpheusint.com/ – (kommerzielle Seite: Phantastische Kunst)
http://www.mayhem.net/Crime/cults.html – (Verbrechensarchive: Serienkiller, Kannibalen etc.)
http://va.crimelibrary.com/ – (Verbrechensarchive: Serienkiller, Kannibalen etc.)
http://www.hplovecraft.com/ – (großartige Seite über Leben und Werk des Phantasten)
http://www.findagrave.com/ – (zahllose Photos von Prominentengrabsteinen)
http://www.geocities.com/SoHo/4312/godzillasdomain.html – (Informationen über Godzilla und Konsorten)
http://www.hrgiger.com/ – (offizielle Homepage des Künstlers)
http://www.clivebarker.com/- (offizielle Homepage des Autors)

ÜBER DEN AUTOR

Die gesamte Entwicklung Christian von Asters, der in einer dunklen Gewitternacht unter einer wirklich bösen Sternenkonstellation geboren wurde, stand, wie bereits bei der rituellen Opferung seiner Kindergartenkomilitonen ersichtlich war, gänzlich unter dem Einfluß finsterer Mächte. In jungen Jahren attestierte ein Kinderpsychologe ihm aufgrund verschiedener Bilder mit Hilfe telefonisch päpstlicher Ferndiagnose Besessenheit. Eine von seinem Bruder schlecht versteckte Ausgabe der »Geschichten aus der Gruft« besiegelte sein Schicksal endgültig. Bald begann er in jugendlichem Übermut mit der Erstellung schriftlicher Scheußlichkeiten, belegte unbedeutende Plätze bei Nachwuchsautorenwettbewerben, war einer der kreativen Köpfe der Schülerzeitung »Totengräber«. Sein Faible für die Facetten des Schreckens, von Romantik bis Splatter, manifestierte sich regelmäßig in Videonächten und Bibliotheksdiebstählen. Seine eigenen pièces du horreur wurde in Phantastik- und Fantasyfanzines und auf der CD Rom »Draculas großes Vampirlexikon« veröffentlicht, mit dem »Moribundium« und den »Mitternachtsraben« lieferte er zwei schauderhafte Akkustik-CD's und fungierte auf einigen der schrecklichsten Parties der Welt als Halloween-Host. Derweil studierte er Germanistik und Kunst und brachte in diesem Rahmen und in seinem eigenen Kleinverlag 18 Publikationen heraus, von ›Webster Pandämonium‹ bis zu ›Höllenherz – eine erotopoetische Diableske tragischer Natur.‹ Ein Ende ist nicht abzusehen.

DANK

Dank für das freundlich kompromißlose Zur-Verfügung-Stellen von Videos, Büchern, Zeitschriften und Aufmerksamkeit gebührt an dieser Stelle uneingeschränkt folgenden Dämonen: C. Candini und DJ Holthusen, Rainer Engel, meiner Uxor Docta, Herrn Felsenheimer, Scholle »Dämonenkiller« Anderson und dem Vreundlichen Volker Danke, Ihr seid schrecklich.

IMPRESSUM

Christian v. Aster: Horror-Lexikon
Von Addams Family bis Zombieworld –
Die Motive des Schreckens in Film und Literatur

2001 Lizenzausgabe für Parkland Verlag, Köln

Umschlagentwurf: Klaus Dempel
Druck und Bindung: GGP Media, Pößneck

ISBN 3-88059-999-8

Printed in Germany